스토리텔링성경 12

스토리텔링 성경

시편

스토리텔링 성경

12 시편

초판 1쇄 2023년 3월 30일

지은이 김영진, 강정훈, 천종수
발행처 (유) 성서원
일러스트 김천정
교정·교열 유영일
출판등록 1997년 7월 8일 (제300-1997-79호)
창업일 1972년 2월 1일
주 소 경기도 고양시 덕양구 덕은로 60-12 우) 10541
전 화 (02)765-0011~17
팩 스 (02)743-6811
성서원 홈페이지 www.biblehouse.co.kr
페이스북 · E-mail saebut-9106@hanmail.net

ISBN 978-89-360-2883-1 03230

스토리텔링성경
12

성경 전 장章을 이야기로 풀어 쓴

스토리텔링 성경

지은이
김영진 강정훈 천종수

시편

성서원

차례

주님을 찬양하라!

우주에 천년의 노래가 있네
하나님께 받은 사랑과 은총
산과 강과 바다, 나무와 풀 등
살아있는 모든 것의 노래가 있네

이 세상 아름다움과 고귀한 말을
찬양과 경배, 고백과 탄식으로
울고 웃으며 토하는 영혼의 소리
하나님께 바치는 노래가 있네

시인들이 쏟아낸 주옥 같은 시는
영혼 깊은 곳에서 드리는 기도
심금을 울리며 하늘로 올라가는
마르지 않는 강물 같은 노래여

수금과 비파로 영혼을 연주하며
흐르고 흘러 천년을 노래하네
마음의 문을 활짝 여는
노래와 시의 기나긴 강이여

서론

천년의 노래 시편의 대강

"할렐루야!"(Hallelujah, 여호와를 찬양하라!)

시편을 한마디로 요약한 말이다. 과연 시편은 여호와(주님, LORD)를 향한 성도들의 찬양이고 기도이며 간증이다. 모세 시대(주전 15세기)로부터 에스라 시대(주전 5세기)에 이르기까지 천 년의 세월을 두고 저자들 자신이나 편집자들에 의해 기록된 위대한 시들의 모음집이다.

각각의 시들이 기록됨에 따라 그 특성을 좇아 예배용이나 순례용 등의 작은 문집으로 엮어졌던 것들이 수세기에 걸쳐 다섯 권의 시집으로 다시 엮어지고, 마지막으로 이 다섯 권의 시집을 한데 엮는 과정을 거쳐 마침내 오늘날의 '시편'으로 탄생하게 되었다. 다윗, 히스기야, 에스라 등이 이러한 기록과 편집 과정에 적극적으로 참여하고 주도하였다(대상 15:16; 대하 29:30; 느 8장).

오늘날 우리가 시편을 제대로 감상하고 이해하기 위해서는, 시편에 포함된 150편의 시들에 관하여 그 내용과 사상과 유형과 형태와 시어(詩語) 등을 종합적으로 고찰해보는 과정을 거쳐야 한다. 시편 속의 각 시들을 하나하나 만나기 전에 '시편'이란 전체 숲에 관하여 그 이모저모를 살펴보도록 하자.

❶ 시편의 분류

천 년의 세월에 걸쳐 숱한 저자들과 편집자들에 의해 기록되고 편집된 150편의 시들, 곧 시편(詩篇)을 적절하게 분류하여 일정한 틀로 체계화하는 일은 결코 쉽지 않은 일이다. 하지만 종교개혁자 마틴 루터가 말한 대로 시편은 전체 성경의 축도인 만큼, 어떤 방식으로든 그것을 요령 있게 분류하여 체계적으로 이해하는 일은 매우 중요하다.

성경학자들은 대체로 시편을 권별, 저자별, 주제별로 분류한다.

1. 권별 분류

이 분류는 유대 랍비들의 전통적인 분류법으로, 모세오경(율법서)에 근거하여 시편을 5권으로 나눈 것이다. 유대 랍비들의 주석서인 탈무드의 미드라쉬(Midrash)에는 "모세는 이스라엘 백성에게 율법의 5권을 주었고, 이에 준하여 다윗은 시편 5권을 주었다."라고 기록되어 있다.

그래서 유대인들은 기존에 전해져오던 단편의 시들을 권별로 묶어 모세 오경에 준하여 5권으로 분류했다. 각 권의 마지막 부분은 모두 "주(여호와)를 찬송하라, 아멘" 하는 송영(頌榮)으로 끝난다. 특히 마지막 5권의 마지막 150편은 그 자체가 마지막 5권의 송영인 동시에 시편 전체의 송영이기도 하다. 권별 분류를 도표로 나타내면 아래와 같다.

	제1권	제2권	제3권	제4권	제5권
분류	1-41편	42-72편	73-89편	90-106편	107-150편
편수	41편	31편	17편	17편	44편
송영 부분	41:13	72:18-19	89:52	106:48	150:1-6
모세오경과 시편의 비교	창세기	출애굽기	레위기	민수기	신명기
	창조와 사랑	해방과 구속	성소와 예배	방랑과 고난	율법과 찬양

2. 저자별 분류

시편 시들의 표제에 나타나 있는 저자나 편집자에 따라 시편을 분류할 수 있다. 여러 저자들과 편집자들이 등장하지만, 모두 150편으로 이루어진 시편 중 절반가량에 해당하는 73편의 시들이 다윗에 의해 쓰인 것이므로, 우리는 시편을 통칭 '다윗의 시편'이라 한다. 시편을 저자별로 분류하면 아래와 같다.

① **다윗 (목동, 군인, 시인, 음악가, 왕)**: 73편을 썼다(3-9, 11-32, 34-41, 51-65, 68-70, 86, 101, 103, 108-110, 122, 124, 131, 133, 138-145편). 이 외에도 작자 미상의 시들 중에서 다윗의 작품으로 여겨지는 시들이 상당수 있다.
② **아삽 (다윗 시대의 성전 찬양대 지휘자)**: 12편을 썼다(50, 73-83편).
③ **고라 자손 (레위의 증손인 고라의 후손들)**: 10편을 썼다(42, 44-49, 84-85, 87편).
④ **솔로몬 (다윗의 아들, 이스라엘 왕)**: 2편을 썼다(72, 127편).
⑤ **모세 (출애굽의 영도자, 율법의 전수자)**: 1편을 썼다(90편).
⑥ **헤만 (세라의 아들로 솔로몬 시대의 현자)**: 1편을 썼다(88편).
⑦ **에단 (레위 지파 게르손의 자손, 일명 '여두둔')**: 1편을 썼다(89편).
⑧ **익명 (저자 미상)**: 익명으로 소개된 시편은 전부 50편이다(1-2, 10, 33, 43, 66-67, 71, 91-100, 102, 104-107, 111-121, 123, 125-126, 128-130, 132, 134-137, 146-150편. 한편, 저자 미상의 시들 중 몇 편은 '히스기야' 혹은 '에스라'의 것으로 간주되기도 한다).

3. 주제별 분류

시편은 오랜 세월에 걸쳐 여러 저자들에 의해 다양한 정황 속에서 기록되었다. 따라서 그 주제는 세밀한 동시에 광범위하고, 그 감성은 풍부하고도 이채롭다. 그러므로 그 내용을 일정한 주제에 따라 분류한다는 것은 상당히 곤란하고 어려운 작업이다. 하지만 시편의 주제별 분류는 여러 학자들에 의해 계속적으로 시도되었는데, 그중에서 가장 탁월한 듯 보이는 맥페이덴(J. E. McFadyen)의 분류법에 따르자면 아래와 같다.

① **찬양**: Ⓐ 자연 속에 계시된 하나님을 찬양(8편, 19:1-6, 29편, 104편). Ⓑ 언약 백성에 대한 하나님의 사랑과 자비를 찬양(33, 103, 111, 113, 115, 117, 147편). Ⓒ 하나님의 영광이 깃든 왕국을 찬양(145-146편). Ⓓ 자연 만물의 우주적 찬양(148, 150편).

② **감사**: Ⓐ 일반적인 감사(107편). Ⓑ 국가적 위기로부터의 구원 또는 승리에 대한 감사(46, 48, 65-68, 76, 116, 118, 124, 126, 129, 138편, 144:1-11, 149편).

③ **예배**: 5편, 24:7-10, 26-27편, 42-43, 84, 122, 134편.

④ **탄원**: Ⓐ 구원이나 보호나 회복을 위하여(3-4, 7, 12-13, 17, 25, 31, 35, 41, 44, 54-55, 60, 64, 71, 74, 77, 79-80, 85-86, 88, 120, 123, 130, 140-142편). Ⓑ 기도 응답을 위하여(6, 22, 28, 30-31, 56-57편).

⑤ **회개**: 6, 32, 38, 51, 102, 130, 143편.

⑥ **저주**: 58-59, 69, 83, 109, 137편.

⑦ **묵상과 성찰**: Ⓐ 성경(율법)의 가치에 대하여(1, 19:1-14, 119편). Ⓑ 하나님의 섭리와 경륜에 대하여(16, 23, 34, 91-92, 121, 125, 127-128, 133, 139편, 145:12-15). Ⓒ 세상의 도덕적 질서에 관하여(9-11, 14, 36-37, 39, 49, 52-53, 62, 73, 75, 82, 90, 92, 94편). Ⓓ 이상적인 소망에 관하여(15편, 24:1-6, 50편).

⑧ **왕과 왕권**: Ⓐ 왕의 혼인(45편). Ⓑ 왕의 건강과 성공(20-21, 61, 63편). Ⓒ 왕의 성격과 품성(72, 101편). Ⓓ 왕의 통치(2, 18, 110편).

Ⓔ 메시아적 왕의 소망(89, 132편).

⑨ 하나님의 우주적 통치: 47, 87, 93, 95-100편.

⑩ 이스라엘의 역사: 105, 114, 135, 136편.

⑪ 히브리어 알파벳(히브리어 알파벳의 자음 22자를 순서대로 시구의 맨 처음에 배열하는 두운법의 시들): 9-10, 25, 34, 37, 111-112, 119, 145편.

❷ 시편의 표제들과 음악적 술어들

시편 150편 가운데 35편의 시들을 제외한 나머지 시들의 첫머리에는 그 시의 성격을 나타내는 표제 또는 반주할 악기나 멜로디에 관한 여러 음악적 술어들이 제시되어 있다. 이 같은 문구는 분명하고 확실하기 때문에 히브리 성경에서는 본문의 한 구절로 간주하고 있다. 따라서 시편의 시들을 제대로 이해하기 위해서는 이 같은 표제들과 음악적 술어들에 관한 올바른 이해가 요구된다.

1. 시편의 표제들

① 마스길: '깨닫다', '가르치다', '생각하다', '묵상하다'란 뜻을 지닌 히브리 동사 '사칼'에서 비롯된 표제로 '교훈의 시', '성찰의 시', '묵상의 시'로 번역된다. 모두 13편의 시가 있다(32, 42, 44-45, 52-55, 74, 78, 88-89, 142편).

② 테힐라: 이 표제의 어원은 '찬송하다'로서 곧 '찬송시'를 가리킨다. 시편 가운데 한 편이 여기에 속한다(145편).

③ 미즈모르: 이 표제는 '시(詩)'란 뜻인데, 특별히 현악기를 이용하여 만든 노래를 가리킨다. 시편 가운데 57편의 시들이 여기에 속한다(8, 11, 19, 57, 88편 등).

④ 쉬르: '노래'란 뜻인데, 흔히 즐거운 축제 때 부르는 노래를 가리킨다.

모두 30편의 시가 있다(29, 120-134편 등).

⑤ **믹담**: 이 표제는 '덮는다'란 뜻의 아카드어(Akkad語) '카타무'에서 유래된 것으로, 죄를 덮어주는 '속량의 시' 또는 '구속(救贖)의 시'를 가리킨다. 흔히 '속죄의 송가'라 불리는데, 시편 가운데 모두 6편이 있다(16, 56-60편). 오늘날 유대 랍비들은 이를 '황금시'(Psalm of Gold)로 부르기도 한다.

⑥ **테필라**: '기도'라는 뜻으로, 곧 '기도시'를 의미한다. 모두 5편이 있다(17, 86, 90, 102, 142편).

⑦ **식가욘**: 이 표제는 아카드어 '쉐구'에서 비롯된 말로 '슬픔의 노래' 또는 '격정의 노래'란 뜻이다. 시편 7편이 여기에 속한다.

2. 시편의 음악적 술어들

① **곡조**(曲調, Melody)

Ⓐ 알다스헷: 성전 찬송가용의 선율 이름인데, 그 뜻은 '멸하지 마소서' 또는 '파괴하지 마소서'이다. 아마도 노래의 첫 마디를 멜로디 이름으로 삼은 듯하다. 시편 가운데 모두 4편이 여기에 속한다(57-59, 75편).

수금을 타면서 주님을 찬양하는 다윗 왕

Ⓑ 요낫 엘렘 르호김: '먼 땅에 있는 고요한 비둘기'란 뜻인데, 이방 원수의 땅인 블레셋에 망명하여 탄식 가운데 지내고 있는 다윗 자신의 처량

한 신세를 읊은 곡조다(56편).

ⓒ **뭇랍벤**: '아들의 죽음'이란 뜻으로 '아들의 죽음이란 곡조에 맞추어 부르라'는 의미인 듯하다. 이 곡조는 다윗 시대에는 익히 알려진 것으로 보인다. 시편 9편이 여기에 속한다.

ⓓ **깃딧**: '술틀'로 번역된다(LXX). 포도를 술틀에 넣고 밟을 때, 곧 포도 수확과 포도주 생산 때 부르는 기쁨의 곡조로 여겨진다. 모두 3편이 있다(8, 81, 84편).

ⓔ **수산에듯(혹은 소산님에듯)**: '증거의 백합화' 또는 '언약의 백합화'란 뜻으로, 백합화 곡조인 '소산님'과 유사한 것으로 보이는데, 당시의 사람들에겐 익숙한 곡조인 듯하다. 시편 60편과 80편이 이 곡조에 속한다.

ⓕ **소산님**: '백합화 곡조'라는 뜻인데, 그 유래에 대해선 여러 견해가 있다. 첫째, 노래의 내용을 상징적으로 나타낸 말이라는 견해. 둘째, 백합화 비슷한 악기에서 취한 곡조란 견해. 셋째, 혼례 때 사용하는 곡(曲)이라는 견해. 시편 45편과 69편이 이 곡조에 속한다.

ⓖ **아얠렛샤할**: '아침의 암사슴' 혹은 '새벽의 암사슴'이란 뜻이다. 경쾌하면서도 강약이 뚜렷한 곡조로 부른 듯하다. 시편 22편이 여기에 속한다.

ⓗ **마할랏**: '병들다' 또는 '슬퍼하다'란 의미를 지닌 히브리어 '할라'에서 유래한 말로 '질병', '고통', '슬픔'이란 뜻이다. 따라서 이 곡조에 맞춘 노래라는 말은 '슬픈 운율에 맞춘 노래'란 뜻이 된다. 시편 53편이 여기에 속한다.

ⓘ **마할랏르안놋**: 이 말은 '노래하기 위한 마할랏'이란 뜻인데, 말하자면 병들어 아플 때 부르는 슬픈 곡조란 의미다. 따라서 '고통스러운 병에 붙여'로 번역될 수 있다. 시편 88편이 여기에 속한다.

ⓙ **여두둔**: 본래 '여두둔'은 다윗시대에 예루살렘 성전 찬양대의 3대

지휘자 중 일인으로 활동한 유명한 악사다. 따라서 이 곡조는 여두둔이 어떤 악기에 맞도록 여두둔의 법칙에 따라 편곡한 것으로 여겨진다. 모두 3편의 시들이 있다(39, 62, 77편).

② **악기**(樂器, musical instrument)

Ⓐ **느힐롯**: 관악기에 맞추어 부르는 노래로, 시편 5편이 여기에 속한다.
Ⓑ **느기놋**: 현악기에 맞추어 부르는 노래로, 시편 가운데 모두 6편의 시들이 여기에 속한다(4, 6, 55, 61, 67, 76편).
Ⓒ **스미닛**: '여덟째'란 뜻으로 '팔현금(八絃琴)'에 맞추어 부르는 노래를 가리키는 듯하다. 시편 6편과 12편이 여기에 속한다.
Ⓓ **알라못**: '젊은 여성들의 음성' 또는 '처녀들의 합창'이란 뜻이다. 따라서 젊은 여성들로 구성된 합창단이나 젊은 여성들의 목소리처럼 예리하고 높은 음(音)을 내는 어떤 악기를 가리키는 말로 추정된다.

③ **변조**(變調, modulation)

Ⓐ **셀라**: 기본형 '살랄'은 '올리다'란 뜻이다. 따라서 이 말은 그 표시된 곳에서 소리나 주악의 리듬을 '올리는(높이는)' 음악 술어로 보인다. 마치 피아노 반주에서 리듬이 포르테(forte)로 변조되는 것과 같다. 모두 39편의 시들 중에서 71회 사용되었다.
Ⓑ **힉가욘**: 기본형 '하가'는 '명상하다'란 뜻이다. 따라서 이 말은 그 표시된 곳에서 엄숙한 마음으로 잠시 휴지(休止)하는 상태를 가리키는 듯하다. 시편 9편 16절의 끝부분에 '셀라'란 용어와 함께 표시되어 있다.

❸ 히브리 시의 형태

히브리 시는 두 가지 뚜렷한 특성을 지니고 있다. 음절(Sound)의 리듬과 사상(Thought)의 리듬이 그것이다. 음절의 리듬은 어느 시대 어느 문화권의 시에서도 쉽게 발견되는 요소지만, 사상의 리듬은 히브리 시에서 특히 두드러진다. 사상의 리듬은 음절의 리듬과 어우러져 사상의 깊이와 더불어 영감의 성숙함을 느끼게 해준다. 그렇다면 사상의 리듬이 어떤 식으로 이루어졌는지 살펴보자.

1. 대구법(對句法, Parallelism)

히브리 시의 특징인 사상의 리듬은 대구법의 형태로 표현되었는데, 대구법은 흔히 다음 세 가지 형태로 구분된다.

① **동의 대구법(同意 對句法)**: 흔히 두 구절로 이루어지는데, 후행(後行)의 각 단어는 선행(先行)의 각 단어와 '동의적으로' 병렬되면서 서로 대응하는 형태의 시를 말한다. 이런 방식은 히브리 시에서 가장 일반적으로 널리 사용되는 형태다. 예를 들면 이런 식이다.

> 여호와의 율법은 완전하여 영혼을 소성시키며
> 여호와의 증거는 확실하여 우둔한 자를 지혜롭게 하며
> 여호와의 교훈은 정직하여 마음을 기쁘게 하고
> 여호와의 계명은 순결하여 눈을 밝게 하시도다. (시 19:7-8)

② **반의 대구법(反意 對句法)**: 이 방식은 후행의 각 단어가 선행의 각 단어에 '반의적으로' 병렬하면서 서로 대응하는 시의 형태다. 히브리 시에서 이 방식도 동의 대구법처럼 일반적으로 널리 사용되는 형태다. 예를 들면 이런 식이다.

그의 노염은 잠깐이요 그의 은총은 평생이로다.
저녁에는 울음이 깃들일지라도 아침에는 기쁨이 오리로다. (시 30:5)

③ **종합 대구법**(綜合 對句法): 이 방식은 '전진(前進) 대구법'이라고도 하는데, 후행은 선행의 구절과 서로 대구적으로 병렬되면서 선행의 뜻을 부연하여 점점 보완하고 전진해가면서 하나의 사상을 완성해나가는 시의 형태다. 예를 들면 이런 식이다.

복 있는 사람은
악인들의 꾀를 따르지 아니하며 (1)
죄인들의 길에 서지 아니하며 (2)
오만한 자들의 자리에 앉지 아니하고 (3)
오직
여호와의 율법을 즐거워하여 (A)
그의 율법을 주야로 묵상하는도다. (B) (시 1:1-2)

2. 두문법(頭文法)

이 방식은 히브리어 알파벳 자음 22자를 매 행(行) 시구의 첫 머리에 순서대로 배열하여 시를 작성하는 형태를 가리킨다. 이때 배열은 기계적인 방법으로 되지는 않았고, 그런 기본 원칙하에 다소간의 자유로운 변동이 있었다. 여기에 해당하는 성경본문에는 시편 9-10, 25, 34, 111-112, 119, 145편과 잠언 31장 10-31절 부분, 그리고 예레미야 애가 전체가 있다.

이것들 가운데서 시편 119편과 애가는 두문법의 전형적인 방식으로 쓰인 시들이다. 그래서 시편 119편은 매 8절마다 히브리어 22자음의 순서대로 계속 이어감으로써 8절 × 히브리어 22자음 = 176절의 시를 구성하고 있다. 그리고 애가 1, 2, 4, 5장은 하나의 히브리어 자음에 한 절씩 배열하여 각 장이 22절로 구성되었고, 3장은 한 자음에 3절씩 배열하여 모두 66절로 이루어져 있다.

두문법 방식으로 쓰인 성경본문의 시들은 읽는 데에 흥취를 돋워주었을 뿐만 아니라, 암송하고 기억하는 데 크게 도움이 되었을 것이다.

❹ 시편의 사상

시편은 천 년 세월(주전 1500 ~ 500년경)에 걸쳐 여러 시대의 많은 저자들이 다양한 상황에서 쓴 150편의 시들로 엮어진 시 모음집이다. 그런데도 각각의 시들 속에 나타난 사상은 마치 한 사람이 쓴 듯 완벽한 통일과 온전한 일치를 이루고 있다. 서로 충돌하지 않으며 서로 거스르지 않는다.

그 이유는 명확하다. 하나님의 영이신 성령께서 각 시대 숱한 저자들의 심령과 손길을 온전히 주관하셨기 때문이다. 그리하여 각 저자의 고유한 특성은 살아있되, 그들의 사상은 서로 어긋남 없이 하나님의 뜻에 부합하도록 통일과 일치를 이루게 되었던 것이다. 그런 의미에서 시편은 물론이고 성경의 원저자는 어디까지나 성령님이시다(딤후 3:16). 그렇다면 구체적으로 시편의 사상이 무엇인지 살펴보도록 하자.

1. 시편의 신관(神觀)

시편의 신관은 아주 분명한데, 한마디로 '여호와 유일신관'이다. 흔히 비판학자들은 이방 신들을 인정하는 듯한 시편의 여러 표현들, 예를 들면 '하나님과 같은 신'(시 77:13), '신들 중에 주와 같은 신'(시 86:8), '주는 모든 신들보다'(시 135:5) 등의 표현을 예로 들어, 시편의 신관은 오직 하나뿐인 유일신(唯一神) 사상이 아니라, 많은 신들의 존재를 인정하는 가운데 그중 '여호와'를 자신들의 신으로 받아들인 단일신(單

一神) 사상이라고 주장한다.

그렇지 않다! 시편에서 다른 신들의 존재를 가정하는 듯한 표현들은 정말로 이방 신들의 존재를 인정한 것이 아니다. 하나님의 절대적인 주권과 왕권을 강조하기 위하여 마치 대적의 신들이 있는 것처럼 수사학적으로 표현했을 뿐이다. 이러한 근거는, 그런 표현이 사용된 같은 시(詩) 중에서도 '오직 주만이 하나님'(시 86:10), '열국의 우상은 은금이요 사람의 손으로 만든 것'(시 135:15) 등의 표현이 함께 사용된 점을 보아서도 명백하다. 따라서 시편의 신관은 근본적으로 '여호와'만을 참된 신(하나님)으로 인정하고 믿는 유일신 사상에 그 바탕을 두고 있다.

2. 시편의 인간관(人間觀)

① 시편의 의인관(義人觀): 시편에서 말하는 '의인'의 개념은 윤리적, 도덕적으로 선하고 착한 사람을 가리키는 뜻이 아니다. 그 말은 신학적인 개념으로, 곧 하나님께 택하심을 받은 '하나님의 백성'을 가리킨다. 이런 의미에서 의인은 종종 '경건한 자'(히, 헤시드)로 번역되었는데, 이 말은 '(하나님께) 은혜를 입은 자'란 의미다. 그리고 이 말의 복수형인 '헤시딤'은 '은혜를 입을 자들'이란 뜻으로 [한글개역]에서 '성도(聖徒)'로 번역되었다. 따라서 시편의 '의인'은 하나님께 은혜를 입은 '경건한 자들'로서 하나님의 백성 된 '성도'를 가리키는 말임을 알 수 있다.

이런 맥락에서 시편의 저자가 고백한바 "나는 경건하오니"(시 86:2)라는 말은 윤리적, 도덕적으로 흠이 없다는 뜻이 아니라, 신학적인 의미에서 자신은 하나님께 은혜를 받은 백성 곧 '성도'라는 의미다. 따라서 이런 자는 주께 속하여 매사에 주님을 의지하는 자들로서 환난 날에 구속함 받기에 합당한 '의인'인 것이다.

② 시편의 악인관(惡人觀): 시편에서 말하는 악인의 개념 역시 단순히 윤리적, 도덕적으로 나쁜 사람을 가리키는 뜻이 아니다. 그 말은 신학적인 개념으로, 곧 그의 모든 사상과 행동에 '하나님이 없다'고 하는 자다(시 10:4). 따라서 악인은 하나님을 의식하지 않기에 육체의 타락한 본성을 좇아 교만한 마음으로 제멋대로 살아가고, 그 결과로 온갖 죄악들이 그에게서 생산된다.

그런데 그렇게 죄악의 삶을 살더라도 타락한 세상에서 악인들이 때때로 혹은 종종 형통함과 부귀영화를 누리기도 한다. 하지만 그런 형통함과 부귀영화는 잠시잠깐이고(시 37:10), 결국엔 그들이 없다고 주장한 하나님께 엄중한 심판을 받아 영원한 멸망에 이르게 된다(시 9:5; 37:38; 92:7). 이것이 피할 수 없는 악인의 최종 운명이다.

2. 시편의 죄악관(罪惡觀)

구약시대에 있어 선지자 이전의 시대에는 대체로 종교 의식적 측면이나 사회적 측면의 범죄가 더 강조되었다. 개인적이고 윤리적인 죄악관이 강하게 나타난 것은 시편에 이르러서였다. 이른바 시편의 7대 회개시(6장, 32장, 38장, 51장, 102장, 130장, 143장)를 살펴보면, 그중 두 편의 시들(6장, 102장)만이 일반적인 사죄를 간구했을 뿐, 나머지 5편의 시들은 모두 구체적인 죄의 문제를 놓고 사죄를 간구하고 있음을 볼 수 있다. 이처럼 시편의 죄악관은 근본적인 죄인 됨의 상태에서 출발하여 삶 속의 구체적인 죄로까지 이어진다. 이것은 시편 32편과 51편 속에 나타난바 '죄'라는 여러 히브리어 단어들을 통해서도 알 수 있다.

① 페솨: 허물(32:1) 또는 죄과(51:1)로 번역됨. 정도(正道)에서 벗어나 하나님을 거스르고 그분의 말씀을 어기는 것.
② 핫타: 죄(32:1; 51:2)로 번역됨. 표준(하나님의 말씀)에서 벗어나

다른 데로 이탈하는 것.

③ **아온**: 간사(32:2) 또는 죄악(51:2)으로 번역됨. 올바르지 못하고 왜곡되거나 비뚤어지는 것.

이처럼 시편 저자들은 자신들의 회개시에서 하나님의 모든 말씀에서 벗어나고 이탈하며 왜곡된 페솨, 핫타, 아온의 삼중(三重) 죄에 대하여 하나님께 회개하였고, 이에 응답하여 하나님의 사죄 은총도 삼중으로 표현되었는데, 곧 하나님께서는 회개하는 자의 죄를 '제하여 버리시고'(lifting away) '덮어 버리시며'(covering over) '도말하여 버리시는'(blotting out) 것이다.

시편은 저자가 다양하고 시대 배경도 광범위하지만 '하나님께 대한 찬양과 경배'라는 대주제하에 수금과 비파와 각종 악기들로 연주된 각각의 시들은 한 편 한 편이 우리의 영혼을 울려주는 성경문학의 꽃이며 진수다.

먼저 각각의 시들을 읊조린 뒤에 **[해설과 묵상]**을 읽고서 다시금 되새김질하듯 시를 찬찬히 읽어보도록 하자. 한 편 한 편이 성령님의 감화 감동으로 쓰인 아름답고 영감 있는 시들인 만큼, 각 편을 읽고 묵상하고 성찰하는 가운데 오늘날 다시금 성령님의 감화 감동하심으로 모두가 큰 은혜를 받아 영성이 크게 성숙하는 계기가 되기를 바란다.

1

복 있는 사람

복된 이는 시냇가 푸른 나무처럼
싱싱한 이파리와 튼실한 열매로
하는 일마다 손발이 잘 맞아
절로 콧노래를 부르네

(1-3) 복 있는 사람은
악한 사람들의 꾀를 따르지 아니하고,
죄인들의 길에 들어서지 아니하며,
주님을 비웃는 거만한 사람들과 자리를 함께하지 않으며,
오직 주님의 교훈을 즐거워하면서,
그 교훈을 밤낮으로 읊조리며 깊이 생각하는 사람이로다.
이런 사람은 시냇가에 심은 나무가 철따라 열매를 풍성히 맺고
그 잎사귀가 조금도 시들지 아니하는 것처럼
하는 모든 일마다 다 형통할 것이로다.

(4-6) 그러나 악한 사람들은 그렇지 아니하니,
그런 자들은 한낱 바람에 흩날리는 겨와 같도다.
그러므로 악한 사람들은 주님의 심판 때에 견딜 수 없을 것이며,
의로운 사람들의 모임에 참여하지 못할 것이로다.
진실로 주께서는 의인의 길은 인정하고 지켜주시지만,
악인의 길은 결국 멸망에 이르게 하실 것이로다.

[해설과 묵상] 시편 전체의 서론으로, 인생살이에 있어 가장 중요한 주제를 다룬 교훈적인 지혜시다. 인간이 참으로 복 받고 가치 있게 살아가는 비결이 무엇인지 알려주지만 그와 동시에 인간이 불행하게 되는 원인이 무엇인지도 간결한 시 한 수로 밝히 보여주고 있다.

시냇가에 심은 나무는 철따라 열매를 맺고

하나님을 경외하는 가운데 그분의 말씀을 되새기고 순종하는 삶이야말로 '철따라 풍성히 열매 맺는' 복된 삶이지만(3절), 하나님을 떠나 제멋대로 살아가는 악인의 삶은 '바람에 날리는 겨처럼' 헛된 인생으로 결국 멸망에 이르는 삶이다(4절).

한편, 여기서 '복 있다는 것'은 삶의 기쁨과 만족을 느끼는 단순한 감정 이상의 것으로, 하나님과 올바른 관계를 맺은 데서부터 비로소 누릴 수 있는 영육(靈肉) 간의 참된 평강(샬롬)의 상태를 가리킨다.

2

주께서 세우신 왕

거룩한 시온산에 왕을 세우리라
그는 내 아들, 내가 그를 낳았다
그에게 민족과 나라를 주어
땅끝까지 차지하게 하리라

(1-6) 어찌하여 나라들마다 이토록 시끄러운가.
어찌하여 민족들마다 헛된 일을 꾸미는가.
어찌하여 세상의 왕들이 들고 일어나며
어찌하여 세상의 통치자들이 한데 모여 주님을 거스르고
주께서 기름 부어 세우신 자를 거역하며 이르기를
"자, 우리가 이 사슬을 끊어버리고 이 족쇄를 벗어 던지자!" 하는가.
하늘 보좌에 앉으신 이가 그들을 비웃으시고
주께서 그들을 가소롭게 여기시도다.
그러고는 마침내 주께서 크게 진노하셔서
그들에게 호통치시며 이르시기를
"내가 나의 거룩한 산 시온에 나의 왕을 세웠노라!" 하시도다.

(7-9) "이제 주께 왕으로 세움받은 내가
주께서 내리신 칙령을 선포하노라.
주께서 내게 이르시기를
'너는 내 아들이니라. 오늘날 내가 너를 낳았노라.
그러므로 너는 나에게 구하라.

그러면 내가 너에게 뭇 민족들을 유산으로 줄 것이니
땅의 이 끝에서 저 끝까지 온 세상이 네 소유가 될 것이로다.
너는 그들을 철장으로 다스릴 것이고
철퇴로 질그릇을 부수듯 그들을 산산조각 낼 것이로다.' 하셨노라"

(10-12) 그러므로 너희 왕들아, 부디 현명하게 굴어라.
세상을 다스리는 통치자들아, 이 경고에 귀를 기울여라.
주님을 경외하고 그분을 섬겨라.
떨리는 마음으로 주님을 찬양하여라.
그분의 아들에게 복종의 마음으로 입을 맞추어라.
그렇지 아니하면, 그분의 진노가 지체없이 너희에게 임할 것인즉
너희가 너희 걸어가는 그 길에서 속히 멸망할 것이로다.
그러나 누구든지 주님을 의지하여
그분을 자기 피난처로 삼는 자는 복이 있도다.

[해설과 묵상] 일종의 메시아 예언시로, 하나님께서 나단 선지자를 통해 다윗에게 주신 언약의 내용을 담고 있다(삼하 7:8-16). 다윗에 이어 이스라엘 왕위에 오르는 왕들의 즉위식 때 이 시편이 낭독되었다. 그러나 본시의 궁극적인 대상은 장차 다윗의 혈통을 좇아 온 인류의 왕으로 이 땅에 오실 하나님의 독생자 '메시아 예수'다.

전반부는 교만한 마음으로 악을 꾀하는 세상 통치자들의 어리석은 행각을 지적한다(1-6절). 중반부에서는 기름 부음 받은 자(일차적으로는 다윗 계통의 왕들, 궁극적으로는 메시아 예수)에 대한 하나님의 인준과 그 왕에 대한 전적인 후원을 선포한 후(7-9절), 후반부에는 주께 대한 경외와 그분의 아들에 대한 순복을 명하는 내용으로 구성되었다(10-12절).

이때 시인은 '그분의 아들에게 입 맞출 것'을 세상 통치자들에게 요구했다(12절). 고대세계에서 입맞춤 행위는 보다 큰 권위와 힘을 가진 사람에 대한 경의와 예우의 표시였기 때문이다. 세상 군왕들은

하나님께서 세우신 '그 아들' 곧 메시아께 복종과 경배의 예로서 마땅히 그 발이나 입에 입을 맞추어야 했다. 그것이 정녕 세상 군왕들이 만왕의 왕이신 메시아께 대해서 마땅히 취해야 할 옳고 현명한 자세였다.

3

주께 도움을 간청하는 노래

사방에 적들이 우글우글
나를 비웃는 자가 많을지라도
주께서는 나의 방패, 나의 영광
고개 들고 당당히 나아갑니다

다윗의 시: 다윗이 자기 아들 압살롬에게 쫓겨 도망갈 때 지은 시

(1-2) 주여, 나를 대적하는 적들이 내게는 어찌 이리도 많습니까.
나를 치려고 일어서는 자들이 참으로 많나이다.
많은 사람들이 나를 두고
"하나님께서 너를 구해 주신다고? 어림도 없지!" 하고 빈정거립니다.
(셀라)
(3-8) 그러나 주여, 주께서는 나의 방패이시고, 나의 영광이시며,
나의 머리를 들어주시는 분이십니다.
그러므로 내가 주께 큰 소리로 부르짖을 때,
주께서는 주님의 거룩한 산 시온에서 내게 응답해주시나이다. (셀라)
내가 아무런 걱정 없이 편히 잠들고
아침이면 다시 깨어날 수 있는 것도
오로지 주께서 나를 굳게 붙들어주시기 때문입니다.
그러므로 제아무리 수많은 원수들이 이 몸을 치려고
사방에서 일어나 내게 득달같이 달려들어도
나는 조금도 두렵지 않나이다.

주여, 일어나소서!
오, 나의 하나님이여, 나를 구해주소서.
주께서 권능의 손길로 내 원수들의 뺨을 후려치시고
악인들의 이빨을 왕창 부러뜨려주소서.
구원은 오직 주께만 있사오니
주여! 주님의 백성에게 복을 내려주소서. (셀라)

[해설과 묵상] 다윗이 자신의 사랑하는 아들 압살롬의 반역을 피해 예루살렘 왕궁을 떠나 도피생활을 할 때의 사건을 배경으로 삼은 시다(삼하 15:13-16:14).

시의 초반부에서 다윗은 자신의 생명을 노리고 악랄하고 집요하게 달려드는 수많은 적들의 비난과 공격으로 인해 탄식한다(1-2절). 하지만 다윗은 포기하거나 절망하지 않는다. 이어지는 중후반부에서 다윗은 그러한 고난과 역경을 딛고 도리어 하나님께 대한 소망과 신뢰가 더욱 깊어져 간 사실을 노래한다(3-8절). 이처럼 참된 신앙인에게는 역경과 고난의 바람이 거세면 거셀수록 도리어 하나님께 대한 굳센 소망과 신뢰로 인해 더욱 담대해지는 신비한 힘이 있다.

한편, 다윗은 주님을 향하여 자기 원수들의 '뺨'을 후려치시고 그들의 '이빨'을 왕창 부러뜨려달라고 기도했다(7절). 원수들이 두터운 낯짝으로 하나님을 조롱하면서 날카로운 이빨로 자신과 자신의 왕국을 마구 물어뜯고 있었기 때문이다. 그런 원수들의 모습에 다윗은 끓어오르는 의분을 느끼면서 하나님께서 그들을 공의로 다스려주시기를 원했던 것이다. 시의 내용 가운데 나타나 있듯이, 이 시는 '아침에 잠에서 깨어날 때' 주께 드리는 기도다.

4

주께 도움을 구하는 저녁기도

주께서는 경건한 이들을 구별하시고
내가 부르짖을 때마다 응답하시네
믿고 예배하며 죄 짓지 말고
자기 전에 기도 올려라

다윗의 시: 찬양대 지휘자의 지휘에 따라 현악기에 맞추어 부르는 노래

(1-5) 의로우신 나의 하나님,
내가 주께 부르짖을 때에 내게 응답해주소서.
곤경에서 나를 건져주시고
나를 가엾게 여기시어 나의 기도를 들어주소서.
사람들아, 너희가 언제까지 나의 영광을 더럽히며
언제까지 내 이름에 먹칠을 하려느냐.
너희가 언제까지 헛된 것에 빠져서 거짓된 신들을 추종하려느냐. (셀라)
너희는 이것을 알라.
주께서는 자기를 위해 경건한 자들을 택하여 따로 구별해두셨나니
내가 그분께 부르짖을 때
그분께서 응답해주실 것이로다.
너희는 떨며 두려워하고 죄를 짓지 말라.
잠자리에 들 때마다 마음을 살피며 고요히 묵상하여라. (셀라)
주께 의로운 제사를 드리고

모쪼록 주님만 믿고 의지하여라.

(6-8) **많은 사람들이 탄식하며 말하기를**
"그 누가 우리에게 선한 일을 보여줄 수 있을까?" 하오니
주여! 주님의 환한 얼굴빛을 우리 위에 비춰주소서.
주께서 내 마음에 가득 채워주신 기쁨은
햇곡식과 새 포도주가 풍성할 때의 기쁨보다 더욱 크나이다.
주여, 오직 주님만이 나를 평안히 살게 하실 수 있사오니
내가 편히 누워 잠들 수 있는 것도 모두 주님 덕분입니다.

[해설과 묵상] 표제에 기록된 대로 찬양대 지휘자의 지휘에 따라 현악기(수금)의 반주에 맞추어 부른 성전의 찬송시다. 내용상 시편 3편과 긴밀하게 되어있는데, 앞의 3편이 극심한 곤고 가운데 처한 시인이 주께 다급하게 도움과 구원을 호소한 노래라면, 본시는 하나님의 도움과 구원을 경험한 시인이 고요한 평안 중에 그 기쁨을 인생들에게 널리 간증하는 노래다.

시인은 먼저 전반부에서 주께 대한 확고한 신앙에 근거하여 헛된 것을 추구하는 인생들을 꾸짖는 동시에 그들에게 참된 삶의 길을 자신 있게 교훈한다(1-5절). 무엇보다 주께 '의로운 제사'를 드리라고 권면하는데(5절), 이 제사는 하나님께 대한 올바른 경외의 마음으로 하나님께서 원하시는 대로 드리는 제사다. 곧 상한 마음과 의로운 행실로써 드리는 산 제사다(시 51:17; 고후 9:6-7). 이어 시의 후반부에서 시인은 자신의 신앙 체험에 근거하여 우리 인생들에게 '선한 일을 보여줄 자'는 오직 하나님뿐임을 확신 있게 고백한다(6-8절). 시의 내용 가운데 나타나 있듯, 이 시는 '저녁 잠자리에 들 때' 주께 드리는 기도다.

5

주께 인도와 보호를 요청하는 기도

거짓말로 사람 잡는 이들과
제 잘난 맛에 사는 이들을 내치소서
주를 온전히 사모하는 마음으로
거룩한 주의 성전에 올라갑니다

다윗의 시: 찬양대 지휘자의 지휘에 따라 관악기에 맞추어 부르는 노래

(1-6) 주여, 나의 기도에 귀 기울여주소서.
나의 애타는 이 심정을 헤아려주소서.
나의 왕, 나의 하나님이시여, 내가 두 손 모아 주께 기도하오니
나의 부르짖는 이 탄식소리를 굽어 살펴주소서.
주여, 주께서는 아침마다 내 목소리를 들으시니
내가 아침에 내 사정을 주께 다 아뢰고
겸손히 주님의 응답을 기다리겠나이다.
주께서는 죄악을 기뻐하시는 하나님이 결코 아니시니
모든 악인은 주님과 함께 할 수 없나이다.
교만한 자들이 주님 앞에 절대로 설 수 없는 것은
주께서는 악한 일을 저지르는 자들을 아주 미워하시기 때문입니다.
진실로 주께서는 거짓말하는 자들을 모조리 멸망시키시고
다른 사람의 피를 흘리는 살인자들과
남을 속여먹는 사기꾼들을 몹시 싫어하십니다.

(7-12) 그러나 이 몸은 주님의 크신 사랑을 힘입어

이렇듯 주님의 집에 들어가 두렵고 떨리는 마음으로
주님의 거룩한 성전을 향해 경배하겠나이다.
주여, 내게는 많은 대적들이 있사오니
나를 주님의 의로운 길로 인도해주시고
주님의 길을 환히 밝히셔서 나로 그 길을 따르게 하소서.
악인들이 그 입으로 지껄이는 말은 한마디도 믿을 수 없나이다.
그들의 마음은 항상 악으로 가득 차 있고
그들의 목구멍은 열려 있는 무덤 같으며
그들의 혀는 언제나 아첨만 일삼나이다.
하나님이여! 그들을 정죄하셔서
그들로 제 꾀에 스스로 빠지게 하소서.
그들이 저지르는 수많은 죄악을 살펴보시고
주님을 거역하는 그들을 주님 앞에서 당장 쫓아내소서.
그러나 주님을 믿고 의지하려고 주께로 피하는 자들에게는
언제나 기쁨의 노랫소리가 끊이지 않게 하소서.
주께서 그들을 항상 지켜 보호해주셔서
주님을 사랑하는 자들이
주님 안에서 늘 기쁨을 누리게 해주소서.
주여, 주께서는 정녕 의인들에게 복을 내려주시고
주님의 크고 신실하신 사랑의 방패로 그들을 둘러 감싸주십니다.

[해설과 묵상] 시편에 빈번하게 등장하는 의인과 악인의 갈등을 주요 소재로 삼은 다윗의 시다. 앞의 시편 3, 4편과 마찬가지로, 악인들에게 둘러싸여 그들의 심각한 도전을 받고 있는 열악한 환경 속에서, 시인은 시의 전반부에서 하나님께 보호를 호소함과 동시에 악인들에 대한 준엄한 징벌을 요청한다(1-6절). 이어 시의 후반부에서는 하나님을 경외하는 의인들이 하나님의 보호와 후원으로 인해 누리게 되는 기쁨과 행복에 관해 노래한다(7-12절).

시 전반에 걸쳐 악인의 특성이 잘 나타나 있는데, 다윗의 인생을 살펴볼 때 그 악인은 구체적으로 다윗을 죽이려고 혈안이 된 '사울

왕' 혹은 다윗의 통치에 도전한 '사울 집안', 혹은 다윗에게서 왕국을 탈취하려고 한 '압살롬과 그의 일당'이라고 상정해볼 수 있다. 어쨌든 다윗은 하나님께 기름 부음 받은 통치자에 대한 거짓말, 살인, 거역 등은 하나님께 대한 도전으로 간주했다.

악인들의 목구멍은 열려 있는 무덤 같고

한편, 다윗은 악인들의 특성을 "그들의 목구멍은 열려 있는 무덤 같다"라고 묘사한다(9절). 팔레스타인의 무덤은 자연동굴을 이용하거나 바위를 뚫어 굴을 만든 것들로서, 시체를 안쪽에 안치한 후에 큰 돌로 입구를 막았다. 그런데 때로 무덤 입구가 열리면, 즉 '열린 무덤'은 무덤 속의 악취가 밖으로 새어나왔다. 이처럼 악인들은 그 입을 열면 그 안에서 거짓, 사기, 중상모략, 아첨 등의 악취가 흘러나온다.

6
환난 때에 주께 자비를 구하는 기도

원수들이 사방에서 에워싸고
나를 죽이려고 달려듭니다
원수들이 수치를 당하게 하소서
고통 가운데서 헤매게 하소서

다윗의 시: 찬양대 지휘자의 지휘에 따라 '스미닛'에 맞추어 부르는 노래

(1-3) 주여, 노여우시더라도 나를 꾸짖지 마시고
분노가 치미시더라도 나를 벌하지 마소서.
주여, 내가 이렇듯 기진맥진하여 쇠약한 상태에 있사오니
부디 이 몸을 불쌍히 여겨주소서.
주여! 지금 뼈 마디마디가 덜덜 떨리오니 제발 이 몸을 고쳐주소서.
내 마음이 심히 고통스럽고 내 영혼이 너무나 괴롭나이다.
주여, 언제까지 기다려야 합니까.

(4-7) 주여, 돌아오셔서 나를 구해주소서.
주님의 한없는 자비와 신실한 사랑으로
이 몸을 이 환난 가운데서 속히 건져주소서.
사람이 죽으면 어찌 주님을 기억할 수 있겠으며
어찌 무덤 속에서 주께 감사할 수 있겠습니까.
나는 신음하고 흐느껴 울다가 지쳤나이다.
내가 밤마다 흐르는 눈물을 주체하지 못하여

내 침상은 흥건히 젖고 내 이부자리는 눈물바다를 이루었나이다.
내 눈은 크나큰 슬픔으로 시력이 약해졌고
원수들의 등살에 하도 시달려 눈이 침침해졌나이다.

(8-10) 악한 짓을 일삼는 자들아,
이제 너희는 내 앞에서 다 떠나라.
주께서 나의 울부짖음을 들으셨도다.
주께서 애타는 나의 간구를 들으셨고
나의 기도를 받아주셨도다.
그러므로 나의 모든 원수들이 벌벌 떨며 수치를 당하는구나.
그들이 크게 놀라고 낙담하며 슬슬 뒷걸음쳐 물러가는구나.

[해설과 묵상] 시편에 나타난 7대 회개시 혹은 참회시(6, 32, 38, 51, 102, 130, 143편) 가운데 맨 처음 것으로, 죄에 대한 시인의 뼈저린 회개가 생생하게 묘사되었다. 시인은 죄로 인해 임한 영혼의 병을 마치 육신의 중병에 걸린 양 비유하고 있다. 고대 히브리인들은 병자의 아프고 괴로운 상태를 생생히 읊은 본시는 이후로 병의 회복을 바라고 하나님께 제물을 드리는 병자를 위해 낭송되었다.

자신의 죄악으로 인해 영육 간에 쇠약해져 있었던 다윗은 먼저 하나님께 긍휼을 호소하는데(1-3절), 그 이유는 하나님께서 자신을 떠나가시고 자신에게 많은 고통과 탄식거리를 내리셨기 때문이었다. 다윗이 고통 중에서도 하나님을 바라볼 수 있었던 이유는 하나님의 사랑과 신실하심, 그리고 하나님께서 자신의 기도에 응답하실 것이라는 믿음 때문이었다(4-7절). 다윗은 그런 믿음으로 하나님께서 자신의 기도를 들으신 사실을 확신하고는 기쁨으로 노래를 끝맺는다(8-10절).

한편, 표제에 나타난 대로 본시는 찬양대 지휘자의 지휘에 따라 '스미닛'에 맞추어 부르는 노래인데, 스미닛은 '여덟째'란 뜻으로, 곧 슬픈 노래에 어울리도록 낮은 음조를 내는 '팔현금(八絃琴)'을 가리킨다.

7
공의로운 심판을 구하는 기도

모든 민족을 주 앞에 모이게 하여
올바른 심판으로 그들을 벌하소서
악인이 죄 짓고 거짓 일삼으면
스스로 구덩이에 빠져들게 하소서

다윗의 식가욘: 베냐민 사람 구시의 모함을 듣고서 주께 호소한 노래

(1-5) 주 나의 하나님이시여! 내가 주님을 믿고 의지하오니
나를 뒤쫓는 모든 사람에게서 나를 구해주소서.
주님 아니면 나를 구해줄 이 아무도 없사오니
나의 원수들이 사자같이 내게 달려들어
나를 갈기갈기 찢어발길 것입니다.
오! 주 나의 하나님, 만일 내가 불의한 일을 행했다면
그래서 내 손에 죄악이 있다면
만일 내가 이웃의 선의를 악으로 갚았다거나
원수라고 하여 아무 까닭 없이 무엇을 빼앗기라도 했다면
만일 내가 그런 짓을 행했다면
내 원수들이 뒤쫓아 와서 나를 붙잡게 하소서.
그래서 원수들로 내 생명을 짓밟게 하시고
내 영광을 땅에 떨어지게 하소서. (셀라)

(6-13) 주여, 분노를 발하시어 이제 일어나소서.

원수들이 저렇게 미친 듯이 마음대로 날뛰고 있사오니
어서 일어나시어 저들의 기세를 꺾어주시고
저들에게 공의의 심판을 베풀어 주소서.
세상 뭇 민족들을 주님 앞으로 모이게 하신 후
주께서 법정의 높은 자리에 오르셔서 그들을 다스리고 판결하소서.
진실로 주께서는 세상 뭇 민족들을 올바로 심판하시는 분이오니
나의 의로움과 나의 신실함에 따라 나를 옳게 판단해주소서.
못된 짓만 일삼는 악인들을 이제는 제발 끝장내시고
오직 의인들을 굳게 세워주소서.
의로우신 하나님, 주께서는 참으로
사람의 마음속까지도 낱낱이 꿰뚫어보시는 분이 아니십니까.
나의 방패이신 하나님께서는 마음이 올바른 자를 구해주시는 분.
하나님께서는 공의로운 재판장이시며
악인을 향해 날마다 진노하시는 분.
그분께서는 죄악의 길에서 돌이키지 아니하는 악인들을
다 쓰러뜨리시려고
칼을 예리하게 갈고 활시위를 힘차게 당길 준비를 하시는구나.
악인들을 고꾸라뜨려 죽이시려고 무서운 무기를 준비하시고
불붙은 화살로 악인들을 겨냥하고 계시는구나.

(14-17) 보라, 악인이 죄악을 잉태하여
스스로 재앙을 낳고 거짓을 출산하는구나.
남을 쓰러뜨리려고 올가미를 놓고 땅을 파서 구덩이를 만들더니
자기가 판 구덩이에 자기 스스로가 빠지는구나.
남에게 행한 못된 짓이 도로 자기에게로 돌아가고
남에게 휘두른 폭력도 도로 자기 머리 위에 떨어지는구나.
그러므로 내가 의로우신 주님을 찬양하고
지극히 높으신 주님의 이름을 노래하리라.

[해설과 묵상] 다윗이 사울 왕의 추격을 피해 유대 광야 도처를 정처 없이 떠돌던 때를 배경으로 삼은 시다(삼상 24장). 본래 '셀라'를 중심으

악인은 자기가 판 웅덩이에 빠지리로다

로 나눠진 두 편의 시가 하나로 결합된 것인데, 전반부는 자신이 무죄한데도 불구하고 원수들이 집요하게 자신을 위협하는 일에 대해 다윗이 하나님께 간곡히 탄원하는 장면이다(1-5절). 후반부는 뭇 민족들을 심판하시는 하나님의 공의로움을 선포하면서(6-13절), 하나님께서 매일 분노하실 수밖에 없을 만큼 인간들이 매일 사악한 일을 도모하는 것에 대해 노래하고 있다(14-17절). 이처럼 공의의 재판을 통해 의인이 올바로 서고 악인이 멸망당하기를 노래한 본시는 후대의 부림절 축제 때 즐겨 낭송되었다.

한편, 본시의 표제에 나타난 '식가욘'은 격렬한 감정과 마음의 흥분 속에서 쓰인 열정적인 운율의 시를 가리키고, '베냐민 사람 구시'는 사울 왕국의 주요 관리나 참모 가운데 한 사람으로 다윗에 대해 악의를 갖고 온갖 모함을 자행한 인물이다. 이처럼 사울 왕은 '구시'나 '도엑' 같은 주변의 간사한 자들에 의해 충동을 받아 무고히 다윗을 핍박했고, 또한 수많은 제사장들을 죽이는 악행을 저질렀다(삼상 22:18-19).

8

창조주의 권능을 찬양함

주여, 모두가 주를 찬양합니다
젖먹이와 어린아이가 노래하고
해, 달, 별이 하늘에서 찬송하지만
원수들은 풀이 죽어 잠잠합니다

다윗의 시: 찬양대 지휘자의 지휘에 따라 '깃딧' 가락에 맞추어 부르는 노래

(1-3) 주 우리 하나님이시여,
온 땅에 주님의 이름이 어찌 그리 장엄한지요!
주님의 장엄한 영광이 저 높은 하늘 위까지 두루 가득 차 있나이다.
주께서는 어린이들과 젖먹이들을 통해서도
주님의 크신 권능을 찬양하게 하셨으니
이는 주님의 모든 원수들로 하여금 기가 꺾여
주님 앞에서 잠잠케 하시려는 것입니다.
주께서 주님의 손가락으로 친히 만드신 저 하늘과
또 창공에 매달아 놓으신 저 달과 별들을 내가 우러러 바라봅니다.

(4-9) 참으로 사람이 무엇이기에 주께서 이렇듯 생각해 주시며
과연 사람이 무엇이기에 주께서 이토록 보살펴주시는지요!
주께서는 사람을 신적인 존재보다는 조금 못하게 만드셨지만
그에게 영광과 존귀의 관을 씌워주셨나이다.
또한 주께서는 손수 지으신 것들을 사람이 일일이 다스리게 하시고

온갖 피조물들을 사람의 발아래에 두셨나이다.
주께서는 모든 가축들과 들짐승들, 공중의 새들과 바다의 물고기들,
그리고 물길 따라 두루 움직이는 온갖 것들을
다 사람에게 맡기셨나이다.
주 우리 하나님이시여, 온 땅에 주님의 이름이 어찌 그리 장엄한지요!

주님이 창공에 매달아 놓으신 달과 별들.

[해설과 묵상] 창세기 1장에 나타난 천지창조의 메아리 같은 시이므로, 흔히 '창조의 시'라 불린다.

시의 전반부는 마치 창세기 1장의 천지창조를 재현하듯 광대무변한 우주를 그 손가락으로 친히 지으신, 그리하여 온 우주 안에 가득 찬 하나님의 크신 권능과 위엄을 찬양하고 있다(1-3절). 후반부는 그처럼 위대하신 하나님께서 보잘것없고 미약한 피조물에 불과한 인간을 돌아보시고 만물의 영장(靈長) 삼아 영화롭게 하신 그 놀랍고 은혜로운 사실에 대해 감격하고 찬양한다(4-9절).

한편, 표제에 나타난 '깃딧'은 '술틀'로 번역되는 말인데(70인역), 포도를 술틀에 넣고 밟을 때 곧 포도 수확과 포도주 생산 때 부르는 경쾌한 기쁨의 곡조로 여겨진다. 시편에는 '깃딧'에 맞추어 부르는 노래가 3편 있다(8, 81, 84편).

9

주님께 도움을 간청하는 노래

주께 감사하여 이 시를 바칩니다
주 하나님을 목청껏 찬송하는
기쁨의 노래가 분수처럼 터집니다
주께서 행하신 모든 걸 노래합니다

다윗의 시: 찬양대 지휘자의 지휘에 따라 '뭇랍벤' 가락에 맞추어 부르는 노래

(1-3) 주여, 나의 온 마음 다하여 주께 감사를 드립니다.
주께서 베푸신 놀라운 일들을 내가 낱낱이 다 전하겠나이다.
주님을 생각만 하여도 이렇듯 기쁘고 흐뭇하니
내가 한없이 드높으신 주님의 이름을 찬양하겠나이다.
주님 앞에서는 나의 원수들이 뒤돌아서서 도망치다가
전부 고꾸라져 멸망하고 말 것입니다.

(4-10) 주께서는 나의 권리와 사정을 변호해주셨고
주님의 보좌에 앉으셔서 나를 공정하고 의롭게 판결해주셨나이다.
또한 주께서는 뭇 민족을 꾸짖으시고
악한 자들을 멸망시켜 그들의 이름을 영원히 지워버리셨나이다.
원수들은 완전히 멸망하여 더 이상 흔적조차 찾을 수 없고
주께서는 그들이 살던 성읍을 뿌리째 뽑아 멀리 던지셨으므로
이제는 아무도 기억조차 하지 못합니다.
온 천하에 오직 주님만이 영원히 다스리시는 분이시니

주께서는 심판을 위해 옥좌를 준비해두셨나이다.
참으로 주께서는 정의로 온 세상을 다스리시고
공정함으로 만백성을 판단하실 것입니다.
주께서는 억압받는 자들의 산성이시요
곤경에 처한 자들의 피난처이십니다.
주여, 진실로 주께서는 주님을 찾는 자들을 결코 외면하지 않으시니
주님의 이름을 아는 자들은 모두가 주님을 믿고 의지하나이다.

(11-14) 너희는 시온에 계시는 주님을 찬양하여라.
주께서 행하시는 일들을 온 세상 만민에게 널리 알려라.
주께서는 피 흘리게 한 살인자에게 피로 복수하시는 하나님이시니
그분께서는 억울하게 피 흘린 자들과 고통당하는 자들을 기억하시고
그들의 울부짖는 소리를 결코 잊지 않으신다.
오, 주여, 이 몸을 어여삐 여겨주소서.
나를 미워하는 내 원수들에게서 내가 겪고 있는
이 고통과 괴로움을 살펴보시고
나를 측은히 여기시어 이 죽음의 문턱에서 나를 건져주소서.
그리하시면 내가 시온의 여러 성문들에서 주님을 높이 찬양하겠고
나를 구원해주신 주님의 크신 권능을 기쁨으로 널리 전파하겠나이다.

(15-20) 저 이방의 뭇 민족들을 보라.
그들은 자기들이 판 구덩이에 스스로 빠져버렸고
자기들이 숨겨놓은 그물에 자신들의 발이 걸려버렸구나.
주께서는 의로운 재판으로 자신을 드러내시고
악인들은 제 꾀에 제 스스로 넘어가는구나. (힉가욘, 셀라)
악인들이 들어갈 곳은 스올밖에 더 있으랴!
하나님을 잊어버린 뭇 민족들이 들어갈 곳도 역시 그곳뿐이리.
그러나 가난한 자들은 끝까지 잊히지 아니하겠고
억눌린 자들의 소망도 영원히 없어지지 않으리라.
주여, 일어나소서! 사람이 주님을 거슬러 으스대지 말게 하시고
뭇 이방의 나라들이 주님 앞에서 심판을 받게 하소서.
주여, 저들을 두려움에 떨게 하시고

저들로 자신들이 한낱 죽을 수밖에 없는 인생에 지나지 아니함을 스스로 깨달아 알게 하소서. (셀라)

시온의 문에서 주님의 구원을 기뻐하리이다

[해설과 묵상] 다윗이 하나님의 백성 된 이스라엘의 원수인 암몬 족속을 정복할 당시의 시대 상황을 배경으로 삼은 시다(삼하 12:26-31).

다윗은 먼저 원수를 물리쳐 승리를 얻도록 해주신 하나님께 감사 찬송을 드리면서(1연, 1-3절), 악인에 대한 하나님의 공의로운 심판을 노래한다(2연, 4-10절). 그런 뒤 하나님의 긍휼에 근거하여 구원을 호소하고(3연, 11-14절), 마지막으로 하나님께서 악을 행하는 모든 인생들에게 심판하시며 영영히 승리하시기를 간구한다(4연, 15-20절).

본시의 교훈은 이것이다. 언뜻 보기에는 악인들이 번영하고 성공하는 것 같지만, 그들의 결국은 쇠퇴이고 멸망이다. 왜냐하면 모든 일을 공의와 진리로 다스리시는 하나님께서 역사의 주관자 되시고 심판자 되시기 때문이다. 본시는 다음 편(10편)과 더불어 히브리어 알파벳 순서대로 노래한 '알파벳 시편'이고, 그 주제로 보면 악인을 공의로 심판하시고 의인을 환난에서 건져주시는 하나님께 대한 감사의 시편이다.

표제에 나타난 '뭇랍벤'은 '아들의 죽음'이란 뜻으로 '아들의 죽음이란 곡조에 맞추어 부르라'는 의미인 듯하다. 다윗 시대에는 익히 알려진 곡이었을 것이다. 그리고 4연 17절에 나타난 '스올'은 죽은 자들이 예외 없이 들어가는 지하세계 곧 '무덤'을 뜻한다. 하지만 이 말이 악인들과 관련하여 사용될 때는 점차 '형벌의 장소'라는 개념으로 발전되어, 신약시대에는 '게엔나' 곧 지옥(地獄)이란 뜻이 되었다(마 5:29; 약 3:6).

10

악인에 대한 심판을 주께 호소함

저들은 세 치 혀로 거짓말을 하고
으슥한 데서 죄 없는 이를 죽이고
숨어서 먹이 낚아채는 사자처럼
가련한 사람들을 잡아먹습니다

(1-12) 주여, 어찌하여 그토록 멀리 떨어져 계십니까.
내가 이렇듯 고통 가운데서 괴로워하고 있는데
어찌하여 주께서는 그렇게 숨어만 계십니까.
악한 자들이 스스로 교만하여 약한 자들을 짓누르고 학대하니
주께서 그들을 제 꾀에 빠져들게 하소서.
악한 자들은 자기들의 악한 욕망을 자랑하고 탐욕을 부리는 자들은
주님을 멸시하고 모독합니다.
악한 자들은 아주 뻔뻔스럽게도 하나님을 찾지 않고
"하나님이 도대체 어디에 있느냐?" 하고 조롱합니다.
그런데도 악한 자들이 하는 일마다 항상 잘 되고
주님의 심판은 너무 멀어서 그들의 눈에 조금도 보이지 않으니
악한 자들은 흥청거리며 자신들에게 반대하는 자들을 향해
코웃음만 칩니다.
그들은 속으로 거만하게 말하기를
"그래, 내가 꿈쩍이나 하나 봐라. 내게는 아무 불행이 없으니,
나는 절대로 망하지 않아!" 합니다.

보소서, 그들의 입은 저주와 거짓과 기만으로 가득 차 있고
그들의 혀에는 죄악과 욕설뿐입니다.
그들은 으슥한 곳에 숨어있다가
아무 잘못도 없는 죄 없는 자들을 죽여 버리기 일쑤요
또한 아무 의지할 데 없는 가련한 자들을 두 눈 번뜩이며 노립니다.
마치 굴 안에 가만히 웅크리고 앉아
먹이가 걸려들기를 노리는 굶주린 사자처럼
기회만 닿으면 가난한 자들을 그물로 덮쳐 질질 끌고 갑니다.
그리하여 붙잡힌 자들은 엎드려서 빌빌대다가
악한 자들의 폭력 앞에 고꾸라지고 맙니다.
그러면서도 그들은 속으로 말하기를
"하나님이 이 일과 무슨 상관이야?
그는 아무런 관심이 없으므로
아예 얼굴을 돌리고 쳐다보지도 않는데!" 합니다.
하오니 주여, 일어나소서!
하나님이시여, 주님의 손을 높이 드시어 저 악한 자들을 후려치소서.
힘없는 자들을 잊지 마소서.

(13-18) 어찌하여 주께서는 악한 자들이 주님을 모욕하도록
그냥 놔두십니까. 그들은 마음속으로
"하나님이 나에게 무슨 벌을 내릴 수 있으랴!" 하고 코웃음칩니다.
그러나 주께서는 악한 자들의 학대와 연약한 자들의 억울함을
다 지켜보셨으니 이제는 주님의 손으로 친히 다 갚아주소서.
의지할 데 없는 가련한 사람들이 기댈 데라고는 오직 주님뿐입니다.
참으로 주께서는 오갈 데 없는 고아들을 항상 돌보아주시는 분이 아닙니까!
주여, 악한 자들의 거만한 팔을 꺾어주소서.
그들의 악한 짓이 영원히 자취를 감추도록
저들의 못된 짓들을 샅샅이 살피고 들춰내시어 강력하게 처벌해주소서.
주께서는 영원무궁토록 왕이시므로
우상을 섬기는 이방 민족들이 주님의 땅에서 모두 사라질 것입니다.
주여, 가난한 이들의 간구를 들어주소서.
저들의 울부짖는 소리에 귀 기울이시어

저들의 아픈 마음을 위로해주소서.
오갈 데 없는 고아들과 억눌려 사는 힘없는 자들을
권능의 팔로 감싸주소서.
그리하시면 다시는 이 땅에 억압받는 사람이 없을 것입니다.

[해설과 묵상] 본시는 운율 구조상 본래 앞선 9편과 하나의 묶음으로 된 시였다(그래서 10편에는 아무런 표제가 없다). 히브리어의 헬라어 역본인 70인역(LXX)은 9편과 10편을 하나의 시로 간주한다. 후대에 이르러 두 시가 분리된 것은 시의 성격과 내용상 9편은 감사와 찬양의 시인 반면, 10편은 탄식과 비탄의 시이기 때문이다. 그리고 9편은 국가적인 차원에서 열방들의 강포함에 대하여 하나님의 공의와 심판을 호소한 반면, 10편은 개인적인 차원에서 이스라엘 중의 포악한 자들에 대해 하나님의 공의와 심판을 간구한 시이기 때문이다.

시인은 먼저 전반부에서 하나님이 없다고 주장하는 악인들(무신론자들)에 의해 하나님의 공의가 무참히 짓밟히고 있는 안타까운 현실에 대해 아픈 호소를 한다(1-12절). 그러나 후반부에서는 잠시 침묵하시던 하나님께서 마침내 일어나셔서 악인들을 공의로 심판하실 것이고, 주님을 의뢰하는 겸손한 자들의 호소에 귀를 기울이실 것이라는 강한 확신을 노래한다(13-18절).

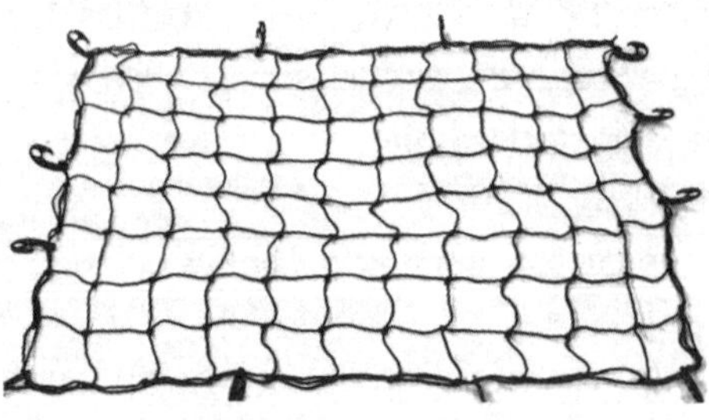
악인은 그물을 끌어당겨 가련한 자를 잡나이다

후반부의 15절에서 시인은 특별히 "악인들의 팔을 꺾어 달라"고 호소하는데, 여기서 '팔'은 힘과 권세를 상징한다. 시인은 하나님의 더욱 강력하신 능력으로 악인들의 거만하고 기세등등한 힘을 꺾어

달라고 호소한 것이다. 이렇듯 본시는 한탄과 비탄으로 시작하지만, 마침내는 기도와 확신으로 마무리된다.

비록 이 세상의 겉모습이 마구 설쳐대는 악인들로 인해 죄악과 부패로 가득 차 있다고 할지라도, 이 세상 역사의 진정한 주관자는 하나님이시기 때문에 마침내는 하나님의 공의가 똑바로 서고, 그래서 하나님을 의뢰하는 자(성도)가 최종적인 승리를 거두게 되는 것이다. 이런 점에서 역사의 참된 주관자 되시는 하나님을 소망하고 의뢰하는 자는 아무리 비참하고 절망적인 상황에서도 결코 포기해서는 안 된다.

11

오직 주님만을 신뢰함

차라리 새가 되어 산으로 도망칠까
악인들의 화살이 의인들을 뚫고
바닥이 흔들려 무너지려 하는데
주를 믿고 산다는 게 소용없구나

다윗의 시: 찬양대 지휘자의 지휘에 따라 부르는 노래

(1-3) 내가 주님을 믿고 의지하는데 어찌하여 너희는 나를 향해
"너는 새처럼 산으로 도망치라.
악한 자들이 화살을 시위에 먹여 당기려 하고
그들이 어두운 곳에 은밀히 숨어
올바른 마음가짐으로 살아가고 있는 의인들을 향해 쏘려고 한다.
보라, 사회 질서가 밑바닥부터 흔들려 무너져내리는 판국에
대체 올바르게 산다는 것이 다 무슨 소용이냐?" 하고 말하려느냐.

(4-7) 그러나 주께서는 그분의 거룩한 성전에 계시고
그분의 보좌는 하늘에 있으니
그분께서는 눈을 크게 뜨시고
모든 사람들을 다 지켜보시며 세상사를 두루 살피신다.
그리하여 주께서는 의인을 살펴 가려내시고
악인과 폭력을 일삼는 자들을 지독히 싫어하신다.
마침내 주께서 악한 자들에게 유황불을 비처럼 쏟아부어

태우는 바람으로 그들을 다 사를 것이니
그것이 저들이 받을 몫이 될 것이로다.
진실로 주께서는 의로우시니 의로운 자를 사랑하신다.
그러므로 올바르게 사는 의인들은
장차 그분의 얼굴을 뵙게 될 것이로다.

[해설과 묵상] 문답(問答) 형식으로 된 본시는 그 내용상 양분된다. 전반부는 악인들의 위협으로 말미암아 심각한 곤경에 처해 있는 시인의 급박한 상황이 언급되었고(1-3절), 후반부는 그러한 현실의 모든 역경에 대해 오직 하나님 안에서 그 해답을 찾는 시인의 신앙고백이 언급되었다(4-7절).

시의 전체 내용을 고려해볼 때 본시는 다윗의 초기 작품으로 추정된다. 청년 다윗이 사울 왕의 궁중에 출입하던 시절, 그의 인기가 이스라엘 백성 가운데 상승되는 것에 반비례하여 다윗을 시기하고 미워하던 모리배들의 음해와 박해가 점차 농후해질 무렵의 작품으로 보인다. 이러한 때에 시인은 본시를 통해 일신의 안위를 위해 피신하기를 거부하고, 오직 여호와 하나님만을 피난처로 삼고 그분만을 의뢰하겠다는 전적인 신뢰를 표현한 것이다.

후반부 6절의 '태우는 바람'은 팔레스타인 남동쪽 아라비아 사막에서 불어오는 강렬한 모래바람을 일컫는다. 이 바람은 식물을 바싹 마르게 하여 태워버릴 만큼 뜨거웠기에 종종 '하나님의 진노의 심판'을 상징한다.

12

부패한 시대에 주님의 도움을 간구함

주여, 악한 자가 권세를 얻으면
경건한 자들이 사라지고
신실한 자들이 없어지니
이런 때에 도움을 베푸소서

다윗의 시: 지휘자의 지휘에 따라 '스미닛'에 맞추어 부르는 노래

(1-4) 주여, 도와주소서.
경건한 사람들이 세상에서 온데간데없이 자취를 감추었고
신실한 사람들도 사람 사는 세상에서 더 이상 찾아볼 수 없나이다.
사람들은 저마다 거짓말을 둘러대고
두 마음을 품고서 입에 발린 말로 이웃 속이기를 밥 먹듯 합니다.
아, 주여! 아첨하는 저 간사한 입을 다물게 해주소서.
자기 자랑만 늘어놓는 저 교만한 혀를 끊어주소서.
저들은 말하기를 "우리가 우리의 혀로 이길 것이다.
입술은 나의 것! 하고 싶은 말을 내 입으로 하는데
누가 우리를 말릴 수 있으랴!" 합니다.

(5-8) 그러나 주께서는 말씀하시기를
"가진 것 없어 서러움당하는 가난한 자들과
오갈 데 없는 가련한 자들의 억울한 신음소리와 탄식소리를
내가 다 들었으니 이제 내가 일어나리라.

일어나서, 그들의 소원대로 그들에게 구원을 베풀어
그들을 안전한 곳에 두어 편히 살게 하리라." 하셨나이다.
진실로 주께서 하시는 말씀은 순결하니
흙 도가니에서 일곱 번 걸러낸 은과 같나이다.
오, 주여, 이제 주께서 우리를 안전하게 지켜주소서.
이 악한 세대에 저 악한 무리들에게서 영원히 우리를 보살펴주소서.
비열하고 타락한 자들이 오히려 높임 받는 이 시대
악한 자들이 사방에서 활개치며 설치고 있나이다.

주님의 말씀은 흙 도가니에 단련한 은 같도다

[해설과 묵상] 다윗의 초기 작품으로 다윗이 사울 왕의 궁중에서 간신배들의 시기와 음해와 박해를 받고 있던 때를 배경으로 삼은 듯하다. 본시는 타락하고 패역한 세태 속에서 악인들이 활개 치는 부조리한 현실을 개탄하면서 오직 하나님의 도우심을 간구하는 다윗의 애절한 탄원을 잘 묘사하고 있다.

시인은 먼저 전반부에서 거짓과 궤휼이 횡행하는 부패한 현실을 슬퍼하면서 자신의 신앙적, 도덕적 순결을 강조한다(1-4절). 그런 뒤 후반부에서는 그러한 아픈 현실 속에서도 의인을 안전하게 보살피시는 하나님의 신실하심을 찬양하고 있다(5-8절).

이처럼 환경을 보고 낙담하기보다는 그 환경을 지배하시는 주님을 바라보고 끝까지 변치 않는 신앙으로 인내하고 찬란한 미래를 소망하는 것이야말로 성도의 올바른 자세라 할 것이다. 결국 인류 역사의 열쇠를 쥐고 계시는 분은 하나님이시기 때문이다.

특별히 시인은 후반부 6절에서 '하나님의 말씀'과 관련하여 '일곱 번'이란 표현을 사용했는데, 여기서 '일곱'은 문자적으로 '일곱'이란 뜻이 아니라 '완전함' 또는 '충만함'을 뜻하는 상징수다. 흙 도가니에 여러 번 단련할수록 모든 불순물이 제거되어 은(銀)이 더욱 순수해지듯, 그처럼 하나님의 말씀에는 어떤 찌꺼기도 전혀 섞이지 않은 온전하고 완전한 순결함을 지녔다는 뜻이다.

표제에 나타난 대로 본시는 찬양대 지휘자의 지휘에 따라 '스미닛'에 맞추어 부르는 노래다. 스미닛은 '여덟째'란 뜻으로, 곧 슬픈 노래에 어울리도록 낮은 음조를 내는 '팔현금(八絃琴)'을 가리킨다. 그래서 스미닛은 주로 회개와 비탄의 시에 적용되었고, 낮은 소리를 내는 남성 합창단에 의해 불려졌다.

13

고통 가운데서 주께 도움을 구하는 기도

원수가 어깨 들썩이며 뻐기는데
언제까지 이대로 두실 건지
하나님은 왜 얼굴을 숨기시는지
종일 조바심으로 지내야 합니까

다윗의 시: 찬양대 지휘자의 지휘에 따라 부르는 노래

(1-2) 주여, 언제까지 나를 잊으시렵니까.
영영 나를 잊으시렵니까. 어느 때까지 나를 외면하시고
주님의 얼굴을 내게서 숨기시렵니까.
쓰라린 이 마음, 언제까지 견뎌야 합니까.
날이면 날마다 당하는 이 괴로움, 언제까지 참아야 합니까.
원수들이 우쭐거리는 꼬락서니 언제까지 지켜봐야 합니까.

(3-4) 오 나의 주 하나님이시여, 굽어 살피시어 내게 대답해주소서.
내가 죽음의 잠에 빠져들지 않도록 나로 내 눈을 번쩍 뜨게 해주소서.
내 원수들이 떠벌리기를
"우리가 그를 눌러버렸다!"라고 할까봐 두렵나이다.
부디 바라옵건대 나의 넘어진 모습을 보고
저들이 고소해하며 기뻐하지 않게 하소서.

(5-6) **주여, 그래도 나는 주님의 변함없는 사랑을 굳게 믿사오니**
주께서는 반드시 나를 건져주실 것입니다.
그때에 나의 마음은 기쁨에 겨워 주님을 소리 높여 찬양할 것입니다.
주께서 내게 풍성한 은총을 베풀어주심으로 인하여
주께 찬양을 바칠 것입니다.

[해설과 묵상] 각기 두 절(節)씩, 세 개의 연(聯)으로 구성되어 모두 여섯 절로 이루어진 짧은 시다. 번민하고 괴로워하는 한 영혼의 깊은 감정이 진솔하게 토로된 본시는 개인적인 비탄시의 훌륭한 본보기로서, 그 소박한 아름다움과 진지한 깊이로 인해 오늘날까지 성도들의 신앙 삶에 많은 도움을 주고 있다.

본시의 구성은 비탄시의 전형을 보여준다. 곧 원망과 탄식(1연, 1-2절) → 간구와 호소(2연, 3-4절) → 확신과 찬양(3연, 5-6절)으로 구성되었다. 아마도 본시는 다윗이 사울 왕의 집요한 추격에 쫓기고 쫓겨 마치 벼룩마냥 유대의 산들과 광야를 이리저리 헤매고 다닐 때 쓴 시로 추정된다(삼상 26:20).

시의 2연 4절에서 다윗은 원수들의 승리를 크게 두려워했는데, 그것은 다윗 개인의 명예 실추나 쫓겨남, 혹은 죽음 때문이 아니었다. 그것은 자신의 패배나 멸망으로 인하여 원수들의 입에서 하나님의 영광을 조롱하고 하나님의 거룩하심을 모독하는 일이 일어날 것을 크게 우려했기 때문이다.

14

참으로 어리석은 자

이 세상에서 어리석은 자는
하나님이 없다고 단정하네
부패하고 나쁜 짓을 일삼고
그 어리석음 때문에 망하네

다윗의 시: 찬양대 지휘자의 지휘에 따라 부르는 노래

(1-4) 어리석은 자는 마음속으로 말하기를
"도대체 하나님이 어디 있어?" 하는구나.
그들은 하나같이 썩어빠져서 못된 짓을 일삼는 자들이니
선한 일을 행하는 자는 하나도 찾아볼 수 없구나.
주께서는 저 하늘에서 땅 위의 뭇사람들을 굽어보시며
혹시나 지혜 있는 자가 있는지
혹시나 하나님을 찾는 자가 있는지 샅샅이 찾아보시지만
모든 자들이 다 곁길로 새어
어긋난 길을 걸으며 하나같이 썩어서
선한 일을 행하는 자는 한 사람도 찾을 수 없으니
정말 아무도 없구나.
악한 짓을 일삼는 자들은 다 무지하여 전혀 배우려고 하질 않으니
그들이 밥 먹듯이 내 백성을 마구 등쳐먹고
도대체 주님을 찾지 않는구나.

(5-7) **그러나 하나님께서는 의로운 자들과 항상 함께하시니**
악인들이 두려움에 사로잡혀 소스라치게 놀라 자빠지리라.
너희 악한 자들은 가난한 사람들의 소망을 항상 꺾어버리지만
오직 주께서는 그들의 피난처가 되어주실 것이로다.
오, 주여! 시온에서 나오셔서
이스라엘을 구원하소서.
주께서 포로 된 주님의 백성을 풀어주시어
그들의 땅으로 되돌려 보내실 때
야곱은 기뻐 춤을 추고
이스라엘은 한없이 즐거워하리로다.

[해설과 묵상] 본시는 53편과 유사한 구성과 내용으로 엮어져 있는데, 무신론자들의 어리석음을 고발하면서 하나님의 의로운 통치를 노래하고 있다.

저자인 다윗은 시의 전반부에서 이 땅에서 진행되는 모든 악행의 근저에는 "하나님이 없다!"고 주장하는 무신론(無神論)이 도사리고 있음을 예리하게 고발한다(1-4절). 이어 후반부에서는 그럼에도 불구하고 하나님께서는 여전히 살아계셔서 자신을 의뢰하는 자들에게 피난처와 구원이 되어주신다는 사실을 노래한다(5-7절).

정녕 그러하다! 창조주 하나님이 지으신 세상에 발을 딛고 살면서 창조주 하나님에 의해 지음 받은 인간이 "하나님은 없다!"라고 주장하는 것보다 더 어리석은 일이 세상에 무엇이 있겠는가! 그러므로 인생에서 가장 지혜롭고 행복한 일은 자신을 지으신 하나님을 굳게 믿고 그분을 전적으로 의뢰하는 가운데 그분과 항상 교제하면서 매순간 그분과 생명의 교제를 나누는 일이 아니겠는가!

15

주님의 장막에 들어갈 자

누가 하나님의 장막에 들어갈까
그 거룩한 산에 갈 사람은
남을 헐뜯거나 해치지 않고
올곧게 살아야 합니다.

(다윗의 시)

(1) 주여, 누가 주님의 장막에서 살 수 있겠습니까.
누가 주님의 거룩한 산에 머물 수 있겠습니까.

(2-5a) 그들은 이런 사람들이니
곧 정직하게 살아가는 사람
올바르게 살아가는 사람
진실한 마음으로 말하는 사람
혀로 남을 비방하지 않는 사람
이웃을 해치지 않는 사람
동료를 헐뜯지 않는 사람
주님을 경멸하는 악한 자를 경멸하고
주님을 경외하는 자를 존경하는 사람
한 번 맹세한 것은 손해를 보더라도
깨뜨리지 않고 끝까지 지키는 사람
높은 이자를 얻으려고 돈놀이를 하지 않는 사람

죄 없는 사람을 억울하게 하지 않으려고 뇌물을 받지 않는 사람입니다.

(5b) 옳도다. 이런 사람들은 주님의 장막에 들어가 살겠고
영원히 흔들리지 않으리로다.

주여, 누가 주님의 장막에서 살 수 있겠습니까

[해설과 묵상] 성전에 올라가 하나님께 제사를 드리고자 하는 예배자들을 위해 만든 입당송(入堂頌)으로, '교훈시'에 속한다. 구약시대에 이스라엘 백성은 문제가 생길 때마다 성전에 올라가 하나님께 희생제사를 드리면서 하나님의 뜻을 물었다. 이때 제사장은 예배자들에게 1연의 질문을 하고(1절), 예배자들은 2연의 대답을 한다(2-5절a). 그러면 제사장은 3연의 약속으로 마무리지었다(5절b).

고대 이방세계의 입당송들은 대부분 신께 대한 경배자들의 의전(儀典) 절차에 중점을 둔 반면, 히브리인들의 입당송은 하나님을 향한 예배자의 마음가짐에 중점을 두었다. 하나님의 성전에서는 예배 절차나 희생 제물 등과 같은 외적 요소보다는 진실한 마음, 순결한 삶, 통회하는 심령 등과 같은 내적 요소를 중시했던 것이다. 한편, 다윗 시대에 예루살렘의 시온산 위에 설치된 장막 안에는 하나님의 임재를 상징하는 법궤가 안치되어 있었다(삼하 6:17). 그래서 '주님의 장막'은 곧 '주님의 앞'이란 말과 같다.

16

고통 가운데서 주께 도움을 구하는 기도

성도의 참된 기쁨은 오직 주님
또 다른 행복이 있겠습니까
주께 몸을 피하니 지켜주소서
하나님을 섬기게 하소서

(다윗의 믹담)

(1-4) 오, 하나님, 내가 주님을 의뢰하여 주께로 피합니다.
이 몸을 지켜주소서.
내 영혼이 주께 고백합니다.
"주는 나의 주님이시니
주님을 떠나서는 온 세상 어디에도
나의 행복을 찾을 수 없나이다."
이 땅에 사는 성도들로 말하자면
"저들은 존귀한 자들이요
그러므로 저들과 함께하는 것이 나의 기쁨입니다."
다른 신들을 섬기는 자들은
갈수록 더욱 고통과 괴로움을 겪을 것이니
나는 절대로 우상들에게 피의 전제를 바치지 않을 것이며
그것들의 이름도 결코 내 입술에 올리지 않겠나이다.

(5-11) 주여, 오직 주님만이 내가 받을 유산이요 내가 마실 잔입니다.

그러므로 나의 미래는 오로지 주님의 손에 달려있나이다.
주께서 손수 줄로 재어 내게 주신 그 땅은 아름답고 기름진 땅이니
참으로 나는 귀하고 좋은 곳을 나의 몫으로 받았나이다.
이 몸을 이끌어주시는 주님을 찬미합니다.
주께서는 밤마다 나의 마음에 좋은 가르침을 주십니다.
내가 항상 주님을 내 앞에 모셔두고
주께서는 언제나 내 가까이 오른편에 계시니
나는 흔들리지 않을 것입니다.
그러므로 나의 마음은 한없이 기쁘고 즐거우며
나의 육체도 소망 가운데서 안전하게 살아갑니다.
정녕 주께서는 이 몸을 보호하시어 무덤에 버려두지 않으실 것이고
주님의 거룩한 자를 무덤에서 썩게 하지 않으실 것입니다.
주께서 내게 참된 생명의 길을 보여주실 것이니
주님 앞에서 나의 기쁨이 항상 흘러넘칠 것이요
주님 옆에서 나의 즐거움이 영원히 충만할 것입니다.

[해설과 묵상] 다윗이 자신의 삶을 통해 체험한 사실을 바탕 삼아 쓴 시로, 오직 여호와 하나님만이 자신의 유일한 복이요 유산되심을 노래한 신앙고백적인 찬미다. 앞의 시(15편)가 주님의 성산(聖山)에 오를 자의 자격을 주제 삼아 읊은 것이라면, 본시는 이제 주님의 성산에 올라 하나님을 모신 자의 복됨을 주제 삼아 노래한 시이다.

전반부에서 다윗은 오직 유일한 복이 되시는 하나님께 대한 신앙을 먼저 피력하고(1-4절), 뒤이어 후반부에서 그분 하나님을 의지하고 그분께 충성하고 헌신하면서 그분을 자기중심에 모신 자의 복된 실상을 소개한다(5-11절). 정녕 복의 근원이시고 생명의 원천이신 하나님을 자기 심령에 모신 자보다 더욱 복된 자가 세상에 어디 있겠는가!

전반부의 말미에 언급된 '피의 전제'(4절)는 곧 '피의 제사'를 가리키는데, 이방 종교에서는 자신들의 신에게 제사를 드릴 때, 피를 마시거나 피를 몸에 바르거나 혹은 사람의 피를 흘리는 등 끔찍한 피의 제사를 드렸다.

본시의 표제에 나타난 '믹담'은 '덮는다'란 뜻의 아카드어(Akkad語) '카타무'에서 유래된 것으로, 죄를 덮어주는 '속량의 시' 또는 '구속(救贖)의 시'를 가리킨다. 흔히 '속죄의 송가'라 불리는데, 시편 가운데 모두 6편이 있다(16, 56-60편). 오늘날 유대 랍비들은 이를 '황금시'(Psalm of Gold)라 부르기도 한다.

17
경건한 의인의 기도

주여, 부르짖는 자를 돌아보소서
공정한 눈으로 살펴주소서
주께서 올바른 눈으로 보시니
흠없이 살기로 결심합니다

다윗의 기도

(1-5) 주여, 나의 의로움을 변호해주소서.
나의 부르짖는 소리를 들어주소서.
거짓 없이 드리는 나의 신실한 기도를 들어주소서.
주께서는 언제나 공정하신 분이시니
주님의 눈으로 과연 누가 옳은지 공평하게 살펴주소서.
주께서는 나의 이 마음을 자세히 살펴보셨고
심지어 밤에도 나를 찾아와 샅샅이 조사하셨나이다.
나를 여러 모로 시험하셨지만
주께서는 내게서 아무 허물도 찾지 못하셨나이다. 진실로 나는 주님
앞에서 내 입술로 죄를 짓지 않겠노라고 결심했기 때문입니다.
주여, 다른 사람들이야 어떠하든
나는 주께서 하신 말씀을 굳게 지키고
폭력을 일삼는 악한 자들의 길을 걷지 않았나이다.
주께서 가라고 하시는 그 길만 줄곧 따라갔기에
내가 여태 곁길로 벗어난 적이 없나이다.

(6-9) 오, 하나님, 내가 이제 주님을 부르니 내게 응답해주소서.
주께 아뢰는 내 말에 귀 기울여주소서.
주께서는 주님을 믿고 의지하는 자를 반드시 구해주시는 분이시니
오, 주여, 주님의 오른손으로 놀라운 사랑을 내게 베풀어주셔서
나를 치려는 모든 대적들에게서 나를 건져주소서.
나를 주님의 눈동자처럼 지켜주시고
나를 주님의 날개 그늘 아래 숨겨주셔서
나를 억누르고 공격하는 악한 자들의 손에서
나를 에워싸고 죽이려고 하는 모든 원수들에게서
나를 지켜주소서.

(10-12) 저들의 양심은 두터운 기름기가 번드르르 끼여 둔해졌고
저들의 입술은 교만하여 자만심에 가득 찬 말만 잔뜩 지껄입니다.
저들은 내가 가는 길을 바짝 뒤쫓아와서
나를 빙 둘러 에워싼 채
나를 땅에 고꾸라뜨릴 기회만을 계속 엿보고 있나이다.
마치 삽시간에 먹이를 움켜쥐려는 굶주린 사자처럼
이 몸을 찢으려 하고
으슥한 곳에 웅크린 채 숨어있는 젊은 사자처럼
나를 덮칠 기회만 노리고 있나이다.

(13-15) 오, 주여, 일어나소서.
저들을 대적하여 단숨에 때려눕히소서.
단칼에 그들을 베어 넘어뜨려
이 몸을 대적들의 손아귀에서 구해주소서.
주여, 이 세상을 살면서
제 마음대로 누릴 것을 다 누리면서 멋대로 사는 악한 저들에게서
나를 구해주소서.
저들은 주께서 쌓아두신 재물로 자기 배만 잔뜩 채운 뒤
쓰고 남은 재산을 제 자식들에게 풍족하게 물려주고
그래도 남아서 제 자식들의 자식들에게까지 물려주는 자들입니다.
그렇지만 이 몸은 의롭게 살면서

떳떳하게 주님만 바라보며 살아갈 것입니다.
잠에서 깨어나 주님의 모습을 보는 것만으로도
나는 만족하면서 살아갈 것입니다.

[해설과 묵상] 하나님 안에서 신앙으로 신실하게 살아가고자 하는 순결한 의인이 세상 도처에서 설쳐대는 악인들의 궤휼과 압제로 말미암아 고통과 번민 가운데 하나님께 공의의 심판을 애타게 호소하는 전형적인 간구시이며 탄원시다.

저자인 다윗은 먼저 하나님의 도움을 간구하는 자신이 지금껏 하나님 앞에서 신실하게 살아왔음을 고백한 뒤(1연, 1-5절), 자신을 모든 악인들의 손에서 지켜주시고 구원해달라고 간구한다(2연, 6-9절). 그런 뒤 자신을 해하려는 악인들이 얼마나 사악한 존재인가를 적나라하게 고발하고(3연, 10-12절), 마지막으로 주께 다시금 확실한 보호와 구원을 간구한다(4연, 13-15절).

2연 후반에서 다윗은 '눈동자'와 '날개 그늘'이라는 시어(詩語)를 사용하여 주님의 보호를 요청했는데(8절), '눈동자'는 아주 조심스럽게 보호받아야 하고 가장 소중하게 지켜져야 할 대상을 의미한다(신 32:10). 또한 '날개 그늘'은 날개를 펴서 새끼를 보호하는 어미 새의 이미지에서 빌려온 시적 언어인데, 독수리는 날개를 펴서 보금자리를 덮고 새끼를 받으며 업는다(신 32:11).

그처럼 다윗도 하나님의 날개 그늘 아래에서 안전하고 편안하게 보호받기를 원했다. 많은 학자들은 다윗이 사울 왕의 무리에게 에워싸여 매순간 숨 가쁘게 쫓기던 유대 광야의 도피시절에 쓴 것으로 추정한다(삼상 23:24-29).

18

구원과 감사의 노래

하나님 입에서 불길 뿜어져 나오고
흑암의 물, 하늘의 구름과 빛으로
우르르 쾅쾅 천둥 번개를 내리치면
원수는 허겁지겁 달아나네

다윗의 시: 찬양대 지휘자의 지휘에 따라 부르는 노래. 주께서 다윗을 사울의 손과 그 밖의 모든 원수들의 손에서 건져주셨을 때, 다윗이 주님의 구원하심에 감사하면서 부른 노래)

(1-3) 나의 힘이 되시는 주여, 내가 주님을 사랑합니다.
진실로 주님은 나의 반석이시요 나의 든든한 요새시요
나를 구원하시는 분이시요 나의 하나님이시요
내가 피하여 숨을 바위시요 나의 방패시요
내 구원의 뿔이시요 나의 산성이십니다.
내가 주께 살려달라고 부르짖을 때
주께서는 보란 듯이 내 원수들의 손아귀에서 나를 건져주시니
내가 주님을 높이 찬양합니다.

(4-19) 사망의 줄이 나를 휘감고 파멸의 홍수가 나를 세차게 덮치며
스올의 포승줄이 나를 꽁꽁 묶고 죽음의 올가미가 내 앞에 놓였을 때
이 몸이 어찌할 바를 몰라 큰 두려움과 고통 속에서 주께 울부짖었더니
주께서 주님의 성전에서 나의 목소리를 들으셨나이다.

귀 기울여 나의 탄원을 들으셨나이다.
마침내 주께서 크게 진노하시니 땅이 벌벌 떨며 요동쳤고
산이 그 뿌리에서부터 흔들렸나이다.
주님의 코에서 시커먼 연기가 솟아오르고
주님의 입에서 이글거리는 불길이 토해지니
그 불로 숯덩이들에 불꽃이 피어올랐나이다.

주께서 하늘을 가르시며 내려오시자
주님의 발아래에는 빽빽한 구름이 깔렸나이다.
주께서는 그룹을 타고 날아오셨고
바람 날개를 타고 하늘 높이 솟아오르셨나이다.
주께서는 흑암으로 자신을 감싸셨고
먹구름과 하늘의 두터운 비구름으로 자신을 휘감으셨나이다.
주님 앞에서는 환한 광채가 터져 나오고
짙은 구름 속에서 우박이 쏟아지고 섬광이 번쩍거렸나이다.
주께서 하늘로부터 천둥을 우르르 꽝꽝 치심으로써
지극히 높으신 자의 목소리를 내셨고
그와 동시에 우박을 쏟으시고 벼락을 치셨나이다.
주께서는 화살을 쏘아 원수들을 뿔뿔이 흩으시고
번쩍번쩍 번개를 쳐서 원수들로 허겁지겁 달아나게 하셨나이다.

오, 주여, 주께서 원수들을 꾸짖으시니
바다가 말라붙어 그 밑바닥까지 훤히 다 드러났고
주께서 진노하셔서 콧김을 내뿜으시니
땅의 뿌리가 모두 드러났나이다.
그런 때에 주께서는
하늘 높은 곳에서 권능의 손을 뻗으시어 나를 붙잡아 올리셨고
깊은 물 속에서 나를 건져내셨나이다.
주께서는 나보다 강한 저 억센 원수들에게서 나를 건져주셨고
나를 미워하는 모든 대적들에게서 이 몸을 구해주셨나이다.
나에게 재난의 나날들이 몰아닥쳤을 때
원수들이 득달같이 달려들어 나를 내리쳤어도

그때에 주께서는 나의 든든한 버팀목이 되어주셨나이다.
이처럼 주께서는 나를 넓고 안전한 곳으로 이끌어주셨나이다.
그것은 주께서 나를 기뻐하셨기에
모든 환난 가운데서 나를 구해주신 것입니다.

(20-30) 주께서는 나의 의로운 행위에 따라 내게 보상해주셨고
내 손이 흠 없이 깨끗하였기에 나에게 복을 내려주셨나이다.
내가 주님의 길만을 굳게 지켰고
하나님을 떠나 딴 길로 벗어나지 않았기에
내가 주님의 법을 내 삶의 가장 앞자리에 두었고
주님의 명령을 어긴 적이 없기에
내가 주 앞에서 흠 없이 살았고
나 자신을 지켜 죄를 짓지 않았기에
주께서는 나의 의로운 행위에 따라 내게 보상해주셨고
내 손이 흠 없이 깨끗하였기에
나에게 복을 내려주셨나이다.

진실로 주께서는 주께 신실한 이들에게는 신실하심으로 대하시고
주님을 온전히 섬기는 이들에게는 주께서도 온전히 그를 아껴주십니다.
순결하게 살아가는 이들에게는 주님의 순결함을 보이시고
마음이 비뚤어진 간교한 자들에게는
등을 돌리시고 주님의 진노를 퍼붓나이다.
주께서는 힘없는 연약한 자들을 건져주시고
교만한 눈을 낮추어 부끄럽게 하십니다.

오, 주여, 진실로 주께서는 나의 등불을 환히 밝혀주시고
나를 둘러싼 모든 어둠의 세력을 물리쳐주십니다.
나는 오직 주님의 힘만 의지하여
나의 대적들에게 달려들어 당당하게 맞서 싸울 수 있고
나의 하나님께서 나와 함께 계시기에
내 앞에 놓인 높은 성벽조차도 능히 뛰어넘을 수 있나이다.
하나님의 길은 온전하고

주님의 말씀에는 한 점 흠조차 없으시니
주께서는 자신을 신뢰하여 자신께 피하는 모든 이들에게
강한 방패가 되어주십니다.

(31-50) 오, 주여, 하나님 외에 다른 주가 세상 어디에 또 있겠습니까.
우리 하나님 말고
온 천하 어디에 든든하고 믿음직스런 반석이 또 있겠습니까.
내게 강한 힘을 주시고
내가 가는 길을 온전하게 만드시는 분은
오직 하나님뿐이십니다.
주께서는 나의 발을 암사슴의 발처럼
빠르고 튼튼하게 만드시어 잘 뛰게 하시고
나를 높은 곳에 안전하게 세워주십니다.
주께서 나를 훈련시키시어
전쟁을 잘 할 수 있도록 싸우는 법을 가르쳐주시니
나의 팔이 대적을 향해
청동 활을 힘차게 당길 수 있나이다.
주께서는 구원의 방패를 내게 주셨고
주님의 오른손으로 나를 굳게 붙잡아주셨나이다.
이렇듯 주께서 내게 큰 친절을 베풀어주셨으므로
내가 크게 되어 승리를 거둘 수 있었나이다.

주께서 나의 길을 활짝 넓혀주셨으므로
내가 나의 발걸음을 당당하게 내딛게 되었고
넘어지는 일이 없게 되었나이다.
주님의 도우심으로 내가 내 원수들을 쫓아가서 그들을 무찔러 이겼고
그들을 모조리 멸망시키기 전에는 결코 물러서지 않았나이다.
내가 나의 원수들을 다시는 일어나지 못하도록 치고 또 쳤더니
그들이 나의 발밑에 다 엎드러졌나이다.
주께서 내게 용기와 힘을 주셔서
나로 잘 싸울 수 있게 하셨으므로
내가 나를 치려고 일어선 대적들을

모조리 내 발 아래에 굴복시킬 수 있었나이다.
주께서는 나의 원수들을 내 앞에서 등을 보이며
허겁지겁 도망가게 하셨고
나로 하여금 나를 미워하던 자들을 완전히 무찌르게 하셨나이다.
나의 대적들이 "살려 달라!" 하고 소리쳤지만
그들을 건져줄 자는 아무도 없었고
그들이 주께 울부짖었지만
주께서는 그들의 소리를 들은 척도 하지 않으셨나이다.

그때에 나는 바람에 흩날리는 먼지와 같이 그들을 쳐서 흩어버렸고
길거리에 나뒹구는 티끌과 같이 그들을 무찔러 짓밟았나이다.
진실로 주께서는 나를 대적하는 모든 사람들에게서 이 몸을 구해주시고
뭇 민족의 으뜸이 되게 하시어 그들을 다스리게 하셨으니
내가 알지도 못하는 민족들이 오늘날 나를 섬기고 있나이다.
뭇사람들이 나에 대한 소문만 듣고도 즉시 나에게 복종하고
이방 사람들조차 내 앞에 모두 나아와 엎드려 굴복합니다.
이방 사람들이 사기가 떨어져 저항할 힘을 모두 잃고
자신들의 요새에서 스스로 나와 두려워 떨며 내게로 옵니다.

주여, 주께서는 이렇듯 살아 계시니
내가 나의 반석 되신 주님을 찬양합니다.
이 몸을 건져주신 내 구원의 하나님을 높여 드립니다.
진실로 주께서는 나의 원수를 갚아주시고
온 땅의 뭇 민족들을 나의 발아래 굴복케 하셨나이다.
주께서는 나를 모든 원수들의 손에서 구해주시고
나와 맞서 나를 치려고 일어선 자들 위에 나를 높이 세워주셨으며
모든 포악한 자들에게서 나를 무사히 건져주셨나이다.

오, 주여, 그러므로 내가 뭇 백성이 모두 보는 앞에서
주께 감사를 드리고 소리 높여 주님의 이름을 찬양하겠나이다.
참으로 주께서는 자신이 세우신 왕에게 크나큰 승리를 안겨주시고
자신이 기름 부어 세우신 이에게 변함없는 사랑을 베풀어주시니

곧 다윗과 그의 자손에게 영원무궁토록 크나큰 은혜를 베풀어주십니다.

[해설과 묵상] 사무엘하 22장의 내용을 배경으로 삼고 있는 승리의 감사시이고 찬양시다. 시문(詩文) 전체에 힘과 기쁨과 승리와 감사와 감격의 기운이 넘쳐흐르고 있다.

다윗은 먼저 승리와 구원의 근거가 되시는 하나님과 자신의 관계를 진술한 뒤(1연, 1-3절), 자신에게 승리를 안겨주신 하나님의 크고 위대하신 구원의 행위를 노래한다(2연, 4-19절). 그러고는 자신에게 큰 구원을 베풀어주신 하나님 앞에서 다윗 자신이 얼마나 신실하고 경건하게 살기를 애썼는지를 고백하고(3연, 20-30절), 마지막으로 자신의 체험을 통해 발견한 구원의 하나님의 크신 은총을 다시금 찬양함으로써 시를 끝맺는다(4연, 31-50절).

다윗이 사용한 많은 시어들 가운데서 주목할 것들은 '구원의 뿔'(1연, 2절), '반석'(4연, 31절), '암사슴의 발'(4연, 33절) 같은 말들이다. 코뿔소, 사슴처럼 뿔 달린 동물들이 그 뿔을 높이 쳐드는 것은 힘을 과시하고 품위를 드러내는 행동이다. 이런 모습에서 성경은 '뿔'을 힘과 품위 및 권위 등을 상징하는 말로 사용하였다(삼상 2:1). '구원의 뿔'은 하나님께서 베푸신 '구원'이 그만큼 품위 있고 영광스럽다는 의미다.

주님은 나의 견고한 요새시요 나의 산성이로다

또한 여기 사용된 '반석'의 이미지는 아주 거대한 바위다.

너무나 견고하고 강해서 아무도 해(害)를 입힐 수 없는 그런 크고 튼튼한 바위다. 이 반석은 지구가 생긴 이래 요동함 없이 계속 그 자리에 있어왔다. 그처럼 하나님께서는 우리가 그분을 필요로 할 때 항상 변치 않고 거기 계시는 크고 강하며 신뢰할 만한 분이시다.

암사슴은 날래고 민첩하기로 유명한 짐승이다(삼하 2:18; 대상 12:8). 고대의 전사(戰士)들에게 있어 빠른 발은 훌륭한 무기 역할을 했다. 다윗은 하나님의 힘을 덧입어 전쟁에서 암사슴처럼 빠르게 달림으로써 때로는 대적을 추격하여 섬멸시킬 수 있었고, 때로는 대적의 공격을 피하여 안전한 데로 속히 피신할 수 있었다.

다윗이 이 시를 쓴 시기는 그의 생애 가운데서 그가 사울 왕의 손에서 완전히 벗어난 사울 사후에 예루살렘에 자신의 왕국을 세운 뒤에 주변의 이방 나라들(블레셋, 에돔, 모압, 암몬 등)을 차례로 정복하여 복속시킴으로써 승리에 승리를 구가하던 그의 통치 전반기로 보인다(주전 1003~993년경). 성경본문으로 보면, 사무엘하 10장의 승리와 정복 사건 이후로부터 사무엘하 11장의 밧세바 간음 사건 이전이다.

진실로 하나님은 우주만물의 창조주요 통치자로서 오늘날에도 여전히 인류 역사를 운행하시며 우리 각자의 인생을 주관하신다. 따라서 나라의 흥망성쇠, 개인의 길흉화복은 전부 하나님의 손길에 달렸다. 우리 인생들에게 있어 모든 구원과 승리의 주체는 우리 자신이 아니라 바로 하나님이신 것이다.

이런 사실을 확신할 때, 우리는 어떤 위태로운 상황 속에서도 흔들리지 않는 담대함을 유지할 수 있고, 어떤 고난 가운데서도 하나님을 소망하며 계속 전진할 수 있으며, 내게 주어진 모든 승리와 구원에 대하여 다윗처럼 오롯이 하나님께 영광 돌리며 그분께 찬양과 경배를 드릴 수 있다.

19

자연과 율법에 나타난 하나님의 계시

하늘은 하나님의 영광을 찬미하고
낮과 밤도 소리없이 찬양하네
땅끝까지 퍼지는 햇살처럼
하늘 끝에서 끝까지 찬양하네

다윗의 시: 지휘자의 지휘에 따라 부르는 노래

(1-6) 하늘은 하나님의 영광을 크게 선포하고
창공은 주님의 솜씨를 널리 알려주는구나.
낮에는 낮이 낮에게 주님의 말씀을 전하고
밤에는 밤이 밤에게 주님의 지식을 전하는구나.
어떠한 말도 없고 어떠한 소리도 없지만
그분의 목소리가 들리지 않는 곳이 없구나.
온 누리에 그 목소리 두루 울려 퍼지고
땅끝까지 그 말씀이 고루 번져나가는구나.
하나님께서는 태양을 위해 저 하늘에 장막을 펼치셨나니
저 태양은 신방에서 나오는 신랑인 양 기뻐하고
제 길을 힘차게 치닫는 용사인 양 즐거워하는구나.
하늘 이 끝에서 힘차게 솟아올라 하늘 저 끝으로 의연히 돌아가니
태양의 그 뜨거운 열기를 피하여 숨을 자가 아무도 없구나.

(7-14) 주님의 법은 완전하여 사람의 영혼을 생생하게 되살려주고

주님의 증거는 확실하여 우둔한 사람을 깨우쳐 지혜롭게 하는구나.
주님의 가르침은 정직하여 사람의 마음에 기쁨을 안겨주고
주님의 계명은 순수하여 사람의 눈을 밝게 하는구나.
주님을 경외하며 사는 길은 순결하여 영원토록 지속될 것이고
주님의 판결은 진실로 참되고도 의롭구나.
참으로 주님의 교훈은 금보다도, 그 어떤 순금보다도 더욱 소중하고
주님의 가르침은 다디단 꿀보다도,
꿀이 뚝뚝 떨어지는 꿀송이보다 더욱 달구나.
그러므로 주님의 종들이 그 말씀으로 경고를 받아
그 말씀을 힘써 지키면
장차 받을 상이 크고도 크구나.

군들 자기 허물을 자세히 살펴 깨달을 수 있을까.
그러니 오직 주님의 말씀으로
은밀하게 지은 나의 허물과
미처 깨닫지 못한 나의 잘못까지 모두 살펴
깨끗하게 씻어주소서.
주님의 종으로 하여금 죄인 줄 알면서도
일부러 죄를 짓지 않도록 막아주시고
모쪼록 죄의 올가미에 걸려들지 않도록 이 몸을 지켜주소서.
그리하셔야 이 몸이 흠 없이 온전하게 되어서
모든 끔찍한 죄악에서 벗어날 수 있게 될 것입니다.
오, 주여, 나의 반석이시요 나의 구원자이신 주여
내 입에서 나오는 모든 말과
내 마음속에서 비롯되는 모든 생각이
항상 주께서 받으시기에 합당한 것이 되게 해주소서.

[해설과 묵상] 다윗이 쓴 시로, 두 개의 소재로 구성되어 있지만 결국에는 '하나님의 계시'라는 하나의 주제로 통일성을 이루는 특이한 형태의 찬양시다. 여기서 다윗은 하나님의 계시를 두 종류로 분류하여 노래한다. 하나는 '자연' 속에 나타난 일반계시이고, 다른 하나는 '성경(율법)'

주님의 계명은 정직하고 순결하도다

속에 나타난 특별계시다.

시인은 먼저 시의 전반부에서 대자연 속에 드러난 하나님의 크신 권능과 영광을 탁월한 시어로 장중하게 노래한다(1-6절). 자연을 통해 드러나는 하나님의 계시를 이른바 '일반계시'라 한다. 이어 시인은 시의 후반부에서 율법(성경)을 통해 드러난 하나님 말씀의 확실함과 순결함, 그리고 영혼을 살리는 생명력을 노래한다(7-14절). 성경을 통해 드러나는 하나님의 계시를 이른바 '특별계시'라 한다.

결국 시인은 자연과 율법(성경) 모두가 한결같이 하나님의 위대한 영광을 선포하고 그분의 탁월한 위엄을 드러낸다는 것을 노래한 것이다. 유대인 사회에서 무엇을 입증하고자 할 때는 두 명 이상의 증인이 요구되었는데, 이처럼 자연과 율법이 두 증인이 되어 하나님의 영광과 위엄을 증언하고 있다.

아름다운 시어들과 정교한 운율로 감동을 주는 문학적 고결성과 탁월성 못지않게, 일반계시와 특별계시를 한데 아우르는 신학적 위대성과 체계성을 내포하고 있는 황금 시편이다.

20

왕을 위한 기도

왕이 싸움에서 이길 때까지
깃발을 높이 들게 하소서
주의 이름을 드높이는 깃발로
얻으려는 것 모두 얻게 하소서

다윗의 시: 찬양대 지휘자의 지휘에 따라 부르는 노래

(1-5) 주여, 고난이 닥칠 때 주께서 왕에게 응답하여 주소서.
야곱의 하나님께서 친히 왕을 지켜주소서.
성소에서 왕을 도와주시고
시온산에서 왕을 붙들어주소서.
왕이 바치는 제물을 받아주시고
주께 드리는 왕의 희생제물을 흡족히 받아주소서. (셀라)
왕이 바라는 소망을 들어주시고
왕이 생각하는 계획을 모두 이루어주소서.
왕이 승리할 때에 우리가 크게 기뻐하면서 모두 노래하고
하나님의 이름으로 우리 깃발을 높이 세울 것이니
왕이 주께 구하는 것마다 주께서 모두 이루어주소서.

(6-8) 참으로 주께서는 자신이 기름 부어 세우신 왕에게
승리를 안겨주신다는 것을 내가 이제야 알았고
진실로 주께서는 거룩한 하늘에서 왕에게 응답해주시고

주님의 오른손 권능으로 왕으로 승리를 거두게 하신다는 것을
내가 이제야 알았나이다.
어떤 사람은 자신의 병거를 의지하고
어떤 사람은 자신의 군마에 의지하지만
우리는 오직 우리 주 하나님의 이름만을 굳게 믿을 것입니다.
그 결과 병거와 군마를 의지하는 사람들은
마침내 넘어지고 고꾸라지겠지만
주 하나님만을 의지한 우리는 꿋꿋하게 서 있게 될 것입니다.

(9) 주여, 왕에게 구원을 베푸셔서 왕으로 승리하게 하소서!
주여, 우리가 주께 부르짖을 때에 우리에게 응답해주소서!

[해설과 묵상] 이른바 '군왕시'(君王詩)로서, 왕이 전쟁터에 나가기에 앞서 승패의 전권을 쥐고 계신 하나님 앞에 나아가 전쟁의 승리를 빌며 제사를 드릴 때 부르는 기원시다. 시문 전체에 치열한 전쟁을 앞둔 긴장과 비장함이 흐르고 있다.

본시는 서로 주고받으며 부르는 교창(交唱) 형식의 노래다. 전반부는 전쟁의 승리를 기원하는 일종의 기도송으로, 레위인 성가대나 회중

나는 병거가 아니라 주님만을 의지하리이다

또는 왕의 군대가 전쟁의 총사령관인 왕을 위해 부른 노래다(1-5절). 후반부는 그에 응답하여 제사장이나 왕이 온 백성의 대표 자격으로 부른 노래다(6-8절). 그리고 마지막 부분은 모든 출전 행사를 마치고 '만세!'를 연창하듯 온 회중이 다 함께 주님 앞에서 승리를 기원하는 마음으로 합창한 부분이다(9절).

나라와 민족과 백성의 운명이 걸린, 사느냐 죽느냐의 전쟁에서 오직 하나님의 도움의 손길을 바라보고 의지하는 시인의 절박한 심경이 잘 나타나 있다. 한편, 시편의 군왕시들에서 '왕'에 대한 언급은 일차적으로는 다윗을 비롯한 이스라엘의 뭇 왕들을 가리키지만, 궁극적으로는 장차 다윗의 혈통을 좇아 만왕의 왕으로 이 땅에 오실 '메시아 예수'를 가리킨다.

21

왕을 복되게 하신 주님께 감사 찬송

왕에게 모든 복을 주시고
금관을 씌우고 목숨도 지켜
오래 살게 허락하셨습니다
승리와 영광까지도 주셨습니다

다윗의 시: 찬양대 지휘자의 지휘에 따라 부르는 노래

(1-7) 주여, 주께서 왕에게 힘을 주시므로 왕이 크게 기뻐하고
주께서 왕에게 승리를 안겨 주시므로 왕이 크게 즐거워합니다.
주께서는 왕이 마음속으로 간절히 바라는 것을 이루어주시고
왕이 입술로 주께 비는 것을 물리치지 않으셨나이다. (셀라)
주께서는 온갖 풍성한 복을 왕에게 내려주시고
그의 머리에 순금 왕관을 씌워주셨나이다.
왕이 목숨을 건져 달라 애원할 적에 주께서는 마다하지 아니하셨고
게다가 오래오래 살도록 긴 날을 허락해주셨나이다.

주께서 왕을 구원해주시고 그에게 승리를 안겨주시니
왕의 영광이 심히 큽니다.
진실로 주께서 그에게 존귀와 영광의 옷을 입혀주셨나이다.
주께서 왕에게 영원토록 큰 복을 베풀어주시므로
왕이 주님의 얼굴을 항상 뵙는 중에 한량없이 기뻐합니다.
왕은 우리 주님만 굳게 의지합니다.

그리하여 왕이 지극히 높으신 분의 변함없는 사랑을 받으므로
그가 결코 흔들리지 않을 것입니다.

(8-12) 왕이여, 왕의 손이 모든 원수들을 빠짐없이 찾아낼 것이고
왕의 오른손이 왕을 미워하는 자들을 모조리 사로잡을 것입니다.
왕이 나타나는 날, 왕은 모든 원수를 불구덩이 속에 던져 넣을 것입니다.
주께서도 크게 진노하시어 대적들을 모두 불사를 것이니
사나운 불길로 그들을 몽땅 삼키게 하실 것입니다.
왕은 이 땅에서 아예 원수들의 씨를 모조리 말려버리시고
그들의 후손을 완전히 끊어버릴 것입니다.
원수들은 어떻게든 왕을 거슬러 악한 음모를 꾸미고
못된 계획을 세우려 들지만
그들의 음모와 계획은 결코 뜻을 이루지 못할 것입니다.
도리어 왕이 그들의 얼굴에 활을 겨누면
그들은 겁에 질려 등을 보인 채 부리나케 도망칠 것입니다.

(13) 주여, 주님의 권능으로 높임을 받으소서!
우리가 주님의 권능을 기리며 영원히 찬양하겠나이다.

[해설과 묵상] 앞의 20편과 짝을 이루는 노래로, 20편이 전쟁에 임하기 전에 왕과 백성이 하나님께 승리를 간구하는 기원의 노래라면, 본시는 전쟁에서 승리를 거둔 후에 그 모든 영광을 하나님께 돌리는 개선가이고 축하의 노래다.

앞의 20편과 마찬가지로 서로 주고받으며 부르는 교창(交唱) 형식으로 쓰인 노래다. 전반부는 레위인 성가대나 회중들이 승전하고 돌아오는 왕과 그의 군대를 환영하는 노래이고(1-7절), 후반부는 그런 승리의 감격과 경험을 바탕으로 앞으로도 계속 주께서 왕에게 힘을 주셔서 모든 전쟁에서 승리를 거둘 것임을 확신하는 노래다(8-12절).

맨 마지막 부분은 온 회중이 다 함께 한 목소리로 승리를 안겨주신

하나님의 크신 권능을 찬미하는 노래다(13절). 이처럼 전쟁의 승리를 축하하고 감사하며 왕의 안녕을 바라는 본시는 왕의 대관식이나 생일 같은 국가적 대사, 그리고 민족의 절기나 축제 때에 불렸다.

22
고난과 구원

주여, 어찌하여 나를 버리십니까
살려 달라며 신음하는 이 소리
날마다 울부짖는 이 소리
제발 이 몸을 멀리하지 마소서

다윗의 시: '새벽의 사슴' 가락에 맞추어 지휘자의 지휘에 따라 부르는 노래

(1-11) **나의 하나님, 나의 하나님, 어찌하여 나를 버리십니까.**
어찌하여 그토록 멀리 계셔서
살려달라고 울부짖는 나의 애타는 간구와 신음소리를 듣지 않으십니까.
오 나의 하나님, 날이면 날마다 내가 그토록 부르짖어도
어찌하여 대답 한마디조차 하지 않으십니까.
밤새도록 이렇게 외쳐 불러도
어찌하여 들은 척도 하지 않으십니까.
그럴지라도 주여, 주님은 거룩하신 분이시니
이스라엘이 찬양할 분이십니다.
우리 조상들이 일찍이 주께 의지하여 주님을 믿으므로
주께서는 우리 조상들을 건져주셨나이다.
우리 조상들이 주께 부르짖어 구원을 얻었고
주님을 믿었기에 수치를 당하지 아니하였나이다.

하오나 지금 이 몸은 사람이 아니라 한낱 벌레에 불과합니다.
뭇 사람들의 비웃음거리이고
뭇 민족의 모욕거리일 뿐입니다.
이 몸을 쳐다보는 사람마다 나를 비웃고 멸시하며
입을 삐쭉거리면서 고개를 절레절레 흔들며 말하기를
"그가 주님을 의지한다니, 주가 그를 구원해주겠지.
주가 그를 사랑한다니, 주가 그를 건져주겠지"라고 합니다.
진실로 주께서는 나를 어머니의 뱃속에서 나오게 한 분이시요
내가 어머니의 젖을 빨 때부터 주님을 의지하게 하신 분입니다.
나는 태어나던 날부터 오직 주님만 의지하며 살았고
어머니의 뱃속에서 나오던 날부터 오직 주님만 나의 하나님이셨나이다.
하오니 주여, 부디 나를 멀리하지 마소서.
고난이 가까이 닥쳐왔고 주변을 아무리 둘러보아도
나를 도와줄 사람 하나 찾을 수 없나이다.

(12-21) 수많은 나의 원수들이 황소 떼처럼 이 몸을 빙 둘러싸고 있나이다.
바산 땅의 힘센 들소 떼처럼 이 몸을 에워싸고 있나이다.
으르렁 포효하며 먹이를 갈기갈기 찢어발기는 사자들처럼
나의 원수들이 입을 크게 쩍 벌리고 내게 득달같이 달려듭니다.
나는 엎질러진 물처럼 기운이 완전히 빠져버렸고
나의 뼈마디들은 다 어그러졌나이다.
내 심장마저 촛농마냥 다 녹아내렸나이다.
내 온몸에서 힘이 다 빠져나가
마치 깨진 질그릇 조각처럼 되어버렸고
내 혀는 입천장에 바짝 달라붙었나이다.
주께서 이 몸을 죽음의 흙더미 속에 나동그라지게 하셨기 때문입니다.
개들이 나를 둘러싸고 사악한 무리들이 나를 에워싸
내 손과 발을 마구 찔러댑니다.
나의 모든 뼈마디들이 앙상하게 드러나
내가 손가락으로 다 셀 수 있을 지경이 되었으므로
나의 원수들이 나의 그런 몰골을 구경하면서 크게 즐거워합니다.
원수들이 내 옷을 벗겨 내 겉옷을 나누어 갖고

속옷까지 서로 가지려고 그것을 두고 제비를 뽑나이다.

오, 주여, 그러하오니 제발 나를 멀리하지 마소서.
나의 힘이 되신 주여, 어서 나를 도와주소서.
저 원수들의 칼날에서 나의 목숨을 구해주소서.
하나뿐인 나의 이 목숨이 저 개들에게 물어뜯기지 않도록
그들의 이빨에서 나를 건져주소서.
저 사자의 아가리가 이 몸을 찢어발기지 않게 해주소서.
저 들소의 뿔에 이 몸이 받히지 않도록 나를 지켜주소서.
주여, 참으로 주께서는 나의 기도를 들어주시는 분이십니다.

(22-31) 내가 주님의 이름을 내 백성에게 널리 알리고
내가 회중 한가운데서 주님을 찬양하겠나이다.
주님을 경외하는 자들아, 소리 높여 우리 주님을 찬양하여라.
야곱의 후손들아, 우리 주께 영광을 돌려라.
이스라엘 자손들아, 모두 다 우리 주님을 경외하여라.
주께서는 고통받는 자들의 아픔을 가볍게 여기지 아니하시고
그들에게서 얼굴을 돌려 모른 체하지 아니하시며
누구든지 주님을 향해 부르짖는 자들에게 언제나 응답해주신다.

정녕 이 몸은 많은 무리들이 모인 가운데서
우리 주께 찬양을 드리겠나이다.
주님을 경외하는 모든 사람들 앞에서
내가 주께 서원한 희생제물을 기꺼이 바치겠나이다.
이제는 가난한 자들도 배불리 먹을 수 있을 것이요
주님을 목마르게 찾는 자들은 주님을 목청껏 찬양할 것이니
그들의 마음이 영원히 살 것입니다.
뭇 사람들이 주님을 기억하고
땅끝에서부터 주께로 속속 돌아올 것이요
뭇 민족들도 모두 주께로 돌아와
주님 앞에 꿇어 엎드려 경배할 것입니다.

땅 위의 모든 나라들은 다 주님의 것이니
오직 주께서 뭇 백성을 다스리시나이다.
세상의 모든 세도가들과 부자들도
배불리 먹고 주께 엎드려 경배를 드릴 것이고
자기 생명을 스스로 살릴 수 없어 마침내 한날 흙으로 돌아갈 인생들도
모두 주님 앞에 머리를 조아릴 것입니다.
오고 오는 우리의 모든 후손들도 주님을 섬길 것이고
주께 대하여 전해 듣게 될 것이니
그들이 또한 장차 태어날 세대에게 주께서 손수 행하신 일들을 말하면서
주님의 의를 널리 선포할 것입니다.

[해설과 묵상] 다윗이 쓴 시로, 일차적으로는 다윗이 자신의 삶을 통해 생생하게 체험한 생(生)의 수난과 승리를 읊은 것이다. 그렇지만 본시는 이사야 53장의 내용과 견줄 만한 것으로, 장차 이 땅에 오실 메시아 예수의 수난과 승리를 전제하지 않고서는 도무지 이해할 수 없는 내용으로 구성되었다. 그러므로 본시는 성령의 깊은 감화 감동하에 쓰인 시로서, 궁극적으로 다윗의 혈통을 좇아 장차 인류의 구원자로서 이 땅에 오실 메시아 예수의 수난과 승리를 예견한 '메시아 예언시'라고 볼 수 있다.

악한 무리가 내 수족을 찔렀나이다

그러므로 오늘날 우리는 본시를 대함에 있어 장차 다윗의 후손으로 이 땅에 오셔서 본시에 묘사된 대로 수난과 승리의 이중주를 완벽하게 이루어낸 예수 그리스도의 십자가 사건과 연관시켜 그 내용을 음미하고 묵상해야 한다(마 27:35,

43; 막 15:24; 눅 23:34; 요 19:23-24).

시의 내용은 크게 두 부분으로 구성되었다. 전반부에는 다윗(궁극적으로는 메시아 예수)의 '수난의 삶'이 묘사되었고(1-21절), 후반부에는 그의 '승리의 삶'이 묘사되었다(22-31절). 그리고 전반부의 내용 가운데 초반은 온갖 고난과 수치를 겪고 있는 메시아의 탄식을 묘사했고(1-11절), 후반은 황소, 들소, 개, 사자 등으로 비유된 온갖 사악한 무리들에게 처절하게 고초를 당하고 있는 그분의 수난을 묘사했다(12-21절).

진실로 우리 대신에 고초를 겪으신 메시아 예수의 이러한 십자가 수난으로 인해 오늘날 우리 죄인들이 사탄의 올무에서 벗어나 참된 자유를 얻을 수 있게 되었다. 또한 십자가 보혈로 사망과 사탄의 권세를 깨뜨리신 메시아 예수의 승리로 인해 오늘날 우리가 영원한 생명과 천국을 유업으로 얻을 수 있게 되었다. 할렐루야!

23

주님은 나의 목자

주님은 내 영혼 인도하시는 목자
나는 한치도 모자람이 없습니다
편히 누워 쉴 수 있는 푸른 풀밭과
고요한 물가로 나를 인도하십니다

(다윗의 시)

(1-3) 주님은 나의 목자시니 내게 아무 부족함이 없도다.
주께서 나를 푸른 풀밭에 눕히시어 편히 쉬게 하시고
나를 잔잔한 물가로 인도하시는구나.
내 영혼을 생기 넘치게 다시 살리시고
자기 이름을 위해 나를 올바른 길로 이끌어주시는구나.

(4) 비록 내가 죽음의 그늘이 드리운 어두운 골짜기를 지난다고 해도
내게는 아무 두려움이 없으니
주께서 항상 내 곁에 계셔서
권능의 지팡이와 막대기로 나를 잘 보살펴주시기 때문이로다.

(5-6) 정녕 주께서는 내 원수들이 지켜보는 앞에서
보란 듯이 내게 풍성한 잔칫상을 차려주시고
내 머리에 기름까지 발라주시니
내 잔이 철철 넘쳐나는구나.

아, 진실로 주님의 선하심과 한결같은 사랑이
내 평생 나와 항상 함께하실 터이니
내가 주님의 집에서 영원토록 살리로다.

[해설과 묵상] 시편의 많은 시들 중 수많은 이들에게 특히 사랑받고 애송되는 시로서, 시편 가운데 가장 편안하고 서정적이며 목가적인 분위기를 자아내는 '목자의 시'다. 저자인 다윗은 분명 자신의 목동 시절을 회상하며 이 시를 썼을 것이다. 다윗 자신이 직접 양 떼의 목자가 되어 양들을 이끌고 좋은 꼴과 시원한 물가를 찾아다녔던 기억, 그리고 들판의 온갖 들짐승들과 도적들의 위협에서 양들을 안전하게 보호해주었던 목자로서의 체험을 바탕 삼아(삼상 17:17), 진실로 여호와 하나님이야말로 자신에게 참되고 선한 목자가 되시는 분임을 신앙고백의 마음으로 노래하였으리라.

구속사적으로 살펴볼 때, 앞의 22편이 메시아 예수의 고난을 예언한 '갈보리산 십자가의 노래'라면, 뒤의 24편은 승리한 메시아의 영광스러운 개선 장면을 예언한 '시온산 왕의 노래'라고 명명할 수 있다. 그렇다면 본시는 두 산(山) 사이에 펼쳐진 '푸른 초장의 노래'라고 부를 수 있다.

주님은 나의 목자시니 내게 부족함이 없도다

갈보리산과 시온산 사이에 위치한 완만하고 평화로운 계곡, 그 계곡에 푸른 풀밭이 넓게 펼쳐져 있고, 그 옆으로 잔잔한 시냇물이 졸졸 흐르고 있는 곳, 바로 그곳에서 선한 목자의 보호를 받으며 마음껏 배불리 풀을 뜯고 있는 양떼, 그런 목가적인 평강(샬롬)의 상태를 시인 다윗은 목자, 양떼, 풀밭, 물가 같은 아름다운 시어들로 읊조린 것이다.

하지만 시의 중반부가 보여주듯(4절), 그런 목가적인 평강은 단순히 삶으로부터의 도피나 안주 차원의 것이 아니다. 우리의 선한 목자이신 하나님은 우리에게 무덤 위의 평강을 주시는 분이 아니라, 거센 파도 위에서도 흔들리지 않는 평강과 수많은 원수들의 해악과 위협에도 불구하고 결코 두려움 없는 담대함과 안정된 심령을 허락해주시는 분이시다.

양(羊)은 색맹이다. 여름엔 건초 색과 흙색이 같아지기에, 목자는 미리 봐둔 초지(草地)로 양을 인도해 풀을 먹인다. 또한 양은 기억력이 좋지 못해 혼자서 샘이나 집을 찾지 못하기에 반드시 목자의 인도를 받아야 한다. 게다가 몸에 공격무기가 없고 잘 달리지도 못해 들짐승을 만나면 그대로 잡아먹힌다. 하지만 예민한 청력과 순종하는 기질로 인해 목자의 음성을 잘 듣고서 따라간다. 양들이 광야에서 살아남으려면 이렇듯 목자를 전적으로 의지하는 수밖에 없다.

주님은 나를 돌보시는 선한 목자

목자는 골짜기의 샘이나 초지의 물가로 양을 이끌 때 사용할 긴 지팡이, 그리고 들짐승을 만났을 때 근접전을 할 수 있는 막대기로 무장한다. 양떼를 돌보는 목자의 능력과 사명감 여부에 따라 양떼는 배불리 풀을 뜯을 수도 있고, 들짐승에게 잡아먹힐 수도 있다. 그런데 다윗은 우리를 지극히 사랑하시는 전능하신 주께서 우리의 목자가 되신다고 읊는다. 주께서 양떼를 돌보시므로 광야의 들짐승들이 감히 양떼에게 접근조차 할 수 없다. 후일 예수께서 가르치신 '한 마리 잃은 양(羊)의 비유'(마 18:12-14; 눅 15:3-7)는 유대 광야를 배경으로 한 말씀이다. 양이 길을 잃는다는 것은 하룻밤 안에 죽을 목숨이 되는 것과 마찬가지기에 목자는 어떻게든 서둘러 양을 구하러 나가야 한다.

다윗은 "주께서 내 머리에 기름까지 발라주시니"(5절)라고 읊었는데, 이는 목자가 광야에서 돌아온 양들을 일일이 살피다가 가시에 찔린 양 머리의 상처를 보고 기름을 발라 치료해주는 장면을 연상시킨다. 또한 양은 안전이 확보되지 않으면 눕지 않는다. 그래서 선한 목자는 양들이 편히 누워 잠들도록 밤이 되면 들짐승들로부터 양 떼를 보호하기 위해 양 우리의 문에서 잠을 잔다. 그러니 목자가 '양의 문'이다(요 10:7).

오늘날 우리가 주님을 우리의 선한 목자로 굳게 신뢰하고, 오직 그분만을 일평생 전적으로 줄곧 따를 때, 우리는 그분의 보호하에 사망의 음침한 골짜기 같은 이 세상을 안전하게 지나, 마침내 모든 위협과 해악이 영영 사라지고 오롯이 생명과 기쁨과 상급만이 풍성하게 넘치는 영원한 천국 풀밭에 이를 수 있을 것이다.

24

영광의 왕

주님의 산에는 누가 오르며
거룩한 그 집에는 누가 들어갈까
손이 깨끗하고 마음이 정결하며
심지가 굳고 헛된 맹세를 하지 않는 이

다윗의 시

(1-2) 온 땅과 그 안에 가득 찬 모든 것들은 다 주님의 것!
온 세상과 그 안에 살고 있는 모든 것들도 다 우리 주님의 것!
주께서는 바다 위에 땅의 기초를 세우셨고
물 위에 땅의 터전을 마련하셨나이다.

(3-6) 그 누가 주님의 산에 오를 수 있으며
그 누가 주님의 거룩한 곳에 설 수 있을까.
그들은 오직 깨끗한 손과 순결한 마음을 지닌 사람
심지가 굳어 헛된 우상에게 마음이 팔리지 않은 사람
이웃에게 거짓 맹세를 하지 않는 사람이도다.
이런 사람은 주께서 주시는 복을 받고
구원을 베푸시는 하나님께 '의로운 자'라 인정받을 것이로다.
이런 사람은 주님을 찾는 사람이요
야곱의 하나님의 얼굴을 구하고
그분께 경배를 드리는 사람이로다. (셀라)

(7-10) 오, 문들아, 너희 머리를 들라!
영원한 문들아, 활짝 열려라.
지금 영광의 왕께서 들어가신다.
누가 영광의 왕이시냐.
그분은 힘 있고 용맹하신 우리 주님!
그분이야말로 누구도 이기지 못하는 전쟁의 용사로다.
오, 문들아, 너희 머리를 들라!
영원한 문들아, 활짝 열려라.
지금 영광의 왕께서 들어가신다.
누가 영광의 왕이시냐.
그분은 만군을 거느리시는 주님!
그분이야말로 영광의 왕이로다. (셀라)

[해설과 묵상] 시편의 많은 시들 가운데 가장 위엄 있고 힘찬 시들 중 하나다. 본시의 저작 배경은, 다윗이 기럇여아림에 놓여 있던 법궤(언약궤)를 시온산의 장막 안으로 운반할 때로, 수많은 백성의 환호 속에 갖가지 악기 연주에 맞춰 부르도록 쓴 찬양과 영광의 노래다(대상 13:8).

문들아, 너희 머리를 들지어다

본시에서 다윗은 영광스러운 하나님의 언약궤 입성을 마치 대적을 물리치고 위엄 있게 돌아오는 위대한 왕의 개선 장면으로 묘사한다. 그래서 하나님의 임재를 상징하는 언약궤가 예루살렘 성문에 이르렀을 때는 문들을 의인화하여 "문들아, 너희 머리를 들라!"(7, 9절) 하고 힘차게 명하고 있다. 정녕 창조주 하나님으로서 만유의 왕 되시는 하나님을 맞아들이기에는 그 성읍의 문들이 너무나 낮다고 보았던 것이다.

본시의 내용은 세 부분으로 이루어졌다. 초반부는 예루살렘 성의 시온산을 향해 개선하시는 창조주요 만유의 왕이신 하나님의 주권에 대한 찬양이고(1-2절), 중반부는 하나님께서 임하고 계신 거룩한 시온산에 올라 그분께 제사드릴 자들의 자격에 관한 노래다(3-6절). 후반부는 승리의 왕이신 하나님께서 예루살렘 성문을 통해 마침내 영광스럽게 입성하시는 장면에 대한 찬양이다(7-10절).

후일 초대교회에서는 본시가 부활하신 예수께서 천국 도성인 새 예루살렘 보좌로 들어가는 영광스러운 장면을 예시하고 있다고 보고, 예수 그리스도의 승천절에 본시를 즐겨 낭송하였다. 어쨌든 본시는 '승리하신 주님의 영광'이라는 주제를 노래한 것으로, 영광스런 주님의 시온(예루살렘) 입성은 이스라엘의 영원한 왕은 오직 주님이시고, 이스라엘은 그분의 통치를 받는 신정왕국의 백성임을 의미한다. 진실로 주님을 자신들의 영원한 왕으로 삼은 백성, 주님을 자기중심의 보좌에 모신 사람들보다 더 복된 이들이 어디 있으랴!

25

보호와 인도를 간구하는 노래

죄인의 마음은 번민이 많으니
주께서 건져주심을 믿게 하소서
오직 주만 바라보며 살게 하시고
어려울 때 도와주심을 믿습니다

다윗의 시

(1-3) 오, 주여, 내 영혼이 주님을 우러러봅니다.
나의 하나님, 내가 주님을 굳게 의뢰하오니
나로 수치를 당하지 않게 해주소서.
내 원수들이 나를 이기어
그들로 승리의 노래를 부르지 못하게 해주소서.
주님을 바라는 자들은 수치를 당하지 않게 하시고
까닭 없이 속이는 자들은 수치를 당하게 하소서.

(4-7) 오, 주여, 주님의 길을 내게 알려주소서.
주님의 뜻을 내게 가르쳐주소서.
주님의 진리로 나를 이끌어주시고
주님의 말씀으로 나를 가르쳐주소서.
오직 주님만이 나를 구원해주실 하나님이시니
내가 종일토록 주님만 바라봅니다.
오, 주여, 영원 전부터 한결같았던 주님의 크신 사랑과 자비를 기억하소서.

젊은 날에 이 몸이 저지른 죄들과 허물들을
주여, 기억하지 말아주시고
오직 주님의 크신 인자하심으로 나를 어루만져주시고
주님의 크신 선하심으로 나를 기억해주소서.

(8-14) 주께서는 정녕 선하시고 올바르신 분이시니
죄인들에게 그 길을 가르쳐주소서.
겸손한 자를 의로운 길로 인도하시고
그들에게 주님의 뜻을 가르쳐주소서.
진실로 주님의 언약과 주님의 계명을 잘 지키는 사람에게
주님의 모든 길은 진리요 사랑입니다.
오, 주여, 나의 허물이 크고 클지라도
주님의 거룩한 이름을 위해서라도 내게 용서를 베풀어주소서.
주님을 경외하는 자가 정녕 누구입니까.
주께서 그런 자에게 선한 길을 가르쳐주실 것이니
그의 영혼이 잘 되고 그의 삶이 번창할 것이며
그의 후손들도 땅을 유업으로 물려받게 될 것입니다.
주께서는 주님을 경외하는 자에게 친밀감을 가지시어
그에게 자신의 속뜻을 알려주시고
자신의 언약의 비밀을 보여주실 것입니다.

(15-22) 나의 두 눈이 애타도록 주님을 바라보는 것은
오직 주님만이 원수의 올무에 걸려든 나의 두 발을 빼내어
자유롭게 해주실 것이기 때문입니다.
주여, 이 몸을 돌아보소서.
부디 이 몸을 어여삐 보아주시어 은혜를 베풀어주소서.
지금 나는 참으로 외롭고 괴롭나이다.
내 마음속에 이토록 근심과 염려가 많으니
나를 이 고통과 번민에서 건져주소서.
나의 이 괴로움과 고통을 살펴보시고
내 모든 죄와 허물을 용서해주소서.
주여, 보소서! 내 원수들이 저리도 많나이다.

저들은 불타는 증오심으로
어떻게든 이 몸을 고꾸라뜨리려고 단단히 벼릅니다.
오, 주여, 내 생명을 지켜주소서.
이 몸을 건져주소서.
내가 주님을 의지하며 주께 피하오니
나로 수치를 당하지 않게 하소서.
이 몸이 항상 주님을 애타게 바라오니
주님의 신실하고 온전하신 손길로 이 몸을 지켜주소서.
오, 하나님, 주님의 백성 이스라엘을
모든 고통과 환난에서 구해주소서.

[해설과 묵상] 자신을 해치려는 대적들로 인해 극심한 위협에 직면해 있던 시인이 그 위경에서 자신을 보호하고 건져주시기를 주께 애타게 간구하는 기도시다. 특히 본시는 히브리어 알파벳 순서를 근간으로 삼아 그 내용을 엮어간 일종의 답관체(踏冠體, acrostic) 형식의 노래다.

시인은 먼저 하나님께 대한 전적인 신뢰를 바탕으로 하나님의 보호하심(1연, 1-3절)과 인도하심(2연, 4-7절)을 간구한다. 그런 뒤 하나님께서 과연 인생들을 어떻게 인도하시는지를 노래하면서(3연, 8-14절), 환난과 위경에 처한 자신의 사정을 아뢰는 가운데 하나님의 구원을 다시금 간구한다(4연, 15-22절).

본시에서 주목할 점은 3연의 중반부에서 다윗은 '하나님의 이름'에 근거하여 죄 용서를 간구하고 있다는 사실이다(11절). '이름'은 그 사람의 인격과 평판을 나타낸다. 하나님의 이름 속에는 그분의 인격과 평판이 포함되어 있다. 회개하는 자에게 죄 용서를 베풀겠노라고 약속하신 하나님은 자신의 거룩한 이름 곧 자신의 인격과 평판이 조금도 훼손되는 일이 없도록 약속하신 대로 행동하실 것이다. 그래서 다윗은 '하나님의 이름'에 근거하고 의탁하여 죄 용서를 간구한 것이다.

26

경건한 신앙인의 노래

나는 흠없이 살아왔으니
주께서 무죄를 밝혀주소서
진실되게 살아왔음을
샅샅이 헤아려보소서

(다윗의 시)

(1-5) 주여, 이 몸은 올바르게 살아왔사오니
주께서 나를 변호해주시어
나의 결백을 밝혀주소서.
나는 오직 주님만을 믿고 의지해왔나이다.
오, 주여, 주께서 이 몸을 낱낱이 시험해보시고 살펴보소서.
나의 속마음과 생각까지도 다 헤아려보소서.
진실로 이 몸은 주님의 한결같은 사랑만을 늘 바라보면서
주님의 진리 말씀에 따라 살았나이다.
거짓을 일삼는 자들과 한자리에 앉지 않았고
간교한 위선자들과도 어울리지 않았나이다.
못된 계획을 꾸미는 악인들의 모임에 참석하지 않았고
그들과는 아예 자리를 같이하지도 않았나이다.

(6-12) 오, 주여, 내가 나의 결백함을 보이려고
두 손을 물로 씻어 깨끗하게 한 후에 주님의 제단을 돌면서

주님을 향해 소리 높여 감사의 노래를 부르며
주께서 내게 베푸신 놀라운 일들을
하나도 빠짐없이 널리 선포하겠나이다.
주여, 이 몸은 주님이 계시는 이 집
주님의 영광이 드리워져 있는 이 장막을 진실로 사랑하나이다.
하오니, 이 목숨을 죄인들과 함께 거두어가지 마시고
이 생명을 피 묻은 살인자들과 함께 거두어가지 마소서.
저들의 손에는 언제나 사악한 꾀가 있고
저들의 오른손에는 항상 뇌물이 가득합니다.
그러나 이 몸은 지금껏 올바르게 살아왔사오니
나를 구해주소서.
나를 불쌍히 여기시어 내게 은혜를 베풀어주소서.
주여, 나의 두 발이 평탄한 곳에 굳게 서 있사오니
주님의 백성이 다 함께 모여 있는 곳에서
소리 높여 주님을 찬양하렵니다.

[해설과 묵상] 본시는 하나님 앞에서 온전하기를 힘쓰면서 불의한 자들과는 결코 어울리지 않은 경건한 신앙인의 힘찬 호소다. 시인의 심령 깊은 곳에서 우러나오는 참된 경배자요 경건한 신앙인으로서의 순전한 신앙고백과 절절한 간구가 잘 묘사되어 있다. 악인들이 들끓는 타락한 세상 속에서, 오롯이 하나님을 향한 변치 않는 신뢰로 진리의 길을 고수하는 가운데 오직 주님의 성전으로 기쁨을 삼는 시인의 영적 순결이 깃든 기도시다.

저자인 다윗은 먼저 전반부에서 자신이 하나님 앞에서 얼마나 온전하게 살기를 힘썼는지에 관해 고백한다(1-5절). 그런 뒤에 후반부에서 그러한 온

주님의 제단을 돌며 감사의 노래를 부르리이다

전한 신앙을 바탕으로 하나님께 긍휼과 구원을 호소한다(6-12절). 진실로 하나님을 자신의 유일한 구원자로 믿고, 오직 그분 앞에서 날마다 경건하게 살기를 힘쓰는 자의 기도는 힘이 넘치고 기도 응답에 대한 확신이 넘칠 수밖에 없다. 그런 자는 하나님의 거룩한 품성, 곧 그분의 크신 긍휼과 풍성한 사랑을 익히 알고 있기 때문이다.

첫 구절(전반부, 1절)에서 다윗이 자신의 올바름을 주장한 것은 교만이 아니다. 그 말은, 다윗이 자신에게는 전혀 죄가 없다고 주장하는 말이 아니기 때문이다. 다윗은 불완전한 사람이었지만 하나님께 신실한 사람이었다. 따라서 그 말은, 다윗이 하나님을 섬기고 그분을 영화롭게 해 드리는 일에 거짓 없이 순수하고 신실한 마음가짐으로 임했다는 뜻이다.

시의 마지막 구절(후반부, 12절)에서 '발이 평탄한 데 섰다'는 말은 더는 함정에 빠지거나 죄의 유혹에 미끄러질 우려가 없는 안전하고 견고한 장소에 이르렀다는 말이다. 또한 그 말은 표현 그대로 경건한 자들이 하나님을 경배하기 위해 다 함께 모여드는 성전의 평평한 뜰에 섰다는 의미이기도 하다.

27

승리를 확신하는 찬양의 노래

빛과 생명의 주님이 계시니
두려워할 이 누구랴
원수들이 나를 에워싸지만
저들은 비틀비틀 넘어집니다

(다윗의 시)

(1-6) 주님은 나의 빛, 나의 구원이시니
내가 누구를 두려워하랴!
주께서는 내 생명의 능력이시니
내가 누구를 두려워하랴!
악한 자들이 나를 잡아먹으려 달려들었지만
도리어 저 원수, 저 대적들이 비틀비틀 넘어졌도다.
저들이 군대를 일으켜 진을 치고 나를 에워싼다 해도
내 마음은 조금도 두렵지 않네.
저들이 전쟁을 일으켜 내게 대항한다 해도
나는 오직 주님만 믿고 의지하리라.

이 몸이 주께 구하는 것은 오직 하나
주께 소원하는 것도 오직 하나 있으니
이 목숨이 살아있는 동안 일평생 우리 주님의 성전에 거하면서
우리 주님을 나의 기쁨으로 삼아 묵상하는 것.

어려운 일 당할 때마다 주께서 이 몸을 지켜주시고
주님의 장막 은밀한 곳에 숨겨주시리라.
원수들이 달려들지 못하도록
나를 높고 안전한 바위 위에 높이 올려놓으시리라.
그때에 나는 나를 에워싸고 있는 원수들을 내려다보면서
머리를 높이 치켜들고 보란 듯 승리의 노래를 부르리라.
주님의 집에서 기쁨으로 제물을 바치며
우리 주님을 노래하며 찬양하리라.

(7-9) 주여, 이 몸이 부르짖을 때 들어주소서.
이 몸을 어여삐 보시어 나의 간구에 응답해주소서.
주께서 "너는 내게로 와서 나를 경배하라" 하셨을 때
"주여, 이 몸이 가서 주님을 경배하겠나이다." 하고 대답하였사오니
오, 주여, 주님의 얼굴을 내게서 돌리지 마소서.
분노하시어 주님의 종을 저버리지 마소서.
지금껏 주께서 나를 도와주셨으니
오, 내 구원의 하나님이시여, 제발 나를 버리지 마시고 포기하지 마소서.

(10-14) 비록 내 부모는 나를 버릴지라도
주께서는 이 몸을 영접해주실 것입니다.
오, 주여, 주님의 길을 내게 일러주소서.
원수들이 나를 노려보고 있사오니
이 몸을 안전한 길로 이끌어주소서.
원수들이 나에 대하여 온갖 거짓으로 증언하며
폭력을 마구 휘둘러 금방이라도 나를 때려죽이려 하오니
제발 이 몸을 원수들의 손에 넘겨주지 마소서.
산 자들의 땅에서 내가 선하신 주님의 은덕을 힘입어
생전에 복을 누리며 살아갈 줄로 확신하나이다.
너는 주님을 바라보아라! 주께서 네게 힘주시리니
강하고 담대하게 주님을 의지하여라!

[해설과 묵상] 다윗의 개인적인 삶의 체험에서 우러나온 신앙고백적인

시다. 일반적으로는 자신의 처지를 하소연하는 '비탄시'로 분류되지만, 그 속에는 하나님을 향한 시인의 확고한 신뢰의 마음이 곳곳에 깃들어 있다. 따라서 시의 전체적인 흐름은 하나님으로 인한 구원과 승리의 확신이 담겨 있는 힘찬 승리의 찬가라 할 수 있다.

내 부모는 나를 버릴지라도 주님은 이 몸을 영접하시리이다

평생의 대부분을 전쟁터의 군인으로 살아온 다윗은 전반부에서 과거에 베풀어주신 하나님의 구원을 노래하고(1-6절), 중반부에서 현재 직면하고 있는 환난에서의 도움을 호소한다(7-9절). 그리고 후반부에서는 장차 미래에도 여전히 자신을 평탄한 길로 인도해주실 것을 주께 간구한다(10-14절). 진실로 항상 살아계셔서 모든 곳 모든 때에 역사하고 계시는 하나님을 온전히 신뢰하는 자는 비록 현실 세상에서 절망적이고 곤고한 상황을 만날 수는 있겠지만, 그렇다고 절망하거나 포기하지 않는다. 하나님께서 전부 지켜보시고 우리 편에 서서 우리를 모든 위경에서 도와주시고 건져주시기 때문이다.

한편, 후반부에 언급된 '산 자들의 땅'(13절)이란 표현은 죽은 자들이 들어가는 지하세계의 땅 곧 '스올'(사망, 무덤)과 반대되는 개념으로 곧 '현실의 세상'을 가리킨다. 숱한 죽음의 위기에서 구원받은 다윗은 현실 세상에서 하나님의 복 주심을 맛볼 수 있게 될 것임을 확신하며 감사드린 것이다.

28

도움을 간구하는 기도

살려 달라는 나의 기도 들으신
주께서는 나의 힘, 방패, 믿음,
내게 도움 주시니 기쁨에 넘쳐
절로 감사의 노래를 부릅니다

(다윗의 시)

(1-2) 주여, 나의 든든한 바위이신 주여!
내가 주께 부르짖사오니 부디 못 들은 체하지 마소서.
주께서 입을 다무시고 아무 말씀도 하지 아니하시면
내가 무덤 속으로 떨어지는 자들과 별반 다를 것이 없나이다.
주님의 거룩한 성소를 향해 나의 두 손을 번쩍 쳐들고 부르짖을 때
주께서 나의 간구하는 소리를 들어주소서.

(3-5) 저 악한 자들 및 못된 자들과 함께 나를 한패로 여기고
싸잡아 내팽개치지 마소서.
저들은 입으로는 평화를 말하면서도
속으로는 남을 등쳐먹을 궁리만 하는 사악한 자들입니다.
저들이 저지르는 악한 행실에 따라
저들이 저지르는 못된 행위에 따라
저들에게 그대로 갚아주소서.
저들이 받아 마땅한 벌을 저들에게 그대로 내려주소서.

저들은 주께서 하시는 일을 전혀 알지도 못할뿐더러
주께서 손수 하시는 일들을 하찮게 여기는 자들입니다.
그러므로 주께서 저들을 벌하시어
저들이 다시는 일어날 엄두도 내지 못하게 후려치소서.

(6-9) 오, 주여, 나의 울부짖는 기도를 들으셨으니
내가 주님을 찬양합니다.
정녕 주님은 나의 힘, 나의 방패십니다.
내 마음이 굳게 주님을 믿으니
주께서 내게 도움의 손길을 베풀어 나를 건져주셨도다.
그리하여 내 마음이 기쁨에 넘쳐
주님을 찬양하며 주께 감사를 드립니다.
주여, 진실로 주께서는 주님의 백성에게 힘이 되시며
주께서 기름 부어 세우신 왕에게 구원의 산성 되십니다.
오, 주여, 주님의 백성에게 구원을 베풀어주시고
주님의 소유된 이 백성에게 복을 내려주소서.
이 백성의 든든한 목자가 되시어
주님의 백성을 영원토록 보살펴주소서.

[해설과 묵상] 환난과 곤고 가운데 처한 시인이 주님의 도우심을 간곡히 바라는 기도시다. 주님의 도우심이 없다면 죽음뿐이라는 비장한 분위기가 배어 있다. 본시의 저작 배경은 아마도 다윗의 일생 중에서 가장 뼈아픈 한때였던 아들 압살롬의 반역을 피해 도주했던 상황인 듯하다(삼하 15:13-16:14).

전반부는 탄식어린 어조로 주님의 도우심을 호소하는 간구이고(1-2절), 중반부는 자신을 해치려는 악인을 심판해주시기를 바라는 간곡한 요청이다(3-5절). 그리고 후반부는 지난날의 체험을 통해 하나님께서 반드시 자신을 도와주실 것이라는 강한 확신을 가진 시인이 미리 하나님의 구원의 은혜를 기뻐하면서 감사하는 노래다(6-9절).

이처럼 본시는 후반부에 이르러 미래의 도움을 현재에 확신하고 그것을 이미 얻은 것으로 받아들여 주님을 찬양하는 차원 높은 신앙의 빛을 발하고 있다. 다윗처럼, 자신의 지난날에서 하나님의 구원과 은혜와 사랑과 긍휼 등을 생생하게 체험한 자는 어떤 위경과 환난 속에서도 주님의 도움과 구원을 확신하며 흔들림 없는 신앙을 견지해나갈 수 있다.

29

주님의 영광과 능력

힘 있는 자들아 찬양하여라
주의 영광 받들고 예배하여라
주의 목소리 바다를 뛰어넘고
천둥소리처럼 천지에 퍼지네

(다윗의 시)

(1-2) 너희 권능 있는 자들아, 주님을 찬양하여라.
영광과 권능을 주께 돌려라.
주님의 이름에 합당한 영광을 주께 돌려드려라.
거룩한 옷을 입고 주께 엎드려 경배하여라.

(3-9) 주님의 목소리가 물 위에 쩌렁쩌렁 울리고
영광의 하나님께서 천둥소리로 말씀하신다.
주님의 음성이 드넓은 바다 위에 울려 퍼진다.
주님의 목소리는 힘차고
주님의 음성은 장엄하도다.
주께서 음성을 발하시니 백향목조차 부러지는구나.
주께서 목소리를 내시니 레바논의 백향목조차 힘없이 부러지는구나.
주께서 외치시니
레바논 산맥이 송아지처럼 펄쩍 뛰고

시룐이 들송아지처럼 펄쩍펄쩍 뛰어오르는구나.
주께서 호령하시니 섬광이 번쩍이고
주께서 호통을 치시니 광야가 흔들흔들하는구나.
저 멀리 가데스 광야까지도 마구 뒤흔들리는구나.
주께서 목소리를 발하시니 암사슴이 깜짝 놀라 낙태하고
우거진 숲속의 나무들마다 잎사귀가 우수수 떨어져 벌거숭이가 되는구나.
그러므로 주님의 성전에 모여 있는 자들이 다 함께 한목소리로
"주께 영광!" 하고 외치는구나.

(10-11) 주께서 범람하는 물을 능히 다스리시니
영원토록 왕의 보좌에 앉아 다스리신다.
주께서 자기 백성에게 힘을 주시고
그 백성에게 복을 내리시어 평화가 깃들게 하시리라.

[해설과 묵상] 하나님의 영광과 위엄과 권능을 한껏 노래한 웅장한 경배시이고 찬양시다. 대자연을 통치하시는 하나님의 권능과 위엄을 노래했다는 점에서 시편 19편과 짝을 이룬다. 본시에는 시인 다윗의 탁월한 시적 자질이 잘 드러나 있는데, 그는 예민하고 섬세한 시적 감성으로 폭우 속에 발해지는 뇌성벽력을 '여호와의 목소리'로 포착하여, 그 소리가 삼라만상에 미치는 장엄한 효과를 시각적으로 잘 묘사하고 있다. 이처럼 하나님의 위엄 있는 권능을 추상적으로 표현하지 않고 가시적인 사물을 통해 구체적이고 생동감 있게 묘사하는 것이 히브리 시의 특징이다.

주께서 장엄한 음성을 발하시니 레바논 백향목조차 부러지는구나

시인은 먼저 전반부에서 모든 권능 있는 자들을 향하여 하나님께 영광과 경배를 돌릴 것을 권유하고(1-2절), 중반부에서는 자연 속에 드러난 하나님의 권능과 위엄을 한껏 찬양한다(3-9절). 마지막 후반부에서는 하늘 보좌에 좌정하시어 자기 백성에게 힘을 주시고 복을 내려주시며 만물을 통치하시는 하나님께 영광 돌리고 경배할 것을 명하고 있다(10-11절). 과연 그러하다! 장엄한 대자연과 그 안에서 일어나는 모든 놀랍고 기이한 현상들은 언제 보아도 하나님의 권능과 위엄을 잘 보여준다. 그런 현상들을 날마다 목격하면서도 주께 영광과 경배를 돌리지 않는 자는 참으로 어리석은 자다.

30

슬픔을 극복한 감사의 기도

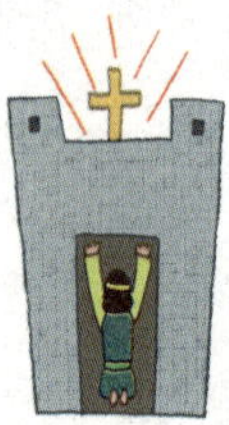

저녁에 슬피 울며 절망할지라도
아침이면 기쁨으로 외칩니다
잘될 때는 흔들리지 않겠지만
주께서 얼굴 가리시면 두렵습니다

(다윗의 시: 성전을 다시 짓고 봉헌할 때 부른 노래, 곧 성전 낙성가)

(1-5) 주여, 주님을 드높이 받들어 찬양합니다.
주께서 이 몸을 높이 들어 올리시어
내 원수들이 다시는 나를 보고 기뻐 날뛰지 못하게 하셨나이다.
오, 주여, 내가 주께 부르짖을 때
주께서는 나를 고쳐주셨나이다.
주여, 주께서는 이 몸을 저 무덤에서 끌어올려 구원해주시고
나를 살리시어 죽음의 구렁텅이에 빠지지 않게 하셨나이다.
주님을 믿는 성도들아, 주님을 찬양하는 노래를 불러라.
거룩하신 그분의 이름에 감사하여라.
그분의 진노는 잠깐이요, 그분의 은총은 영원하도다.
비록 밤에는 슬피 눈물을 흘렸을지라도
아침이 되면 기쁨이 흘러넘치리라.

(6-9) 내가 잘 나가던 형통의 시절에는
"이제는 결코 흔들리지 않으리라" 장담하였지만

오, 주여, 나를 어여삐 여기시어
산처럼 크고 든든한 은혜로 나를 지켜주시던 주께서
그 얼굴을 돌려 나를 외면하시자
나는 그만 큰 두려움에 휩싸이고 말았나이다.
그때에 내가 주께 부르짖고
주님의 은혜를 바라며 간구하기를
"주여, 내가 이렇게 죽어 저 아래 구덩이로 떨어지는 것이
주께 무슨 유익이 되겠습니까.
죽어, 한 줌의 티끌 된 자가 어떻게 주님을 찬양할 수 있겠으며
어떻게 주님의 진리를 사람들에게 널리 선포할 수 있겠습니까.

(10-12) **하오니 주여, 내 간구를 들어주소서.**
이 몸을 어여삐 여겨주소서.
제발 나를 도와주소서!" 간구하였더니
그제야 주께서 내 슬픔의 눈물을 기쁨의 춤으로 바꾸어주셨고
나에게서 통곡의 베옷을 벗기시고
기쁨의 나들이옷을 입혀주셨도다.
그러므로 내 영혼이 어찌 입 다물고 가만히 있을 수 있으랴!
내가 어찌 입 벌려 주께 감사하지 않을 수 있으랴!
오, 주여, 내 하나님이시여
내가 영원토록 주께 감사의 찬양을 올려 드리렵니다.

[해설과 묵상] 다윗이 말년에 이르러 자신의 지나온 생을 되돌아보면서 온갖 고난과 질곡의 현장에서 지켜주시고 구원해주신 하나님의 은혜와 사랑을 높이 찬양하는 신앙고백적인 간증시다. 진실로 지난날 다윗의 삶은 처처와 때때에 하나님의 보호와 인도, 구원과 회복의 손길이 깊숙이 배인 일생으로, 다윗은 그토록 크신 하나님의 은총을 찬미하고 감사하지 않을 수 없었던 것이다.

다윗은 시의 전반부에서 죽음 같은 절망적인 모든 상황에서 놀라운 구원을 베풀어주신 하나님의 은혜를 찬양한다(1-5절). 중반부에서는 자신의 일생 동안 하나님께서 자신의 기도에 신실하게 응답해주신 은혜에 또한 감사한다(6-9절). 마지막으로 후반부에서는 슬픔을 바꿔 기쁨이 되게 해주신 하나님께 영원히 감사하고 찬양 돌릴 것을 맹세한다 (10-12절).

이처럼 하나님의 구원과 회복을 감사하고 찬양한 본시는 후일 수리아 왕(안티오쿠스 에피파네스 4세, 주전 175-163년)에 의해 짓밟힌 예루살렘 성전을 다시 회복시킨 후에 일반 회중들에 의해 '성전 봉헌의 노래'로 불려졌다. 본시의 표제인 '성전 낙성가(落成歌)'는 그런 사실을 나타낸다.

31

곤경 가운데서 주님을 의지하는 기도

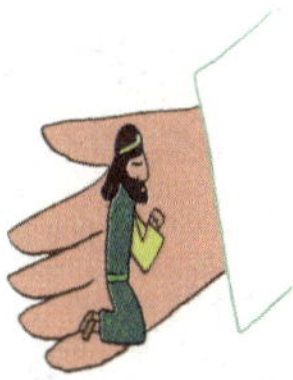

이 몸을 주님의 손에 맡기오니
원수의 손아귀에서 건져주소서
악한 자들을 부끄럽게 하시고
거짓말하는 이들의 입을 막으소서

다윗의 시: 찬양대 지휘자의 지휘에 따라 맞추어 부르는 노래

(1-8) 주여, 내가 주님을 믿고 주께 피하오니
나로 수치를 당하지 않게 해주소서.
주님의 의로움으로 이 몸을 곤경 가운데서 건져주소서.
내 말에 귀를 기울여주시고
속히 나를 건져주소서.
내가 피하여 숨을 수 있는 든든한 바위가 되어주시고
나를 구원할 견고한 산성이 되어주소서.
주님은 나의 든든한 반석이시요 견고한 산성이시니
주님의 이름을 위하여 나를 이끌어주시고 인도해주소서.
오직 주님은 나의 안전한 피난처 되시니
저들이 나를 잡으려고 몰래 쳐놓은 덫에 걸려들지 않게 하소서.

내가 나의 영을 주님의 손에 의탁하오니
오, 진실하신 내 주 하나님이시여, 나를 구원해주소서.
나는 헛되고 거짓된 신들을 따르는 자들을 미워하였고
오직 우리 주님만을 굳게 믿고 의지하였나이다.

정녕 주께서는 나의 고통을 살펴보시고 내 영혼의 아픔을 아셨기에
이 몸은 한결같은 주님의 사랑으로 기쁨과 즐거움이 흘러넘치나이다.
주께서는 이 몸을 원수들의 손아귀에 넘겨주지 않으셨고
도리어 나의 두 발을 평탄한 곳에 든든히 세워주셨나이다.

(9-18) 오, 주여, 이 몸을 어여삐 여겨주소서.
지금 내가 고통 가운데 있나이다.
고통이 하도 심하여, 나의 두 눈에서는 쉴 새 없이 눈물이 줄줄 흘러내리고
나의 몸과 마음도 지칠 대로 지쳐 말을 듣지 않나이다.
마음이 너무나도 쓰라려 이 목숨이 금방이라도 끊어질 듯하고
한숨과 탄식 가운데 내 인생이 당장이라도 꺼질 것만 같나이다.
이제는 힘이 다 빠져나간 듯하고
뼈 마디마디도 다 녹아내리는 듯하나이다.
내 모든 원수들은 나를 비난하고 이웃들도 이 몸을 경멸합니다.
친구들조차 나를 만날까봐 두려워하고
길거리에서 나를 보는 이들도 모두 나를 피해 도망가나이다.

그러므로 이 몸은 마치 죽은 자처럼 사람들에게 잊힌 존재가 되었고
깨진 질그릇처럼 폐물이 되고 말았나이다.
많은 사람들이 나를 두고 비방하는 소리가 들려오고
사방에서 나를 향해 협박하는 소리가 들려옵니다.
원수들은 나를 쓰러뜨릴 궁리를 짜고
내 목숨을 빼앗으려고 악한 계략을 꾸미고 있나이다.
오, 주여, 그러나 이 몸은 오직 주님만을 굳게 의지하렵니다.
"주님만이 나의 하나님이시다!" 하고 자신 있게 고백하렵니다.
나의 일생은 오직 주님의 손에 달려 있사오니
이 몸을 주님의 손에 맡기렵니다.
부디 나를 내 원수들에게서
나를 대적하는 악한 자들의 손아귀에서 건져주소서.

주여, 주님의 종인 이 몸에게 주님의 환한 얼굴빛을 비춰주소서.
주님의 한결같은 사랑으로 이 몸을 구원하소서.

오, 주여, 내가 주께 부르짖사오니
나로 수치를 당하지 않게 해주시고
악한 짓만 일삼는 저들을 부끄럽게 하소서.
저들을 무덤으로 내려보내시어
거기서 입도 뺑긋하지 못하게 하소서.
저들의 거짓말하는 입술을 속히 막아주소서.
저들은 교만한 자세와 경멸하는 태도로
의로운 자들을 거슬러 함부로 지껄이고 있나이다.

(19-24) 주님을 경외하며 살아가는 이들에게 베푸시려고
주께서 마련해두신 은총이 어찌 그리도 큰지요.
진실로 주께서는 주님을 믿고 의지하는 이들을 위해 크신 복을 베푸시되
사람들이 보는 앞에서 복을 베풀어주시나이다.
주께서는 주님을 믿는 신실한 그들을 주님의 날개 그늘 아래 숨겨주셔서
거짓말로 헐뜯는 악한 무리들의 입에서 안전하게 보호해주시고
그들을 주님의 은밀히 장막에 숨겨주셔서
말다툼하는 자들의 구설수에 휘말리지 않게 해주시나이다.

오, 주여, 찬양을 받으소서.
내가 원수들에게 에워싸여 심한 공격을 받고 있을 때
주께서 내게 베푸신 사랑이 참으로 놀랍도다.
위태로운 지경에 처했을 때
내가 얼떨결에 말하기를
“이제 나도 주님의 눈 밖에 났구나!” 하고 낙담하였지만
그럼에도 불구하고 주께서는
내가 부르짖을 때에 나의 간구를 들으셨도다.
주님을 믿는 성도들아, 너희 모두는 주님을 사랑하여라!
주께서는 주님을 의지하는 신실한 자들은 안전하게 지켜주시지만
교만한 자들에게는 가차 없이 벌을 내리신다.
주님을 소망하는 자들아, 강하고 담대하여라!
마음을 굳게 먹고, 용기를 내어라!

[해설과 묵상] 자신의 체험에 바탕을 둔 다윗의 신앙고백적인 시로, 자신을 해치려는 대적들로 인해 극도의 고통과 불안을 느끼는 중에 오직 하나님만을 바라보고 의지하는 시인의 간절한 호소가 잘 묘사된 간구의 기도시다. 저작 배경은 아마도 다윗이 왕위에 오르기 전에 사울 왕의 집요한 추격을 받고, 또한 자신을 음해하는 악한 무리들에 의해 극심한 고통을 받고 있던 시기로 추정된다(삼상 23:1-18).

본시 전체에는 대적들의 핍박으로 인한 시인의 비탄이 짙게 깔려 있지만, 그에 못지않게 하나님께 부르짖는 시인의 기도소리 역시 크고 간절하다. 그리하여 결국 시인은 비탄과 절망을 뛰어넘어 하나님의 크신 구원을 기리는 찬송으로 끝을 맺는다.

초반부에서 다윗은 자신의 생명을 해치려 하는 대적들이 계속해서 위협하고 핍박하는 상황을 아뢰면서 하나님께 구원을 호소한다(1-8절). 중반부에 이르러 다윗은 시간이 지나면서 더욱 더 주님을 향해 간구의 목소리를 높이고 있다(9-18절). 후반부에서는 다윗이 마침내 하나님께서 베풀어주실 구원의 은총을 확신하고 미리 감사하며 찬양을 드린다(19-24절). 바로 이 같은 기도의 내용 때문에 본시는 수세기에 걸쳐 많은 경건한 이들의 사랑을 받아왔고 널리 애송되어 왔다.

주님은 나의 견고한 산성이시라

특히 초반부에 나타난 표현, 곧 "내가 나의 영을 주님의 손에 의탁하나이다."(5절)라는 구절은 우리 구주 예수 그리스도께서 십자가 위에서 운명하실 때 아버지 하나님께 마지막으로 호소하는 말로 인용하심으로써(눅 23:46) 본시 전체가 신성하고 기념비적인 것으로 여겨지게 되었다. 이후에 이 구절은 초대교회의 첫 순교자인 스데반 집사(행 7:59), 서머나 교회의 주교인 폴리캅, 독일의 종교개혁가 마틴 루터, 스코틀랜드의 종교개혁가 존 낙스 같은 경건한 신앙인들이 순교의 자리에서 숨을 거둘 때 마지막 최후의 말로 이 고백을 남김으로써 오고 오는 모든 신앙인들에게 본시를 더욱 친근하게 만들었다.

32

죄사함 받은 자의 기쁨

입 다물고 죄를 토하지 않으면
가뭄에 타는 듯 기력이 쇠하지만
모든 걸 고백하면 용서하시니
죄는 기도로 고백해야 하네

(다윗의 교훈시)

(1-2) 복되도다! 지은 죄를 용서받고, 그 죄가 덮어진 사람들이여.
복되도다! 마음에 거짓됨이 없어, 주께서 그 죄를 묻지 않는 사람들이여.

(3-5) 내가 입을 다문 채 지은 죄를 주께 다 토하지 않았을 때는
내 마음이 온종일 괴로워 뼈 마디마디가 녹아내렸나이다.
그때에는 주께서 밤낮으로 이 몸을 무겁게 짓누르시니
여름 뙤약볕에 물이 말라 버리듯 내 기력이 모조리 빠져나갔나이다.
(셀라)
마침내 이 몸은 '내 허물을 주께 다 고백하리라' 마음먹고
내 죄를 감추지 않고 낱낱이 다 털어놓았나이다.
그랬더니, 주께서는 내가 저지른 모든 허물과 잘못을
기꺼이 다 용서해주셨나이다. (셀라)

(6-11) 그러므로 주님을 믿는 경건한 자들이여,
마음이 답답할 때마다 주께 간절히 기도하여라.

고난이 홍수처럼 밀어닥칠지라도 그들에게는 미치지 못하리라.
주님은 나의 피난처, 모든 재난에서 나를 지켜주시는 분!
그러므로 내가 소리 높여 주님의 구원을 노래하리라. (셀라)
그때에 주께서 이르시기를
"너희가 마땅히 가야 할 길을 내가 몸소 너희에게 가르쳐주리라.
너희에게서 나의 두 눈을 항상 떼지 않고
너희를 올바른 길로 인도해주리라.
그러니 너희는 재갈이나 굴레를 씌워야만 붙잡아둘 수 있는
분별없는 말이나 노새처럼 되지 말아라" 하셨도다.
진실로 악인들에게는 괴로운 일이 많겠지만
주님을 믿고 의지하는 이들에게는 주님의 한결같은 사랑이 넘쳐흐르리라.
올바르게 살아가는 너희 의로운 자들아,
주님을 기뻐하고 즐거워하라.
마음을 올곧게 먹은 너희 정직한 자들아,
다 함께 기쁨으로 크게 소리를 질러라.

[해설과 묵상] 시편에 나오는 일곱 편의 회개시(또는 참회시, 6, 32, 38, 51, 102, 130, 143편) 가운데 두 번째 시로서, 시편 51편과 마찬가지로 다윗이 자신의 부하 장수인 우리아의 아내 밧세바와 불의한 불륜 관계를 맺은 사건을 그 배경으로 삼고 있다(삼하 11장). 경건한 신앙인이며 이스라엘의 성군인 다윗의 생애에 있어서 가장 큰 오점이라 할 수 있는 이 불륜 사건을 진정으로 뉘우친 다윗은 하나님께로부터 자신의 죄악을 용서받은 데 따른 크나큰 기쁨을 본시를 통해 표현하고 있다.

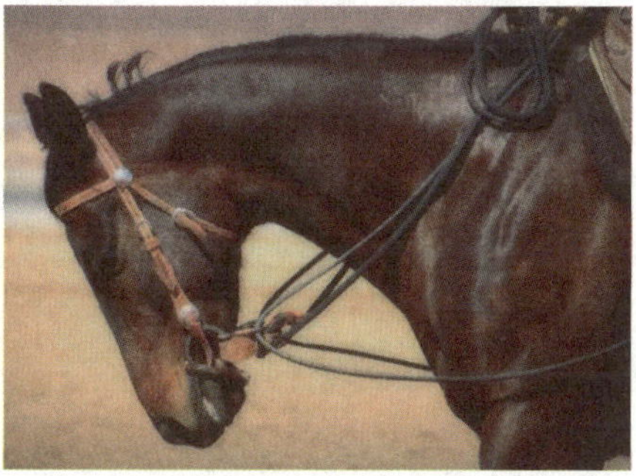

재갈과 굴레를 채운 말처럼 되지 말라

초반부에서 다윗은 회개를 통해 사죄의 은총을 누리는 복된 자의 기쁨을 노래하고(1-2절), 중반부에서는 자신이 회개의 자리에 설 때까지 겪었던 영육 간의 고통에 대해 간증하고 있다(3-5절). 그런 뒤 후반부에서 다윗은 회중들을 향해 회개를 통해 사죄의 기쁨을 누리도록 교훈하고 있다(6-11절).

본시는 히포의 주교인 어거스틴이 특별히 애송한 시로서, 그는 죽기 직전 와병 중에 있을 때 본시를 기록하여 자신의 침상 맞은편에 붙여두고는 늘 낭송하고 묵상하곤 했다. 그만큼 본시는 자신의 죄를 예민하게 깨닫고 늘 회개하는 마음으로 살아가는 신앙인들의 양심을 성성하게 일깨워주는 동시에, 사탄의 정죄로부터 그 양심을 자유롭게 해주는 복된 메시지가 담겨 있다. 진실로 사람이 망하고 영벌에 처해지는 결정적인 이유는 단순히 어떤 죄를 지었기 때문이 아니라, 그 지은 죄를 하나님 앞에 진솔하게 회개하지 않았기 때문임을 결코 잊지 말아야 한다.

33

찬양을 받으시기에 합당하신 주님

주의 말씀은 참되고 진실하시네
찬양은 정직한 자의 마땅한 몫
악기와 줄을 튕기며
재주를 다하여 주님을 찬양하자

(1-3) 너희 의로운 자들아, 주님을 기뻐하라.
찬송은 정직한 자들이 마땅히 해야 할 일이로다.
수금을 타면서 주께 찬양하고
열 줄 비파를 뜯으며 주께 노래하여라.
새 노래로 주님을 찬양하고
솜씨를 다해 악기를 연주하여라.

(4-7) 주님의 말씀은 항상 참되고
주께서 하시는 일은 한결같이 진실하시도다.
주께서는 정의와 공의를 사랑하는 분이시니
주님의 한결같은 사랑이 온 땅에 가득하구나.
주께서는 말씀으로 하늘을 지으시고
그 입김으로 하늘의 수많은 별들을 지으셨도다.
주께서는 모든 바닷물을 한 군데에 모아 쌓아놓으시고
깊은 물을 곳간에 넣어두셨도다.

(8-17) 온 땅이여, 주님을 두려워하라.
세상의 모든 민족들아, 주님을 경외하여라.
주께서는 말씀 한마디로 세상을 지으셨도다.
주께서 명령하시자
세상의 모든 것들이 그 모습을 드러내었도다.
주께서는 뭇 나라들의 계획을 꺾어버리시고
뭇 민족들이 꾸미는 계략을 깨뜨리신다.
오직 주님의 계획만이 영원토록 흔들리지 않으며
주님의 마음속에 품으신 뜻만이 세세토록 이루어지리라.

복되도다! 주님을 자기 하나님으로 모시고 사는 민족이여,
주께서 자기 소유로 선택하신 백성이여,
주께서는 하늘에서 굽어보시며
뭇 사람들을 일일이 살펴보신다.
주께서는 계시는 그곳 하늘에서
땅 위에 사는 사람들을 낱낱이 내려다보신다.
주께서는 사람의 마음을 지으신 분,
사람이 벌이는 모든 일 하나하나를 다 헤아리신다.
큰 군대를 거느린 왕이라고 해서 전쟁에서 이길 성싶으냐.
힘이 센 용사라고 해서 승리를 거둘 성싶으냐.
전쟁의 승패가 군마에 달려 있는 것이 아니며
군대의 힘이 아무리 강할지라도 스스로 구원을 얻지 못하리라.

(18-22) 그러나 오직 주님을 경외하는 자들을 주께서는 세심하게 지켜보시고
주님을 신실히 믿는 자들을 주께서는 안전하게 보살펴주신다.
그들의 목숨을 위태로운 처지에서 건져주시고
그들이 굶주릴 때 살려주신다.
그러므로 우리의 소망은 오직 주께 있으니
주님이야말로 우리의 구원자이시요 방패이시다.
우리가 그분의 거룩한 이름을 의지하기에
그분 안에서 우리의 마음은 참으로 기쁘도다.

오, 주여, 우리의 참 소망은 오직 주께 있사오니
우리에게 한결같은 사랑을 베풀어주소서.

[해설과 묵상] 본시의 저자는 알려지지 않았지만, 앞의 시(32편)의 마지막 절(11절)에 언급된 찬양에로의 초대에 대한 응답 성격의 시인 것으로 보아 다윗의 작품으로 추정된다. 온 우주를 창조하시고 다스리시는 하나님을 경배하고 찬송하자는 내용으로, 구체적으로는 하나님의 크신 권능으로 인해 이방 군대로부터 구원받은 기쁨을 노래한 것이다. 따라서 이 시의 성격은 찬송가적인 회중의 노래이고 국가적인 축제의 노래다.

시인은 먼저 정교하고 아름다운 연주로 하나님을 찬양할 것을 권유하는데(1연, 1-3절), 그분의 거룩한 성품과 능력 있는 말씀으로 인하여 찬양하자고 권유한다(2연, 4-7절). 또한 온 우주에 충만하신 그분의 권능과 권세로 인해 찬양할 것을 권유하고(3연, 8-17절), 무엇보다 자기 백성을 도우시는 그분의 지극한 사랑으로 인해 하나님을 찬양하자고 권유한다(4연, 18-22절).

한편, 시인은 특별히 하나님을 찬양할 때 '새 노래'로 찬양할 것을 권하는데(3절), 이 새 노래는 특별한 행사를 위해 새로 작곡된 노래도 아니고, 또는 맨 처음으로 불리는 노래를 뜻하는 말도 아니다. 이 노래는 하나님의 구원과 승리에 관한 새로운 체험의 노래나 새롭게 변화된 마음과 벅찬 환희와 감동으로 부르는 노래를 가리킨다. 아무튼 그것이 새 노래든 기존의 노래든, 하나님께 영광을 돌리고 하나님을 영화롭게 하지 않는 노래는 예배에 아무런 가치가 없다.

34

하나님의 보호하심에 대한 감사

주를 경외하면 사는 길이 열리네
오래오래 복되게 살고 싶으면
악을 행하지 말고 거짓을 꾸짖고
선을 쌓으며 평화를 추구하여라

다윗의 시: 다윗이 아비멜렉 앞에서 미친 척하다가 쫓겨날 때 지은 노래

(1-3) 내가 끊임없이 주님을 찬송하리라.
내 입에서 주님을 찬양하는 소리를 그치지 않으리라.
내가 마음속 깊이 주님을 자랑하리니
마음에 상처 입은 자들이 나의 찬양소리를 듣고서 기뻐하리라.
나와 더불어 다 같이 주님을 기리자.
나와 함께 다 같이 주님을 높이자.

(4-7) 내가 주님을 찾아 그분께 간구하였더니
주께서 내 기도를 들어주셨네.
주께서 두려워 떨고 있는 나를 건져주셨네.
주님을 바라보는 이들은 그 얼굴이 환히 빛나니
그 얼굴이 두 번 다시 수치를 당하지 않으리라.
이 가련한 몸이 주께 부르짖었더니
주께서 그 기도를 들으시고 모든 고난에서 건져주셨네.
주님을 경외하는 자마다 주님의 천사들이 그를 에워싸고 건져주시네.

(8-14) 오, 성도들아, 너희는 주께서 얼마나 어지신지
깊이 음미하고 알지어다.
그분 품에 안기는 사람은 참으로 복 있도다.
너희 성도들아, 주님을 경외하여라.
그분을 경외하는 사람들은 부족한 것이 없으리라.
비록 젊은 사자들은 먹이를 잃고 굶주릴지라도
주님을 찾는 사람은 온갖 복을 다 받아 무엇 하나 부족할 것이 없으리라.
너희 젊은이들아, 어서 내게로 와서 내 말에 귀를 기울여라.
주님을 경외하며 사는 길을 내가 가르쳐주리라.
자기 생명을 사랑하면서
오래도록 행복하게 복된 나날을 살고 싶은 사람이 누구냐?
그렇게 살려면, 네 혀를 모든 악에서 굳게 지키고
네 입술을 모든 거짓에서 멀리하여라.
악에서 떠나고 선을 실천하며
오직 평화를 찾고 도모하여라.

(15-22) 주님의 눈은 항상 올바르게 살아가려는 이들을 향해 있고
주님의 귀는 언제나 그들의 부르짖는 소리에 활짝 열려 있도다.
주님의 얼굴은 악한 일을 저지르는 자들을 매섭게 노려보시고
그들의 이름을 사람들의 기억에서조차 완전히 끊어버리시도다.
의로운 자들이 부르짖으면 주께서는 그 소리를 들으시고
모든 고난에서 그들을 속히 건져내시도다.
주께서는 언제나 마음이 상한 사람들 곁에 계시고
죄로 아파하고 낙심한 사람들을 건져주시도다.

의로운 자는 고난이 많을지라도
주께서는 모든 고난 가운데서 그를 구해주시도다.
의인의 뼈마디 하나라도 모두 보살펴주시리니
그 뼈들 중 하나라도 부러지지 않을 것이로다.
그러나 모든 악인은 그 악으로 인해 끝내 죽음을 맞이하게 되리니
의로운 이들을 미워하는 자는 마침내 마땅한 벌을 받고야 말리라.
진실로 주께서는 자기 종들의 영혼을 구원해주시나니

주께 피하는 자마다 누구도 정죄당하지 않으리라.

[해설과 묵상] 표제에 나타난 대로 다윗이 사울 왕에게 쫓겨 다니던 환난과 핍박의 시절에 쓴 시로, 한번은 다윗이 사울 왕의 추격을 피해 블레셋 땅으로 도망쳤다가 그곳 사람들에게 자신의 정체가 드러나 극한 위기를 맞게 되자, 블레셋 왕 아비멜렉 앞에서 미친 척하여 겨우 목숨을 건진 사건을 배경으로 삼고 있다(삼상 21:10-15). 다윗은 등골이 오싹했던 그때의 상황을 회상하면서, 그런 극한 위기 가운데서도 자신을 버리지 않으시고 끝까지 보호해주신 하나님의 사랑과 보살핌에 대해 노래한다.

젊은 사자는 궁핍하여 굶주릴지라도
주님을 찾는 자는 부족함이 없으리로다

다윗은 먼저 크게 소리 높여 쉬지 않고 하나님을 찬양할 것을 다짐하면서(1연, 1-3절), 무엇보다 기도에 성실하게 응답해주신 하나님을 찬양한다(2연, 4-7절). 그런 뒤에 주님을 경외할 것과 그분의 은혜를 덧입기 위해 요구되는 내용을 권면하고(3연, 8-14절), 마지막으로 의인을 보호하시는 하나님의 거룩하신 섭리와 경륜을 찬양한다(4연, 15-22절).

극한 위험 가운데서도 자기 백성을 보호해주시는 하나님의 사랑과 은혜를 노래한 이 시는, 극한 환난과 핍박 가운데 있었던 초대교회의 성도들이 성만찬 때에 이 시를 즐겨 읊었다고 한다.

35

원수들의 멸망을 위해 기도함

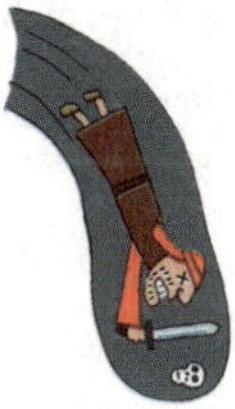

나를 공격하는 자를 물리쳐주시고
창을 들고 달려드는 자를 막아주소서
저들을 미끄럽고 어두운 길로 쫓아
자신의 덫에 걸려 죽게 하소서

다윗의 시

(1-6) 오, 주여, 내가 싸울 때 내 편이 되어주셔서
주께서 몸소 나와 싸우는 자들과 싸워주소서.
주여, 큰 방패와 작은 방패를 모두 손에 쥐시고 어서 일어나소서.
일어나셔서, 나를 속히 도와주소서.
창을 빼어 드셔서 나를 죽이려고 쫓아오는 저 원수들을 막아주소서.
"내가 너를 구원해주겠노라." 하고, 내게 약속해주소서.
내 목숨을 노리는 자들로 다 고꾸라지게 하셔서
그들로 사람들의 수치거리가 되게 하소서.
나를 잡아먹으려고 하는 자들로 다 줄행랑치게 하셔서
그들로 다시는 그런 생각조차 하지 못하게 하소서.
그들로 바람에 흩날리는 겨 같게 하시고
그들로 주님의 천사들에게 쫓겨 멀리 달아나게 하소서.
그들이 가는 길마다 미끄럽고 어두컴컴하게 하시고
주님의 천사들로 하여금 그들을 끝까지 추격하게 하소서.

(7-12) 원수들이 까닭 없이 덫을 쳐놓고 나를 몰래 잡으려 했고

그들이 구덩이를 깊게 파놓고 내 목숨을 빼앗으려 했으니
그들로 자신들이 쳐놓은 덫에 스스로 걸려들게 하시고
파멸이 그들 위에 순식간에 덮치게 하소서.
그러면 내 영혼이 주님을 심히 기뻐하고
주님의 구원을 크게 즐거워할 것입니다.
주여, 정녕 그리하시면
나의 모든 뼈마디가 사무치는 큰 기쁨으로 주께 고백하며 아뢰기를
"주님 같으신 분이 세상에 어디 있으랴!
정녕 주께서는 약한 자들을 강한 자들에게서 건져주시고
궁핍한 자들을 약탈하는 자들에게서 구해주시는 분이십니다."
찬양할 것입니다.
저 악한 거짓 증인들이 일어나
전혀 듣지도 보지도 못한 죄목을 들이대면서
내게 억지로 죄를 덮어씌우려고 합니다.
그들이 그처럼 내게 선을 악으로 갚으니
내 영혼이 이토록 외로움에 빠져
낙담하여 죽을 지경이 되었나이다.

(13-16) 원수들이 병들어 죽게 되었을 때
나는 나를 낮추어 굵은 베옷을 걸치고 금식하며 그들을 위해 빌었건만
내 기도가 응답 없이 헛되이 돌아왔나이다.
그때에 나는 친구나 친척에게 하듯이 그들의 회복을 위해 간절히 기도하고
심지어 나의 어머니가 돌아가신 듯 마음 아파하며 슬퍼하였나이다.
정녕 그리하였는데도
이제 이 몸이 넘어지자 저들은 함께 모여서 도리어 기뻐 날뛰고
느닷없이 내 주위에 몰려들어
나를 마구 때리고 갈기갈기 찢어놓았나이다.
저들은 잔치 자리에서도 조롱을 일삼는 경건치 못한 무리들처럼
나를 비웃고 놀려대며 나를 향해 이를 갈았나이다.

(17-28) 주여, 언제까지 그렇게 지켜보고만 계시렵니까.
으르렁거리며 달려드는 저 굶주린 사자들에게서 내 목숨을 건져주소서.

하나밖에 없는 이 생명을 구해주소서.
그리하시면, 주님의 백성이 한자리에 모여 있을 때
이 몸이 주께 감사를 드리겠고
수많은 사람들 가운데서 주님을 한없이 찬송하겠나이다.
부디 내 원수들이 나를 보고 낄낄대며 비웃지 않게 해주소서.
까닭 없이 나를 미워하는 저 원수들이
서로 눈짓을 주고받으며 즐거워하지 못하게 해주소서.
그들은 평화를 입에 담는 법이 결코 없으며
도리어 땅 위에서 조용히 살려는 사람들을
온갖 거짓말로 헐뜯고 모함합니다.
그들은 어떻게든 나를 해치려고 입을 크게 벌려
"하하, 우린 네가 한 짓을 똑똑히 보았다" 하고 거짓으로 증언합니다.
주여, 주께서 이 모든 것을 보셨으니
그냥 잠잠히 계시지 마소서.

오, 주여, 부디 나를 멀리하지 마소서.
오, 나의 하나님, 나의 주여,
이제 박차고 일어나시어 나를 편들어주소서.
이 몸의 억울한 사정을 풀어주소서.
오, 주여, 나의 하나님이시여,
주님의 공의를 따라 판결하시어
저 원수들이 다시는 나를 향해 낄낄대며 비아냥거리지 못하게 하소서.
저 원수들이 나를 보고 마음속으로
"하하, 우리 소원대로 잘됐다!" 하며 기뻐하지 않게 하소서.
"드디어 우리가 그를 삼켰다!" 하고 말하지 못하게 하소서.
나의 불행을 보고 기뻐하는 저자들로 수치를 당하게 하여
사람들 앞에 고개조차 들지 못하게 하소서.
나의 고통을 보고 내 앞에서 우쭐대는 저자들로
수치와 창피를 당하게 하소서.
그러나 나의 무죄 판결을 즐거워하는 자들로
"야호!" 하고 기쁨의 함성을 지르게 하소서.
그들로 하여금 쉬지 않고 "주께서는 참으로 위대하시다.

정녕 주께서는 자기 종이 잘 되는 것을 기뻐하신다!" 하고 말하게 하소서.
그리하시면, 내 혀가 온종일 주님의 의로우심을 선포하겠고
내 입술이 끊임없이 주님을 찬양할 것입니다.

[해설과 묵상] 다윗이 사울 왕에게 핍박받고 추격당하던 고통과 환난의 와중에 쓰인 체험적인 간증의 시로, 시 전체에 걸쳐 배은망덕한 원수들을 향한 격렬한 감정이 고스란히 흐르고 있다. 그래서 원수들 위에 심판과 멸망이 임하기를 강렬하게 호소하고 있다.

하지만 그런 다윗의 감정은 단순히 개인적인 울분의 차원이 아니다. 그것은 하나님의 공의가 올바로 세워지기를 바라는 경건한 의인의 합당한 의분이다. 따라서 다윗은 마침내 하나님의 구원에 대한 확신과 그에 대한 감사로 시를 마무리 짓는데, 이로써 본시는 사악하고 배은망덕한 원수들로 인해 억울한 지경에 처한 성도들에게 많은 위안과 격려를 준다.

시인은 먼저 매우 절박한 어조로 하나님께서 자신을 위해 활동해 달라고 호소하고(1연, 1-6절), 자신을 해치려는 원수들의 사악함을 고발하는 동시에 그런 위기 속에서도 하나님의 구원을 기대하며 찬양한다(2연, 7-12절). 나아가 원수들의 사악한 실태를 계속해서 고발하고(3연, 13-16절), 마지막으로 모든 악인들과 원수들에 대한 하나님의 궁극적인 심판을 기원하면서 시를 마무리한다(4연, 17-28절). 참된 성도는 자신의 원수들에게 스스로 보복하지 않고, 그들에 대한 모든 처분을 절대 공의로우신 심판주 하나님께 온전히 맡긴다(롬 12:19-21).

나는 굵은 베옷을 입고 금식하며 빌었건만

본시에서 다윗이 시종일관

지적하고 있는 '원수들'은 사울 왕에게 자신을 모함하고 음해하여 사울 왕의 판단을 흐려놓았던 사울 주변의 사악한 측근들을 가리킨다. 당시 다윗이 블레셋의 거인 장수 골리앗을 이기고, 이후에도 여러 번의 전쟁에서 연전연승을 거두자, 다윗의 인기와 출세를 크게 시기하던 간신배들과 모리배들이 사울 왕 주변에 포진하여 밤낮으로 다윗을 헐뜯고 모함하면서 사울 왕을 부추겨 다윗을 죽이도록 충동질하고 있었다(삼상 24:8-15). 그런 배경하에 쓰인 본시는 오늘날에도 다윗처럼 이 세상에서 사악한 자들에 의해 온갖 비난과 모함과 억울함을 당하고 살아가는 우리 성도들에게 크나큰 위안과 소망을 안겨준다.

36

악인의 사악함과 하나님의 선하심

주의 신실하심은 공중에 충만하고
주의 자비하심은 하늘에 닿네
주의 의는 웅장한 산줄기 같고
주의 공평하심은 바다와 같네

주님의 종 다윗의 시: 찬양대 지휘자의 지휘에 따라 부르는 노래

(1-4) 악한 자의 마음속에는 온통 죄의 속삭임뿐이어서
그의 눈에는 하나님을 두려워하는 기색이 조금도 없구나.
저들은 자만심에 가득 차서
자기 죄를 찾아내어 버릴 생각일랑 전혀 하지 못하는구나.
저들은 입만 열었다 하면 모조리 사기와 속임수뿐이니
지혜롭고 선하게 행동하기는 애당초 글러먹었구나.
저들은 잠자리에 누워서까지도 악한 궁리를 꾸며내고
스스로 죄의 길에 들어서며
악한 짓 행하기를 마다하지 않는구나.

(5-9) 주여, 주님의 인자하심은 하늘까지 닿았고
주님의 신실하심은 구름까지 닿았나이다.
주님의 의로우심은 웅장한 산줄기 같고

주님의 공평하심은 깊은 바다와도 같나이다.
오, 주여, 정녕 주께서는 사람이나 짐승이나 한결같이 잘 보살펴주십니다.
오, 주여, 한결같은 주님의 사랑이 어찌 그리 소중한지요!
귀한 자나 천한 자나 모두가 주님의 날개 그늘 아래로 피하여 숨나이다.
그들은 주님의 집에서 배불리 마음껏 먹고
주께서 베푸시는 어진 은총의 시냇가에서 기쁨의 물을 한없이 마십니다.
사람을 살리는 생명의 샘물이 주께 있으니
우리가 주님의 환한 빛 가운데서 광명을 봅니다.

(10-12) 오, 주여, 주께서는 주님을 섬기는 이들에게
한결같은 사랑을 베풀어주소서.
마음이 올바른 이들에게 주님의 변함없는 의를 베풀어주소서.
오만한 자들의 발에 이 몸이 짓밟히지 않게 해주시고
사악한 자들의 손이 이 몸을 쫓아내지 못하게 해주소서.
보라, 악한 짓을 일삼는 무리들이 고꾸라진다.
그들은 고꾸라져서, 다시는 일어나지 못하리라.

[해설과 묵상] 어떤 특별한 배경을 지닌 시가 아니라, 다윗이 일생을 살아오면서 느끼고 체험한 바를 토대로 회중들에게 신앙의 교훈을 주는 시라고 볼 수 있다. 즉, 하나님을 온전히 의뢰하고 있던 다윗이 이 땅에 존재하는 악인들의 불의하고 사악한 실상을 바라보며 그 가운데서 타산지석으로 깨달은 교훈을 작시한 것이다.

주님의 날개 그늘 아래로 피하여 숨나이다

시의 전반부에서 다윗은 일반적인 관점에서 악인의 사특하고 간사한 특성을 지적하고(1-4절), 중

반부에서는 그것과 뚜렷하게 대조되는 하나님의 인자하심과 공의로우심을 묘사한다(5-9절). 나아가 후반부에서 다윗은 주님의 그런 인자하심으로 성도들을 보호해주실 것을 요청하는 한편, 주님의 그런 공의로우심으로 악인들을 심판해주실 것을 간구한다(10-12절).

이를 통해 우리가 깨닫는 바는, 진실로 하나님의 통치는 의인에게는 구원과 기쁨으로 다가오지만, 악인에게는 심판과 징벌로 다가간다는 사실이다. 바로 여기에서 오늘날 우리 성도들은 악인들이 설쳐대는 타락하고 불의한 세상 속에서도 인내와 믿음을 가지고 끝까지 의롭고 신실하게 살아가야 할 당위성을 발견해야 한다.

37

악인의 멸망과 의인의 번영

악인이 잘산다고 부러워하지 말라
들풀처럼 시들어 사라지리니
주만 믿고 선하게 살아라
주 안에서 기쁨을 찾아라

(다윗의 시)

(1-8) 악을 일삼는 자들이 잘 산다고 불평하지 말고
나쁜 짓 하는 자들이 잘 된다고 부러워하지 말라.
그들은 들풀처럼 속히 시들어 버리겠고
푸성귀처럼 금방 말라버릴 것이다.
주님만을 굳게 믿고 선하게 살아라.
그러면 너희가 심은 대로 거두면서 땅 위에서 형통한 삶을 누리리라.
오직 주님만을 기뻐하라.
그러면 주께서 네가 간절히 바라는 마음의 소원을 이루어주시리라.
네 갈 길을 주께 맡기고 오직 주님만 신뢰하여라.
그러면 주께서 모든 것을 다 이루어주시리라.
그분께서 네 의로움을 새벽빛처럼 빛나게 해주시고
네 정직함을 대낮같이 환히 드러내시리라.
주님 앞에서 마음을 고요히 하고 묵묵히 참고 그분을 기다려라.
악한 자들이 잘 되는 것을 보더라도 조금도 초조해하지 말고
악한 계획이 잘 풀려나간다고 전혀 불평하지 말아라.
모쪼록 화를 가라앉히고 분을 속으로 삭여라.

이런 것들은 사람을 악으로 이끌어갈 뿐이니라.

(9-15) 악을 행하는 자들은 결국 뿌리째 뽑혀 멸망할 것이지만
주님 안에서 소망을 갖고 살아가는 자들은 땅을 유산으로 받으리라.
진실로 악인의 형통은 잠시뿐이니
얼마 후에는 네가 그들을 눈 씻고 애써 찾아볼지라도
그들의 자취조차 찾아볼 수 없게 될 날이 오리라.
그러나 온유한 자들은 땅을 차지하고
그 땅 위에서 평안을 누리며 오순도순 잘살게 되리라.
비록 악한 자들이 이를 박박 갈며 의인을 해칠 궁리를 힘써 짜내더라도
주께서 그 악한 자들을 보시고는
"저 어리석은 것들!" 하고 비웃으실 것이니
이는 그들이 멸망당할 마지막 날이 가까이 이르렀음을
주께서는 다 아시기 때문이라.
악한 자들이 칼을 빼어들고 활을 힘껏 당겨
가난하고 연약한 자들을 고꾸라뜨리고
올바르게 살려고 하는 자들을 해치려고 덤빌지라도
도리어 그들은 자기들이 빼어든 칼에 제 심장이 찔리게 되고
그들의 활은 우지직 부러지고 말리라.

(16-22) 진실로 의로운 자의 적은 재산이 악한 자의 많은 재산보다 낫도다.
악인의 팔은 힘없이 꺾이게 마련이지만
주께서는 의인의 팔을 힘 있게 붙들어주신다.
주께서는 정직하게 사는 자들의 일생을 낱낱이 다 알고 계시므로
그들의 유산은 대대로 이어질 것이고
재앙이 닥칠 때에도 곤경을 당하지 않고
기근이 들 때에도 풍족함을 누리리라.
그러나 악인들은 쉬이 멸망할 것이니
주님의 원수들은 들풀처럼 순식간에 사그라지고
연기처럼 홀연히 사라지고 말리라.
악한 자들은 돈을 빌리고도 갚는 법이 없지만
의로운 자들은 늘 넉넉하게 인심을 베푸는구나.

의로운 자들은 주께 복을 받아 땅을 차지하겠지만
악한 자들은 주께 저주를 받아 땅에서 쫓겨나리라.

(23-28) 주께서 기뻐하시는 길을 걷는 자는
주께서 항상 그의 발걸음을 인도해주시도다.
비록 그는 넘어지더라도 아주 쓰러지지는 않을 것이니
주께서 강한 손을 내밀어 그의 손을 꼭 붙잡아주실 것이기 때문이도다.
내가 어릴 적부터 지금까지 살펴본 바로는
올바르게 살아가는 의인이 버림을 받거나
그의 자녀들이 구걸하는 것을 본 일이 없도다.
의로운 자들은 언제나 이웃에게 넉넉히 인심을 베풀고 사나니
그의 자녀들도 큰 복을 받도다.
부디 악에서 멀리 떠나 선한 일을 행하여라.
그리하면, 너희가 이 땅에서 영원히 살리라.
정녕 주께서는 공의를 사랑하시고
자기의 신실한 백성을 결코 저버리지 아니하신다.
그러나 악한 자들에게는 그들의 자손을 끊어버리시는구나.

(29-34) 그렇다! 의로운 자들이 땅을 유산으로 물려받고
그 땅에서 영원토록 살 것이다.
의로운 자들은 그 입으로 지혜를 말하고 그 혀로 공의를 말한다.
그들의 마음속에는 항상 하나님의 법이 있으니
걸려서 넘어지는 일이 없도다.
비록 악한 자들이 의로운 자를 노려보면서 죽일 기회를 엿보고 있지만
주께서는 의로운 자를 악인들의 손아귀에 넘겨주지 않으시고
장차 심판의 날에 그들에게 유죄를 선고하지 않으신다.
그러므로 너희는 오직 주님을 앙망하고 그분의 길을 지켜 행하라.
그러면 주께서 너를 높이고
땅을 차지하게 하실 것이고
너를 해하려던 악한 자들이 고꾸라지는 꼴을 똑똑히 지켜보게 되리라.

(35-40) 나는 한때 악인이 그 세력을 크게 키워서
마치 본토에 심긴 푸른 나무처럼 아주 번창하는 것을 본 적이 있지만
잠시 지난 후 다시 보니
그 악인의 세력이 이내 줄어들어
나중에는 아예 그 자취조차 찾을 길이 없었다.
아무리 샅샅이 찾아보더라도
그 악인의 작은 흔적조차 찾을 길이 없었다.
그러므로 너희는 온전한 사람들을 지켜보고
정직한 사람들을 눈여겨보아라.
평화를 사랑하는 사람에게는 후손이 번창할 것이지만
평화를 해치는 죄인들은 다 멸망하리니
그런 악인들의 후손은 모두 끊어지게 되리라.
의인의 구원은 오직 주께로부터 임하나니
재앙이 닥칠지라도 주께서 그들의 안전한 피난처가 되어주신다.
진실로 주께서는 의로운 자들을 도우시고 구해주시나니
그들이 주님을 의지하여 피난처로 삼았기에
주께서 그들을 악한 자들의 손아귀에서 능히 건져주신다.

[해설과 묵상] 의인의 고난과 악인의 형통! 성도들이 이 세상을 살아가면서 도처에서 흔히 부딪히는 신앙의 난제이고 딜레마다. 하나님이 살아계신다면 왜 세상에 죄악이 횡행하고, 악인들이 부귀영화를 누리며, 의인들이 고통받고 살아가는가에 대한 물음에 대하여, 본시는 그 분명한 해답을 제시해주는 일종의 지혜시다.

저자인 다윗은 누구보다도 파란만장한 세월을 살아온 인물이다. 사울 왕과 그의 측근들에게서, 사울 집안의 시므이에게서, 절친한 친구 아히도벨에게서, 심지어 친아들인 압살롬에게서조차 온갖 핍박과 모욕을 받고 배반과 반역을 당하는 모진 세월을 살아왔다. 그런 다윗이 말년에 이르러 파란만장한 지난날을 회상하면서 회중들에게 지혜로운 교훈을 주려고 본시를 쓴 것이다.

이 시의 주제와 교훈은 분명하다. 세상에서 악인이 잘 되고 형통한 것처럼 보이지만, 그것은 일시적일 뿐이고 결국에는 악인이 파멸하고 의인만이 구원받고 보상받는다는 것이다. 즉, 다윗은 자신이 일생을 통해 생생하게 체험한 바대로 악인의 일시적 형통과 영원한 파멸, 의인의 일시적 고통과 확실한 구원을 본시를 통해 힘차게 노래한 것이다.

그러므로 본시는 악인의 형통과 의인의 고난에 대한 믿는 자들의 회의와 번민에 대하여 결론적인 해답을 명쾌하게 제시해준다고 하겠다. 진실로 세상에서 악인이 형통하고 번영하는 경우가 있더라도 그것은 오래 가지 못하고 일시적인 것이며, 또한 그런 악인들의 손에 의해 역사가 좌우되는 것은 절대로 아니다. 이 세상의 시작과 최종 결말은 어디까지나 오직 공의로우신 하나님의 손에 전적으로 달려 있다(롬 11:36). 그런 사실을 굳게 믿고, 성도는 때가 이르면 모든 것을 의롭고 올바로 세우시는 하나님 앞에 잠잠하면서 끝까지 인내해야 한다.

38

환난 가운데 주께 간구함

주여, 이 몸이 바라는 게 뭔지 아시는지요
힘없고 괴로우면 벗들도 피합니다
목숨 앗으려는 자들이 올무를 놓고
호시탐탐 때를 노립니다

다윗의 시, 기억하기 위하여 지은 기념의 시

(1-11) 주여, 진노하시어 나를 꾸짖지 마시고
분노하시어 나를 벌하지 마소서.
주께서 쏘신 화살에 이 몸이 맞아 심히 아프고
주님의 손이 이 몸을 세게 짓누릅니다.
주께서 진노하시므로 이 몸이 병들어 성한 데가 없고
내 죄로 인해 나의 온 뼈마디가 욱신욱신 쑤셔 견딜 수 없나이다.
내 죄들이 무거운 짐같이 나를 짓누르므로
내가 도무지 감당할 수 없나이다.
내 몸의 상처가 곪아터져 악취를 풍기니
이 모든 것이 다 나의 어리석음 때문입니다.
몸이 너무 아파 정말 견딜 수 없을 지경이 되었으므로
내가 온종일 슬픔에 잠겨 살아갑니다.
허리가 후끈거릴 정도로 아프고
온몸 전체가 어디 한 군데 멀쩡한 곳이 없나이다.
기력이 쇠하고 가슴이 미어져서

내가 심히 괴로워 신음하고 있나이다.

오, 주여, 주께서는 이 몸이 무엇을 간절히 바라는지 다 알고 계십니다.
내 탄식 소리를 주님 앞에서 숨길 수 없나이다.
심장이 벌떡거리고 기운은 다 빠져
나의 두 눈마저 게슴츠레하니 힘이 다 풀려버렸나이다.
내 상처를 보고는 나의 친구들과 이웃들도 슬금슬금 나를 피해버립니다.
이렇게 몸이 아파 병드니 가족까지도 나를 멀리합니다.

(12-16) 이런 지경에서, 내 목숨을 노리는 자들은 나를 잡으려고 올무를 놓고
나를 해치려는 자들은 내게 온갖 욕설을 퍼부으며
온종일 나를 쓰러뜨릴 궁리만 합니다.
그러나 나는 아예 귀머거리가 되어 아무 소리도 듣지 않았고
아예 벙어리가 되어 입도 벙긋하지 않았나이다.
이처럼 나는 귀가 있어도 듣지 못하는 사람이 되었고
입이 있어도 대꾸조차 할 수 없는 사람이 되고 말았나이다.

오, 주여, 그러나 나는 오직 주님만을 굳게 의지합니다.
나의 하나님이시여, 주께서는 나의 간구를 들으시고
내게 응답해주실 줄 믿나이다.
주여, 간구하오니 이 몸이 넘어졌을 때
저 원수들이 "좋구나!" 하고 기뻐하지 않게 해주소서.
내가 힘을 잃고 비틀거릴 때
저 원수들이 "하하, 우습구나!" 하며 보란 듯 으쓱거리지 않게 해주소서.

(17-22) 주여, 이 몸이 금방이라도 쓰러질 것만 같나이다.
고통이 잠시도 잦아들지 않나이다.
내가 진정으로 나의 죄를 주께 아뢰고
나의 죄로 인해 진정으로 괴로워합니다.
그런데 저 원수들은 어찌 저리도 많고
어찌 저리도 기운이 펄펄 넘치는지요.

아무 까닭 없이 나를 미워하며
나를 못 잡아먹어 안달하는 자들이 어찌 저리도 많은지요.
저들은 선을 악으로 갚는 자들로서
내가 선한 것을 추구한다는 이유로
나를 싫어하고 비방합니다.
오, 주여, 나를 버리지 마소서.
나의 하나님이시여, 나를 멀리하지 마소서.
어서 오셔서, 나를 속히 도와주소서.
나를 구원하시는 주여!

[해설과 묵상] 시편 전체에 소개된 일곱 편의 회개시 혹은 참회시 가운데 하나다(6, 32, 38, 51, 102, 130, 143편). 특히 본시는 다윗이 자신의 죄악으로 인해 겪게 된 심각한 육체적 고통에 대하여 하나님의 구원을 호소하는 내용으로 구성되었다. 추정컨대 다윗이 자신의 부하 장수인 우리아의 아내 밧세바를 범한 후에 회개하며 지은 시로 보인다. 따라서 본시에는 시인이 심각한 질병의 환난 가운데서 자신의 잘못을 깨닫고 하나님 앞에 깊이 뉘우치며 회개함으로써 다시금 하나님과의 신령한 교제가 회복되기를 사모하는 간절한 기원이 강렬한 필치로 서술되어 있다.

생명을 노리는 올무

시의 전반부에서 시인은 자신의 범죄에 대한 하나님의 징계로 말미암아 발생한 심각한 육체적 질병 및 그로 인한 신체적, 정신적 고통과 인간관계의 단절에 관해 묘사한다(1-11절). 중반부에서는 대적들로부터의 위협과 핍박에 관하여 서술하고(12-16절), 후반부에서는 극심한 고통으로 인해 자신의 죄를 깨달은 시인이 진심으로 참회하며 하나님의 구원을 호소하는 내용으로 구성되었다(17-22절).

본시는 자신의 죄악으로 인해 초래된 질병, 고통, 환난 등으로 생의 위경과 삶의 곤고함에 빠져 있는 성도들에게 훌륭한 신앙의 해결책을 제시해준다. 그 해결책은 곧 모든 죄를 주님 앞에 솔직히 토로한 뒤 상한 심령으로 진심을 다해 회개하면서 주님의 구원을 간절히 호소하는 것이다. 그리할 때 죄악으로 인한 영육 간의 고난은 파멸로 향하지 않고, 더욱 성숙한 신앙의 진보를 이루는 좋은 디딤돌이 될 수 있는 것이다.

표제에 나타난 '기억하기 위해 지은 기념의 시'(히, 하즈키르)는 제사 드리는 방법 가운데 하나인 '화제(火祭)'를 가리키는 말인데, 아마도 후대에 예배자가 주께 화제를 드릴 때 본시를 낭독한 데서 비롯된 듯하다.

39

짧고 무상한 인생

주여, 말조심하자고 매일 다짐하지만
근심의 나날은 늘어가고
살날이 얼마 남지 않았으니
인생이 이리도 덧없단 말입니까

다윗의 시: 여두둔 창법에 맞추어 그의 지휘에 따라 부르는 노래

(1-6) 내가 마음속으로 다짐하기를
"내가 내 길을 잘 살펴서 내 혀를 함부로 놀려 절대로 죄짓지 말아야지.
악한 자가 내 앞에 있는 동안에는 내 입에 재갈을 물려야지" 하였다.
그래서 내가 입을 굳게 다문 채 아무 말도 하지 않았다.
심지어 옳은 말조차도 아예 한마디도 하지 않자
내 근심과 고통이 오히려 더욱 심해졌다.
그런 상태로 살아가자니, 속이 부글부글 끓어오르고
생각하면 할수록 울화가 치밀어 올라
도저히 주께 아뢰지 않고서는 견딜 수가 없었다.

그리하여 내가 주께 아뢰기를
"주여, 내 인생의 끝날이 언제입니까?
이 몸에 목숨이 붙어 있을 날이 언제까지입니까?
내 일생이 얼마나 덧없는 것인지를 나로 깨닫게 해주소서.
주께서 내 일생을 한 뼘 길이밖에 주지 않으셨으니

주님 앞에서 나의 일생은 그저 없는 것이나 마찬가지입니다.
참으로 사람의 일생은 덧없는 것이니
사람의 목숨이란 한낱 호흡 한 번에 지나지 않을 뿐입니다. (셀라)
사람이 부산하게 이리저리 뛰어다니지만
한낱 방황하는 그림자에 불과하고
아무리 분주하게 이런 일과 저런 일에 애써 보아도 헛되고 헛될 뿐
있는 힘을 다해 재산을 모아둔다 해도
장차 누가 그것을 차지할지조차 알 수 없나이다." 하였다.

(7-13) 그러니 주여, 이 몸이 무엇을 바라겠습니까.
주여, 나의 희망은 오직 주께만 있나이다.
나를 나의 모든 죄악 가운데서 건져주시고
우매한 자들이 나를 비웃지 않게 해주소서.
내가 벙어리 되어 입을 열지 않은 것은
이 모든 것을 하시는 분은 오직 주님이시기 때문입니다.
주여, 이제는 그만 주님의 채찍을 내게서 거두어주소서.
주께서 더 때리시면, 이 몸이 죽을 것 같나이다.
주께서 죄를 물어 사람을 벌하실 때는
그들의 영화가 한낱 좀먹은 옷처럼 삭아버리게 되니
참으로 사람의 일생이란 헛되고 헛될 뿐입니다. (셀라)

오, 주여, 나의 기도를 들어주소서.
살려 달라고 울부짖는 나의 간구에 귀를 기울이소서.
주체할 길 없이 줄줄 흐르는 내 눈물을 보시고
제발 나의 기도를 못 들은 척하지 마소서.
나 또한 우리 조상들처럼 이 땅을 떠돌면서
다만 주님과 더불어 살아가는 한낱 나그네일 뿐입니다.
하오니 주여, 내게로 따뜻한 눈길을 돌려 나를 살려주소서.
내 생명이 떠나 없어지기 전에
내가 기력을 되찾을 수 있게 그리해주소서.

[해설과 묵상] 죽음을 앞둔 말년의 다윗, 그는 자신의 지난 생애를 돌이켜보면서 인생의 허무함과 연약함을 읊조리면서 하나님 앞에 나아와 죄의 용서와 구원을 호소한다. 본시는 일종의 탄원시이자 애가로서, 시인의 가슴 깊숙한 곳에서 울려 나오는 믿음, 슬픔, 반역, 절망, 뉘우침, 자포자기, 허무함, 비애, 신뢰 등의 복잡다단한 감정이 소용돌이치고 있다.

전반부는 인생의 비애감과 허무함에 관하여 노래하고(1-6절), 후반부는 지난날 다윗 자신의 허망한 삶을 참회하면서 하나님의 구원을 호소한다(7-13절). 이처럼 자신의 미약함과 죄악 됨, 그리고 인생의 덧없고 허무한 한계를 깨닫는 사람은 자기를 성찰하는 참회의 자리에 나아갈 수밖에 없다. 아울러 모든 소망의 근원이신 하나님께로 나아가 그분의 은총을 간구하지 않을 수 없다.

한편, 본시의 표제에 소개된 '여두둔'은 헤만, 아삽과 더불어 다윗시대에 성전의 찬양대를 지휘한 최고의 악사다.

40

감사 찬송과 도움의 기도

나를 죽이려는 자들을 부끄럽게 하시고
꼴좋다며 비웃고 조롱 일삼던 이들이
끝내 부끄러워 돌아서게 만드시니
주의 은혜에 감사할 뿐입니다

다윗의 시: 찬양대 지휘자의 지휘에 따라 부르는 노래

(1-5) 내가 참고 견디며 주님을 간절히 기다렸더니
주께서 나의 부르짖음을 들어주셨도다.
주께서 나를 절망의 구덩이와 멸망의 진흙 수렁에서 건져주시고
내 두 발을 든든한 바위 위에 올려놓으셨으니
이제 나는 힘차게 걸을 수 있게 되었도다.
주께서 내 입에 새 노래를 담아주셔서
나로 소리 높여 주님을 찬양하게 하시니
수많은 사람들이 그 노랫소리를 듣고
두려워하는 마음으로 주님을 믿고 의지하도다.
복되도다! 오직 주님을 신뢰하여
교만한 자나 거짓 신을 좇는 자를 거들떠보지도 않는 자여!
오, 주 나의 하나님이시여
주께서는 우리를 위해 놀라운 일들을 수없이 행하시며
우리를 위해 수많은 계획들을 세우시니
아무도 주님 앞에 그것들을 다 열거할 수 없나이다.

그러므로 내가 주님의 놀라운 일들을 세상에 널리 알리려고 해도
그토록 수많은 일들을 어찌 다 헤아릴 수 있겠나이까!

(6-10) 주께서 내 두 귀를 활짝 여시어 내게 들려주시기를
"나는 제물과 제사를 기뻐하지 아니하고
번제물과 속죄제물도 요구하지 않는다." 하셨나이다.
그래서 내가 주께 아뢰기를
"주여, 이 몸이 이렇게 주 앞에 나왔나이다.
나에 대해 기록한 것이 이 율법 두루마리 책에 다 적혀 있나이다.
나의 하나님이시여, 내가 그 두루마리 책의 말씀에 따라
주님의 뜻대로 살기를 원합니다.
진실로 주님의 법이 내 마음속 깊이 새겨져 있나이다." 하였도다.
그러므로 이제 내가 이렇게 많은 사람들이 모여 있는 자리에서
구원의 기쁜 소식을 선포하나니
이미 주께서는 내가 입을 다물지 않고
이 기쁜 소식을 널리 전파하리라는 것을 알고 계셨도다.
진실로 나는 주님의 의로우심을 나의 마음속에만 간직해두지 않았고
주님의 신실하심과 구원하심을 널리 선포하였도다.
많은 사람들이 모인 자리에서
나는 주님의 크신 사랑과 주님의 진실하심을 감추지 아니하고
소리 높여 외쳤도다.

(11-17) 오, 주여, 주님의 자비하심을 내게서 거두지 마시고
한결같은 주님의 사랑과 진실하심으로 나를 보호해주소서.
헤아릴 수조차 없는 수많은 재난들이 나를 에워싸고 있고
머리카락보다 더 많은 나의 허물들 때문에 앞이 캄캄하여
내가 한치 앞도 내다볼 수 없나이다.
내 죄가 내 머리털보다 더 많으니
내 마음이 낙담하여 힘없이 무너지고 말았나이다.
오, 주여, 제발 나를 구원하소서.
주여, 어서 오셔서 속히 나를 도와주소서.

내 목숨을 노리는 자들로 수치와 망신을 당하게 하소서.
내가 멸망하기를 바라는 자들로 큰 망신을 당하게 하시고
큰 수치를 느끼며 물러나게 하소서.
나를 쳐다보며 "하하, 꼴좋다!" 하며 깔깔대고 비웃는 자들로
도리어 스스로의 수치심 때문에 놀라게 하소서.
그러나 주님을 찾는 자들은 모두
주님 안에서 기뻐하며 즐거워하게 하소서.
주께서 베푸신 구원에 감사하는 자들로
"주님은 위대하시니, 높임을 받으소서!" 하고
항상 외치게 하소서.
이 몸은 가련하고 궁핍하지만
주여, 나를 생각해주소서.
주께서는 나를 도우시는 분이시요
나를 모든 환난 가운데서 건지시는 분이시니
오, 나의 하나님이시여!
지체하지 마시고, 서둘러 나를 구원하소서.

[해설과 묵상] 고난과 위경 가운데서 크신 구원을 베풀어주신 하나님의 은혜에 대해 소리 높여 노래한 감사와 찬양의 시다. 시를 쓴 시점은 아들 압살롬의 반란을 진압한 이후로 보이는데, 그 사건을 통해 하나님의 놀라운 구원 사역을 생생하게 체험한 다윗이 감격에 겨워 하나님께 감사하며 찬양을 돌린 것이다.

시의 내용은 삼분된다. 초반부는 다윗이 하나님의 은혜를 회고하는 장면이고(1-5절), 중반부는 하나님의 은혜에 보답하기 위해 헌신을 다짐하는 장면이다(6-10절). 그리고 후반부는 장래에도 변함없이 구원의 은혜를 베풀어주실 것을 간구하는 장면이다(11-17절). 진실로 하나님은 자신의 은혜를 잊지 않고 감사하는 심령에게 또 다시 감사할 수 있는 여건을 마련해주신다. 그러므로 성도는 한결같이 '범사 감사'의 심령으로 살아가는 신앙을 유지해야 한다(살전 5:18).

주님은 제사와 예물을 기뻐하지 않으시고

한편, 시의 중반부 초두에서 다윗은 “주님은 제물과 제사를 기뻐하지 아니하고, 번제물과 속죄제물도 요구하지 않으신다.”라고 했는데(6절), 이 말은 하나님께서 제사와 예물을 결코 원하지 않으신다는 의미가 아니다. 구약의 레위기에서 하나님은 여러 제사들과 제물들을 요구하셨다. 따라서 이 말은 마음의 정성과 믿음이 없는 제사와 예물을 원하지 않는다는 의미이고, 참된 예배와 순종을 원하신다는 사실을 강조한 말이다. 사람이 제사와 예물로써 종교적 의식을 수행하는 것만으로는 결코 하나님을 기쁘시게 할 수 없다. 하나님께서는 우리의 마음에서 우러나오는 진실한 믿음과 순전한 순종을 진실로 기뻐하신다(삼상 15:22).

41
병상에서 드리는 기도

주여, 나는 죄를 지었습니다
원수들이 언제 죽을까 지켜봅니다
주여, 내 병은 회복이 어렵지만
주의 사랑으로 고쳐주소서

다윗의 시: 찬양대 지휘자의 지휘에 따라 부르는 노래

(1-4) 복되도다! 가난하고 약한 사람을 잘 보살펴주는 자들이여!
재앙의 날이 닥칠 때, 주께서 그를 건져주실 것이로다.
진실로 주께서 그를 지켜주시고
그의 목숨을 보존해주실 것이며
이 땅에서 복 받고 잘살게 하실 것이로다.
결코 그의 대적들에게 그의 생명을 내어주지 않을 것이로다.
그가 병들어 몸이 아플 때
주께서 그를 보살펴주셔서 다시 건강하게 회복시켜 주실 것이로다.
그러므로 이제 내가 주께 고백하나이다.
"주여, 나를 불쌍히 여기시어 나를 고쳐주소서.
내가 주께 죄를 지었나이다."

(5-9) 내 원수들은 내가 병든 것을 보고
내게 악담을 퍼부으며 말하기를
"저자가 언제 죽어서 그 이름이 영영 사라질꼬?" 합니다.

그들이 나를 보러 와서는 마음에도 없는 빈말이나 지껄여대다가
무슨 꼬투리를 잡고는 밖에 나가서 험담을 마구 늘어놓고 다닙니다.
나를 미워하는 자들이 하나같이 나에 대해 수군거리며
내게 불행한 일이 덮치기만을 바라면서 서로 말하기를
"그가 몹쓸 병에 걸렸으니
이제 자리를 털고 일어나기는 다 글렀다" 하고, 기뻐합니다.
평소 내가 믿었던 가까운 친구들과 나와 한솥밥을 먹던 친구들마저
모두 나를 대적하여 내게 등을 돌렸나이다.

(10-13) 그러나 주여, 나를 불쌍히 여기시어 내게 자비를 베푸소서.
이 병상에서 나를 일으켜 세워주셔서
저들에게 보복할 수 있게 해주소서.
주께서는 나를 사랑하시므로
저 원수들이 다시는 내 앞에서 큰소리치지 못하게 해주실 줄 믿나이다.
주께서 나의 진실함을 보시고
나를 굳게 붙들어주소서.
나를 주님의 얼굴 앞에 세워주셔서
주님을 모시고 영원토록 살게 해주소서.
이스라엘의 하나님이신 주님을 찬양하여라.
영원부터 영원까지 주님을 찬양하여라.
아멘, 아멘!

[해설과 묵상] 시편 제1권(1-41편)을 마무리 짓는 시문으로, 원래는 12절로 쓰였으나 후대의 편집자가 마지막 송영을 첨가하여 13절로 구성되었다. 시의 주제는 질병 가운데 은혜를 베푸시는 하나님을 향한 감사와 찬양이다.

초반부는 빈약한 자를 돕는 의인에게 내리시는 하나님의 복 주심을 노래하고(1-4절), 중반부는 시인 자신이 고난에 처했을 때 악인은 물론이거니와 가까운 친구조차도 배반한 사실을 두고 탄식한다(5-9절). 마지막 후반부는 그런 인간들의 배반에도 불구하고 오직 믿고 의지할 분은

하나님뿐이심을 고백하고 확신한다(10-13절).

시의 중반부 말미에서 다윗은 “평소 믿었던 가까운 친구들과 한솥밥을 먹던 친구들조차” 자신에게 등을 돌린 사실에 대해 탄식하는데(9절), 그 대표적인 인물이 ‘아히도벨’이다. 그는 다윗의 친구요 모사(謀士, 책략가)로서 일평생 생사고락을 함께 나눈 사이였는데, 압살롬이 다윗 왕을 거슬러 반역했을 때 다윗에게 등을 돌리고 압살롬을 도왔다(삼하 15:31). 후일에 예수님은 자신을 팔아넘기려는 가룟 유다의 배신을 묘사하시면서 다윗의 이 구절을 인용하셨다(요 13:18).

42

목마른 사슴처럼

주여, 언제 내가 주님 앞에 나아가
하나님의 얼굴을 뵈올 수 있겠습니까
시냇물 찾는 목마른 사슴처럼
내 영혼은 주님을 사모합니다

고라 자손의 교훈시: 찬양대 지휘자의 지휘에 따라 부르는 노래

(1-4) 오, 하나님이시여, 목마른 사슴이 헐떡거리며 시냇물을 애타게 찾듯이
내 영혼이 목이 말라 헐떡거리며 주님을 애타게 찾나이다.
진실로 내 영혼이 하나님을,
살아 계신 나의 하나님을 목이 타도록 애타게 갈망합니다.
언제 내가 주님 앞에 나아가
내 하나님의 얼굴을 뵈올 수 있겠나이까.
사람들은 하루종일 나를 보고
"네 하나님이 어디 있단 말이냐?" 하고 조롱하니
밤낮으로 흘리는 내 눈물이 나의 양식이 되었나이다.
이전에 내가 사람들을 이끌고 하나님의 집으로 들어가던 날
다 같이 기쁨의 환호성을 크게 지르며 주께 감사하던 그 시절을 생각하면
정녕 내 가슴이 미어집니다.

(5-11) 오, 나의 영혼아, 어찌 그리 풀이 죽어 낙심하느냐.
어찌 그리 불안해하며 괴로워하느냐.

오직 너는 하나님을 소망하며 살아라.
이제 나는 내 구원자이신 나의 하나님을 도리어 찬양하며 살리로다.
오, 나의 하나님이시여, 내 영혼이 내 속에서 낙심하므로
이제 내가 요단 땅과 헤르몬산과 미살산에서
주님을 바라보고 주님을 기억할 것입니다.
주께서 쏟아부으시는 큰 폭포 소리에 깊은 바다가 서로를 부르고
주께서 일으키시는 큰 파도 물결이 나를 휩쓸고 지나갑니다.

그리나 낮에는 주께서 내게 한결같은 사랑을 베푸시니
밤에는 내가 소리 높여 주님을 찬송하고
내 생명의 하나님께 기도할 것입니다.
내가 나의 든든한 반석이신 하나님께 호소합니다.
"주여, 어찌하여 나를 잊으셨습니까?
어찌하여 저 원수들의 압제 속에 내가 이토록 고통을 당해야 합니까?
저 원수들이 나를 보고 온종일 빈정대며 말하기를
'네가 섬긴다는 네 하나님이 어디 있단 말이냐?' 하니
저들의 비웃음에 내 뼈마디가 쑤시고 아픕니다.
오, 내 영혼아, 어찌 그리 풀이 죽어 낙심하느냐.
어찌 그리 불안해하며 괴로워하느냐.
오직 너는 하나님을 소망하며 살아라.
이제 나는 내 구원자이신 나의 하나님을 도리어 찬양하리로다.

[해설과 묵상] 레위 지파로서 성전 봉사의 직임을 맡은 고라 자손이 소장하고 있던 다윗의 교훈시(히, 마스길)다. 시의 저작 배경은 다윗이 예루살렘 성전 출입을 자유롭게 할 수 없어 성전 예배마저 제대로 드릴 수 없는 상황으로, 아마도 사울 왕에게 쫓기던 혹독한 박해의 시절이나 아들 압살롬의 반란으로 인해 예루살렘 궁궐을 떠나 기약 없이 도피하던 시절로 추정된다(삼하 15:1-12).

다윗은 주님의 성전을 사모하기를 목마른 사슴이 시냇물을 갈급하게 사모하는 것에 비유하면서(전반부, 1-4절), 다시금 예전처럼 성전에

목마른 사슴이 시냇물을 애타게 찾듯이

올라가 마음껏 하나님께 예배드리고 찬양할 수 있는 날이 속히 오기를 애타게 바라고 원한다(후반부, 5-11절).

주님의 성전을 간절하게 사모하는 시인의 마음이 '시냇물을 애타게 찾는 목마른 사슴'에 비유된 것은 아주 적절하다(1절). 팔레스타인 지역은 토질이 석회질이기 때문에 우기(雨期)에 많은 비가 내려도 금방 흡수되고 만다. 그래서 일 년 내내 물이 마르지 않는 강이라곤 찾아보기 힘들다. 그래도 비가 오면 그나마 간헐천 곧 와디(Wadi)가 생겨 물이 흐르지만, 만일 비가 오지 않으면 사람이나 짐승이나 갈증에 허덕이며 모두가 물이 흐르는 시냇물을 찾기에 급급하다. 성전을 애타게 사모하는 시인의 심정이 건기(乾期) 때에 물이 흐르는 시냇물을 애타게 찾는 목마른 사슴을 연상시킨다.

후반부의 초반(6절)에 묘사된 '헤르몬산'(Mt. Hermon, 해발 2,850m)은 이스라엘 북쪽 시리아에 있는 높은 산으로, 정상은 만년설로 덮여 있어 요단강의 수원(水源)을 이룬다. 그리고 '미살산'(Mt. Mizar)은 어떤 산인지 분명히 알 수 없지만, 아마도 헤르몬 산맥의 한 봉우리일 것으로 추정된다. 여기서 시인이 이처럼 이방의 산들을 언급하고 있는 것은, 자신이 주님의 성전이 있는 이스라엘 땅에서 멀리 떠나 있음을 나타냄과 동시에, 자신이 어느 처소에 있든지 주님의 성전을 기억하고 있다는 사실을 고백하기 위함일 것이다.

43

환난 중에 드리는 기도

나의 힘, 나의 하나님,
어찌하여 나를 버리셨습니까
어찌하여 원수의 압박 속에
심한 고통을 당해야 합니까

(1-3) 오, 하나님이시여, 나를 판단하셔서 나의 무죄를 선언하소서.
그리하여 저 불의한 사람들에게 나를 변호해주시고
저 거짓을 일삼는 악한 자들에게서 이 몸을 건져주소서.
나의 힘이요 나의 요새이신 하나님,
어찌하여 나를 외면하십니까.
어찌하여 내가 저토록 잔인하게 짓누르는 원수들에게
고통을 겪고 있어야 합니까.
오, 주여, 주님의 빛과 주님의 진리를 내게 보내주셔서
나를 올바로 인도하게 하소서.
그리하여 주님의 거룩한 산으로,
주님 계시는 그곳으로 나를 이끌어가게 하소서.

(4-5) 그리하면 내가 하나님의 제단으로 기꺼이 나아가렵니다.
나의 가장 큰 기쁨이신 하나님께로 즐거이 나아가렵니다.
오, 하나님, 나의 하나님이시여!
그때에 내가 수금을 뜯으며 목청껏 주님을 찬양하렵니다.

오, 내 영혼아, 어찌하여 그리도 낙심하느냐.
어찌하여 그토록 괴로워하느냐.
오직 너는 하나님을 소망하며 살아라.
나의 구원자이신 내 하나님을 내가 소리 높여 찬양하리로다.

[해설과 묵상] 본시는 본래 앞의 42편과 한 편의 시인 것으로 추정된다. 그 이유는, 본시에는 표제가 따로 없고, 두 시가 공히 "오, 내 영혼아, ~ 찬양하리로다."라는 후렴구를 달고 있기 때문이다. 그런데 본시는 앞의 42편보다 좀 더 적극적이고 활발한 분위기를 자아내고 있다. 42편에서는 하나님을 떠나 멀리 이역(異域) 땅에서 눈물 흘리며 하나님의 성전을 사모하는 갈급한 심령을 읊었지만, 본시(43편)에서는 보다 적극적으로 대적들의 모든 위협적인 손아귀에서 벗어나 주님의 성전에서 하나님을 예배하고 찬양할 수 있도록 대적들을 물리쳐 달라고 간구하고 있기 때문이다.

진실로 그러하다! 참된 신앙인의 특징 가운데 하나는 비록 당장은 고뇌하고 오늘은 탄식하지만, 소망의 눈을 들어 내일을 바라보고 궁극에 가서는 하나님의 크신 능력의 손길로 모든 난관을 극복하고 언젠가는 반드시 하나님 존전에 나아가 하나님께 예배드리고 찬양드릴 수 있게 될 것임을, 그리하여 성도의 특전이 회복될 수 있을 것임을 굳게 믿는 것이다.

시에 묘사된 '주님의 거룩한 산'(3절)은 예루살렘에 있는 '시온산'(Mt. Zion)을 가리킨다. 그 산은 종종 '거룩한 언덕' 혹은 '거룩한 산'이라고 불렸다(시 2:6; 3:4; 15:1; 48:2). 이처럼 '시온산'을 '거룩한 산'이라고 부른 것은 그곳에 거룩하신 하나님의 처소인 성전이 세워져 있었기 때문이다.

44

도움과 보호를 구하는 기도

주께서는 왜 주무시기만 하십니까
이 고통을 어찌 모른 체하십니까
땅에 처박히고 나동그라졌으니
일어나 속히 도와주소서

고라 자손의 교훈시: 찬양대 지휘자의 지휘에 따라 부르는 노래

(1-8) 하나님, 우리가 우리 조상들이 해주신 이야기를
우리의 두 귀로 잘 들었나이다.
오랜 옛적, 주께서 행하신 놀라운 일들에 관해
우리 조상들이 우리에게 들려주었나이다.
주께서 주님의 손으로 친히 이방의 뭇 민족들을 쫓아내신 후
그 땅에 우리 조상들을 심어놓아 살게 하셨고
주께서 손수 이방의 뭇 나라들을 쳐부수시어
우리 조상들을 번성하게 하셨나이다.
우리 조상들이 이 좋은 땅을 차지한 것은 그들의 칼로써가 아니요
우리 조상들이 승리한 것도 그들의 힘으로써가 아니었나이다.
그 모든 것은 오직 주님의 강한 오른손으로
주님의 크신 권능의 팔로
주님의 환한 얼굴빛으로 이루신 일이었나이다.
이는 주께서 우리 조상들을 사랑하시어
그들에게 크신 은혜를 베풀어주셨기 때문입니다.

오, 하나님이시여, 진실로 주님은 나의 왕이십니다.
주님의 백성 야곱을 위해 승리를 명령하소서!
주님의 크신 능력으로 우리가 우리의 대적들을 물리칠 것이고
주님의 이름으로 우리가 우리를 치려고 일어나는 모든 원수들을
짓밟을 것입니다. 주여, 나는 내 활을 의뢰하지 않겠고
내 칼도 의지하지 않을 것입니다.
이는, 그것들이 내게 승리를 가져다주지 못하기 때문입니다.
오직 주께서 우리를 우리 대적들의 손에서 구원해주셨고
우리를 미워하는 원수들에게 수치를 안겨주었나이다.
그러므로 우리는 온종일 우리 하나님을 찬양하렵니다.
우리가 끊임없이 영원토록 주님의 이름을 찬양하렵니다. (셀라)

(9-22) 그러나 주여, 이제는 주께서 우리를 버리시어 수치를 당하게 하셨나이다.
이제는 더 이상 주께서 우리 군대와 함께하지 않으십니다.
주께서 우리로 우리의 원수들 앞에서 도망치게 하시니
우리를 미워하던 우리의 원수들이 제멋대로 우리의 것을 다 빼앗아갑니다.
주께서는 우리를 양처럼 잡아먹히게 우리의 대적들에게 내어주셨고
낯선 이방 민족들 가운데로 우리를 뿔뿔이 흩어버리셨나이다.
주께서는 주님의 백성을 아주 헐값에 팔아넘기셨으니
참으로 아무런 이득도 남기지 않고 그저 팔아버리셨나이다.
그리하여 주께서는 우리로 이웃 나라 사람들에게 수치를 당하게 하셨고
우리를 둘러싸고 있는 뭇 나라 사람들의
웃음거리와 조롱거리로 만드셨나이다.
주께서 우리를 이방 민족들 가운데 얘깃거리로 만드시니
뭇 나라 사람들이 우리를 보고 고개를 절레절레 젓나이다.
내가 날이면 날마다 온갖 모욕을 당하니
너무나 수치스러워 얼굴을 들 수조차 없나이다.
그 까닭은 나를 조롱하는 자들의 비방소리와
나를 비웃는 자들의 욕설 때문에 귀가 따갑기 때문이고
나를 해치려는 저 원수들과 대적들의 사나운 눈길 때문입니다.

그러나 주여, 이 모든 고통이 우리에게 닥쳤지만

그래도 우리가 주님을 잊지 않았고
주님의 언약을 저버리지 않았나이다.
우리 마음이 주께 등 돌려 주님을 떠난 것도 아니고
우리 발걸음이 주님의 길에서 벗어나지도 않았나이다.
하지만 주께서는 이리 떼가 우글거리는 소굴에다
우리를 밀어넣어 다치게 하셨고
깊고 어두운 죽음의 그림자로 우리를 덮으셨나이다.
혹시라도 우리가 하나님의 이름을 잊어버리고
다른 이방나라의 신들을 향해 손을 뻗어 도움을 구했다면
어찌 하나님께서 그 사실을 모를 리 있었겠습니까.
진실로 주께서는 우리 마음의 비밀까지도 다 감찰하시는 분이 아니십니까.
하지만 우리가 온종일 주님을 위해 죽을 지경에 처하니
마치 도살장으로 끌려가는 양 같은 신세로 살아갑니다.

(23-26) 하오니 주여, 깨어나소서!
어찌하여 주무시고 계십니까.
속히 깨어나소서!
깨어 일어나시어, 우리를 영영 저버리지 마소서.
어찌하여 주께서는 주님의 얼굴을 숨기고 계십니까.
어찌하여 주께서는 지금 우리가 겪고 있는
이 고난과 억압을 모른 체하십니까.
보소서, 지금 우리의 몸은 흙먼지 속에 처박혀 있으며
우리의 뱃가죽은 땅바닥에 나동그라져 있나이다.
하오니 주여, 일어나소서!
속히 일어나시어, 우리를 도와주소서!
주님의 한결같은 사랑으로 우리를 구원하소서!

[해설과 묵상] 본시를 쓴 시기는 확실치 않다. 하지만 내용을 살펴볼 때 두 시기를 추론해볼 수 있다. 하나는, 이스라엘 민족이 아시리아 왕 산헤립의 침공을 받아 민족적인 멸망의 위기에 직면해 있을 때다(주전 8세기 초엽, 왕하 18:13-19:34). 이때 히스기야 왕 치하의 유다 왕국은

나는 내 활을 의지하지 아니할 것이라

강력한 무력을 지닌 아시리아의 침공으로 국토와 성읍의 대부분을 짓밟힌 채 도성 예루살렘에 완전히 포위되어 갇혀 있는 풍전등화의 상태였다.

또 하나는, 나라가 멸망한 뒤 이스라엘 백성이 포로민의 처량한 신세가 되어 이방 나라의 도처에 흩어져 온갖 수모와 배척을 받던 시기다. 바빌로니아 포로시대(주전 586년~) 이후부터 마카비 통치시대(주전 166-160년) 훨씬 이전의 작품으로 추정된다. 어쨌든, 본시는 나라가 멸망 위기에 처했거나 멸망당한 상태에서 한 경건한 신앙인이 하나님의 도움과 구원을 애타게 부르짖는 내용으로 구성되었다.

본시의 내용은 삼분된다. 시의 초반부에서 시인은 옛적에 하나님께서 크고 놀라운 권능으로써 이스라엘 백성을 어떻게 구원하셨으며, 어떻게 보호하시고 인도하셨는지를 회상하고 있다(1-8절). 중반부에서는 그런 회상에 근거하여 현재 이스라엘 백성이 이방인들로부터 당하고 있는 위협과 핍박, 조롱과 멸시에 대해 탄원한다(9-22절). 그리고 후반부에서 시인은 지금껏 이스라엘 백성을 보호하시고 인도하신 하나님을 향하여 미래의 종국적인 구원과 승리를 호소한다(23-26절).

본시는 국가 존망의 위기 상황에서 하나님의 도움을 애타게 부르짖는 탄원시이고, 과거 이스라엘 백성을 구원하시고 인도하셨던 하나님께서 현재 당하고 있는 절박하고 처참한 상황에서 다시금 구원해주시기를 호소하는 국민적인 기도시다. 그래서 시인은 절망적인 상황에서도 좌절하지 않고 하나님의 도움과 구원을 바라보며 확신하고 있는 것이다.

이런 점에서 본시는 비탄의 애가(哀歌)라기보다는 승리와 구원의 노래이고, 믿음과 소망의 찬가라 할 수 있다. 이처럼 성도가 '사느냐 죽느냐'의 극한 위기 상황에 처했을 때, 또는 악한 자들에게 모욕을 당하고 핍박받는 절망적인 상태에 놓여 있을 때, 가장 지혜로운 대처법은 주께 모든 사정을 낱낱이 토로한 뒤 전적으로 그분만을 신뢰하고 의탁하는 것이다.

시 가운데 묘사된바 주님의 '손', '팔', '얼굴' 등의 표현(3절)이나 주께서 '주무신다', '깨어나신다', '숨으신다' 등의 표현(23-24절)은 보다 생생하게 표현하고 보다 쉽게 이해시키기 위해 단지 하나님을 사람인 양 의인화(擬人化)해서 표현했을 뿐이다. 하나님께서는 본질상 영(靈)이시기 때문에 사람과는 달리 육체적인 몸을 가지고 있지 않다(요 4:24).

45

왕의 결혼을 축하하는 노래

왕의 옷자락에서 향기가 나네
몰약과 침향과 육계향 속에
여러 나라 공주도 섞여 있고
황금으로 꾸민 왕비도 있네

고라 자손의 교훈시: 지휘자의 지휘에 따라 '소산님' 곡조에 맞추어 부르는 사랑의 노래

(1-8) 내 마음이 흥에 겨워 왕에 관한 노래가 절로 흘러나오니
내 혀는 훌륭한 문필가의 붓과 같구나.
왕은 사람이 낳은 자들 가운데 가장 용모가 수려하신 분,
왕의 입술에서는 아름다운 말들이 술술 흘러나오니
하나님께서 왕에게 영원토록 복을 내리셨나이다.
오, 지극히 강한 용사여!
허리에 왕의 칼을 차고, 위엄과 영광으로 옷 입으소서.
왕은 진리와 겸손과 의를 위해
위엄 있게 말을 타고 당당히 나가서 승리를 거두소서.
왕의 오른손으로 놀라운 일을 보여주소서.
왕의 화살이 날카로워 원수들의 심장을 꿰뚫으니
왕의 대적들이 왕의 발아래 쓰러집니다.

오, 하나님, 주님의 보좌는 영원토록 견고하고

주님 나라의 홀은 공의의 홀입니다.
진실로 왕이 정의를 사랑하고 악을 미워하니
그러므로 왕의 하나님께서는 그에게 기름을 부어 왕으로 세워주셨나이다.
다른 모든 동료들 위에 그를 우뚝 세워서
그에게 기쁨의 기름을 부으시어 왕으로 삼았나이다.
왕의 옷자락에서는 몰약과 침향과 육계 향기가 은은히 풍겨 나오고
상아 궁궐에서 흘러나오는 현악기 소리는 왕을 흥겹게 합니다.

(9-15) 왕이 소중히 여기는 궁궐 여인들 가운데는 뭇 나라 왕들의 딸들이 있고
왕의 오른쪽에는 오빌의 순금으로 곱게 단장한 왕비가 있나이다.
오, 왕비님! 내 말을 귀 기울여 들으시고
내 말을 잘 생각해보십시오.
이제는 그대의 백성과 그대 아버지의 집은 잊어버려요.
그러면 왕이 그대의 아름다움에 흐뭇해하고
그대를 사랑하게 될 테니까요.
이제는 왕이 그대의 주인이시니
왕을 공경하고 그분을 잘 섬기도록 하세요.
그러면 두로의 딸이 선물을 들고 그대를 찾아올 것이고
가장 부유한 백성도 그대의 은총을 구하여 그대 앞으로 나아올 것입니다.
진실로 왕비님은 금실로 수놓은 옷을 입고
궁궐에서 모든 영화를 누릴 것이니
금빛 찬란한 화려한 옷을 걸쳐 입고 왕을 뵈러 나아갈 때
왕비님의 뒤에는 젊은 시녀들이 줄줄이 뒤따를 것입니다.
그들 모두가 기뻐하고 즐거워하면서
궁중 내시의 인도를 받아 왕궁으로 들어갈 것입니다.

(16-17) 오, 왕이시여, 왕의 아드님들은 왕의 보좌를 굳건하게 이어갈 것입니다.
왕께서는 아드님들을 통치자들로 삼아
온 땅을 다스리게 하실 것입니다.
내가 오고 올 모든 세대에 걸쳐 왕의 이름을 기억하게 하겠사오니
그러므로 모든 백성이 세세토록 왕을 칭송할 것입니다.

[해설과 묵상] '왕의 혼인 축가' 또는 '시편의 아가'로 불리는 본시는 이스라엘 왕의 결혼식 때 부르던 축혼시(祝婚詩)다. 하지만 우리는 이 영감어린 시를 통해 장차 오실 신랑 메시아와 그분의 순결한 신부된 교회(성도)의 아름답고 복된 천국 혼인의 실상을 엿볼 수 있다(엡 5:22-23). 이처럼 본시가 궁극적으로는 메시아(그리스도)와 교회의 신성한 결혼식을 예시하고 있다는 점에서 '메시아 예언시'라고 부를 수 있다.

본시의 내용은 삼분된다. 초반부는 결혼식에 임하는 왕의 위엄과 존귀를 노래하고(1-8절), 중반부는 그에 상응하는 왕비 된 여인의 아름다움과 고상함을 노래한다(9-15절). 그리고 후반부는 왕과 왕비 사이에서 태어날 왕자들로 인해 왕위가 흔들림 없이 오래도록 굳건히 세워지게 될 것임을 노래한다(16-17절).

이처럼 성경의 시편 속에 왕을 칭송하는 시들이 여럿 포함된 까닭은, 고대 이스라엘에서 왕은 국가를 상징했고, 그래서 왕을 칭송하는 것은 곧 하나님의 백성을 칭송하는 것과 마찬가지였기 때문이다. 나아가 이러한 칭송은 단순히 이스라엘 왕에게만 국한되는 것이 아니고, 장차 영원한 왕으로서 기름부음을 받으실 자 곧 메시아(Messiah, 그리스도)와 관련되었기 때문이다.

그런 점에서 정녕 본시처럼 장엄하고 신성하며 화려한 결혼식은 인류 역사가 최종 완성되는 날, 곧 메시아 예수께서 재림하시는 그날에 마침내 온전히 이루어질 것이다(계 19:1-10). 그때 교회와 성도는 메시아(그리스도)의 순결한 신부로서 그분 앞에 아름답고 영광된 모습으로 떳떳이 서게 될 것이다.

46

우리의 피난처 되시는 하나님

물이 흘러넘쳐 마을을 휩쓸어도
하나님의 도성은 무너지지 않네
나라마다 공포에 떨어도
만군의 하나님은 우리의 피난처라네

고라 자손의 시: 지휘자의 지휘에 따라 '알라못' 곡조에 맞추어 부르는 노래

(1-3) 하나님께서는 우리의 피난처시요 우리의 힘이시니
어려운 고비 때마다 우리에게 항상 도움을 베푸시도다.
그러므로 땅이 심하게 흔들린다 해도
산들이 바다 한가운데로 빠져 들어간다 해도
우리에게는 아무 두려움이 없도다.
바다에 거센 폭풍이 몰아쳐 사나운 물결이 일어난다 해도
그 물결이 흘러넘쳐 산들을 무너뜨린다 해도
진실로 우리에게는 아무 두려움이 없도다. (셀라)

(4-7) 오, 강이여! 강물이 흘러들어 그 물줄기가 하나님의 도성을 기쁘게 하고
지극히 높으신 이의 거룩한 집을 즐겁게 하는구나.
하나님께서 그 도성 안에 계시니
그 도성은 결코 흔들리지 않으리라.
그것은 하나님께서 동틀 때부터 부지런히 도우시기 때문이도다.
세상 나라들마다 소란을 피우고

땅의 왕국들마다 흔들거려도
주께서 큰 소리로 한 번 호령하시니
땅이 마구 녹아내리는구나.
만군의 주께서 우리와 함께 계시니
진실로 야곱의 하나님께서 우리의 피난처가 되시도다. (셀라)

(8-11) 뭇 민족들아, 어서 와서 보라!
주께서 이루어놓으신 놀라운 일들을!
그분께서 온 땅을 황폐하게 만드셨도다.
주께서는 이 세상 땅끝까지 전쟁을 그치게 하시리니
모든 활을 꺾어버리시고 창을 부러뜨리시며
병거들을 모조리 불살라 버리시리라.
그러므로 귀 기울여 주님의 음성을 들어보아라.
"너희는 잠잠하여라,
그리고 차분히 생각하여 내가 하나님인 줄 알라.
내가 뭇 민족들 위에 더없이 높아질 것이니
온 세상 만민이 나를 드높이리라!"
진실로 전능하신 만군의 주께서 우리와 함께 계시니
야곱의 하나님께서는 정녕 우리의 피난처가 되시도다. (셀라)

[해설과 묵상] 다양한 표현을 통해 동일 주제를 반복하고 있는 본시는 '하나님은 피난처 되시고, 환난 날에 도움이시다'란 사실을 강조해서 보여주는 가장 대표적인 시다. 저작 배경은 아시리아 왕 산헤립의 침공을 받은 남왕국 유다가 국가 존망이 달린 절체절명의 위기 상황에서 하나님의 크신 도움으로 그 절망적인 위경을 기적적으로 극복했던 사건으로 보인다(왕하 19장).

본시의 내용은 삼분된다. 초반부에는 하나님을 자신의 피난처요 힘으로 삼은 자들의 흔들림 없는 담대한 모습이 묘사되었고(1-3절), 중반부에는 하나님께서 친히 함께 계시는 성읍 안에 거하는 자들의

주님께서 땅끝까지 전쟁을 그치게 하시리니

안전함이 묘사되었다(4-7절). 그리고 후반부에는 이 땅의 모든 전쟁을 종식시키고 평강의 왕으로서 친히 온 세상을 통치하시는 하나님의 크신 권능과 위엄이 묘사되었다(8-11절).

본시는 독일의 유명한 종교개혁자 마틴 루터(Martin Luther, 1483-1546년)가 종교개혁의 박차를 가할 때 작시했던 "내 주는 강한 성이요"(새찬송가 585장)라는 찬송의 바탕이 되었다. 이처럼 루터가 본시에서 강력한 영감을 받아 그 찬송을 작시하였다고 하여 후대에는 본시를 '루터의 시'라 부르기도 했다.

이후로 여러 세기를 지나오면서 본시는 많은 작곡가들에 의해 작곡되었으며, 예배 의전과 성경문학에 인용되어 왔다. 그리하여 본시는 진실로 모든 세대를 초월하여 환난과 난관에 봉착한 뭇 성도들에게 큰 위로와 소망을 주고 격려를 북돋워주는 영감어린 아름다운 시가 되었다.

47

온 땅 위에 가장 높으신 하나님

하나님 오시니 나팔 소리 울리자
찬양 노래 소리 높여 부르자
하나님은 온 누리를 다스리시는
전능하시고 영원한 만왕의 왕

고라 자손의 시: 찬양대 지휘자의 지휘에 따라 부르는 노래

(1-4) **모든 민족들아, 다 함께 손뼉을 쳐라.**
소리 높여 하나님께 기쁨의 함성을 외쳐라.
지극히 높으신 주께서는 진실로 지엄하신 분이시니
온 땅을 다스리시는 위대한 왕이시로다.
주께서는 만백성을 우리 발아래 엎드리게 하셨고
뭇 나라를 우리 발아래 무릎 꿇게 하셨도다.
주께서 우리에게 살 땅을 골라주셨으니
그러므로 그분께서 사랑하시는 야곱이 큰 영화를 입었도다. (셀라)

(5-9) **환호소리 울려 퍼지는 가운데 하나님께서 올라가신다.**
나팔 소리 우렁찬 가운데 주께서 올라가신다.
그러므로 하나님께 찬양의 노래를 불러라.
소리 높여 하나님을 찬양하라.
우리 왕이신 주님을 찬양하여라.
하나님께서는 온 땅을 다스리시는 왕이시니

너희는 시를 지어 그분을 찬양하여라.
진실로 하나님께서는 뭇 나라를 다스리시는 왕이시니
그분은 거룩한 보좌에 앉으시어 온 나라를 다스리신다.
보라, 백성을 다스리는 뭇 통치자들이 몰려든다.
그들이 아브라함의 하나님 곧 우리 주님의 백성이 되려고
다 함께 모였도다.
세상의 모든 군왕들이 다 주께 속해 있으니
진실로 그 누가 하나님보다 더 높으랴!

[해설과 묵상] 이스라엘에서 매년 유대 종교력으로 7월 1일, 곧 티스리 월 첫째 날에 지키는 신년절(혹은 나팔절, 레 23:23-25)에 공식적으로 사용되던 찬양시다. 특히 본시는 다윗 시대에 법궤(언약궤)를 예루살렘으로 옮긴 사건에 근거하여, 신년절의 한 의식으로서 제사장들이 법궤를 메고 성전으로 들어가면서 부른 찬양시다. 본시에는 온 땅의 통치자가 되시는 여호와 하나님께 대한 밝고 힘찬 찬양이 전문에 흐르고 있다. 또한 그러한 하나님의 통치로 인해 온 세상의 모든 나라들과 민족들이 기뻐하는 찬양으로 출렁이고 있다.

특히 본시는 이 땅에서의 모든 사역을 마치신 메시아 예수의 영광스러운 승천을 예시하는 장면들(5, 8절)로 인해 메시아 왕권의 탁월성을 찬미하는 시로도 알려져 있다. 시편의 모든 시들이 하나같이 하나님의 영감에 의해 쓰인 것들임을 감안한다면, 본시도 틀림없이 신약시대 메시아(그리스도)의 부활 및 승천, 그리고 만왕의 왕 되심을 예표하고 찬양한 시로 보인다. 그러하기에 시의 맨 마지막 구절(9절)에서 묘사된 것처럼, 장차 온 세상의 모든 민족들과 모든 나라들의 백성이 하나님의 언약에 포함되어 아브라함의 하나님의 백성으로 불릴 수 있는 것이다.

48

하나님의 도성, 시온

거룩한 산 시온에 좌정하신
주께서는 우리의 피난처
쳐들어온 왕들은 시온에 놀라
혼비백산하여 달아나네

고라 자손의 시, 곧 노래

(1-3) 주님은 진실로 위대하시니
우리 하나님의 도성에서 곧 그분의 거룩한 산에서
크게 칭송을 받아 마땅하신 분이시로다.
그 산은 높고 그 봉우리는 아름다우니
온 세상의 기쁨이로구나.
북방에 있는 그 산 곧 시온산은 위대한 왕의 도성이로구나.
그 도성에는 주께서 항상 함께 하시니
아무런 걱정이 없다고 일러주셨도다.
그분께서는 스스로 자신이 안전한 피난처이심을 보여주셨도다.

(4-8) 보라, 이방의 왕들이 떼를 지어 시온산을 쳐부수려고 몰려왔다가
주께서 계신 시온 성을 보자마자
모두가 깜짝 놀라 허겁지겁 도망치고 말았도다.
그들이 큰 두려움에 사로잡혀 덜덜 떠니
그 모습이 마치 아이 낳는 여인의 격렬한 고통과도 같고

거센 동풍에 여지없이 부서지고 깨지는 다시스의 배와도 같구나.
우리는 전능하신 주님의 도성에서 곧 우리 하나님의 도성에서
우리가 그동안 들어왔던 것들이 사실임을 확인했도다.
하나님께서는 이 도성을 영원토록 안전하게 세우시리라. (셀라)

(9-14) 오, 하나님, 우리가 주님의 성전 안에서
주께서 베푸시는 한결같은 사랑을 생각합니다.
하나님, 주님을 칭송하는 소리가 땅끝까지 이르고
주님의 오른손은 하시는 일마다 의로움이 가득합니다.
주께서 내리시는 올바른 판단에 시온산이 즐거워하고
유다의 온 성읍들이 기뻐합니다.
너희는 시온성을 두루 돌면서
그 성을 살펴보고 그 망대를 세어보아라.
그 성벽이 어떠한지 잘 살펴보고
그 요새가 어떠한지 잘 보아두어라.
그리하여 그 영광을 대대로 자식들에게 말해주어라.
"이 도성을 세우신 하나님께서는 영원토록 우리의 하나님이시니
그분은 우리를 죽을 때까지 인도해주실 것이다"라고 말해주어라.

[해설과 묵상] 예루살렘 성읍 안에 있는 시온산 위에는 하나님의 지상 임재의 상징인 성전(聖殿)이 우뚝 세워져 있기 때문에 그 시온산을 노래하는 시들이 시편에 많다. 그런 시들을 우리는 흔히 '시온산의 노래'라고 부르고(26, 31, 137편 등), 그런 시들 중에는 거룩한 절기에 부른 시들도 많다(84, 87, 122, 126편 등). 본시도 예루살렘 순례자들에 의해 애송된 시편들 중 하나다.

일생에 단 한 번 순례길에 오를까 말까 하는 디아스포라 유대인들에게 있어 예루살렘 성읍뿐만 아니라 그 성벽의 돌 하나, 풀 한 포기조차 무척 귀하디귀한 것이었다. 사막의 먼 길을 걸어온 사람들이나 거친 바다를 건너온 순례자들은 하나님께서 계신 예루살렘 성의 시온 성전을

바라보며 벅찬 감동을 느꼈다. 본시에 흐르는 정서와 분위기는 그러한 심령의 솟구치는 감격과 희열로서, 그 주제는 하나님께서 거룩한 도성에 거하시고 그 도성을 안전하게 지키시며 그 도성에서 통치하신다는 것이다.

본시에 잘 나타나 있듯이, 예루살렘 성이 아름답고 거룩하며 견고한 것은 그 성 자체의 화려함이나 장엄함 때문이 결코 아니다. 그 성에 만왕의 왕이신 하나님께서 임재하시기 때문이다. 진실로 하나님께서 함께하는 곳이라면 그곳이 빈들이나 사막일지라도 가장 안전하고 극히 아름다운 천국이 될 수 있지 않겠는가!

주께서 다시스의 배를 깨뜨리시도다

시인은 하나님을 '다시스의 배'를 깨뜨리시는 분으로 묘사하는데(7절), 그 배는 장거리 항해가 가능한 크고 가치 있는 배다. 여기서 배는 예루살렘을 위협하는 대적들의 모든 부요와 권세를 상징한다. 그래서 예루살렘의 보호자 되시는 만군의 하나님께서 거센 폭풍을 일으켜 그 배를 여지없이 깨뜨리신 것이다. '다시스'는 스페인 해변에 있는 어떤 항구도시 이름으로 추정된다.

49

세상 재물을 의지하지 말라

아무리 많은 재산도 무덤까지 가져가지 못하네
이만하면 잘산다고 거들먹거려도
무덤에서 한 생을 끝맺게 되니
깨닫지 못하면 멸망에 이르리라

고라 자손의 시: 찬양대 지휘자의 지휘에 따라 부르는 노래

(1-4) 모든 백성아, 내 말을 들어보아라.
이 세상 사람들아, 내 말에 귀를 기울여라.
존귀한 자나 비천한 자나, 부자나 가난한 자나 모두 다 귀를 기울여라.
내가 입을 열어 지혜를 말할 것이고
내 마음이 묵상하여 깨달은 명철을 전하리라.
내가 잠언에 귀를 기울이겠고
수금을 타면서 내 수수께끼를 풀어보리라.

(5-15) 재난의 험한 날이 닥치고 악한 자들이 나를 에워쌀지라도
내가 무엇을 두려워하랴.
자기 재산을 의지하면서 부유함을 뽐내는 자들을
내가 어찌 두려워하랴.
비록 부자라 해도 그들 가운데 어느 누구도
그 재물로 다른 사람의 생명을 건지지 못하겠고
심지어 자기 목숨 값조차 하나님께 치를 수 없으리라.

사람의 목숨 값이라는 게 얼마나 비싼 것인데
어찌 재물로 그 값을 치를 수 있으랴.
무덤으로 내려가는 생명을 어떻게 재물로 건져낼 수 있겠으며
스러져가는 생명을 어찌 재물로 살려낼 수 있으랴.

아무리 지혜로운 사람이더라도 어리석고 우둔한 사람과 똑같이
결국엔 죽게 마련이어서
애써 모은 재산은 이 땅에 모두 두고 갈 수밖에 없는 것을!
땅을 차지하여 등기해둠으로써 영원히 자기 것으로 남을 줄 알고
자손 대대로 그 땅을 물려받게 될 줄 알지만
실상 그들이 영원히 묵을 곳은 오직 무덤뿐인 것을!
사람이 제아무리 많은 재산을 차지하고 온갖 영화를 누려도
그것이 그리 오래 가지 못하고
결국엔 미련한 짐승들과 마찬가지로 헛되이 죽고 말 것이니
이것이 자신만을 의지하고 사는 자들과
그런 자들의 말을 인정하고 따르는 자들이
마침내 맞이하게 될 허무한 운명이리라. (셀라)

저들은 몰려가는 양떼와도 같이 무덤을 향해 몰려가게 될 운명이니
장차 죽음의 먹이가 되고 말리라.
아침이 오면 정직한 자들이 그들을 지배하리니
그들의 몸은 땅 위의 호화롭고 아름답던 저택을 멀리 떠나
어두컴컴한 무덤 속에서 외로이 썩어가리라.
그러나 하나님께서는 분명코 내 영혼을 구원해주시리니
장차 나를 스올의 권세에서 건져 올려 자신께로 데려가시리라. (셀라)

(16-20) 그러므로 너희는 어떤 사람의 재산이 점점 불어나
큰 부자가 되는 것을 보더라도
스스로 초라해하거나 속을 끓이지 말라.
그 사람도 죽으면 아무것도 가져갈 수 없고
그가 가졌던 재물과 그가 누렸던 영화도
그를 따라 내려가지 못할 것이로다.

비록 사람이 한평생 부족함 없이 살아서
"이만하면 되었다!" 하고 스스로 흡족해하고
또 다른 사람들에게서도 칭송을 받았다고 하여도
결국에는 그 사람 또한 자기 조상들이 있는 곳으로 돌아가서
생명의 빛을 영영 다시 보지 못하는구나.
그러므로 사람이 제아무리 부요와 명예를 누린다 해도
깨달음을 얻지 못한다면
스스로 스러지고 마는 미련한 짐승과 다를 바가 무엇이랴!

[해설과 묵상] 마치 한 편의 설교를 연상시키는 듯한 훌륭한 지혜시이며 교훈시다. 주제는 세상 재물의 유한함과 그런 세상 재물을 추구하는 자들의 어리석음이다.

시의 초반부에서 시인은 먼저 자신이 묵상하여 깨달은 지혜와 명철의 말에 귀 기울여 들을 것을 촉구한다(1-4절). 그런 뒤 중반부에서는 물질적 풍요로움을 만끽하는 가운데 세상 재물을 자기 신으로 삼아 그것을 의지하고 살아가는 자의 허망함에 관해 경고한다(5-15절). 마지막으로 시의 후반부에서 시인은 빈부귀천을 막론하고 누구나 들어갈 수밖에 없는 스올(무덤)에 관해 언급하면서, 세상 재물을 무기로 삼고 살아가는 악인들의 번성함을 보고서 결코 기죽지 말 것을 권면하고 있다(16-20절).

본시는 '내세 신앙'의 진수를 보여준다. 결국 세상 재물의 노예가 되지 않고, 오직 하나님을 믿고 의뢰하는 자가 무덤(사망)의 권세를 이기고 영원한 생명을 얻는다는 교훈을 준다. 정녕 그러하다. 필연적으로 닥쳐올 죽음(무덤)과 내생(來生)에 대해 준비하지 않고, 단지 이 땅에 국한된 일시적인 세상 재물에 소망을 품고 살아가는 자처럼 허망하고 어리석은 존재는 없다

주목할 점은, 중반부 마지막 구절(15절)에서 시인은 남녀노소와 빈부귀천을 막론하고 모든 인생을 마침내는 집어 삼키는 스올, 그 무시무시한

'스올의 권세'에서 우리를 건져주실 분에 관해 알려주고 있다는 사실이다. 히브리어 '스올'은 죽은 자들이 예외 없이 전부 들어가 거처해야 하는 지하의 컴컴한 세계 곧 '무덤' 곧 '사망'을 가리킨다. 사람은 본질상 모두 죽을 수밖에 없는 존재이기에, 아무도 스올을 피할 수 없고 또 스스로 스올에서 빠져나올 수도 없다.

하지만 영원 전부터 영원 후까지 스스로 살아계셔서 죽지 아니하시는 존재이신 하나님께서는 스올 밖에 계시고 또 스올의 권세보다 크시기 때문에, 능히 권능의 손길을 뻗치시어 스올에 있는 사람을 스올 밖으로 건져 올릴 수 있다. 그렇게 스올에서 구원받은 사람은 죽음을 뛰어넘어 영원한 생명을 누릴 수 있는 것이다.

50

하나님께서 기뻐하시는 참된 제사

이 세상 모든 것은 주의 것
감사하는 마음이 참된 재물이네
불행에 빠져 허우적거릴 때마다
부르짖고 구하면 행복 주시네

아삽의 시

(1-6) 전능하신 주 하나님께서 말씀하셔서
해 뜨는 곳에서부터 해 지는 곳까지 온 세상을 다 불러 모으신다.
더할 수 없이 아름다운 시온산에서 우리 하나님께서 환히 빛을 비추신다.
우리 하나님께서 나타나실 때에 세상이 잠잠치 아니하니
활활 타오르는 불길을 앞세우시고
사방에서 거세게 불어대는 바람을 몰고 오신다.
주께서 자기 백성을 심판하시려고
위로는 하늘을 부르고 아래로는 땅을 불러 증인으로 삼으며 이르시기를
“제사로써 나와 언약을 맺은 나의 거룩한 백성을
내게로 다 불러 모아라” 하신다.
하나님께서 친히 재판관이 되시니
하늘이 주님의 의로우심을 선포하는구나. (셀라)

(7-15) 주께서 자기 백성에 대해서는 이렇게 말씀하신다.

"내 백성아, 들어라. 내가 말하리라.
이스라엘아, 내가 너희에 대해 증거하리라.
나는 하나님, 바로 너희의 하나님이니라.
나는 너희가 내게 바치는 희생제물 때문에 너희를 꾸짖지 않으리니
너희가 날마다 거르지 않고 내게 계속 번제물을 바쳤기 때문이니라.
하지만 실상 나는 너희 집에 있는 황소나
너희 우리에 있는 염소가 필요하지 않다.
숲속에서 뛰노는 모든 동물들이 다 나의 것이요
산속의 수많은 짐승들도 다 나의 것이 아니더냐.
산에 사는 모든 새들도 내가 다 알고 있고
들판에 사는 모든 동물들도 다 나의 품 안에 있다.

비록 내가 굶주릴지라도 너희에게 알리지 않을 것이니
그것은 온 세상과 그 안에 있는 모든 것들이 전부 나의 것이기 때문이니라.
내가 황소의 고기를 먹겠느냐.
내가 염소의 피를 마시겠느냐.
다만 내가 너희에게 원하는 참된 제물은 이것이니
너희 마음속의 진정한 감사와
또 너희가 지극히 높으신 분이신 내게 서원한 것을
그대로 지키는 일이니라.
너희는 고통과 재난의 날에 나를 부르라.
내가 너희를 건져주리니
그러면 너희가 내게 영광을 돌리게 되리라."

(16-21) 그러나 악한 자들에 대해서는 하나님께서 이렇게 말씀하신다.
"너희가 어찌하여 내 율법에 대해 나불대고
네 입술로 나의 언약에 대해 떠드느냐.
너희는 나의 가르침을 싫어하여 내 말을 내팽개쳐 버리지 않았더냐.
또 도둑을 보면 한패가 되어 휩쓸리고
간음하는 자들과 한통속이 되어 어울리지 않았느냐.
입으로는 악한 일을 꾸며대기 바쁘고
혀로는 남을 속이고 해치는 일에 정신이 없구나.

네 형제들의 허물을 들추어내기 바쁘고
같은 어머니에게서 태어난 한핏줄을 헐뜯는 일에 여념이 없구나.
너희가 이렇게 못된 짓을 해도 내가 입 다물고 아무 말도 하지 않았더니
나를 너희와 똑같은 줄로 생각하는구나.
그러나 이제 내가 너희를 책망하리니
너희가 어떤 악한 짓을 저질렀는지 조목조목 밝혀주리라.

(22-23) 너희 하나님을 잊어버린 악한 자들아, 이 말을 명심하여라.
그렇지 않으면, 내가 너희를 갈기갈기 찢어버릴 것이니
그리할지라도 아무도 너희를 내 손에서 건져낼 자가 없으리라.
오직 감사하는 마음으로 내게 제물을 바치는 자가
나를 영광스럽게 하는 사람이니
그처럼 올바른 길을 걷는 그 사람에게 내가 나의 구원을 보여주리라."

[해설과 묵상] 앞의 시(49편)와 더불어 또 하나의 교훈적인 메시지를 던져주는 지혜시로서, 그 중심 주제는 '하나님 앞에서의 올바른 예배 자세'다.

시인은 먼저 전능하신 심판주로서의 하나님께서 온 세상 만민을 한자리에 불러 모으시는 일에 대해 언급하고(1연, 1-6절), 이어 마음이 깃들지 않은 예물 위주의 형식적인 제사에 대해 경고한다(2연, 7-15절). 계속해서 시인은 입술로는 하나님을 섬기면서도 그 삶에서는 죄악의 행태를 보이는 자들에 대해 책망하고(3연, 16-21절), 마지막으로 참되고 올바른 예배

내가 황소의 고기, 염소의 피를 마시겠느냐

를 드리라는 권면과 함께 그런 삶을 살아가는 자들에 대해서는 신령한 보상이 뒤따를 것임을 약속한다(4연, 22-23절). 진실로 하나님께서는 영(靈)이시고 인격적인 분이시기 때문에 예배하는 자들은 형식적이거나 가식적으로가 아니라 오직 영혼이 담긴 진실한 마음으로 예배드려야 한다(요 4:24).

본시의 표제에 언급된 '아삽의 시'란 말은 '아삽이 지은 시'라는 의미와 더불어 '아삽의 자손들이 보관한 시'라는 의미를 함축하고 있다. 아삽은 여두둔, 헤만과 함께 다윗시대의 3대 악사로서, 예루살렘 성전 찬양대의 지휘자로 활동한 인물이다(대하 29:30). 시편 중에서 12편이 '아삽의 시'로 표기되어 있다(50, 73-83편).

51

참회의 기도

주여, 하나님의 자비를 믿고 회개하오니
죄와 허물을 깨끗이 씻어주소서
우슬초로 내 죄를 닦아주시고
눈처럼 희게 씻어주소서

다윗의 시: 찬양대 지휘자의 지휘를 따라 부르는 노래. 다윗이 우리아의 아내 밧세바와 간음한 후, 예언자 나단이 다윗에게 찾아와 그 죄를 지적했을 때 지은 시

(1-6) 오, 하나님이시여, 주님의 한결같은 신실한 사랑으로
이 몸을 불쌍히 여겨주소서.
주님의 크신 자비로 이 몸이 지은 죄를 지워주소서.
나의 죄를 말갛게 씻어주시고
나의 허물을 깨끗이 닦아주소서.
내 죄를 이 몸이 어찌 모르겠습니까.
내가 지은 죄가 항상 나를 떠나지 않고 계속 이 몸을 괴롭힙니다.
내가 정녕 주님을 거역하여 오직 주께 죄를 지었나이다.
주께서 빤히 보고 계시는 줄 알면서도
이 몸이 주님 앞에서 악한 짓을 저질렀으니
주님의 판결은 옳으시며 주님의 심판은 마땅합니다.
진실로 이 몸은 죄 가운데서 태어났고
어머니의 뱃속에 있을 때부터 죄인이었나이다.

주께서는 마음이 진실한 것을 기뻐하시니
내 마음속 깊은 곳을 주님의 지혜로 가득 채우소서.

우슬초로 정결케 하소서

(7-17) 내가 지은 죄를 우슬초로 정결케 해주소서.
그리하시면, 내가 깨끗해질 것입니다.
이 몸을 씻어주소서.
그리하시면, 내가 눈보다도 더 희게 될 것입니다.
이 몸이 기뻐하고 즐거워할 소리를 듣게 하소서.
그리하시면, 주께서 이 몸의 뼈를 꺾으시고 부러뜨리실지라도
내가 기뻐하며 춤출 것입니다.
이 몸이 죄를 지었더라도
주께서 얼굴을 돌리시어 못 본 체 하시고
정녕 나의 모든 죄를 말갛게 씻어주소서.

오, 하나님이시여, 내 속에 정결한 마음을 창조하여 주시고
내 안에 정직한 심령을 새롭게 하소서.
주님 앞에서 이 몸을 쫓아내지 마시고
주님의 거룩한 영을 이 몸에게서 거두어가지 마소서.
주께서 내게 구원의 기쁨을 다시 베풀어 주셔서
이 몸이 기꺼이 주님의 말씀을 따르도록 해주소서.
그리하시면 내가 거역하는 죄인들에게 주님의 말씀을 가르치리니
뭇 죄인들이 주께로 돌아올 것입니다.
오, 하나님, 나의 구원자이신 하나님이시여!
피 흘린 죄에서 나를 구해주소서.
그리하시면 나의 혀가 종일토록 주님의 의로우심을
소리 높여 노래할 것입니다.

오, 주여, 내 입술을 열어주소서.

내가 입을 크게 벌려 주님을 찬양할 것입니다.
주께서는 제사를 기뻐하지 않으시고
제물을 불살라 바치는 번제도 반기지 않으십니다.
그렇지 않으셨다면, 이 몸이 주께 수많은 제사를 드렸을 것입니다.
하나님께서 진실로 바라시는 제사는 상한 심령입니다.
오, 하나님, 그렇습니다.
그렇기에 주께서는 찢겨진 심령으로 깊이 뉘우치는 마음을
결코 외면하지 않으십니다.

(18-19) **주여, 주께서 은혜를 베푸시어 시온을 잘 보살펴주소서.**
예루살렘 성벽을 견고하게 세워주소서.
그때에 주께서는 의로운 제사
곧 주께 온전히 드리는 제물을 기쁘게 받으시리니
주님의 백성이 주님의 제단 위에 수송아지들을 기꺼이 바칠 것입니다.

[해설과 묵상] 시편에 나타난 일곱 편의 회개시(6, 32, 38, 51, 102, 130, 143편) 가운데 가장 애절하고도 가슴 아픈 시로서, 지은 죄에 대한 시인의 뼈저린 회개가 생생하게 묘사되어 있다. 표제에 나타난 바와 같이, 다윗은 자신의 충성스런 부하 장수인 우리아의 아내 밧세바와 간음한 후에 그 사실을 은폐하기 위해 우리아를 가장 위험한 최전선에 배치하여 죽게 함으로써 간음에다 피 흘린 살인죄까지 저지른 상태였다. 그런 시기에 하나님의 선지자인 나단이 다윗 왕을 찾아와 그의 죄를 신랄하게 지적하며 책망하였는데, 본시는 바로 그런 역사적인 사실을 배경으로 삼고 있다(삼하 11:1-12:31).

평생 하나님을 신실하게 섬긴 이스라엘의 성군 다윗, 그의 일생에 있어서 밧세바와의 간음 및 그 간음을 덮기 위해 밧세바의 남편이자 자신의 충직한 부하 장수인 우리아를 살인 교사한 것은 가히 충격적이었다. 그렇지만 그런 와중에 천만다행인 점은 나단 선지자의 지적과 책망을 받고 다윗은 침상이 온통 눈물로 적셔질 만큼 뼈저리게 뉘우치고 진솔하게 회개했다는 점이다. 본시는 다윗이 그렇게 자신의 죄에 대하여 철저하게 통회하고 자복하는 내용을 담고 있다.

시의 초반부에서 다윗은 자신의 죄를 철저하게 자복하면서 주께 사죄의 은총을 간구한다(1-6절). 중반부에서는 하나님과의 거룩하고 신령한 관계가 다시금 회복되기를 사모하는 마음을 토로한다(7-17절). 그리고 후반부에서 사죄의 은총을 통해 시온과 예루살렘이 평안하기를 간구한다(18-19절).

이처럼 다윗이 사죄의 은총을 간구하는 중에 시온과 예루살렘의 평강을 간구한 까닭은 이러하다. 고대 세계에서 왕의 평강은 나라의 안녕과 직결되었고, 반대로 왕이 고통 중에 있으면 온 나라가 고통을 겪었다. 이런 관점에서 다윗은 자신의 죄로 인해 시온과 예루살렘에까지 하나님의 징벌이 내려지지 않을까 크게 염려하여, 특별히 시온과 예루살렘의 평강을 위해 간구한 것이다.

주께서 바라시는 제사는 상한 심령이라

한편, 다윗은 하나님께서 진실로 기뻐하시는 제사가 무엇인지 올바로 알고 고백하였는데, 그것은 바로 '상한 심령'이었다(17절). '상한 심령'이란 상처 받고 찢긴 마음을 가리키는데, 곧 지은 죄를 뼈저리게 아파하는 심정으로 자신의 죄를 전적으로 뉘우치면서 오직 하나님의 자비와 긍휼을 기대하는 가난하고 겸손한 마음을 가리킨다.

52

뿌리째 뽑힐 악인의 운명

남을 망치고 혼자 잘되겠다며
하나님을 믿지 않고 재물만 믿네
주께서 그들을 뿌리째 뽑으시자
의인들은 그걸 보고 두려워하네

(다윗의 교훈시: 찬양대 지휘자의 지휘에 따라 부르는 노래. 에돔 사람 도엑이 사울 왕을 찾아가서, 다윗이 아히멜렉의 집에 왔었다고 고자질했을 때에 지은 시)

(1-5) 너 거칠고 힘센 자여, 네가 어찌하여 네 악을 자랑하느냐.
하나님의 눈 밖에 날 수치스러운 짓을 저지르고도
어찌하여 그것을 자랑으로 삼느냐.
너의 속이는 혀는 오로지 남을 해칠 궁리만 하는구나.
예리한 면도날처럼 남에게 상처나 주는 말밖에 할 줄을 모르는구나.
너는 선한 일보다 악한 짓을 더 즐기고
정직한 말보다 거짓말하기를 더 좋아하는구나. (셀라)
너 속이는 간사한 혀야,
너는 남을 해치는 거짓된 말만을 좋아하는구나.
그러므로 하나님께서 너를 영영 없애버리시리라.
그분께서 너를 네가 살고 있는 너의 장막에서 끄집어내어
사람들이 살아가는 이 땅에서 너를 뿌리째 뽑아내시리라. (셀라)

(6-7) 그러면 의로운 자들이 너의 그 꼴을 보고서
두려운 마음으로 너를 비웃으며 말하기를
"저 사람은 하나님을 자기의 힘으로 삼지 않고
오직 자기 재산만 믿고
자기 힘만 키우면서 악하게 굴더니
결국 저런 꼴이 되고 말았구나!" 할 것이다.

주님의 집에서 자라는 올리브나무처럼

(8-9) 그러나 나는 하나님의 집에서
자라나는 올리브나무처럼
언제까지나 하나님의 변함없는 신실한 사랑을 의지하고 살아가리라.
이 몸은 주께서 하신 일을 항상 생각하며
영원히 주님을 찬양하겠고
주님을 믿는 모든 성도들 앞에서
주님의 선하신 이름을 영원히 받들며 찬양하리라.

[해설과 묵상] 본시는 표제에 나타나 있듯, '도엑의 고자질 사건'을 그 배경으로 삼고 있다.

다윗이 사울 왕의 창칼을 피해 정처 없이 도피하던 시절, 한번은 다윗이 '놉' 땅의 대제사장 아히멜렉에게로 도피하여 그에게 도움을 받은 적이 있었다. 아히멜렉의 호의로 성소의 진설병으로 끼니를 때우고, 다윗 자신이 죽인 블레셋의 거인 장수 골리앗의 칼을 건네받은 것이다. 그런데 때마침 그곳 성소에 와 있던 에돔 사람 '도엑'이란 자가 이 같은 행동을 목격하고는 간사한 혀로 다윗과 아히멜렉을 음해하여 사울 왕에게 고자질했다. 이에 노발대발한 사울 왕은 다윗에게 도움을 베푼 아히멜렉을 비롯하여 그의 일가 85명의 제사장들을 전부 죽이는 끔찍한 피의 숙청을 단행하였고, 이때 살아남은 유일한 생존자 아비아달에 의해 다윗은 사건의 전말을 전해 들었다(삼상 21-22장).

그때 다윗의 처절한 심경이야 오죽했으랴! 자신에게 도움을 베푼 아히멜렉에게 은혜를 갚기는커녕, 그와 그의 집안사람들 전부가 자신 때문에 몰살당했으니 다윗으로서는 가슴이 천 갈래 만 갈래 미어질 뿐이었다. 특히 악한 말로 사울 왕에게 고자질한 에돔 사람 도엑에 대하여 그 얼마나 분노했겠는가!

이런 배경하에 쓰인 본시에는 의인을 음해하고 무고하는 악인의 사악한 횡포에 대하여 몸서리치는 다윗의 분노와 슬픔이 잘 녹아 있다. 초반부에서 시인은 악한 자 도엑의 간사한 혀를 고발하면서 그에 대한 하나님의 공의로운 심판을 호소한다(1-5절). 중반부는 악인의 멸망에 대하여 의로운 자들이 기뻐하며 조소하는 내용이고(6-7절), 후반부는 악인의 무고와 핍박에도 불구하고 결국 다윗에게 은혜를 베푸신 하나님께 감사하며 찬양하는 내용이다(8-9절). 진실로 악인의 간사한 혀와 행동은 당장에는 성공과 번영을 보장해주는 것 같지만, 궁극적으로는 하나님의 공의로우신 심판으로 반드시 응징당하고야 만다. 본시에서 묘사하고 있듯, 세상의 모든 악인을 대표하는 '도엑'이란 자의 궁극적 파멸이 그 생생한 증거다.

53

참으로 어리석은 자

어리석은 자는 하나님이 없다며
썩은 마음으로 악행을 일삼네
착한 이는 눈에 띄지 않고
어리석은 자는 어리석은 줄 모르네

(다윗의 교훈시: '마할랏' 곡조에 맞추어 찬양대 지휘자의 지휘에 따라 부르는 노래)

(1-2) 어리석은 자들은 마음속으로 이르기를
"하나님이 도대체 어디 있단 말인가?" 하는구나.
그런 자들은 썩을 대로 썩어서 악한 짓만을 일삼으니
선한 일을 하는 사람이라고는 찾아볼 수가 없구나.
하나님께서는 저 하늘에서 땅 위의 사람들을 내려다보시며
혹시나 깨달은 사람이 있는지
혹시나 하나님을 찾는 사람이 있는지 자세히 살펴보신다.

(3-5) 그러나 저마다 등을 돌려 다른 길로 빗나가니
하나같이 틀려먹었구나.
어쩌면 그리도 하나같이 썩었는지
선한 일을 하는 사람은 아무도 없구나.
정말 한 사람도 찾을 수 없구나.
악을 행하는 자들은 하나같이 어쩌면 그리도 무식한지!

그들이 밥 먹듯이 내 백성을 착취하면서도
하나님을 전혀 찾지 않는구나.
아무 두려워할 것이 없는데도 그들이 무서워 벌벌 떠는 것은
하나님께서 자기 백성을 해친 원수들의 뼈를 부러뜨려
산산이 흩으셨기 때문이도다.
하나님께서 그들을 물리치셨으므로 그들이 수치를 당하는구나.

(6) **오, 하나님, 시온에서 나오셔서 이스라엘에게 구원을 베풀어주소서!**
하나님께서 자기 백성을 포로 된 땅에서 이끌어내시어
그들의 땅으로 되돌려 보내실 때에
야곱은 즐거워하고 이스라엘은 기뻐할 것입니다.

[해설과 묵상] "하나님이 없다"라고 주장하는 무신론자의 어리석음과 허탄함을 일깨워주고 교육하는 일종의 지혜시로서, 한 구절(5절)을 제외하고는 시편 14편과 동일한 내용으로 이루어져 있다. 본시에서 시인은 인간에게 가장 중요한 것이 무엇이며, 또한 가장 어리석고 허망한 인간이 어떤 자인지를 분명하게 교훈해주고 있다. 교훈의 핵심은 하나님을 믿고 그분을 경외하는 것이 인생의 근본이라는 것이다. 따라서 "하나님이 없다!"라고 주장하는 무신론자들은 인생의 뿌리부터 근본적으로 잘못된 극히 어리석은 자인 것이다.

표제에 나타난 대로 본시는 '마할랏' 곡조에 맞추어 부르도록 작시되었다. 마할랏은 '질병' 또는 '슬픔'이란 뜻이므로, 이 곡조에 맞춘 노래라는 말은 '슬픈 운율에 맞춘 노래'란 뜻이 된다. 따라서 본시는 어리석은 무신론자들에게 하나님의 준엄한 응징이 임하듯 다소 슬프고도 장중하게, 오늘날 악상 부호인 마에스토소(maestoso)의 분위기로 낭송되었다.

54

환난 때에 주님의 구원을 확신함

주여, 내 기도에 귀를 기울여 주시고
나를 속히 구원하소서
낯선 자들이 치려고 몰려오고 있고
무법자들이 노리고 있습니다

(다윗의 교훈시: 현악기의 가락에 맞추어 지휘자의 지휘를 따라 부르는 노래. 십 사람들이 사울 왕을 찾아가서, 다윗이 자기들 가운데로 숨어들었다고 몰래 고자질했을 때 지은 시)

(1-3) 오, 하나님, 주님의 이름으로 나를 구원해주소서.
주님의 권세로 이 몸의 올바름을 변호해주소서.
하나님, 나의 기도를 들어주소서.
내가 입을 열어 주께 아뢰는 소리에 귀를 기울여주소서.
무법자들이 나를 치려 몰려오고 있고
압제자들이 내 목숨을 노리고 있나이다.
저들은 하나님을 안중에도 두지 않는 난폭한 자들입니다. (셀라)

(4-7) 그러나 하나님께서는 나를 돕는 분이시고
주님은 나를 든든히 붙들어주시는 분입니다.
그러니 주께서는 나를 해치려는 저자들의 악행을 저들에게 되돌려주소서.
주님의 성실하심으로 저들을 모조리 없애버리소서.
그리하시면, 내가 기꺼운 마음으로 주께 희생제물을 바치겠나이다.

오, 주여, 주께서는 선하시니
내가 주님의 이름을 영영 찬송하겠나이다.
진실로 주께서는 모든 고난 가운데서 나를 건져주셨고
나의 이 두 눈으로 원수들이 망하는 꼴을 똑똑히 보게 하셨나이다.

[해설과 묵상] 다윗이 사울 왕의 칼날을 피해 이스라엘 땅 곳곳을 정처 없이 도피하던 시절에 지은 여덟 편의 시들(7, 34, 52, 54, 56, 57, 59, 142편) 가운데 하나다. 그중에서 본시는 다윗이 그일라, 십, 마온, 엔게디 등 이스라엘 남방의 유대광야를 전전할 당시에 사해 연안에 위치한 십(Ziph) 마을의 주민들이 자신을 배반하여 사울 왕에게 밀고한 사실을 알고는 크게 탄식하며 지은 시다(삼상 23:19-29).

본시의 내용은 두 부분으로 구분된다. 전반부는 대적들의 훼방과 밀고를 탄식하는 내용이고(1-3절), 후반부는 주님의 구원을 확신하며 위로를 받는 내용이다(4-7절). 이 같은 시의 내용대로, 진실로 어떤 위경 가운데서도 눈을 들어 오직 구원의 하나님께 소망을 두고 살아가는 경건한 의인은 모든 환경을 초월하여 위로부터 임하는 신령한 기쁨과 위로를 맛볼 수 있다.

55

배신당한 자의 기도

그의 입은 매끄러워도 마음은 칼날
주께서 저 악인들을 집어던지소서
주를 의지하는 정직한 이들을
붙들어 흔들림이 없게 하소서

(다윗의 교훈시: 현악기 가락에 맞추어 찬양대 지휘자의 지휘에 따라 부르는 노래)

(1-8) 오, 하나님, 나의 기도를 들어주소서.
나의 간구를 못 들은 체하지 마소서.
나를 굽어 살피시고
내 말에 귀를 기울이시어 내게 응답해주소서.
내가 슬픔을 가눌 길이 없어 탄식하며 분노하고 있나이다.
저 원수들은 저렇듯 내게 으름장을 놓고
저 악한 자들은 나를 으깨어버릴 듯이 노려봅니다.
저들은 나만 보면 분노하면서 내게 온갖 고통을 가져다줍니다.

그러므로 내 마음이 번민에 휩싸여 괴로워 죽을 지경이고
죽음의 공포가 나의 온몸을 짓누릅니다.
내가 두려움에 사로잡혀 벌벌 떨고 있으니
나를 짓누르는 공포 때문에 몸서리를 칩니다.
그래서 내가 스스로 말하기를

"비둘기처럼 내게도 날개가 달렸다면 참으로 좋으련만!
그러면 내가 멀리 날아가서 편히 쉴 수 있었을 텐데.
멀리멀리 훨훨 날아가
저 드넓은 광야에서 마음 편히 살 수 있었을 텐데. (셀라)
저 무지막지한 폭풍과 미친 듯 불어대는 광풍을 피해
내가 쉴 보금자리로 재빨리 날아갈 수 있었을 텐데" 하였나이다.

(9-15) 오, 주여, 저 악한 자들의 말을 혼란에 빠뜨리소서.
그래서 서로가 상대방의 말을 못 알아듣게 하소서.
저들이 사는 성읍에서는 폭력과 다툼만이 난무합니다.
저들이 밤낮으로 성벽 위를 두루 돌아다니고 있으므로
그 안에는 비리와 포악만이 가득 차 있나이다.
어디를 가든지 사악한 음모뿐이고
거리마다 사기와 협박이 그치지 않나이다.
나를 모욕한 사람이 나의 원수였다면
차라리 내가 견딜 수 있었을 것입니다.
나보다 잘났다고 스스로를 추켜세우며
우쭐대는 사람이 나의 대적이었다면
차라리 나는 그들을 피해 어디론가 숨어버리고 말았을 것입니다.

그런데 그런 자가 바로 나의 동료, 나의 친구, 나의 가까운 벗이라니!
나와 함께 다정스레 이야기를 주고받으며
손잡고 하나님의 성전에 올라가
함께 예배를 드리곤 했던 바로 그 사람이라니!
죽음아, 나의 적들을 순식간에 내리 덮쳐라.
사악함이 그들의 집과 마음에 자리 잡고 있으니
그들을 산 채로 무덤으로 데려가거라.

(16-23) 나는 오직 하나님께 도움을 부르짖으리니
주께서 나를 건져주시리라.
저녁에도 아침에도 한낮에도 나는 탄식하며 주께 울부짖으리니 주께서 내 신음소리를 들어주시리라.
비록 나를 대적하는 원수들이 수없이 많을지라도
주께서는 모든 전쟁터에서 이 몸을 안전하게 지켜주시리라.
먼 옛적부터 세상을 다스리시는 주께서 내 목소리를 들으시고 (셀라)
돌이킬 줄도 모르고 하나님 두려운 줄도 모르는 저 원수들을
단번에 고꾸라뜨리시리라.

나의 동무는 자기 친구인 나를 공격하는구나.
나와 굳게 맺은 약속을 깨뜨리는구나.
그의 입술은 엉긴 젖보다도 부드러우나
그의 마음속에는 다툼으로 가득 차 있구나.
그의 말은 기름보다도 매끄러우나
그의 마음속에는 날카로운 비수가 들어있구나.
너는 네 짐을 주께 맡겨라.
주께서 너를 붙들어주시리라.
주께서는 올바르게 살려고 하는 의인을 망하도록 내버려두지 않으신다.
오, 하나님, 주께서는 저 악한 자들을
파멸의 웅덩이 속으로 밀어 떨어뜨리소서.
피에 굶주린 저 사기꾼들을
자기들 수명의 절반도 살지 못하게 하소서.
그러나 주여, 이 몸은 오직 주님만 믿고 의지하렵니다.

[해설과 묵상] 다윗이 노년에 지은 일종의 비탄시로서, 아들 압살롬의 반역과 최측근 아히도벨의 배신으로 예루살렘 왕궁을 급히 떠나 멀리 도피해야만 했던 수치스럽고 고통스러웠던 사건을 배경으로 삼고 있다(삼하 15장). 다윗은 자신을 죽이려는 자들의 정체가 차라리 평소의 대적들이었더라면 그토록 고통스럽지는 않았을 것이라고 말한다. 그들은 평소 자신과 한솥밥을 먹고 함께 성전에 올라가 예배를 드리던 아들이고 친구였다.

아들 압살롬은 오랜 세월 동안 계획한 뒤에 아버지 다윗을 거슬러

반역을 일으켰고, 친구 아히도벨은 다윗이 가장 믿고 의지했던 카운슬러요 책략가이며 깊은 우정을 나누던 벗이었다. 그런 아히도벨이 일신상의 유익과 출세를 위해 다윗에게 등을 돌리고 압살롬 편에 가담하여 다윗을 제거하려고 혈안이 된 것이다. 다윗으로서는 참으로 가슴 찢어지고 절망적인 상황이 아닐 수 없었다.

초반부에서 다윗은 자신을 배신한 원수들의 엄청난 위협으로 위경에 빠진 채 매우 절박한 심정으로 주께 구원을 호소한다(1-8절). 중반부에서는 절친했던 자들의 배신이 가져다주는 극심한 고통과 그들의 악랄한 면면들에 대해 깊이 탄식한다(9-15절). 마지막 후반부에서 다윗은 비록 자신은 연약하지만 그럴지라도 자신을 끝까지 돌보시고 지켜주시는 하나님께 눈을 돌려, 그분의 도움으로 궁극적인 구원과 승리를 확신하는 가운데 악인의 파멸을 간구하고 기대한다(16-23절).

마지막 구절(23절)에서 다윗은 자신을 배반한 악인들을 파멸의 웅덩이에 빠뜨려주실 것을 하나님께 요청하는데, 웅덩이나 깊이 파인 땅이나 물이 괸 천연 저수지 등은 고대 지형에서 일반적으로 볼 수 있는 흔한 풍경이었다. 사람들이 실수로 그런 곳에 빠지게 되면 흔히 치명상을 입고 죽음에 이르렀다. 여기서 다윗은 그런 '웅덩이'의 이미지를 빌어 악한 자들의 파멸과 죽음을 은유적으로 표현하고 있다.

56

압제받는 자의 기도

주여, 왜 이리 괴롭기만 한지요
하나님만 찬미하고 의지하고 싶은데
적들은 나를 쓰러뜨릴 궁리만 하고
이 목숨 없애려고 틈만 노리네요

(다윗의 믹담: '요낫 엘렘 르호김' 곡조에 맞추어, 찬양대 지휘자의 지휘에 따라 부르는 노래. 다윗이 가드에서 블레셋 사람들에게 붙잡혔을 때 지은 시)

(1-6) 오, 하나님, 나를 불쌍히 여기소서.
사람들이 나를 삼키려고 하루종일 나를 추격하며 압박해옵니다.
오 전능하신 주여, 나를 비방하는 자들이 온종일 나를 공격하고
수많은 사람들이 저마다 잘났다고 으스대며 나를 대적합니다.
큰 두려움이 나를 온통 뒤덮어도
도리어 나는 주님만 믿고 의지하렵니다.
내가 주님의 말씀을 찬미하고 오직 주님만 믿고 의지하니
내게 더 이상 두려움이 없나이다.
죽을 수밖에 없는 연약한 육체들이 감히 나를 어찌할 수 있겠습니까.
저들은 온종일 내가 한 말을 헐뜯고
오로지 나를 쓰러뜨릴 계략만 꾸밉니다.
저들은 함께 모여서 사악한 음모를 꾸미고
나의 모든 걸음걸음을 감시하면서
어떻게든 내 목숨을 빼앗으려고 기회를 노립니다.

(7-13) 하오니 주님, 저들을 그냥 내버려두지 마소서.
진노를 발하시어, 저 이방 민족들을 내리치소서.
나의 방황과 탄식을 굽어 살피시고
내가 흘린 눈물을 주님의 항아리에 담아두소서.
그것들을 주님의 책에 기록해두소서.
내가 "살려주십시오!" 하고 주께 부르짖으면
주께서는 내 원수들로 뒷걸음쳐 도망가게 하소서.

그리하시면 하나님께서 내 편이심을 내가 분명히 알게 될 것입니다.
내가 하나님을 신뢰하고 하나님의 말씀을 찬양합니다.
내가 주님을 신뢰하고 주님의 말씀을 찬양합니다.
내가 하나님을 굳게 의지하기에
내게 아무 두려움이 없나이다.
죽을 수밖에 없는 인간들이 감히 나를 어찌할 수 있겠습니까.
오, 하나님, 내가 주께 서원한 대로 주께 감사의 제물을 바치겠나이다.
주께서 이 몸을 죽음의 세력에서 건져주시고
내 발이 헛디디지 않도록 지켜주셨으므로
내가 하나님 앞에서 생명의 빛 가운데 거닐 수 있게 되었기 때문입니다.

[해설과 묵상] 뒤이어 나오는 57편과 짝을 이루는 시로, 두 시가 공히 첫 어구(語句)가 같고 동일한 주제와 구성을 이루고 있다. 저작 배경은 다윗이 사울 왕의 칼날을 피해 이스라엘의 이웃나라인 블레셋 땅에 망명해 있던 시기로, 죄 없이 압제당하여 정처 없이 떠도는 가련한 자의 절박함과 고달픔이 잘 나타나 있는 비탄시다.

나의 눈물을 주님의 책에 기록해두소서

소년 시절에 블레셋의 거

인 장수 골리앗을 꺾은 다윗은 이스라엘 백성의 인기를 한몸에 받았는데, 이를 크게 시기한 사울 왕과 그 측근들의 핍박과 압제로 떠돌이생활을 이어가야만 했다. 이 같은 유랑은 다윗이 이스라엘의 왕위에 오르기까지 대략 10년 정도(20세~30세가량) 계속 이어졌다. 다윗은 사울 왕의 집요한 추격과 주민들의 밀고로 이스라엘 땅에서는 더 이상 은신처를 찾을 수 없게 되자 이방 땅 블레셋으로 망명하는 지경에까지 이른다.

그러나 그곳도 안전하지 않았다. 가드의 군주인 아기스가 나중에 다윗을 이용할 요량으로 잠시 보호해주고는 있었지만, 다른 블레셋 군주들이 자신들의 블레셋 거인 장수 골리앗을 꺾은 다윗을 제거하려고 호시탐탐 복수할 기회를 엿보고 있었기 때문이다(삼상 27, 29장). 이런 배경에서 본시가 쓰였는데, 시의 주된 내용은 두 부분으로 나뉜다.

전반부는 불의한 압제자들을 주께 고발하는 내용이고(1-6절), 후반부는 하나님의 도우심을 간구하면서 그분의 구원을 확신하는 내용이다(7-13절). 이처럼 다윗은 참으로 위태롭고 온 사방이 절망적인 순간에서도 불평하거나 낙담하지 아니하고, 오직 하나님만 바라보면서 그분께 온전한 도움과 구원을 호소했다. 그렇다. 진실로 하나님을 그 마음속에 모시고 살아가는 자는 어떤 위경과 난관에 처해도 전혀 흔들림과 두려움 없이 오직 하나님만을 소망하며 의뢰할 수 있다.

한편, 후반부 초반에서 시인은 '주님의 두루마리 책'이란 표현을 썼는데(8절), 이는 하나님께서는 사람의 모든 행위를 기록한 책을 가지고 계시는 것으로 생각했기 때문이다(계 20:12). 뿐만 아니라 하나님께서는 믿음으로 구원받은 자들의 이름이 기록된 '생명책'도 가지고 계시는 것으로 생각했다(시 69:28; 계 3:5; 21:27). 최후의 심판 때에 하나님께서는 이 같은 기록들에 근거하여 각각의 사람들에게 응징과 보상의 심판을 공의롭게 집행하신다.

57

하나님께 도움을 호소함

주여, 주의 날개 아래로 피하오니
나를 불쌍히 여기소서
내게 필요한 것을 주시는 분이시니
날 죽이려는 자들을 벌하소서

(다윗의 믹담: '알다스헷' 곡조에 맞추어 찬양대 지휘자의 지휘에 따라 부르는 노래. 다윗이 사울을 피해 동굴에 숨어 있을 때 지은 시)

(1-6) 오, 하나님, 나를 불쌍히 여기소서.
나를 어여삐 여기소서.
내 영혼이 주님을 신뢰하여 주께로 피합니다.
이 재난이 지나갈 때까지 주님의 날개 아래로 피하렵니다.
내가 지극히 높으신 하나님께
필요한 모든 것들을 내게 채워주시는 하나님께 부르짖나이다.
주여, 하늘에서 도움의 손길 내미시어 이 몸을 건져주소서.
나를 삼키려고 안달하는 자들을 책망하여 주소서. (셀라)

오, 하나님, 주님의 한결같은 사랑과 신실하심을 내게 보여주소서.
지금 이 몸은 으르렁거리는 사자들에게 에워싸여 있나이다.
저들의 이빨은 창과 화살 같고
저들의 혀는 날카로운 비수 같나이다.
오, 하나님, 하늘에서 크게 높임을 받으소서.

주님의 영광을 온 누리에 넘쳐나게 하소서.
저 원수들은 내 목숨을 사냥하려고
내 발이 걸려 넘어지도록 그물을 쳐 놓았나이다.
또 저들은 내 앞에 함정까지 깊이 파 놓았나이다.
그러나 보십시오! 오히려 저들이 그 함정에 빠지고 말았나이다. (셀라)

(7-11) 오, 하나님, 그러므로 내 마음이 확실히 정해졌고
내 마음이 편하고 든든해졌나이다.
이제 나는 내 마음을 다해 주님을 노래하고 찬양하렵니다.
내 영혼아, 깨어나라!
비파야, 수금아, 깨어나라!
내가 새벽을 깨우리로다.
주여, 내가 뭇 백성 가운데서
주께 감사 찬양을 드리겠고
내가 뭇 민족들 가운데서 소리 높여 주님을 찬양하렵니다.
주님의 한결같은 그 사랑
너무나 크고 높아서 하늘에까지 사무칩니다.

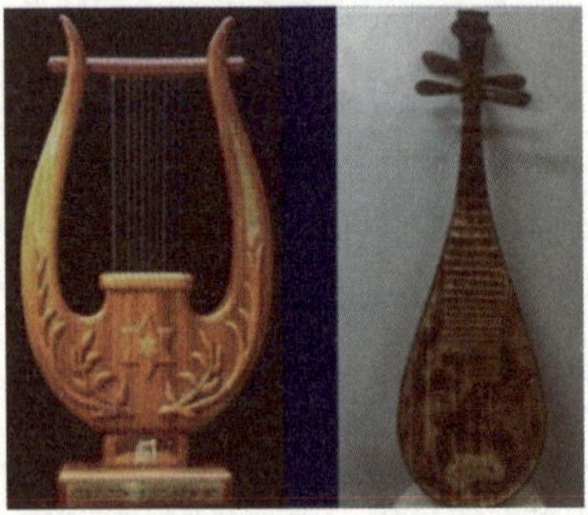

비파야, 수금아, 깰지어다

주님의 한결같은 그 신실하심,
너무나 크고 높아서 구름에까지 닿아있나이다.
오, 하나님, 하늘보다 더 높이 높임을 받으소서.
주님의 그 크신 영광을 온 누리에 떨치소서.

[해설과 묵상] 작시 동기와 내용 및 구성에 있어 앞의 56편과 짝을 이룬다. 표제에 나타난 대로, 다윗이 자신을 죽이려는 사울 왕의 집요한 칼날을 피하여 유대 광야의 여러 들판들(그일라, 십, 마온 등)과 동굴들(아둘람, 엔게디 등)을 전전할 때 지은 시로, 하나님의 보호와 구원을 간구하는 탄원시다.

시의 내용은 6절의 '셀라'를 중심으로 양분된다. 전반부는 다윗 자신을 에워싼 모든 대적들의 강포한 위협과 매서운 공격으로부터 하나님의 보호와 긍휼을 애타게 호소하는 내용이다(1-6절). 후반부는 하나님의 보호 및 구원에 대하여 굳센 확신을 갖고 주께 감사 찬송을 드리는 내용이다(7-11절).

표제에 나타난 대로 본시는 '알다스헷' 곡조에 맞추어 부르도록 작시되었는데, 그 말은 '멸하지 마옵소서'란 뜻이다(신 9:26). 이 같은 말뜻에서도 느낄 수 있듯, 본시에는 극심한 고난과 심각한 멸망의 위경 가운데 처한 다윗이 오로지 하나님만 바라보며 구원과 보호의 손길을 간절히 사모하는 애절한 심정이 구구절절 잘 나타나 있다.

진실로 하나님을 자신의 보호자요 구원자로 삼는 자는 어떤 위태로운 상황에서도 그 마음에 쇠하지 아니하는 평강과 확신이 있고, 그 입술에 소멸되지 않는 찬송과 감사가 있다. 특히, 후반부 초반에 묘사된바 "내가 새벽을 깨우리로다."(8절)란 표현은 주님을 향한 감사와 찬양을 이른 새벽부터 시작하겠다는 다윗의 소망을 잘 보여준다. 그만큼 온종일 감사와 찬양을 그치지 않겠다는 결의를 표명하고 있다.

58

불의한 자들을 고발하는 기도

흘러간 물처럼 부러진 화살처럼
저들을 없애거나 쓸모없게 하소서
불붙은 가시덤불처럼 만들고
회오리바람에 날아가게 하소서

(다윗의 믹담: '알다스헷' 곡조에 맞추어 찬양대 지휘자의 지휘에 따라 부르는 노래)

(1-5) 너희 통치자들아, 너희가 공정하게 말한 적이 있더냐.
너희가 사람들을 공정하게 재판한 적이 있더냐.
너희는 마음속으로 불의를 꾀하고
손으로는 이 땅에서 폭력을 일삼는구나.
악한 자들은 태어날 때부터 곁길로 빠지고
어머니 뱃속에서부터 거짓말만 입에 담는구나.
그들은 독사처럼 독기만 잔뜩 올라 있고
귀먹은 코브라처럼 다른 사람의 말은 아예 들으려 하지 않으니
심지어 마술사가 홀려도 그 소리를 듣지 않고
능수능란한 술객의 요술조차 따르지 않는구나.

(6-9) 오, 하나님, 그러니 저들의 이빨을 부러뜨려주소서.
주여, 저 사자들의 송곳니를 부러뜨려주소서.
저들을 흘러가는 물처럼 사라지게 하소서.

저들이 활시위를 당길 때 그 화살이 부러지게 하소서.
저들이 악을 행하려고 움직여 나아갈 때 달팽이처럼 느려터지게 하시고
또한 햇빛을 보지 못하고 죽은 채 어미 뱃속에서 나오는
사산아 같게 하소서.
생나무든 마른나무든, 가시나무에 붙은 불이 활활 타오르기도 전에
주께서는 저 악한 자들을 회오리바람과 함께 흔적조차 없이 날려버리소서.

(10-11) 그리하시면, 의인들은 악인들이 보복당하는 그런 꼴을 보고 기뻐하면서
악인들의 피로 자신들의 발을 씻을 것입니다.
그리고 그때에 사람들이 말하기를
"과연 의인들이 상을 받고
정말로 세상을 심판하시는 하나님께서 살아계시는구나!" 할 것입니다.

[해설과 묵상] 불의한 권세자들과 재판관들에 대하여 하나님의 공의로운 심판을 호소하는 내용의 시다. 저작 배경은 압살롬의 반역으로 다윗이 예루살렘 궁궐을 떠나 멀리 도피한 뒤에 이스라엘 땅에 압살롬의 악정(惡政)이 자행되던 시기로 추정된다.

초반부에서 시인은 불의한 자들의 사악한 행위들에 대해 지적한다(1-5절). 중반부에서는 그렇게 사악한 행위를 저지르는 불의한 권세자들에 대해 하나님께서 징벌해 주실 것을 탄원한다(6-9절). 그리고 후반부에서는 그런 하나님의 공의로운 심판에 대하여 의인들이 기뻐하는 광경을 묘사한다(10-11절).

저 사자들의 송곳니를 꺾어주소서

진실로 세상에서는 불의한 자들이 권세를 잡고 온갖 악을 자행한다. 그럴지라도

세상 역사를 주관하시고 악인을 심판하시는 분은 오직 하나님뿐이라는 사실을 굳게 믿는 의인들은 매일 지속되는 그런 불의와 불법 가운데서도 낙담하거나 포기하지 않고 눈을 들어 주님을 바라본다. 그리고 때가 되면 주님의 공의로운 심판의 손길이 반드시 불의한 악인을 징벌하고 경건한 의인을 위로해줄 것임을 믿어 의심치 않는다.

후반에서 시인은 하나님께서 악인들을 심판하시는 날에 의인들이 '악인들의 피로 자신들의 발을 씻을 것'이라고 묘사했는데(10절), 이는 실제로 그렇게 한다는 의미가 아니라 의인들이 악인들에게 완전히 승리했다는 사실을 수사학적으로 묘사한 표현이다. 다시 말해 악인들에게 하나님의 심판이 임할 때, 의인들이 승리의 기쁨을 한껏 누린다는 사실을 시적으로 그렇게 표현한 것이다.

59

안전과 보호를 구하는 기도

이스라엘의 주여, 반역자를 치소서
저녁이면 개처럼 돌아다니며 짖고
조롱하며 비웃는 그들을 벌하소서
그들이 제발 흩어지게 하소서

(다윗의 믹담: '알다스헷' 곡조에 맞추어 찬양대 지휘자의 지휘에 따라 부르는 노래. 사울 왕이 다윗을 죽이려고 군사들을 보내어 그의 집을 에워싸고 있을 때 지은 시)

(1-2) 오, 나의 하나님, 저 원수들의 손아귀에서 나를 구해주소서.
나를 치려고 일어선 자들에게서 나를 지켜주소서.
저 흉악한 악인들에게서 나를 구해주시고
저 피에 굶주린 살인자들에게서 이 몸을 건져주소서.

(3-7) 오, 주여, 보소서! 저들이 내 목숨을 해치려고
몰래 숨어서 기다리고 있나이다.
저 포악한 자들이 아무런 죄도 없는 이 몸을 해하려고 저렇게 몰려듭니다.
정녕 나는 아무런 잘못도 저지르지 않았는데
저들은 나를 치려고 벼르고 있나이다.
그러니 일어나셔서, 부디 나를 도와주소서.
곤경에 빠진 나를 보호해주소서.
오, 전능하신 하나님, 이스라엘의 하나님이시여,

속히 일어나시어 저 무리들을 벌하여 주소서.
저 사악한 반역자들에게 조금도 자비를 베풀지 마소서. (셀라)
저들은 저녁만 되면 돌아와서 개처럼 짖어대면서
이리저리 성읍을 어슬렁거립니다.
주여, 들어보소서!
저들은 입에 거품을 문 채 독설을 퍼붓고 으름장을 놓으며
비수와도 같은 혀를 놀려
"흥, 누가 들으랴!" 하고 지껄입니다.

(8-15) 그러나 주께서는 다 들으시고 저들을 비웃으시며
또한 뭇 민족들을 향해 코웃음을 치실 것입니다.
나의 힘이 되시는 주님!
주님은 내가 피할 요새이시니
이 몸은 오직 주님만을 바라보렵니다.
나의 하나님께서는 변함없이 이 몸을 사랑하시므로
나아오셔서 나를 영접하시리니
진실로 주께서는 내 원수들이 고꾸라지는 꼴을
나의 두 눈으로 똑똑히 보게 해주실 것입니다.
그러나 주님, 저들을 죽이지는 마소서.
저들을 죽이시면, 내 백성이 아예 저들의 악행을 잊어버릴까 두렵나이다.

나의 방패이신 주여, 주님의 능력으로 저들을 산산이 흩어지게 하소서.
저들을 끌어내려 쓰러지게 하소서.
저들은 입만 열면 죄가 되는 악한 말만을 지껄입니다.
저들이 자기들의 교만에 걸려 넘어지게 하소서.
저들이 저주와 거짓말만 잔뜩 늘어놓으니
주께서 진노하시어 저들을 없애버리소서.
하나도 남김없이 모조리 쓸어버리소서.
그리하여 하나님께서 야곱을 다스리고 계심을 땅끝까지 알게 하소서.
(셀라)
저들은 저녁만 되면 돌아와서

개처럼 짖어대며 이리저리 성읍을 어슬렁거립니다.
저들은 먹잇감을 찾아 여기저기를 헤매다가
배를 채우지 못하면 밤새도록 으르렁거립니다.

(16-17) 그러나 이 몸은 오직 주님의 능력을 노래하렵니다.
아침마다 주님의 신실하심을 노래하리니
진실로 주님은 나의 피난처 되시고
어려움과 재난을 당할 때마다
나를 안전하게 지켜주시는 나의 요새이신 까닭입니다.
오, 나의 힘이 되시는 주여, 내가 주님을 찬양합니다.
오, 하나님이시여, 정녕 주님은 나의 요새이시고
나를 한결같이 사랑하시는 분이십니다.

[해설과 묵상] 다윗이 지은 여러 비탄시들 가운데 가장 초기에 지어진 것으로, 다윗이 기나긴 도피생활을 본격적으로 시작하기 직전에 지은 시다. 시의 저작 배경은, 표제에 소개된 대로 다윗을 체포하여 죽이려고 사울 왕이 보낸 군사들이 다윗의 집을 에워싼 사건이다(삼상 19:8-17).

주님은 내가 피할 요새이시라

그런 긴박한 상태에서, 다윗은 자신을 잡아 죽이려는 원수들의 손에서 자기 목숨이 구원받기를 주께 간구하고 있다. 그렇다면 사울 왕은 당시 자신의 부하이고 사위이기도 한 다윗을 왜 그토록 잡아 죽이려고 했을까?

다윗이 블레셋의 거인 장수 골리앗을 꺾은 뒤 매번의 전쟁에서 연전연승하자 이스라엘 백성 가운데서 다윗의 인기와 명성은 사울 왕을 뛰어넘어 하루가 다르게 치솟고 있었다. "사울이 죽인 자는 천천(千千)이고, 다윗이 죽인 자는 만만(萬萬)이로다"(삼상 18:7)라는 민간의 노래는 이런 현실을 단적으로 보여준다. 이에 사울 왕은 다윗을 자기 가문의 왕권을 위협하는 강력한 정적으로 간주하고 수단과 방법을 가리지 않고 제거하고자 했던 것이다. 이로써 다윗은 후일 이스라엘의 왕위에 오르기까지 10년가량(20-30세)을 사울 왕의 칼날에 쫓기는 고달픈 도망자 신세가 되었는데, 본시는 그런 환난과 핍박의 시기 중에서 가장 초창기에 겪은 사건이다.

시의 내용은 이러하다. 1연은 다윗이 원수들의 손아귀에서 구원받기를 주께 호소하는 장면이다(1-2절). 2연은 무죄한 자신을 해치려는 원수들의 악행을 고발하는 내용이고(3-7절), 3연은 그런 악인들에 대하여 주께서 공의로운 심판을 베풀어주실 것을 탄원하는 내용이며(8-15절), 마지막 4연은 다윗이 환난 날의 피난처요 요새 되시는 주께 신앙을 고백하고 찬양하는 내용이다(16-17절).

진실로 성도가 위태로운 지경에 처하면 처할수록 반드시 기억해야 할 것은, 그런 위경에서 구원의 밧줄을 던져주실 분은 '오직 하나님뿐'이라는 사실이다. 그 사실을 한 치의 의심도 없이 굳게 믿고, 환난 날에는 더욱 입을 크게 벌려 주님을 향해 힘껏 부르짖어야 하는 것이다(시 81:10).

60

승리를 구하는 기도

주여, 우리를 도와 원수들을 치소서
사람의 도움은 아무 소용 없고
하나님이 함께하시면 승리하오니
주는 나의 힘, 나의 요새입니다

(교훈을 위한 다윗의 믹담: '수산에듯' 곡조에 맞추어 찬양대 지휘자의 지휘에 따라 부르는 노래. 다윗이 '아람 나하라임' 및 '아람 소바'와 싸우고 있을 때 군사령관 요압이 돌아와서 '소금 골짜기'에서 에돔 군사 1만 2천 명을 죽였을 때 지은 시)

(1-5) 오, 하나님, 주께서 우리에게 진노하시어 우리를 저버리셨고
우리를 흩어지게 하셨나이다.
그러나 주여, 이제는 우리를 회복시켜주소서.
주께서는 땅을 뒤흔들어 갈라지게 하셨나이다.
그러나 이제는 갈라진 그 틈을 메워주시어
땅이 더 이상 흔들리지 않게 해주소서.
주께서는 주님의 백성에게 힘든 나날을 겪게 하셨고
독한 포도주를 먹여 비틀거리게 하셨나이다.
그러나 주께서는 주님을 경외하는 자들에게는 깃발을 주셔서
진리를 위해 그 깃발을 높이 달게 하셨나이다. (셀라)
이제 주께서는 권능의 오른손을 내미시어 우리를 건지소서.
우리를 도와주셔서, 주님의 사랑하는 자들을 곤경에서 구해주소서.

(6-8) 하나님, 주께서는 주님의 성소에서 말씀하시기를
"내가 승리를 거두어 큰 기쁨으로 세겜을 나누고
또한 숙곳 골짜기를 측량하여 내 백성에게 주리라.
길르앗이 나의 것이요, 므낫세도 나의 것이며
에브라임은 나의 투구이고, 유다는 나의 홀이다.
그러나 내가 모압은 나의 세숫대야로 삼고
에돔에게는 내 신발을 벗어던져 나의 종으로 삼을 것이며
또한 블레셋을 쳐부수어 승리의 노래를 부르리라!" 하셨나이다.

(9-12) 주여, 누가 이 몸을 든든한 요새로 데려가겠으며
누가 이 몸을 에돔까지 인도해 가겠습니까.
오, 하나님, 주께서는 정말로 우리를 버리신 것입니까.
더 이상 우리 군대와 함께 전쟁터로 나아가지 않을 작정이십니까.
주여, 이제는 우리를 도우셔서 저 원수들을 쳐부수어 주소서!
사람의 도움은 아무 소용이 없나이다.
오직 하나님께서 함께해주신다면
우리는 반드시 승리를 거둘 것입니다.
정녕 우리의 원수들을 짓밟으실 분은 하나님뿐이십니다.

[해설과 묵상] 표제에 나타나 있듯이, 다윗의 즉위 초기에 주변 국가들에 대해 대대적으로 정복 사업을 펼쳐나가던 시기에 지은 시다. 마침내 이스라엘의 왕위에 오른 다윗은 하나님께서 약속해주신 언약의 땅을 차지하기 위해 주변 나라들과 여러 차례 정복전쟁을 치렀는데, 한번은 군대를 일으켜 이스라엘 북동쪽에 위치한 아람(수리아)과 전쟁을 치르게 되었다. 그런데 당시 도시국가를 형성하고 있던 아람은 이스라엘의 공격에 대항하기 위해 주변의 아람 나하라임 및 아람 소바 등의 국가들과 동맹을 맺고 다윗의 군대에 격렬하게 저항했다. 그리하여 아람과의 전쟁은 예상보다 치열했고 오랜 세월이 요구되었다.

이런 때에 오랜 세월 이스라엘의 지배 아래 놓여 있던 이스라엘

남동쪽의 에돔(Edom)이 기회를 틈타 독립을 이루려고 이스라엘에 반기를 들고 침공하였다. 그리하여 이스라엘은 나라의 북쪽과 남쪽의 양편에서 전쟁을 치러야 하는 어려운 상황에 처했고, 일시적으로 에돔 군대에게 크게 패배하는 지경에 이르렀다. 이에 다윗 왕은 크게 근심하며 탄식하였는데, 본시는 그런 배경하에서 쓰인 것이다. 물론, 이후에 다윗 왕은 아람과의 전쟁을 승리로 이끈 뒤에 군대장관 요압을 보내어 에돔 군대를 물리치도록 명함으로써 에돔까지 거뜬히 진압할 수 있었다(삼하 8:13; 왕상 11:15-16; 대상 18:12).

본시의 내용은 삼분된다. 초반부는 다윗이 이스라엘이 현재 처한 위기상황을 하나님께 아뢰는 내용이고(1-5절), 중반부는 하나님의 언약에 근거하여 도움의 손길을 호소하는 내용이다(6-8절). 그리고 마지막 후반부는 하나님의 도우심으로 마침내 승리를 거둘 것임을 확신하는 내용이다(9-12절).

시의 내용 중에서 주목할 표현은 "주께서는 주님을 경외하는 자들에게는 깃발을 주신다."란 말인데(4절), 여기서 '깃발'은 '군대의 깃발'을 가리키는 것으로, 그것은 군사들을 한데 모으고 또 그들의 사기를 북돋아 주어 전쟁을 승리하도록 이끌어준다. 따라서 하나님께서 자신을 의지하고 경외하는 경건한 자들에게 깃발을 주신다는 말은 곧 하나님께서 그들에게 승리를 보장해주신다는 것을 상징하는 행위다.

과연 다윗의 확신대로 이스라엘은 대적들을 전부 정복할 수 있었다. 정녕 우리 인생이 직면하거나 처하고 있는 모든 난관의 궁극적인 해결자는 오직 하나님뿐이다.

본시는 오늘날 유대 랍비들에 의해 '황금시'로 불리는 '믹담'이고, 또한 당시의 사람들에게는 아주 친근하고 익숙한 곡조로 보이는 '수산에듯'(혹은 소산님에듯) 곡조로 불려졌다. 그 말은 '증거의 백합화' 또는 '언약의 백합화'란 뜻인데, 시편 60편과 80편이 이 곡조에 속한다.

61

땅끝에서의 간절한 기도

주여, 애타는 이 기도를 들어주소서
땅끝에서 바위 위로 이끄소서
주님만이 피난처시요 든든한 망대이시니
그 품안에서 살고 싶습니다

(다윗의 시: 현악기에 맞추어 찬양대 지휘자의 지휘에 따라 부르는 노래)

(1-2) 오, 하나님, 주님을 향해 애타게 부르짖는 이 소리를 들어주소서.
나의 기도에 귀를 기울여주소서.
내가 낙심하여 약해질 때 땅끝에서부터 주께 부르짖나이다.
저 높은 견고한 바위 위로 이 몸을 이끌어주소서.

(3-7) 진실로 주님은 나의 피난처이시요
내 모든 원수들로부터 나를 안전하게 지켜주시는 견고한 망대이십니다.
내가 주님의 장막에서 영원토록 살기를 갈망하여
주님의 날개 아래로 숨으렵니다. (셀라)
오, 하나님, 주께서는 주께 대한 나의 서원을 들으시고
주님의 이름을 경외하며 사는 자들이 받을 유산을 내게 주셨나이다.
왕의 날을 더해 주시고 왕의 해를 더해주셔서
왕이 여러 세대에 걸쳐 오래오래 살게 해주소서.
하나님 앞에서 왕이 오래도록 왕좌에 앉아
자기 백성을 잘 다스리게 해주시고

주님의 한결같은 인자하심과 신실하심으로 그를 지켜주소서.

(8) 그리하시면, 내가 영원토록 주님의 이름을 찬양하겠고
주께 약속한 내 서원을 날마다 이행하겠나이다.

주님은 나를 지켜주시는 견고한 망대이시라

[해설과 묵상] 다윗 왕의 말년에 있었던 '압살롬의 반란 사건'(삼하 15-17장)을 그 배경으로 삼고 있는 듯하다. 다윗은 압살롬의 반란을 피해 주님의 성막이 있는 예루살렘 도성을 황망히 떠나 멀리 요단강 건너편에 도피해 있었다. 믿었던 아들과 신하들과 백성들에게 배신당한 뼈저린 느낌, 무엇보다도 주님의 성막에서 멀리 떨어져 있어 주님의 성막으로 나아갈 수 없다는 상실감에 빠져 있었다.

시의 내용은 삼분된다. 초반부에서는 간결하면서도 애절한 어조로 기도 응답에 대한 간청이 나타나 있고(1-2절), 중반부에서는 하나님께 대하여 강한 신뢰를 표하면서 장래에 대한 소망을 아뢰고 주님의 보호와 인도를 요청한다(3-7절). 그리고 후반부에서는 자신의 기도가 응답될 줄 믿고 하나님께 대한 찬양과 더불어 서원 이행을 약속하고 있다(8절).

초반부에서 다윗은 '땅끝에서부터' 주께 부르짖는다고 표현했는데(2절), 이는 다윗 자신의 곤고한 마음 상태 곧 하나님의 장막으로부터 멀리 떨어져 있는 상태를 비유적으로 표현한 말이다. 이때 다윗은 압살롬의 반란을 피하여 요단강을 건너 멀리 요단강 동편 지역의 마하나임 땅에 피신해 있었다(삼하 17:27).

62

오직 하나님만을 바라라

인생이란 한숨보다 더 가볍네
귀한 자도 비천한 자도
재물에 마음 빼앗기지 마라
억지로 빼앗은 것들은 허망하네

(다윗의 시: 여두둔 창법에 맞추어 그의 지휘에 따라 부르는 노래)

(1-2) 내 영혼이 잠잠히 하나님만을 기다리는 것은
나의 구원이 오직 그분에게서만 나오기 때문이로다.
오직 하나님만이 나의 반석이시고
나의 구원이시며
나의 요새이시니
나는 결코 흔들리지 않으리라.

(3-4) 원수들은 쓰러져 가는 담 같고 허물어져 가는 울타리 같은 사람을
그토록 쳐서 쓰러뜨리려고 안달하니
너희가 언제까지 그리하려느냐.
너희가 그를 그토록 높은 데서 떨어뜨릴 속셈이로구나.
너희가 거짓말을 즐겨 하니
입으로는 그에게 복을 빌어주면서도
마음속으로는 저주를 퍼붓는구나. (셀라)

(5-8) 오, 내 영혼아, 잠잠히 하나님만 바라라.
내 소망이 오직 그분에게서만 나오는구나.
오직 주님만이 나의 반석이시고 나의 구원이시며 나의 요새이시니
나는 결코 흔들리지 않으리라.
나의 구원과 영광이 오직 하나님께 달려 있음이여!
진실로 주님은 나의 든든한 바위이시며 견고한 피난처이시로다.
오, 사람들아, 오직 하나님만이 우리의 피난처이시니
너희는 언제나 하나님만 의지하여라.
언제든지 그분께 너희 속마음을 다 털어놓아라. (셀라)

(9-10) 사람이란 비천한 자도 한낱 입김에 불과하고
고귀한 자도 한낱 헛된 속임수에 불과하니
그들을 모두 저울에 달아본들 무슨 무게나 나가랴.
한낱 한숨보다도 더 가벼울 뿐인 것을!
그러므로 너희는 억압하는 힘을 믿지 말고
남의 것을 빼앗아 가지려는 탐욕을 품지 말라.
너희 재산이 아무리 많이 늘어나도
거기에 조금도 마음을 두지 말라.

(11-12) 하나님께서 한 가지를 말씀하셨을 때 나는 두 가지를 배웠으니
그것은 곧 '모든 권세는 하나님의 것'이라는 것과
또한 '하나님께서는 한결같은 사랑을 베푸신다는 것'이었도다.
오, 주여, 주께서는 정녕 각 사람이 행한 대로 갚아주시는 분이십니다.

[해설과 묵상] 다윗이 본시를 쓴 시기와 배경에 대해서는 구체적으로 알 수 없다. 하지만 다윗이 하나님을 피난처 삼아 잠잠히 하나님의 구원을 호소한 점으로 추정해보면, 다윗이 대적들에게 쫓기고 핍박받던 시기임엔 분명하다.

다윗의 전체 생애에서 그런 시기는 크게 초기와 후기로 나뉜다. 초기의 젊은 시절에는 사울 왕의 추격과 박해로 인한 수난이고, 후기의

오직 주님만이 나의 반석이시라

노년에는 아들 압살롬의 반란으로 인한 수난이다. 이런 수난의 시기에 다윗은 모든 것을 내려놓고 잠잠히 하나님의 구원만을 바라보는 이 탄원시를 썼던 것이다.

1연에서 다윗은 하나님의 도우심을 호소하면서 그분의 구원을 소망하는 신앙을 피력한다(1-2절). 2연에서는 자신을 죽이려고 거세게 달려드는 원수들의 악랄한 도전을 아뢰고(3-4절), 3연에서는 오직 마음을 하나님께 둔 뒤에 잠잠한 가운데 하나님의 구원을 확신하는 신앙을 나타낸다(5-8절). 4연에서는 백성들에게 신앙적인 권면을 한 뒤(9-10절), 마지막 5연에서는 하나님의 공의로우심과 사랑에 대하여 찬양한다(11-12절).

이처럼 자신이 처한 환경을 초월하여 오직 하나님만을 소망하고 그분의 구원을 확신하는 전천후 신앙인만이 그 마음에 참 평안이 깃들고, 그 입에서는 아름답고 빛나는 신앙의 노래가 흘러나올 수 있다.

본시에서 다윗은 하나님을 '요새'에 거듭 비유했는데(2, 6절), 요새는 군사적으로 중요한 곳에 구축해놓은 견고한 방어시설이다. 따라서 그곳은 적들이 접근하거나 공격하기 어려운 곳으로 그야말로 안전한 피난처였다. 다윗은 이 같은 '요새'의 이미지를 빌어, 하나님을 견고한 보호처요 안전한 피난처로 묘사한 것이다.

63

주님을 갈망하는 자의 기도

이 목숨 다하도록 주님을 찬양합니다
내 영혼 충만하여 찬양합니다
잠잘 때도 밤새도록 생각하고
주의 날개 아래에서 찬송합니다

(다윗의 시: 다윗이 유대 광야에 있을 때 지은 노래)

(1-2) 오, 하나님, 진실로 주님은 나의 하나님이시니
내가 주님을 애타게 찾나이다.
메마르고 거친 땅에서 목마른 사람이 물을 찾듯
내 영혼이 주님을 간절히 찾아 헤매고
내 육체가 주님을 애타게 찾아 헤매고 있나이다.
내가 성소에서 주님을 뵈었고
주님의 권능과 영광을 우러러 보았나이다.

(3-7) 주님의 한결같은 사랑은 생명보다 더욱 소중한 것이기에
내 입술이 주께 영광을 돌립니다.
내가 살아있는 동안 이 목숨이 다하도록 주님을 찬양하고
내가 나의 두 손을 높이 들고 주님의 이름을 찬양하렵니다.
주님으로 인하여 진수성찬을 배불리 먹은 듯
내 영혼이 아주 충만하고 만족하니
내가 입술을 크게 열어 기쁨으로 주님을 찬양하렵니다.

내가 잠자리에 누워서도 주님만을 생각하고
밤을 꼬박 지새우면서도 주님만을 그리워합니다.
주님은 진정 나의 도움이시니
내가 주님의 날개 그늘 아래에서 즐거이 노래하렵니다.

(8-11) 내 영혼이 주께 매달리니
주께서는 권능의 오른손으로 이 몸을 굳게 붙들어주십니다.
그러므로 내 목숨을 노리는 자들은 다 멸망하여
모두가 땅 아래 깊은 곳으로 떨어질 것입니다.

악인들의 시체는 이리떼의 밥이 되리이다

그자들은 칼날에 고꾸라져서 죽을 것이고
그들의 시체는 이리떼의 밥이 되고 말 것입니다.
그러나 우리의 왕은 하나님 안에서 크게 기뻐할 것이고
하나님 이름으로 맹세하는 자들도 기뻐하며 주님을 찬양할 것입니다.
그리고 그때가 되면
모든 거짓말하는 자들은 말문이 막혀 더는 입을 열지 못할 것입니다.

[해설과 묵상] 다윗 왕이 노년에 아들 압살롬의 반란으로 피해 유대 광야로 황급히 도피했을 때, 거기서 주님의 보호와 구원을 간구하며 지은 탄원시다(삼하 15:13-37). 유대 광야는 사해 서쪽에 남북으로 길게 뻗어 있는 거칠고 메마른 지역으로, 동서의 폭이 2km이고, 고도차(高度差)가 1,200m다. 고도차는 3-5단계의 경사지로 이루어지는데, 염해(鹽害) 곧 사해(死海)에 이르러서는 400m 높이의 가파른 경사지를 이룬다.

이곳 광야는 풀 한 포기조차 제대로 찾기 힘든 건조한 석회암 지역이다. 서쪽의 지중해에서 비를 몰고 오는 구름이 팔레스타인 중앙부의 높은 산지에 걸려 대부분의 비를 팔레스타인 중심부에 다 쏟아놓기 때문이다. 그래서 유대 광야는 금욕과 절제를 미덕으로 수행하는 수도사들만이 간혹 찾는 황량하고 외딴 곳이다. 신약시대에 메시아의 선구자로 활동한 세례 요한이 이곳을 발판 삼아 복음을 전했고, 우리 구주 예수님도 공생애를 시작하기 직전에 이곳에서 40일 동안 금식하며 사탄의 시험을 받으셨다(마 4:1-11).

아들 압살롬이 반역을 일으켰을 때, 아들의 군대와 싸우기 싫었던 다윗은 하나님의 장막이 있는 예루살렘 성읍을 급히 빠져나와 요단강을 건너기 전에 이곳 유대 광야에 머물면서 회복과 기쁨의 아침을 소망하며 하나님의 장막을 간절히 사모하는 심정으로 본시를 지었다. 그리하여 후일 초대교회에서는 본시를 '아침의 시'라 부르며 주일 아침예배에 즐겨 애창했다고 한다.

시의 내용은 삼분된다. 초반부에는 탄식하고 절망할 수밖에 없는 광야에서도 도리어 하나님을 앙망하며 주님을 찾는 다윗의 신앙이 묘사되었고(1-2절), 중반부에는 비록 주어진 현실은 암담할지라도 다윗 자신은 목숨을 다 바쳐 주께 찬양을 돌리고 오직 주님만으로 만족을 얻겠다는 신앙적 다짐이 나타나 있다(3-7절). 그리고 후반부에는 궁극적으로 주님을 의지하는 자의 승리와 악인들의 쇠잔 및 패망을 노래하고 있다(8-11절).

이처럼 본시는 구성 면에서는 '비탄시'의 형태를 띠긴 하지만, 그 내용은 슬픔과 좌절의 분위기가 아니라, 도리어 다윗의 빛나는 신앙이 더욱 절정에 이르는 아름다운 신앙인의 면면들이 묘사되고 있다. 정녕 고난과 역경은 신앙인들을 정금 같은 믿음의 소유자로 더욱 빛나게 만드는 은혜로운 연단 과정이 아니겠는가!

64

악인을 심판하고 의인을 지켜주소서

걱정하는 소리 듣고 나를 살리소서
악한 자들의 음모에서 숨겨주소서
그들은 칼 같은 혀로 독화살을 날리고
몰래 숨어 있다가 불시에 덮칩니다

(다윗의 시: 찬양대 지휘자의 지휘에 따라 부르는 노래)

(1-2) 오, 하나님, 내가 이토록 애가 닳아 주께 부르짖고 있사오니
내 탄식소리를 들으시고
저 원수들의 위협에서 이 목숨을 지켜주소서.
저 악한 자들의 음모에서 나를 지켜주시고
저 못된 자들의 포악에서 이 몸을 숨겨주소서.

(3-6) 저들은 비수와도 같이 날카롭게 혀를 벼리고
독화살 같은 말로 나를 겨누고 쏘아댑니다.
저들은 덤불 속에 몰래 숨어 있다가
죄 없는 사람을 향해 화살을 날립니다.
아무런 거리낌 없이 느닷없이 쏘아댑니다.
저들은 서로를 부추겨가면서 악한 계획을 꾸미고
똘똘 뭉쳐 으슥한 곳에다 남몰래 올가미를 설치하면서 말하기를
"누가 이 올가미를 찾아내랴!" 합니다.
또 저들은 부지런히 머리를 굴려 온갖 불의를 꾀하면서 말하기를
"우리의 이 계획은 완벽해!" 하고 좋아하니

사람의 생각과 마음이 그렇게 간교할 수가 없나이다.

(7-10) 그러나 하나님께서는 그들을 향해 화살을 날리실 것이고
그러면 저들은 갑자기 쓰러지게 될 것입니다.
저들은 자기들이 지껄인 말 때문에 스스로 고꾸라질 것이고
누구든지 저들의 고꾸라지는 꼴을 보는 자마다
조롱하며 머리를 흔들 것입니다.
그리하여 모든 사람들은 다 하나님을 두려워하면서
하나님께서 하신 일을 선포하고
또 하나님께서 하신 일들을 깊이 생각하게 될 것입니다.
그때에 의인들은 하나님께서 하신 일들로 인해 크게 기뻐하면서
오직 하나님만을 피난처로 삼을 것이고
마음이 정직한 사람들도 즐거워하며
다 함께 하나님께 찬양을 돌릴 것입니다.

[해설과 묵상] 다윗의 개인적인 탄식시들 중 대표적인 것으로, 다윗을 왕위에서 쫓아내기 위해 다윗의 대적자들이 조직적으로 음모를 꾸미던 무렵에 지은 탄원시다. 그러니까 압살롬의 반역 사건이 일어나기 직전의 상황을 배경으로 삼은 듯하다.

시의 내용은 대체로 삼분된다. 시의 초반부에서 다윗은 하나님의 보호와 도움을 애타게 요청한다(1-2절). 이어 중반부에서 다윗은 자신을 대적하고 해치려는 악인들의 사악한 도모와 꾀를 고발하고(3-6절), 마지막 후반부에서는 불의한 자들을 응징하시는 하나님의 공의로우신 심판을 노래한다(7-10절).

얼핏 보면 이 세상의 역사는 악인들의 꾀와 음모가 성공하여 그들이 승리하는 것처럼 보인다. 그러나 인류 역사를 주관하시는 분은 따로 계신다. 바로 '하나님'이시다. 역사를 시작하신 하나님께서 또한 역사를 시종 주관하시고 마침내 역사를 종결하신다. 이런 점에서 성도는 온통

악인이 설치는 타락한 세상에서도 하나님을 굳게 의지하는 가운데 미래에 대한 찬란한 소망을 가질 수 있다.

시의 후반부에 나오는 '머리를 흔든다'(8절)란 말은 그 대상을 비웃고 조롱한다는 뜻이다. 예로부터 어떤 대상을 비난하거나 비웃으며 조롱할 때, 사람들은 머리를 좌우로 흔들면서 입술을 비쭉이거나 손가락질을 해대곤 했다(22:7; 64:8; 렘 18:16; 애 2:15).

65

하나님의 은총에 감사하고 찬양함

주의 손길 닿는 곳마다 풍성하고
발길 닿는 곳마다 기름집니다
질푸른 풀밭에는 양 떼가 가득하고
풍년의 노랫소리 울려 퍼집니다

(다윗의 시: 찬양대 지휘자의 지휘에 따라 부르는 노래)

(1-5) 오, 하나님, 우리가 시온에 계신 주께 찬양을 드리겠으며
우리가 주께 서원한 것을 지키렵니다.
우리의 기도를 들으시는 주여!
모든 사람들이 주께로 나아갈 것입니다.
우리가 저마다 지은 죄와 허물로 무거운 짐을 진 채 고통당하고 있을 때
오직 주님만이 우리의 모든 죄악을 다 덮어주십니다.
주께서 가려 뽑으신 후에 주께로 가까이 오게 하셔서
주님의 집 앞뜰에 살게 하신 사람들은 참으로 복 받은 자들입니다.
우리가 주님의 집 곧 주님의 거룩한 성전에서
온갖 좋은 것들을 누리며 삽니다.
오, 하나님, 우리의 구원자시여!
주께서 온갖 놀라운 일들로 정의를 세우시고
또 우리에게 친히 응답해주시니
온 세상의 땅끝까지, 머나먼 바다 끝까지
모든 사람들이 주님을 바라며 의지합니다.

(6-8) 진실로 주께서는 권능으로 산들을 세우셨고
능력으로 옷 입으셨나이다.
주께서는 거세게 요동치는 바다와
으르렁대는 사나운 물결을 잠잠케 하셨고
들끓는 뭇 민족들의 소요를 가라앉히셨나이다.
그러므로 머나먼 곳에 사는 사람들까지도
주께서 이루신 일들을 보고 크게 놀라며
해 뜨는 곳에서부터 해지는 곳에 이르기까지
온 세상이 기쁨의 노래를 부릅니다.

(9-13) 주께서는 언제나 이 땅을 돌보시어 때를 따라 비를 내려주시므로
땅을 풍요롭게 해주십니다.
시내마다 물이 가득 넘쳐흐르게 하시고
토지마다 온갖 곡물들이 탐스럽게 열리게 하십니다.
밭고랑마다 흡족한 비를 내리시어 흙덩이를 촉촉이 적셔주시고
때로는 소나기를 내리셔서 흙을 부드럽게 하시므로
어린 싹들을 무럭무럭 자라나게 하십니다.
자비로우신 주께서 이렇게 큰 복을 내리시어
한 해를 관 씌워 풍성하게 꾸며주셨으므로
주님의 발길이 닿는 곳마다 기름진 것들이 주렁주렁 알찬 열매를 맺나이다.
들판의 풀밭에도 기름진 것들로 넘쳐나고
언덕마다 기뻐하며 웃음꽃을 활짝 피웁니다.
들판에는 기름진 양 떼로 온통 뒤덮여 있고
골짜기마다 풍성한 곡식이 널려 있으니
사람마다 기뻐 소리치고 흥겨운 노래를 부릅니다.

[해설과 묵상] 온 인류의 구원자이시고 온 우주의 창조주이시며 통치자이신 하나님께 대한 감사와 찬양의 시다. 다윗은 본시를 통해 세 가지 사실을 두고 주께 감사하며 찬송하고 있다.

첫째, 초반부에서는 죄와 허물 많은 인간에게 사죄의 은총을 베푸셔서 주님 계시는 거룩한 성전에 머물게 해주신 구원자 주께 대해 감사하고

찬양한다(1-5절). 둘째, 중반부에서는 우주만물과 삼라만상을 지으시고 주관하시며 다스리시는 창조주요 통치자이신 주께 대해 감사하고 찬양한다(6-8절). 마지막 후반부에서는 시절을 따라 풍성한 실과와 곡식을 허락해주시는 보호자요 공급자이신 주께 감사하고 찬양한다(9-13절).

요약하면 하나님의 영적, 물질적 은혜에 대하여 감사하고 찬양한 것이다. 진실로 이 땅에 존재하는 모든 피조 세계는 하나님께서 만드신 작품이고, 하나님께서 공급해주시는 과실과 곡식을 먹으며 살아가는 존재다. 따라서 모든 피조물은 창조주요 공급자 되시는 하나님께 대해 감사하고 찬양함이 마땅하다.

그중에서도 특히 영적인 은혜를 받아 구속함의 은총을 덧입은 자들은 더욱 소리 높여 주께 감사하고 찬양하면서 그분께 영광 돌리는 것이 지극히 마땅하다. 바로 그것이 성도의 존재 이유이며 삶의 목적이다. "그런즉 너희가 먹든지 마시든지 무엇을 하든지 다 하나님의 영광을 위하여 하라"(고전 10:31).

한편, 본시 후반부의 중반에 묘사된 "한 해를 관 씌웠다"(11절)란 말은 일 년의 모든 일 위에 하나님께서 풍성한 축복을 내려주셨다는 뜻의 시적 표현이다. 좀 더 구체적으로는, 한 해 농사를 거두는 추수기에 잘 익은 곡식들로 들판을 아름답게 장식해주셨다는 뜻이다.

66

주께서 행하신 일들을 찬양함

주께서는 바다와 강을 뭍처럼 걷게 하시니
누가 주께 반역을 꿈꿀 것인가
우리를 살리시지만 시련도 주시어
연단이라는 무거운 짐 지게 하시네

(시: 찬양대 지휘자의 지휘에 따라 부르는 노래)

(1-12) 온 세상의 모든 땅들아, 기뻐하며 하나님을 찬양하여라.
그분의 영광스러운 이름을 노래하고
그분께 영광스러운 찬양을 돌려라.
너희는 하나님께 아뢰어라.
"주께서 행하신 일들이 어찌 그리도 놀라운지요!
주님의 크신 능력 앞에 주님의 모든 적들이 무릎 꿇고 복종하나이다.
온 땅이 주께 엎드려 경배하고 주님을 찬양합니다.
주님의 영광스러운 이름을 찬양합니다." (셀라)

너희는 어서 와서, 하나님께서 베푸신 놀라운 일들을 보라.
하나님께서 사람의 아들들을 위해 베푸신 일들이
참으로 경이롭지 아니하냐!
일찍이 주께서는 바다를 마른 땅으로 바꾸시어
사람들로 걸어서 바다를 건너게 하셨도다.
그러므로 너희는 어서 와서

주께서 행하신 일들을 생각하며 함께 기뻐하자.
그분께서는 크나큰 능력으로 온 세상을 영원히 다스리시고
두 눈을 부릅뜨시고 뭇 민족들을 지켜보고 계시나니
누가 감히 주께 반역을 꿈꿀 수 있으랴! (셀라)

뭇 백성아, 우리 하나님을 찬양하여라.
널리널리 울려 퍼지도록 소리 높여 그분을 찬양하여라.
그분께서는 우리의 생명을 붙들어주시고
우리가 미끄러져 넘어지는 일이 없도록
우리를 항상 보살펴주신다.
오, 하나님, 주께서는 우리에게 시련을 주셔서
은을 달구어 정련하듯 우리를 강건하게 연단하셨나이다.
주께서 우리에게 시련을 주셨을 때
우리가 그물에 걸렸고
등에는 무거운 짐을 졌나이다.
그때에 사람들이 우리 머리를 마구 짓밟았고
우리는 불속으로, 물속으로 뛰어들기도 했나이다.
그러나 마침내 주께서는 우리를 건져내시어
풍요로운 땅으로 인도해 들이셨나이다.

(13-20) 그러므로 이제 내가 번제물을 들고 주님의 거룩한 집으로 왔나이다.
주께 약속한 나의 서원을 지키려고
이렇게 주님의 성소로 나아왔나이다.
이 서원은 이전에 내가 곤경에 빠졌을 때
내 입술을 열어 내 입으로 주께 약속했던 것입니다.
이제 내가 숫양을 잡아
제단 위에서 번제물로 주께 바치겠나이다.
숫양의 향기와 함께 다른 살진 짐승도 잡아 번제물로 바치고
또 숫염소와 수소도 잡아 희생제물로 바치겠나이다. (셀라)

너희 하나님을 경외하는 자들아!
어서 나와, 내 말에 귀를 기울여라.

주께서 나를 위해 행하신 모든 일들을 증언해주리라.
내가 내 입으로 주님을 향해 부르짖었더니 주께서 응답하셨고
그래서 내 혀로 주님을 찬양하였도다.
만일 내가 마음속에 죄악을 품었더라면
어찌 주께서 내 기도에 응답해주셨으랴!
그러나 진실로 하나님께서는 내 부르짖는 소리에 귀를 기울이셨고
내 기도에 응답해주셨도다.
오, 하나님, 찬양을 받으소서!
주께서는 내 기도를 물리치지 않으셨고
주님의 한결같은 인자하심을 내게서 거두지 않으셨나이다.

[해설과 묵상] 이스라엘 민족이 이집트(애굽)에서 구출된 '출애굽 사건'을 배경으로 삼아 하나님께서 행하신 놀라운 구원 사역을 노래하고 있는 감사의 찬양시다. 시의 전반부에서 시인은 먼저 민족적인 차원에서 모든 백성에게 하나님을 찬양할 것을 권면하고, 그 이유로 하나님께서 크고 놀라운 사역으로써 그 백성을 구원하신 사실을 언급한다(1-12절). 후반부에서 시인은 개인적인 차원에서 자신의 기도가 응답된 사실에 기뻐하고 감사하면서 자신이 서원한 바를 성심껏 갚겠다고 다짐한다(13-20절).

내가 주님께 번제물로 제사를 드리리이다

진실로 하나님의 구원 사역을 체험한 자에게 요구되는 바는 그 은혜를 잊지 않고 날마다 감사하며 찬양하는 일이다. 만일 구원의 은혜를 입고서도 주께 감사하지 않고 주님을 찬양하지 않는다면, 그 영혼은 하나님의 은혜를 경홀히 여기고 무시하는 교만의 죄에 빠져들게 된다. 한편, 본시를 쓴 저자가 누구인지는 확실하지 않지만, 여러 자료를 살펴보면 이스라엘의 출애굽을 기억하고 감사하는 유다의 선왕(善王) 가운데 일인으로 추정된다. 따라서 다윗, 여호사밧, 히스기야 등이 그 대상이다.

전반부에 묘사된 '사람의 아들들'(5절)은 천사와 같은 영적 존재가 아닌, 육체를 가진 세상의 모든 인간을 가리키는 말이다. 그리고 '바다를 마른 땅으로'(6절) 바꾸셨다는 표현은, 하나님께서 홍해(紅海)를 가르신 사건을 말한다(출 14장). 즉, 이집트를 탈출한 이스라엘 백성이 홍해를 만났을 때, 하나님께서 홍해의 바닷물을 좌우로 가르시고 큰 동풍을 밤새도록 불게 하시어 바다를 마른 땅으로 만드신 후에, 이스라엘 백성으로 하여금 걸어서 홍해를 건너도록 한 사건을 가리킨다(출 14:21-22).

67

민족들로 주님을 찬양케 하소서

땅에 넘치는 곡식은 인간의 기쁨이니
주의 얼굴 바라보며 찬양합니다
주께서 복을 내려주셨으니
구원을 노래하고 찬양하게 하소서

(시: 찬양대 지휘자의 지휘에 따라 현악기에 맞추어 부르는 노래)

(1-4) 오, 하나님, 우리에게 은혜를 베푸시고 복을 주시어
주님의 환한 얼굴을 우리에게 비추소서. (셀라)
온 세상 사람들로 주님의 길을 알게 하시고
모든 민족들로 주님의 구원을 깨닫게 하소서.
오, 하나님, 뭇 백성으로 주님을 기리게 하시고
뭇 민족들로 주님을 찬양하게 하소서.
주께서 온 세상을 공의로 다스리시고
세상의 뭇 민족들을 이끌어주심에
뭇 백성이 기뻐 찬양하게 하소서. (셀라)

(5-7) 오, 하나님, 뭇 백성으로 주님을 기리게 하시고
뭇 민족들로 주님을 찬양하게 하소서.
그러면 땅에는 오곡백과가 풍성하게 넘쳐나리니
하나님 곧 우리 하나님께서 우리에게 복을 내려주실 것이기 때문입니다.
정녕 하나님께서 우리에게 복을 내려주시리니

땅 끝까지 온 누리의 모든 백성이 하나님을 경외하며 살아갈 것입니다.

[해설과 묵상] 저자와 배경에 관해서는 알려진 바가 없지만, 전통적으로 이스라엘의 추수감사 절기인 장막절(혹은 초막절, 일곱째 달 15일부터 7일 동안 지킨 절기, 레 23:33-43)에 사용된 노래로 여겨진다.

내용은, 이스라엘에게 베풀어진 하나님의 복 주심과 구원이 열방의 복됨과 구원으로 확장되기를 기원하는 것으로, 이른바 '선교의 노래'라는 별칭을 갖고 있다. 진실로 창조주 하나님은 단지 이스라엘에게 국한된 분이 아니시고 온 세상 만민의 주인이 되시는 분이다. 따라서 세상의 모든 열방들과 민족들은 이스라엘의 감사와 찬양에 적극적으로 동참하여 다 함께 하나님을 향해 감사 찬송과 영광을 돌리는 것이 마땅하다.

하나님의 크신 은혜와 구원을 맛본 주님의 백성은 자신과 자신의 가족, 민족, 나라를 뛰어넘어 온 세상의 모든 열방과 민족을 향해 주님의 크신 능력과 구원을 널리 알리는 것을 위대한 사명으로 삼아야 한다. 그래서 영국의 침례교 목사인 스펄전은 세계 구원을 자신의 일평생 기도제목으로 삼았고, 영국의 감리교 창시자인 웨슬리는 "세계를 나의 교구로!"라는 슬로건 아래 세계 복음화에 평생을 바쳤다. 이 외에도 인도 선교사 윌리엄 케리, 미얀마 선교사 저드슨, 아프리카 선교사 리빙스턴 등이 하나같이 땅 위의 모든 자들이 자신과 마찬가지로 주님을 경외하는 자들이 되기를 간절히 소망하며 세계 선교를 위해 자신의 일생을 주께 바치며 헌신하였다.

68

승리하게 하시는 주님

주여, 원수는 연기처럼 사라지게 하시고
의인들은 찬양하게 하소서
고아와 홀로 된 이를 지키고
갇힌 자를 풀어주소서

(다윗의 시: 찬양대 지휘자의 지휘에 따라 부르는 노래)

(1-6) 오, 하나님, 일어나시어 주님의 원수들을 산산이 흩어지게 하소서.
하나님을 미워하는 자들로 주님 앞에서 뿔뿔이 도망치게 하소서.
바람에 연기가 사라지듯, 그들을 멀리 날려 보내소서.
불길에 초가 녹아내리듯, 저 악한 자들을
하나님 앞에서 모조리 녹여 버리소서.
그러나 오직 의인들은 하나님 앞에서 기뻐하고 즐거워하게 하소서.
행복에 겨워 뛸 듯이 기뻐하게 하소서.

하나님을 찬송하고, 그분의 이름을 찬양하여라.
광야에서 구름수레를 타고 오시는 그분께 길을 열어드려라.
주님 앞에서 기뻐하며 즐거워하라.
그 거룩한 곳에 계시는 우리 하나님께서는
고아들의 아버지요 과부들의 보호자이시다.
우리 하나님께서는 외로운 자들에게는 따뜻한 보금자리를 마련해주시고 감옥에 갇힌 자들에게는 그 묶인 사슬을 풀어주어 자유를 주신다.
그러나 거역하는 무리들에게는 징벌을 내리시어
그들을 황량한 땅에 내팽개치신다.

(7-23) 오, 하나님, 일찍이 주께서 주님의 백성보다 앞서 나아가실 때
곧 거친 광야를 가로질러 행진하실 때(셀라)
하나님 앞에서, 곧 시내산의 하나님 앞에서, 곧 이스라엘의 하나님
앞에서 땅이 크게 흔들렸고
하늘에서는 폭우가 쏟아졌나이다.
오, 하나님, 그때에 주께서 단비를 흡족히 내리시어
메마른 땅들에 생기를 불어넣어 옥토가 되게 하시니
주님의 백성이 그 땅에서 자리를 잡아 고향으로 삼았나이다.
진실로 주께서는 가진 것 없어 서러움을 당하는 그 백성에게
그토록 많은 것들을 베풀어주셨나이다.

주께서 이 말씀을 선포하시니
큰 무리가 그 기쁜 소식을 널리 알렸나이다.
"너희를 치러 올라온 왕들과 군사들이 허겁지겁 달아나니
사람들이 그들의 진영에서 전리품을 나누어 가지는구나.
비록 너희가 양의 우리에 누웠지만
그 날개가 은으로 덮이고
그 깃이 금빛으로 반짝이는 비둘기와 같구나."
전능하신 분께서 그 땅의 왕들을 산산이 흩어버리시니
그 모습이 마치 살몬 산에 눈을 흩뿌리시는 것과 같구나.
웅대한 바산의 산들은 하나님께서 지으신 산들이니
수많은 봉우리들이 그 위용을 자랑하는구나.

그럴지라도 봉우리 높이 솟은 바산의 산들아,
너희가 어찌하여 하나님께서 거하겠다고 선택하신 시온산을 시샘하느냐.
그 산은 주께서 영원토록 거하실 곳이로다.
만군의 하나님께서는 수천, 수만 대의 병거를 거느리고 계신다.

그분 하나님께서 수많은 병거를 거느리시고 시내산에서 나와
그분의 거룩한 성소로 들어가셨도다.
주께서 사로잡은 포로들을 이끌고 높은 그곳으로 올라가실 때
수많은 사람들에게서 예물을 받으셨으니
심지어 거역하던 무리들에게서도 예물을 받으셨도다.
이는 우리 하나님께서 그들 가운데 거하려 하셨기 때문이로다.
너희는 소리 높여 주님을 찬양하여라.
그분께서는 날마다 우리의 무거운 짐을 대신 짊어져주시는
우리의 구원자이시로다. (셀라)

우리 하나님께서는 우리를 건져주시는 구원의 하나님이시니
죽음에서 건져주시는 분이시로다.
그러나 우리 하나님께서는 악한 짓을 일삼는 저 원수들의 머리
곧 그들의 정수리를 내리쳐 깨뜨리시는 분이시로다.
주께서 말씀하시기를
"내가 바산에서 네 원수들을 데려오고
저 깊은 바다에서 네 대적들을 끌어내리니
네가 네 원수들의 흥건한 피로 발을 씻고
네 집의 개들마저 네 대적들의 피를 마음껏 핥게 되리라." 하셨도다.

(24-27) 오, 하나님, 주께서 오시는 행렬을 모든 사람들이 보았나이다.
나의 하나님, 나의 왕께서 주님의 성소로 들어가시는 행렬을
그들이 보았나이다.
노래하는 자들이 앞장서 나아가고
연주자들은 그 뒤를 따랐으며
그 사이에는 작은북을 치는 소녀들이 있나이다.
이들이 찬양하기를
"너희는 큰 회중 가운데서 하나님을 찬양하여라.
이스라엘 자손들아, 모두 다 함께 주님을 찬미하여라." 하나이다.
가장 작은 지파 베냐민이 맨 앞장을 서고
그 다음은 유다 지파의 지도자들이 그 지파 사람들과 함께 뒤따르며

그 다음은 스불론 지파의 지도자들이 뒤따르고
그 다음은 납달리 지파의 지도자들이 뒤따르도다.

(28-35) 오, 하나님, 주님의 능력을 나타내 보이소서.
우리를 위하여 전에 해주셨던 것처럼
이제도 주님의 능력을 나타내 보여주소서.
예루살렘에 있는 주님의 성전을 위해
온 세상의 뭇 왕들이 예물을 들고 나아오나이다.
갈대밭에 사는 사나운 들짐승들과
뭇 백성 사이에 있는 거친 황소 떼와 만민의 송아지를 꾸짖어주소서.
그들이 모두 주님 앞에 무릎을 꿇고
그들이 가지고 있는 은을 주께 다 갖다 바칠 때까지 그들을 낮추소서.
또 전쟁을 좋아하여 날뛰는 백성을 산산이 흩어버리소서.
이집트에서 사절들이 예물을 갖고 주께로 나아올 것이며
구스 사람들은 두 손을 들어 하나님께 기도할 것입니다.

오, 세상의 모든 나라들아, 하나님을 찬양하여라.
주께 노래하여라. (셀라)
태곳적부터 하늘 위의 하늘을 타고 다니시는 분을 찬양하여라.
보라, 그분께서 하늘에서 소리를 발하시니
우레처럼 장엄한 음성이로다.
하나님의 권능을 널리 선포하여라.
그분의 위엄이 이스라엘 위에 뻗쳐있고
그분의 능력이 구름 위에 있도다.
성소에 계시는 하나님께서는 얼마나 경이로운 분이신가!
진실로 이스라엘의 하나님께서는 주님의 백성에게 힘과 능력을 주시도다.
오, 하나님을 찬양하여라!

[해설과 묵상] 다윗이 본시를 쓴 시기와 배경에 대해서는 정확히 알 수 없다. 하지만 시의 내용을 살펴보면, 이스라엘이 어떤 전쟁에서 크게 승리한 후에 승리의 근원이 되시는 하나님께 영광을 돌리며 부른,

시내산도 주님 앞에서 흔들렸도다

일종의 개선가이고 하나님의 위대하심을 노래한 찬양시다. 특히 장차 이루어질 최종적인 승리를 바라보고 기뻐하는 승리의 찬가다.

그래서 헹스텐베르그 같은 학자들은 다윗이 이스라엘 왕위에 등극한 후에 암몬 족속과의 전쟁에서 대승을 거두었을 때 본시를 썼다고 추론하고(삼하 10-11장), 본시를 '전쟁의 노래'라고 명명했다. 하지만 호프만 같은 또 다른 학자들은 암몬 족속과의 전쟁이 있기 이전, 다윗 왕이 하나님의 언약궤를 오벧에돔의 집에서 시온산 위 다윗 성의 장막으로 모실 때 그 기쁨과 감격을 배경으로 삼아 본시를 지었다고 추론하기도 한다(삼하 6:12-19).

아무튼 본시는 이스라엘 역사에서 자기 백성과 함께하시어 승리를 주시고 개선가를 부르게 하시는 위대하신 하나님을 기리고 그분께 오롯이 영광을 돌리는 승전가이고, 감사의 노래이며 찬양의 시다. 이 같은 이스라엘 백성의 승전가는 오늘날 우리 성도들이 하늘 가나안을 목표로 삼아 광야 같은 세상에서 사탄의 세력과 싸우며 나아갈 때 큰 용기와 격려를 북돋워주는 행진가이고, 또한 하늘 가나안에 들어가서는 최종적으로 승리를 안겨주신 주님 앞에서 소리 높여 힘차게 부를 영광스런 개선가의 모형이라 할 수 있다.

내용을 요약하면 이러하다. 1연에서는 하나님의 백성을 대적하는 모든 원수들을 멸하시는 하나님의 위대하신 권능을 찬양하고(1-6절), 2연에서는 지난날 출애굽 때와 같이 가나안 정복전쟁 때에 이스라엘을 적극적으로 후원하여 승리를 안겨주신 하나님의 은혜를 기린다(7-23절). 그리고 3연에서는 성소에 행차하시는 하나님께 영광의 찬송을 올려드리고(24-27절), 마지막 4연에서는 장래에 이루어질 승리를 미리 노래하여 하나님을 영화롭게 하고 있다(28-35절).

진실로 자신의 삶에서 하나님의 놀라운 구원의 손길과 위대한 도움의 흔적을 찾아 그 은혜를 찬양하는 일은, 주님의 백성 된 성도들에게 필수적인 일임과 동시에 가장 아름답고 복된 일이라 하겠다. 은혜에 감사하는 자만이 또 다른 은혜를 체험할 수 있다.

시의 내용 가운데 2연의 '살몬산'(14절)은 에브라임 산지에 위치한 높은 산으로(삿 9:48), 눈으로 덮여 있는 때가 많고 눈보라로 유명한 곳이다. 이 산을 인용한 것은, 하나님 앞에서 뭇 세상 왕들의 흩어짐이 눈보라가 산산이 흩어지는 것과 같음을 나타내기 위해서다. 그리고 '바산의 산들'(15절)은 요단강 동편에 위치한 높은 산들로, 그 웅장함과 장엄함으로 인해 하나님의 위엄을 나타내는 데 사용되었다.

또한 4연에 묘사된 "갈대밭에 사는 사나운 들짐승들과 뭇 백성 사이에 있는 거친 황소 떼와 만민의 송아지"(30절)라는 말에 주목하라. '갈대밭의 들짐승'은 본래 나일 강변의 갈대숲에서 서식하는 악어나 하마를 가리키지만, 여기서는 '이집트'(31절) 혹은 '이집트 왕'을 가리킨다.

그리고 '황소 떼'(혹은 수소의 무리)는 군소 국가의 여러 왕들을, '만민의 송아지'는 이방 나라의 백성을 가리킨다. 하나님은 이 모든 왕들과 나라들과 백성을 꾸짖으시고 발아래 밟아 굴복시키신다. 그리고 이어 "은을 바친다."(30절)는 표현은 하나님께서 이방 나라들을 정복하실 때 뭇 왕들이 굴복과 복종의 표시로 '은 조각' 곧 재물을 주께 공물(貢物)로 바치는 것을 가리킨다.

69

곤고한 자의 부르짖는 기도

원수가 내 머리털보다 많고
성문에 앉은 이들이 나를 비웃어도
주님의 한결같은 사랑으로 응답하시어
부디 이 몸을 진창에서 건져주소서

(다윗의 시: 소산님 곡조에 맞추어 찬양대 지휘자의 지휘에 따라 부르는 노래)

(1-12) 오, 하나님, 이 몸을 건져주소서.
물들이 내 영혼에까지 차올랐나이다.
이 몸이 발 디딜 곳조차 없는 깊은 수렁에 빠져들고
또 물 속 깊은 데까지 빠져들었으므로
큰 물결이 나를 집어삼키려 합니다.
이 몸이 "살려달라!" 하고 계속 부르짖다가 지쳤고
이제는 목까지 쉬었나이다.
내가 눈이 빠지도록 하나님을 기다렸나이다.
까닭 없이 나를 미워하는 자들이 내 머리카락 수효보다도 많고
이유 없이 나를 쓰러뜨리려 하는 자들이 너무도 많아
사방 천지에 널렸나이다.
내가 빼앗지 않은 것까지도 물어주지 않으면 안 될 지경에 처해 있나이다.

오, 하나님, 내 어리석음을 주께서 환히 다 알고 계시오니

어찌 내 죄를 주님 앞에 조금인들 감출 수가 있겠습니까.
오, 만군의 주 하나님이시여,
주님을 의지하는 사람들이 나 때문에 수치를 당하지 않게 하소서.
전능하신 이스라엘의 하나님이시여,
주님을 애타게 찾는 사람들이 나 때문에
망신을 당하는 일이 없게 하소서.
이 몸은 주님을 위해 온갖 모욕을 감수하였고
주님을 위해 어떤 수치도 견뎌냈나이다.

주님 때문에 이 몸이 내 형제들에게 외면당하고
한 핏줄인 가족들에게조차도 낯선 사람 취급을 당하고 있나이다.
주님의 집을 사랑하는 내 마음이 불같이 뜨겁게 타오르자
주께 퍼붓던 그 비방을 이젠 나에게 쏟아붓나이다.
내가 울며 금식하자 사람들이 나를 비웃으며 놀려대고
내가 슬픔을 가눌 길 없어 베옷을 입었더니
사람들이 그것을 또한 조롱합니다.
성문 어귀에 앉아있는 사람들은 나를 비웃고
술에 취한 자들이 나를 두고 빈정대는 노래를 지어 흥얼거리고 있나이다.

(13-18) 오, 주여, 그러나 나는 오직 주께 기도하오니
주께서 정하신 그때가 되면
주님의 한결같은 신실한 사랑으로 내게 응답하시어
부디 이 몸을 건져주소서.
주님의 확실한 구원을 내게 보여주소서.
이 진창에서 나를 건져주시고
이 수렁에서 나를 구해주소서.
나를 미워하는 자들의 손아귀에게서
내가 빠져있는 이 깊은 물 속에서
나를 건져주소서.
이 몸이 큰 물결에 휩쓸려가지 않도록
깊은 물이 나를 삼키지 못하도록
저 구덩이가 입을 벌려 나를 삼킨 후에 그 입을 닫지 못하도록

이 몸을 보호해주시고 지켜주소서.

오, 주여, 주께서는 한결같이 인자하시고 신실하시니
내게 응답해주소서.
주께는 자비가 풍성하오니
나를 돌아봐주소서.
주님의 종에게서 얼굴을 돌리지 마소서.
내가 큰 고통 가운데 빠져있사오니
속히 나의 기도에 응답해주소서.
어서 내게로 가까이 오셔서
나를 속히 건져주소서.
내 원수들의 손아귀에서 이 몸을 구해주소서.

(19-29) 진실로 주께서는 내가 얼마나 모욕을 받고 있는지
내가 얼마나 수치를 당하고 있는지
내가 얼마나 굴욕을 당하고 있는지
누구보다 잘 알고 계십니다.
주께서는 나를 괴롭히는 내 원수들이 누구인지도 훤히 다 알고 계십니다.
심한 모욕으로 내 마음은 갈기갈기 찢겨졌나이다.
이제는 모든 걸 다 포기하고 싶을 지경입니다.
사방을 두리번거리며 나를 위로해줄 사람을 애타게 찾았지만
그 어디에서도 아무도 없었나이다.
내 아픈 마음을 감싸줄 사람을 힘써 찾아보았지만
그 어디에서도 하나도 찾을 수 없었나이다.

내가 배가 고플 때 먹을 것을 달라고 하면
저들은 쓸개를 건네주었고
내가 목마를 때 물을 달라고 하면
저들은 식초를 마시게 하였나이다.
하오니 저들의 잔칫상이 오히려 저들에게 올가미가 되게 하소서.
아무런 걱정 없이 살아가는 저들의 평화로움이
오히려 저들에게 함정이 되게 하소서.

저들의 두 눈이 어두워져서 보지 못하게 하시고
저들의 허리가 굽어져서 영영 못 쓰게 하소서.
저들에게 주님의 격렬한 진노를 퍼부으시고
저들을 주님의 분노의 불길로 몽땅 사르소서.
저들이 살고 있는 집들을 쑥대밭으로 만드시고
저들이 쳐놓은 장막에는 아무도 살지 못하게 하소서.

저들은 주께 얻어맞은 이들을 더욱 못살게 굴고
주께서 주신 상처를 자꾸만 더 후벼팝니다.
하오니 저들로 죄 위에 죄를 더 쌓게 하신 후
저들의 죄악을 낱낱이 기억하시고 벌하셔서
저들로 주님의 구원에 참여하지 못하게 하소서.
저들의 이름을 생명책에서 싹싹 지워버리셔서
의로운 자들의 명부에 한 명도 기록되는 일이 없게 하소서.
나는 심히 지쳤고 크게 상처받은 몸이오니
오, 하나님, 나를 구해주소서.
나를 높여주시고
주님의 구원의 은혜로 나를 지켜주소서.

(30-36) 그리하시오면, 그때에 이 몸은 주님의 이름을 찬양하겠고
감사의 노래로 주께 영광을 돌리겠나이다.
그렇게 하는 것이, 소를 잡아 바치는 것보다
뿔 달리고 굽 달린 황소를 잡아 바치는 것보다
주님을 더욱 기쁘게 할 것입니다.
또 이것을 보고는
겸손하고 온유한 사람들마다 모두 기뻐할 것입니다.
너희 하나님을 찾는 사람들아,
너희의 심장이 기쁨으로 고동치리라.
정녕 주께서는 가난한 자들의 부르짖음에 귀를 기울이시고
포로로 사로잡힌 백성을 모른 체하지 않으십니다.

하늘아, 땅아! 하나님을 찬양하여라.
바다야, 그 안에 살고 있는 모든 피조물들아!
주님을 찬양하여라.
하나님께서 시온을 구원하시고
유다의 성읍들을 재건하시리니
주님의 백성이 거기에 정착해 살면서
그 땅을 영영 차지하리로다.
주님을 섬기는 종들의 자손들이
그 땅을 유산으로 길이 물려받을 것이요
주님의 이름을 사랑하는 사람들이
거기서 터를 잡고 영영 살아가리로다.

[해설과 묵상] 극심한 고난 및 고통 가운데 있는 다윗이 하나님을 향해 애타게 호소하는 탄원시로, '아도니야의 반역 사건'이 그 배경을 이루고 있다(왕상 1:5-53). 다윗 말년에, 다윗이 이스라엘 왕위를 솔로몬에게 넘겨주기 직전, 호시탐탐 왕좌를 노리고 있던 다윗의 4남 아도니야가 왕권 탈취를 획책하고는 군대장관 요압과 대제사장 아비아달을 자기편으로 끌어들여 본격적으로 거사를 논했다.

본시는 바로 그런 암울한 시기에 쓰인 시로, 극심한 곤경 가운데 처해 있는 다윗의 위급한 형편과 절망적인 심경이 잘 드러나 있다. 이 같은 극심한 위기와 곤경 가운데서 다윗은 구원과 심판의 하나님을 바라보며 주님을 향하여 자신의 현재 처지와 심경을 절박하게 토로한다.

1연에서 다윗은 자신이 작금 직면해 있는 처절하고 절박한 상태를 주께 아뢴다(1-12절). 2연에서 다윗은 오직 자신의 유일한 소망 되시는 하나님께 애타게 구원을 호소하면서(13-18절), 이어지는 3연에서는 자신을 해하려는 원수들의 사악한 행적을 고발하면서 그에 대한 주님의 합당한 징계를 탄원한다(19-29절). 그리고 마지막 4연에서는 어려운 상황 중에서도 하나님의 도우심으로 인해 궁극적인 승리를 확신하면서 주께 감사 찬송을 올린다(30-36절).

특히 본시 속에는 장차 도래하실 메시아의 수난을 암시하는 예언적인 내용들이 여러 군데 나타나 있어 신약성경에서 그 구절들이 자주 인용되었다(4절=요 15:25; 9절=요 2:17, 롬 15:3; 21절=요 19:29; 35절=행 1:6 등). 그 한 가지 사례를 들자면 21절의 내용, 곧 "저들은 내게 쓸개를 건네주었고 식초를 마시게 하였나이다."란 표현은, 일차적으로는 다윗 자신의 경험을 묘사한 것이다.

내가 목마를 때 식초를 주었나이다

하지만 후일 메시아 예수께서는 십자가 위에 달려서 똑같은 경험을 겪으셨다(마 27:34, 38). 이처럼 여러 시편들에서 다윗의 경험이 종종 후일의 메시아 예수께 그대로 적용되곤 하는데, 이는 다윗의 모든 시들이 성령의 감화 감동하에 기록된 것으로, 성령께서는 다윗의 그런 시구들을 통해 장차 임하실 메시아의 사역을 은연중에 예언하고 있기 때문이다(시 22편).

오늘날 우리는 본시를 통해 일차적으로는 다윗이 직면해야 했던 고난을 이해해야 하고, 한 걸음 더 나아가 구속사적인 차원에서 메시아(그리스도) 예수께서 당하신 수난에 대해서도 깊이 묵상할 수 있어야 한다. 이와 더불어 작금의 우리도 성도로서 경건하게 살고자 할 때 세상의 사악한 자들로 인해 숱한 고난이 뒤따를 수밖에 없다는 사실을 깨닫고, 어떤 핍박과 박해 가운데서도 흔들림 없이 신앙생활을 영위해나가야 한다(딤후 3:12).

시의 내용 중에서 1연 맨 첫 구절의 표현 곧 "물들이 내 영혼에까지 차올랐나이다."(1절)란 말은, 물이 차올라 목구멍 속으로 들어가서 거의 숨을 쉬지 못하게 될 만큼 급박한 위기 상황, 곧 죽을 지경에 처한 고통스럽고 곤궁한 상황을 나타내는 표현이다.

3연의 '생명책'(28절)이란 말은 하나님을 올바로 섬기는 경건한 의인들의 이름이 기록된 책으로, 하나님께서 가지고 계신 생명과 구원의 책을 가리킨다(사 4:3). 그 이름이 생명책에 기록된 자들은 영원한 생명과 구원을 누리지만(계 12:1), 그렇지 못한 자들은 영원히 죽음과 멸망을 당한다(계 13:8).

본시의 표제에 나타난 '소산님'은 '백합화 곡조'라는 뜻인데, 당시 사람들에겐 매우 익숙한 곡조로 보인다.

70

신속한 구원과 도우심을 간구하는 기도

주여, 속히 나를 구하소서
내 목숨 노리는 자들을 내치소서
주여, 주께서는 나의 구원자이시며
위기에서 건지시는 분이십니다

(다윗의 시: 찬양대 지휘자의 지휘에 따라 기억하기 위해 기념일에 부르는 노래)

(1-3) 오, 하나님, 속히 이 몸을 구해주소서.
오, 주여, 속히 나를 도와주소서.
내 목숨을 노리는 자들을 내리치시어
그들로 수치를 당하게 하소서.
내가 멸망하기를 원하는 자들을 당황케 하시어
그들로 허둥지둥 도망치게 하소서.
이 몸을 바라보고 히히덕거리며 낄낄대는
저 조롱하는 자들을 수치스럽게 만드시어
그들로 어쩔 줄 모른 채 허겁지겁 도망치게 하소서.

(4-5) 그러나 주님을 찾는 사람들은
모두 주님 안에서 기뻐하며 즐거워하게 하소서.
주님의 구원에 감사하는 사람들로
언제까지나 위대하신 하나님을 끊임없이 칭송하게 하소서.

이 몸은 가난하고 가련하오니
하나님이시여, 속히 내게로 달려오소서.
진실로 주님은 나의 구원자이시며
나를 건져주시는 분이시오니,
주여, 지체하지 마소서!

[해설과 묵상] 무슨 일인지는 구체적으로 알 수 없지만 다윗이 주님의 신속한 도우심을 필요로 하는 심각한 고난이나 위경 가운데서 지은 것으로 보인다. 말하자면 본시는 다윗이 절망적인 고난과 위경 중에서 아주 다급하게 하나님의 신속한 구원과 도우심을 간구하는 탄원시(혹은 비탄시)이다. 본시에 자주 나타나는 '속히'라는 말 속에서 시인의 그런 절박하고 다급한 상황을 충분히 짐작할 수 있다.

특히 그 내용에 있어 본시는 시편 40편 13-17절과 거의 일치한다. 그런데도 구태여 본시를 40편에서 따로 분리하여 한 편의 시로 독립시켜 놓은 것은 아마도 특별한 기념예배 때에 사용하기 위함인 듯하다. 시의 내용은, 절박한 위기 상황에 처한 시인이 주님의 신속한 도우심을 애타게 간구하는 장면과 자신을 해치려고 달려드는 악인들에 대하여 주께서 마땅한 징계를 내려줄 것을 호소하는 장면으로 구성되었다. 이처럼 신앙인은 삶의 위경에 처할 때 가장 먼저 주께 그 상황을 모두 아뢴 뒤, 주님의 신속한 도우심을 간구하고 의지하는 자세를 취해야 한다.

71

노년의 기도

주여, 거문고와 수금으로 찬양하고
입술로 기꺼이 찬양합니다
의로우신 주님을 찬양하는 것은
악한 자들을 물리치셨기 때문입니다

(1-13) 오, 주여, 내가 주님을 믿고 주께로 피하오니
이 몸을 보호해주시어 다시는 수치를 당하지 않게 해주소서.
주님의 의로움으로 나를 구하시고 도우소서.
나의 기도에 귀 기울이시고 나를 구원하소서.
주께서는 언제든지 이 몸이 피하여
안전하게 숨을 수 있는 든든한 바위가 되어주소서.
진실로 주님은 나의 반석이시며 요새이시니
나를 구하라 명령하소서.

오, 나의 하나님이시여, 악한 자들의 손아귀에서 이 몸을 건져주시고
잔인한 무리의 손아귀에서 이 몸을 구해주소서.
주여, 주님은 참으로 나의 소망이 되시므로
내가 어릴 때부터 오직 주님만 믿고 의지해 왔나이다.
내가 어머니 뱃속에서부터 주님을 의지하였으며
주께서는 나를 어머니 뱃속에서 세상으로 이끌어내셨으므로
내가 평생토록 주님을 찬양하겠나이다.

많은 사람들이 나를 이상하게 쳐다보며 비난하지만
오직 주께서는 나의 든든한 피난처가 되어주셨나이다.

그러므로 내 입은 하루종일 주께 드리는 찬양으로 가득하고
또한 끊임없이 주님의 영광을 선포합니다.
내가 늙었다고 나를 버리지 마시고
내 기력이 다하였다고 나를 내치지 마소서.
내 원수들이 나를 두고 수군거리고
내 목숨을 노리는 자들이 함께 모여
나를 해칠 음모를 꾸미고 있나이다.
그들이 수군거리며 말하기를
"하나님이 그를 버렸으니, 당장 쫓아가서 그를 붙잡자!
아무도 그를 구해주지 못할 것이다!"라고 합니다.

오, 하나님, 어찌 그리 멀리 떨어져 계십니까.
나를 멀리하지 마소서.
내 하나님이시여, 속히 오셔서 나를 도와주소서.
나를 치려는 원수들이 수치 가운데서 멸망하게 하소서.
나를 해치려고 하는 대적들이 모욕과 망신 가운데서 엎드러지게 하소서.

(14-24) 이 몸은 언제까지나 주께 소망을 두고 살겠나이다.
내가 끊임없이 주님만을 더욱 찬양하겠나이다.
내가 비록 다 측량할 수는 없다고 해도
내 입은 하루종일 주님의 의를
곧 주께서 내게 보여주신 의로우신 행적을 널리 선포하겠나이다.
주여, 내가 성전으로 올라가서 주님의 놀라우신 능력을 찬양하겠나이다.
주님의 의로우심을
오직 주님만이 홀로 보여주신 놀라운 일들을 널리 전하겠나이다.

오, 하나님, 주께서는 어려서부터 이 몸을 가르치셨으므로
주께서 보여주신 놀라운 일들을 내가 지금껏 말해왔나이다.

하나님이시여, 이제 이 몸은 나이 많아
머리가 하얗게 세도록 늙었나이다.
그럴지라도 나를 버리지 마소서!
그리하시면, 내가 주님의 힘과 권능을 다음 세대에 전하렵니다.
그때까지 이 몸을 내치지 마소서.

오, 하나님, 주님의 의로우심은 저 높고 높은 하늘에까지 닿나이다.
주께서 그토록 의롭고 위대한 일들을 행하셨으니
어느 누가 감히 주님과 견줄 수 있겠나이까.
주께서는 내게 수많은 어려운 일들과 고통을 당하게 하셨지만
이제는 내 생명을 다시 회복시켜 주시고
땅속 깊은 어둠에서 나를 다시 건져 올려주실 것입니다.
주께서는 나를 이전보다 더 높이 올려주시고 형통하게 하심으로써
나를 위로해주실 것입니다.

나의 하나님이시여, 내가 거문고를 타며 주님을 찬양하리니
곧 주님의 미쁘심을 소리 높여 찬양하렵니다.
이스라엘의 거룩하신 분이시여
내가 수금을 뜯으며 주님을 찬양하렵니다.
내가 주님을 찬양할 때
내 입술은 기쁨에 겨워 소리칠 것입니다.
주께서 건져주신 나의 영혼이
흥에 겨워 소리 높여 찬양할 것입니다.
내 혀도 하루종일 주님의 의로우심을 끊임없이 이야기하리니
그것은 주께서 나를 해치려는 자들을
수치와 망신 가운데 빠뜨렸기 때문입니다.

[해설과 묵상] 일명 '노년의 시편'이라 불리는데, 생의 황혼녘에 다다른 어느 경건한 노인이 자신의 지난했던 지난날들과 작금의 인생 역경에 관하여 허심탄회하게 토로하면서 주께 자신의 소원을 아뢰고 있기 때문에 붙여진 별칭이다. 따라서 본시를 통해 우리는 경건한 노인의

주님은 내가 피하여 숨을 바위가 되소서

인간됨을 엿볼 수 있고, 또한 신앙 선배로서의 노인의 완숙한 신앙을 배울 수 있다.

우리는 본시를 쓴 그 경건한 노인이 누구인지 분명히 알 수 없다. 하지만 시의 내용을 살펴보면 그 사람을 대략적으로 추론할 수는 있다. 그 노인은 평생을 위기와 환난 가운데 살면서 대적들의 끊임없는 공격을 받아왔고(4, 10절), 거의 죽음 직전에 이르는 절망적인 상태를 수없이 겪었다(9, 18절). 그러나 끝내 실족하지 않고, 주님을 전적으로 의지하는 가운데 주님의 구원을 확신하는 삶을 살아왔다(19절).

그리고 노년에 이르러 자신이 약해지고 늙어갈수록 자신을 음해하고 노략질하려는 대적들이 더욱 기승을 부리고 있지만, 그럴수록 이 노인은 더욱 주님을 의지하면서 노년에 이르러서도 자신을 버리지 아니하시는 주님을 찬양하면서 주님만이 자신의 유일한 피난처이시고 보호자가 되어주실 것임을 확신하고 있다(20절). 이 같은 내용으로 미루어 짐작해 볼 때 이 경건한 노인은 말년의 다윗 왕일 가능성이 매우 높다. 그리고 시를 쓰게 된 배경은 자신의 4남 아도니야가 군대장관 및 대제사장과 손을 맞잡고 왕위 찬탈을 꾀하고 있던 시기 및 상황으로 보인다(왕상 1-2장).

시의 내용은 크게 전반부와 후반부로 구분된다. 전반부에서 시인은 자신의 곤고한 처지를 주께 아뢰면서 주님을 향해 도우심과 구원을 반복해서 간구하고 탄원한다(1-13절). 후반부에서는 앞선 분위기를 확 바꾸어 노년에 이르러서도 자신을 버리지 않으시고 끝까지 지키시고 보호해주실 주님의 구원을 확신하면서 주님을 향해 감사와 찬양을 드리고 있다(14-24절).

진실로 생의 지난날이 수많은 고통과 환난으로 얼룩졌고, 노년에 이른 지금까지도 역경의 세찬 바람이 그치지 않고 계속 불어온다 해도, 인생의 황혼녘에 서서 우리가 주께 고백할 수 있고 또 고백해야 하는 말이 있다. 그것은 주님을 향한 감사와 찬양의 말이다. 곧, 나의 모든 인생 역정과 행로에서 주께서 늘 함께하셨고, 때마다 주님의 도우시는 구원의 손길로 인해 지금껏 살아올 수 있었음을 겸허히 인정하고, 진심을 다해 주께 감사와 찬양의 제단을 쌓는 일이다.

72

왕을 위한 기도

하나님의 의를 왕에게 주시고
왕의 아들에게도 허락하소서
옳은 판단으로 가난한 이들과
고난받는 자를 구하게 하소서

(솔로몬의 시)

(1-7) 오, 하나님, 왕에게 주님의 판단력을 부여해주시고
왕의 아들에게 주님의 의로움을 허락하소서.
왕으로 하여금 주님의 백성을 올바르게 판결하게 하시고
고난받는 불쌍한 백성을 정의로 판결하게 하소서.
왕이 그리하면, 산들이 백성에게 평화를 가져다줄 것이고
언덕들이 백성에게 의로움의 열매를 가져다줄 것입니다.
왕으로 하여금 상처받은 자들을 지켜주게 하시고
궁핍한 사람들의 자녀들을 구하게 하시며
착취하는 자들을 가차 없이 쳐부수게 하소서.

그리하여 해와 달이 다 닳도록
영원히 왕의 백성이 주님을 경외하며 살게 하소서.
왕으로 하여금 마른 들판을 적시는 단비처럼
메마른 땅에 떨어지는 소나기처럼
백성에게 덕을 베풀게 하소서.

왕이 다스리는 동안 정의가 온 땅에 흘러넘치도록 해주시고
저 달이 다 닳아 수명을 다할 때까지
온 나라에 평화가 깃들게 하소서.

(8-11) 왕으로 하여금 이 바다 끝에서 저 바다 끝까지
이 강에서 저 땅의 맨 끝에 이르기까지 모두 다스리게 하소서.
광야에 사는 자들로 왕 앞에 엎드려 절하게 하시고
왕의 적들로 땅의 티끌을 핥게 하소서.
다시스와 머나먼 섬나라 왕들까지도 우리 왕에게 조공을 바치게 하시고
스바와 시바의 왕들도 우리 왕에게 예물을 바치게 하소서.
온 땅의 왕들이 모두 와서 우리 왕에게 엎드려 절하게 하시고
온 세상의 모든 민족들이 우리 왕을 섬기게 하소서.

(12-17) 오, 하나님, 우리 왕으로 하여금 살려달라고 부르짖는
가난한 백성을 구해주게 하시고
의지할 데 없는 불쌍한 사람들을 돕게 하소서.
힘없고 궁핍한 자들에게 불쌍히 여기는 마음을 갖게 하시고
오갈 데 없는 사람들을 죽음의 구덩이에서 건져내게 하소서.
왕이 힘없는 가난한 백성의 피를 소중하게 여겨
갖은 압제와 폭력에 시달리는 그 가련한 백성을
사악한 자들의 손아귀에서 건져 그 목숨을 살려주게 하소서.

왕이여, 오래오래 사소서. 만수무강을 누리소서.
아라비아에서 나는 황금을 예물로 받으소서.
왕을 위한 백성의 기도가 끊이지 않을 것이고
왕을 위해 비는 복이 언제까지나 계속될 것입니다.
땅에는 오곡백과가 풍성하고
레바논 땅에 곡식이 넘치듯
언덕마다 곡식이 주렁주렁 열리게 될 것입니다.
푸른 풀이 가득한 초원처럼
고을마다 백성이 가득 차고 넘칠 것입니다.
왕의 이름은 대대로 전해져 영원히 잊히지 않을 것이고

저 태양이 다 닳아 그 수명을 다할 때까지
왕의 명성은 오래오래 유지될 것입니다. 왕을 통하여 모든 사람들이 복을 받게 될 것이니
뭇 민족들이 왕을 일컬어 '복 받은 사람'이라 칭송할 것입니다.

(18-19) 주 하나님, 이스라엘의 하나님이시여
홀로 위대한 일을 행하시는 하나님을 찬양하나이다.
영광스러운 주님의 이름을 영원히 찬양하나이다.
주님의 영광을 온 땅에 가득 채워주소서. 아멘, 아멘!

(20) 이것으로써 이새의 아들 다윗의 기도가 마무리되니라.

[해설과 묵상] 시편 127편과 함께 다윗의 아들 솔로몬 왕이 지은 시로 이른바 '군왕시'(君王詩)에 속한다. 시편의 군왕시들이 일반적으로 그러하듯, 일차적으로는 왕 자신이 다스리던 이스라엘 왕국의 평안함과 번성함을 노래한 것이고, 궁극적으로는 장차 도래할 만왕의 왕이시고 영원한 왕이신 메시아가 통치할 메시아 왕국의 영광과 번영을 찬미하고 있다. 따라서 본시에 묘사된바 솔로몬 왕국의 지극한 영광과 부요함은 단지 지상 왕국의 영화로 그치지 않고, 장차 임할 메시아(그리스도) 왕국의 그림자요 예표이다.

그러므로 본시가 제시하는바 이상적인 왕국의 지복(至福) 상태는 지상의 나라에서는 온전히 이루어질 수 없고, 이 땅의 모든 불의와 죄악을 영영 도말하시고 영원한 공의와 평강의 나라를 건설하실 메시아 왕국에서 비로소 실현될 것이다(사 62, 66장). 그러므로 성도는 솔로몬 왕국의 평강과 번영을 노래한 본시를 통해 더욱 눈을 높이 들어 장차 실현될 온전한 메시아 왕국을 간절히 소망하는 심령을 지녀야 한다.

1연에서는 왕이 공의로 나라를 다스림으로써 왕국이 평강과 번영을 누리게 된 사실을 말하고(1-7절), 2연에서는 온 세계만방에 두루 미치게

될 왕의 영광스러운 통치를 언급한다(8-11절). 3연에서는 백성과 나라를 살리고 그들에게 복을 주는 왕의 빛나는 통치를 묘사하고(12-17절), 마지막 4연에서는 그 모든 역사를 홀로 주관하시는 하나님께 찬양을 돌리고 있다(18-19절). 그리고 시의 맨 마지막 구절(20절)은 시편 2권(42-72편)을 마무리 짓는 말이다. 이새의 아들 다윗이 2권까지 수집된 72편의 시들을 모두 쓴 것은 아니지만, 그중 60편에 이르는 시들이 다윗의 저작이므로 편집자는 총괄적으로 다윗에게 그 저작권을 돌린 것이다.

한편, 시어들 가운데 '왕의 아들'(1절)은 솔로몬 자신을 가리키고, '광야에 사는 자들'(9절)은 이스라엘 주변에 살고 있는 유랑 민족인 베드윈 족속을 가리킨다. 그리고 '왕의 적들이 티끌을 핥는다'(9절)는 말은 정복자 앞에 완전히 굴복한다는 뜻이다. 고대 세계에서 정복당한 자들이 정복자 앞에 굴복의 자세를 취할 때는 엎드려 머리를 땅에 대는데, 그때 사막의 티끌이 입에 묻기 때문이다.

또한 '다시스와 섬들과 스바와 시바'(10절)는 이스라엘로부터 멀리 떨어진 나라들이다. '다시스'는 오늘날 스페인 남부의 어느 항구도시로 추정되며, '섬들'은 지중해의 여러 섬나라들을 가리킨다. '스바'는 오늘날 '예멘'에 해당하는 아라비아 반도 남서쪽의 사베안 왕국으로 추정되며, '시바'는 확실치 않지만 아프리카 북부에 위치한 나라로 여겨진다. 요점은, 이들 모든 원근 각지의 나라들이 솔로몬 왕에게 굴복하여 예물을 바쳤다는 사실이다.

73

악인의 번영과 그들의 궁극적인 종말

이 몸은 종일 얻어맞고 벌을 서는데
이해하려 애쓰지만 너무 힘듭니다
아침에 잠을 깨면 사라지는 꿈처럼
한낱 그림자 같은 존재입니까

(아삽의 시)

(1-12) **하나님께서는 진실로 이스라엘에게 인자하시고**
마음이 깨끗한 사람에게 선을 베푸시는 분이건만
나는 하마터면 발을 헛디뎌 미끄러질 뻔하였고
걸음을 잘못 디뎌 넘어질 뻔하였도다.
그 까닭은, 내가 악한 자들이 잘 먹고 잘사는 것을 보고는
그런 거만한 자들의 형통을 부러워했기 때문이로다.
그자들은 고생이란 것을 모른 채
일평생 몸도 건강하고 아무런 문제도 없구나.
살다보면 짊어지게 마련인 인생의 근심 걱정과도 거리가 멀고
심지어 누구나 겪는 병치레도 하지 않는구나.

그리하여 저들은 교만을 목걸이처럼 걸고 다니고
폭력을 나들이옷처럼 온몸에 두르고 다니는구나.
저들은 잘 먹어서 살은 피둥피둥하게 쪘고
거만하게 눈을 치켜뜬 채 뻐기면서 다니고

마음속의 탐욕은 하늘 높은 줄 모르는구나.
언제나 남을 비웃기를 잘하고
악의에 찬 말을 마구 쏘아붙이며
거만한 태도로 다른 사람을 짓누르는 폭언을 일삼는구나.
입을 놀려 하늘을 욕하고
혀를 날름거리며 온 세상을 제 소유물인 양 휩쓸며 쏘다니는구나.

그리하여 하나님의 백성조차 저들에게 홀려 저들을 뒤따르며
마치 물을 들이키듯 저들이 하는 말을 그대로 받아들여
그러면서 덩달아 말하기를
"하나님께서 여기에서 벌어지는 일을 어떻게 아시랴!
아무리 높으신 분이라고 해도 어떻게 다 아실 수 있으랴?" 하는구나.
그런데 보라, 저들이야말로 정말로 악한 자들인데
언제나 세상에서 편안한 생활을 하고
저들의 재산은 자꾸 늘어만 가는구나.

(13-17) 그러므로 내가 내 마음을 항상 깨끗이 하고
작은 허물조차 없애려고 애쓴 것이 무슨 소용이란 말인가.
내 손으로 죄 짓지 않고 깨끗하게 살아봐야 모두 헛일이 아니었던가.
그런 나야말로 악인처럼 하루종일 얻어맞기 일쑤요
아침마다 벌 받는 것이 내 하루 일과처럼 되지 않았던가.
내가 만약 "나도 저들처럼 그렇게 살아야겠다!"하고 마음먹었다면
나는 하나님의 자녀와는 거리가 멀게 되었을 것이로다.
나는 이 같은 문제를 놓고 이해해보려고 애썼지만
내가 풀기에는 너무나 힘든 일이로구나.
그러나 내가 마침내 하나님의 성전에 들어가고 나서야
비로소 악한 자들의 종말이 어떻게 될 것이라는 것을 깨닫게 되었도다.

(18-28) 보라, 주께서는 저들을 넘어지기 쉬운 미끄러운 곳에 두시어
결국에는 파멸의 구렁텅이에 처넣으신다.
그러면 저들은 갑작스럽게 파멸로 치닫게 되니
큰 공포에 휩싸여 어찌할 바를 모른다.

그리하여 아침에 일어나면 모두 사라지는 꿈과도 같이
주께서 일어나 행하실 때에 저들은 한낱 꿈처럼
흔적도 없이 사라지고 말리라.
그동안 내 마음이 심히 괴로웠고
내 창자가 찔린 듯이 아팠지만
나는 우둔하여 아무것도 몰랐고
주님 앞에서 한 마리 짐승과도 같았도다.
그러나 내가 주님을 떠나지 않고 항상 주와 가까이하였으므로
마침내 주께서 내 오른손을 붙들어주셨도다.

주여, 주께서는 주님의 교훈으로 내게 일러주시고 나를 이끌어주소서.
그리하여 마침내 주님의 영광스러운 곳으로 이 몸을 데려가주소서.
하늘에 올라간들, 내가 주님 외에 누구를 의지할 수 있겠습니까.
땅에서도, 내가 주님 외에 무엇을 더 바라겠습니까.
내 몸과 마음이 전부 시들어갈지라도
하나님께서는 언제까지나 나의 힘이시며
나의 영원한 분깃이십니다.
주님을 멀리하는 자들은 다 멸망하리니
주께서는 주께 신실하지 못한 자들을 모두 쓸어버리시리라.
그러나 이 몸은 하나님 가까이에 있으니 너무나 좋나이다.
내가 주 하나님을 나의 견고한 도피처로 삼았으니
이 몸은 주께서 행하신 모든 일들을 널리널리 전파하렵니다.

[해설과 묵상] 유대인들의 시편 분류상 73편부터 89편까지는 제3권에 해당된다. 제3권에 속한 17편의 시들 가운데 대략 삼분의 이(2/3)에 해당되는 11편의 시들, 곧 73장부터 83장까지는 아삽(Asaph)의 시로 분류된다. 아삽은 레위 지파 내 게르솜의 자손인 베레갸의 아들로서, 다윗 시대에 '헤만' 및 '에단'(일명, 여두둔)과 더불어 성전 찬양대를 책임 맡은 세 명의 지휘자 가운데 한 사람이다(대상 16:4-6). 아삽은 많은 노래들을 작곡하였는데, 그중에서 그의 노래 12편이 시편에 수록되

었다(시 50, 73-83편). 이것은 전체 시편 150편 중 도합 73편을 저작한 다윗에 이어 두 번째로 많은 시를 쓴 것이다.

제3권의 첫 시편인 73편은 '악인의 형통함'에 대한 문제를 그 주제로 삼고 있다. "과연 하나님께서 통치하시는 이 세상에서 하나님을 모르고 멸시하는 악인들이 저토록 번성하고 형통하는 까닭은 무엇인가?"에 대해 시인은 고민하고 갈등한다. 그러다가 시인은 거의 실족할 뻔한 상태까지 이르게 된다.

주님의 성전에 들어가고 나서야 악인의 종말을 깨달았도다

하지만 시인은 마침내 하나님의 성소에서 그 해답을 찾았고, 그리하여 마침내 하나님을 떠난 악인들의 일시적인 번영이 참으로 허무하다는 것을 깨닫고는 기쁜 심령으로 하나님의 오묘한 섭리의 손길을 찬양하는 단계까지 이르게 된다. 이 같은 내용으로 구성된 본시는 오늘날의 시대에도 많은 공감을 자아낸다. 오늘날에도 성도들의 주위에서는 여전히 악인이 형통하고 번성하는 광경이 자주 연출되고 있기 때문이다.

본시는 크게 삼분된다. 초반부에는 세상에서 자주 목격되는 악인들의 형통과 번성이 묘사되고(1-12절), 중반부에는 세속적 가치관으로 인해 심적 고통을 겪는 시인의 갈등과 번민이 묘사된다(13-17절). 그리고 후반부에는 그러한 갈등과 번민 가운데서도 시인은 끝내 실족하지 아니하고, 마침내 하나님 안에서 신앙을 회복하여 더욱 성숙한 신앙인의 모습으로 하나님을 찬양하는 내용이 묘사된다(18-28절).

이로 볼 때 신앙인에게 있어 세상의 부조리와 현실의 아픈 상처는 무조건 해(害)가 되는 것이 아니고, 그것을 신앙 안에서 잘 숙성시키면 모든 것이 합력하여 선(善)을 이루게 된다는 사실을 깨닫게 된다(롬 8:28).

진실로 생명과 복의 근원 되시는 하나님을 떠난 인간은 비록 살았으나 죽은 존재에 불과하다. 비록 그자가 아무리 세상에서 형통하고 번성할지라도 그 영화는 잠깐이고 그 결국은 파멸일 뿐이다. 따라서 하나님을 믿고 의지하는 성도들은 악인의 형통을 부러워하거나 그들의 번성에 마음 상할 필요가 없다. 참되고 영원한 것들은 오직 하나님 안에만 있다는 것을 명심하고, 어떤 상황에서도 주님만 소망하면서 흔들림 없는 신앙생활을 영위해나가야 한다.

한편, 시의 후반부에서 시인은 자신을 '우둔한 한 마리 짐승'에 비유했다(22절). 그 까닭은, 시인이 한때 교만한 악인들의 외형적인 성공과 번영에 대해 부러움으로 질투했기 때문이다. 하지만 그가 일단 하나님의 관점에서 현상을 보았을 때, 그는 자신이 얼마나 하나님의 뜻에서 벗어나 있는지를 절실히 깨달았다. 그래서 시인은 이전의 자기 모습이 영적으로 볼 때 말 못하는 우둔한 짐승에 다를 바 없다고 고백한 것이다.

74

고난에 처한 성도의 기도

주여, 어찌하여 우리를 이렇게 버리십니까
원수들이 성전에서 개가를 부르고
도끼와 철퇴로 성물을 박살내고
성전에 불을 지르며 더럽힙니다

(아삽의 교훈시)

(1-2) 오, 하나님, 어찌하여 우리를 이토록 영영 버리십니까.
어찌하여 주님의 목장에서 풀을 뜯는 양 떼에게서
진노를 거두지 않으십니까.
옛적부터 주께서 몸소 택하신 주님의 백성을 기억하소서.
이집트 땅에서 종살이하던 우리를 이끌어내시어
주님의 소유로 삼으신 이 지파들을 기억하소서.
또한 주께서 머물러 계실 처소로 정하신 시온산도 기억하소서.

(3-11) 원수들이 주님의 성소를 짓밟아 폐허더미로 변해버린 이곳을 돌아보소서.
부디 이곳으로 주님의 발걸음을 옮기소서.
주님의 원수들이 주께서 우리를 만나셨던 이곳 성전으로 쳐들어와
승전가를 외쳐 부르며 승리의 깃발을 꽂았나이다.
그들은 도끼로 나무들을 마구 찍어대는 벌목꾼과도 같았나이다.
그들은 도끼와 망치로 성소의 모든 널빤지들을 마구 찍어
아주 산산조각을 내버렸나이다.

게다가 주님의 성전에 불을 질러
주님의 이름이 계시는 거룩한 이곳을 크게 더럽혔나이다.
그들은 우리를 완전히 짓밟아 아주 없애버리려고 단단히 마음먹고
이 땅에 있는 주님의 회당들을 모조리 불살라 버렸나이다.
그럴지라도 지금 우리에게는 어떤 징표도 더 이상 보이지 않고
어떤 예언자도 더 이상 찾아볼 수 없나이다.
그러므로 이 같은 일이 언제까지 계속될는지
우리 가운데 아는 사람이 아무도 없나이다.

오, 하나님이시여, 우리를 비웃는 저 원수들을
언제까지 그대로 보고만 계시렵니까.
주님의 이름을 모독하는 저 대적들을 언제까지 그대로 그냥 두시렵니까.
주께서는 어찌하여 주님의 손 곧 주님의 권능의 오른손을 거두시고
어찌하여 손쓸 생각을 하지 않으십니까.
주님의 품에서 손을 빼시어 속히 저들을 내려치소서!

(12-17) 그러나 하나님이시여, 주께서는 오랜 옛날부터 우리의 왕이시고
이 땅에 구원을 가져오시는 분이십니다.
주께서는 주님의 능력으로 바다를 가르시고
바다 가운데 있던 거대한 용들의 머리통을 부수어 버리셨나이다.
무시무시한 바다 괴물의 머리를 산산조각 깨뜨리셔서
그 몸을 광야에 사는 들짐승들에게 먹이로 던져주셨나이다.
주께서는 샘물이 터져 나오게 하시고
시내가 흘러가게 하시며
사시사철 흐르던 세찬 강물을 말려버리기도 하셨나이다.
낮도 주님의 것이요, 밤도 주님의 것입니다.
하늘의 해와 달을 그 자리에 걸어두신 분도 주님이십니다.
땅에다 모든 경계를 정하신 분도 주님이시고
여름과 겨울을 만드신 분도 주님이십니다.

(18-23) 하오니 주님이시여, 주님의 원수들이 주님을 얼마나 멸시하고

비웃었는지를 잊지 마소서.
저 무리가 어리석게도 주님의 이름을 모독했다는 사실을 기억하소서.
외로운 산비둘기같이 의지할 데 없는 주님의 연약한 백성을
저 사악한 들짐승들에게 내어주지 마소서.
상처받은 주님의 가련한 백성을 영원히 잊지 마소서.
주여, 주께서 세우신 언약을 잊지 마소서.
이 땅의 어두운 구석구석마다 폭력이 난무하고 있나이다.
억압받고 고난당하는 이들이 수치를 당하지 않게 하소서.
가난하고 궁핍한 자들이 주님의 이름을 기리고 찬양하게 하소서.

오, 하나님, 일어나소서.
속히 일어나셔서, 주님의 원통함을 푸소서.
저 어리석은 자들이 온종일 주님을 모독하고 있다는 사실을 기억하소서.
주님의 원수들이 일어나 주님의 백성을 향해 으르렁거리는
저 소리를 결코 잊지 마소서.
주님을 거슬러 주께 대항하여 들고 일어나는 저 원수들의 소란한 소리가
점점 커져만 가니
주께서 대적들의 그런 소란을 그냥 내버려두지 마소서.

[해설과 묵상] 잔인무도한 대적의 압제하에서 온갖 수욕과 능멸을 당하고 있는 민족과 나라의 구원을 애타게 호소하는 시인의 뜨거운 눈물의 기도이고 심령의 탄원이다. 본시의 표제에는 저작자가 '아삽'으로 표기되어 있지만, 그가 직접 쓴 것은 아니다. 왜냐하면 아삽은 주전 10세

주님의 성전에 불을 질러 주님의 이름을 더럽혔나이다

기경 다윗 시대의 인물이고, 본시의 내용은 주전 6세기경 바빌로니아의 침공으로 나라(남왕국 유다)가 멸망하고 예루살렘 성전이 파괴된 상황을 묘사하고 있기 때문이다(주전 586년경). 따라서 본시는 바빌로니아 포로시대에 아삽의 후손 중 누군가가 작시하여 그 옛날 영광스러웠던 조상 '아삽의 이름으로' 표제를 삼은 것으로 추정된다.

1연에서는 하나님의 소유된 이스라엘을 기억해주실 것을 주께 아뢰고(1-2절), 2연에서는 주님의 대적 곧 바빌로니아 군대가 이스라엘을 침공하여 나라를 짓밟고 성전을 파괴했음을 아뢰면서 주님을 향해 신속한 구원을 호소한다(3-11절). 3연에서는 주께서는 천지를 창조하시고 바다 괴물을 무찌르시는 절대 권능을 가지신 분임을 고백하고(12-17절), 마지막 4연에서는 신실하신 주께서 속히 일어나셔서 주님의 백성을 짓밟고 있는 대적을 물리쳐, 그들의 압제에서 주님의 백성을 속히 구원해주실 것을 호소한다(18-23절).

성도들이 어떠한 상황에서도 온 우주의 창조자시고 주님의 권능의 손길을 굳게 의지한다면, 모든 절망적인 상황을 능히 뚫고 마침내 구원의 찬란한 빛을 맞이할 수 있게 될 것이다.

시의 내용 중 주목할 만한 표현은, 3연 가운데 주께서 '바다 괴물'(리워야단)의 머리를 깨뜨리셨다는 표현이다(13-14절.) 바다 괴물, 곧 '바다의 용들'이라는 이미지는 고대 이방나라의 신화에서 빌려온 것이다. 그들은 그런 바다 괴물이 하늘과 땅을 쪼갬으로써 우주를 창조했다고 생각했다.

그렇다고 시인이 그런 신화를 믿은 것은 아니다. 시인은 단지 그런 이미지를 빌어, 이스라엘의 하나님께서 바다 괴물을 깨뜨리시는 참된 창조주임을 강조했을 뿐이다. 한편, 여기서 '바다 괴물'은 특별히 '이집트 왕' 혹은 '이집트의 강력한 세력'을 상징하는데, 곧 시인은 출애굽 때에 홍해 가운데 이집트의 군대를 몰살시킨 사건을 읊은 것이다(출 14:27-30).

75

하나님의 의로운 심판

주께서 들고 계시는 잔에는
끓어오르는 진노의 독이 있네
그 잔의 독을 쏟으시면
악한 자들은 찌꺼기까지 핥으리라

(아삽의 시: 알다스헷 곡조에 맞추어, 찬양대 지휘자의 지휘에 따라 부르는 노래)

(1-3) 오, 하나님, 주께서 우리 곁에 가까이 계시오니 감사하고 또 감사합니다.
주께서 이루신 놀라운 일들을 우리가 널리 전하렵니다.
주께서는 우리에게 이렇게 말씀하셨나이다.
"내가 정해 놓은 그때가 이르면, 내가 세상을 공정하게 심판하리라.
땅이 요동치고, 그 땅 위에 살고 있는 사람들이 비틀거리며 흔들릴 때
그 땅의 기둥을 굳건히 붙들고 있는 자가 누구냐?
바로 나다. (셀라)

(4-10) 그러므로 내가 거만한 자들에게 이르기를 '교만하지 말라' 하였고
사악한 자들에게 이르기를 '네 뿔을 들지 말라.
하늘을 향해 네 뿔을 높이 들지 말고
목을 뻣뻣하게 세우고 거만하게 말하지 말라' 하였노라."
주여, 진실로 그렇나이다.
동쪽에서 온 사람이든, 서쪽에서 온 사람이든,

아니면 남쪽에서 온 사람이든
어떤 사람이든 사람이 사람을 높이 세울 수 없나이다.
오직 온 세상의 재판장이신 하나님께서
이 사람을 낮추기도 하시고, 저 사람을 높이기도 하십니다.

주께서 손에 들고 계시는 그 잔에는
거품이 일어나는 진노의 독한 향료가 가득 차 있으니
주께서 그 잔을 쏟아부으시면
세상의 모든 사악한 자들이 다 받아 마셔야 합니다.
받아 마시되, 잔에 남아있는 찌꺼기까지 다 핥아 마셔야 합니다.
그러나 주여, 나는 끊임없이 주님만을 선포하고
야곱의 하나님만을 찬양하렵니다.
진실로 주께서는 악한 자들의 뿔은 모조리 꺾어 버리시고
의로운 자들의 뿔은 하늘 높이 세워주시는 분이십니다.

[해설과 묵상] 하나님의 공의로운 심판을 소망하는 가운데 교만한 악인의 궁극적인 멸망과 겸손한 의인의 궁극적인 승리를 노래한 감사의 시다. 표제에 나타난 '아삽의 시'는 반드시 아삽 자신이 지은 시를 뜻하지 않고, 아삽의 후손이 지어 자신들의 자랑스러운 조상 된 아삽의 이름으로 발표한 것일 수 있다. 아마도 본시는 이스라엘이 하나님의 크신 도우심으로 이방의 강력한 대적(히스기야 왕 때에 산헤립 휘하의 아시리아 군대, 또는 아사 왕 때에 세라 휘하의 100만 구스 군대)을 물리친 후, 그 사건에 근거하여 미래의 최종적인 구원까지 바라보고 소망하는 노래다.

본시는 두 부분으로 구성되었다. 전반부에는 하나님의 공의로운 심판의 날이 임박했다는 사실이 묘사되었고(1-3절), 후반부에는 그 심판의 날에 교만한 악인은 낮아지고 겸손한 의인은 높아질 것이라는 사실이 묘사되었다(4-10절). 악인의 가장 큰 특징은 사람과 하나님 앞에서 교만하다는 사실이다. 그래서 마치 물소, 사슴, 코뿔소처럼

뿔 달린 짐승들이 그 뿔을 높이 쳐들고 힘을 과시하듯, 악인들도 이 세상에서 자신들의 뿔(힘, 영광, 자랑, 위세 등)을 높이 쳐들고 기세등등하게 살아간다.

그런데 하나님께서는 그런 교만한 자를 반드시 심판하시어 영영 낮추시고 파멸시킬 것이기 때문에, 악인의 날은 결코 오래 지속되지 못한다(약 4:6). 그렇기 때문에 주님의 백성 된 성도들은 악인의 위세에 조금도 기죽거나 절망할 필요 없이 모든 것을 올바로 세워주실 하나님의 심판 날을 잠잠히 기다리며 매 순간 신실한 신앙의 삶을 영위해나가야 한다.

시의 내용 가운데 주께서 들고 계시는 잔에 '거품이 일어나고 있다'(8절)는 표현이 있다. 이 말은 거품이 일어날 정도로 잔에 술이 가득 부어졌다는 뜻으로, 그만큼 하나님의 진노가 강렬하다는 것을 보여준다. 따라서 누구든지 그 잔을 받아 마시는 자는 멸망당할 수밖에 없는데, 악인들은 그 잔의 술은 물론이고 찌꺼기까지도 다 핥아먹어야 했다.

한편, 본시 표제에 나타난 '알다스헷'은 성전 찬송가용의 선율 이름인데, 그 뜻은 '멸하지 마소서' 또는 '파괴하지 마소서'이다. 아마도 노래의 첫 마디를 멜로디 이름으로 삼은 듯한데, 시편 가운데 모두 4편이 여기에 속한다(57-59, 75편).

76

승리를 주시는 하나님께 감사 찬송

주께서 진노의 심판을 하시리니
살아남으려는 자들은 악한 짓 그만두어라
유다와 이스라엘의 하나님을
마땅히 찬양하여라

(아삽의 시: 현악기에 맞추어 찬양대 지휘자의 지휘에 따라 부르는 노래)

(1-3) 유다에서 하나님을 모르는 자가 그 누구랴!
온 이스라엘에 주님의 이름이 드높구나.
살렘에 주님의 장막이 있고, 시온에 주님의 거처가 있도다.
거기에서 주께서는 원수들이 쏘아대는 화살을 다 부러뜨리시고
그들의 방패와 칼을 꺾어버리시고
그들이 지니고 있는 모든 무기들을 다 부숴버리신다. (셀라)

(4-9) 진실로 주님의 영광은 눈부시게 빛나고
주님의 모습은 들짐승들이 우글대는 저 산들보다 더욱 장엄하도다.
용감무쌍하다는 용사들까지도 가진 것을 모두 빼앗긴 채
이제는 영원한 잠에 빠졌으니
그 누구도 힘을 쓸 수가 없도다.

오, 야곱의 하나님이시여, 주께서 저들을 꾸짖으시니
말들도 병거들도 다 기절하여 움직이질 못합니다.

우리가 진정 두려워해야 할 분은 오직 주님뿐이니
주께서 한번 진노를 발하시면 누가 감히 주님 앞에 설 수 있겠습니까.
주께서 하늘에서 판결을 내리시면
온 땅은 두려워서 그만 입을 다물고 맙니다.
오, 하나님, 주께서 일어나시어 공의의 심판을 베푸시는 것은
이 땅의 상처받은 사람들을 구하시기 위함입니다. (셀라)

(10-12) 진실로 사람들의 분노는 도리어 주께 영광을 더할 뿐이니
주님의 진노의 심판을 피하여 살아남은 자들은
더 이상 악한 짓을 저지를 수 없게 될 것이기 때문입니다.
너희는 너희 하나님께 서원하고, 그 서원을 지켜라.
사방에 있는 모든 나라들과 민족들아
너희도 마땅히 주님을 경외하며 그분께 예물을 바쳐라.
주께서는 거만한 통치자들의 숨통을 끊어버리실 것이니
세상의 뭇 왕들이 두려워 벌벌 떨게 되리라.

[해설과 묵상] 이스라엘이 어떤 강력한 이방 세력에 의해 침공을 받았으나, 하나님의 크신 도우심으로 구원을 받은 데 대한 감사의 찬양시다. 그런데 대다수의 학자들은 그 강력한 이방 세력을 히스기야 왕 때에 남왕국 유다를 침공한 아시리아의 산헤립 군대로 추정한다(주전 714년경). 만일 그렇다면 본시를 쓴 시인은 다윗 시대의 3대 악장 중 하나인 '아삽'이 아니라, 그의 후손 가운데 누군가이다. 바로 그 후손이 옛적 자랑스러운 자기 조상의 이름을 빌어 본시를 발표했던 것이다. 본시의 주제는, 택한 백성을 철두철미하게 보호하시되 그 백성을 침탈하는 대적에 대해서는 철저하게 심판하시는 하나님께 합당한 경배와 감사를 드려야 한다는 것이다.

시는 삼분된다. 시인은 초반부에서 살렘(예루살렘)의 시온에 거처를 두신 하나님께서는 택하신 자기 백성을 항상 지켜 보호해주신다는 사실을 노래한다(1-3절). 이어 중반부에서는 장엄하신 하나님께서는

주님의 장막이 살렘에, 주님 처소가 시온에 있도다

세상의 모든 악인에 대하여 공의로운 심판을 베푸신다는 사실을 소개하고(4-9절), 그런 점에서 온 세상 만민들은 그분을 경외하는 가운데 마땅히 그분을 경배하고 찬양해야 할 것을 권면한다(10-12절). 진실로 하나님의 의로운 통치를 확신하고 사모하는 자들은 의인에게는 구원을, 악인에게는 심판을 베푸시는 그분의 의로운 통치로 인해 마땅히 감사와 찬양을 올려드려야 한다.

시의 내용 중 초반부의 '살렘'(2절)은 '예루살렘'의 줄임말이다. 실제로 예루살렘의 고대 명칭은 '살렘'이었다(창 14:18). 당시 시온산을 품고 있는 '살렘'에는 하나님의 임재의 가견적 처소인 성전이 있었다. 그래서 살렘은 종종 '거룩한 성'으로 불리곤 했다.

77

환난 가운데 임하는 주님의 위로

주께서는 거친 파도를 타고 걸으시고
깊은 바다 건너도 발자국이 없습니다
또한 주의 종 모세와 아론을 시켜
백성을 양 떼처럼 이끄셨습니다

(아삽의 시: 여두둔 창법에 맞추어 그의 지휘에 따라 부르는 노래)

(1-10) 내가 크게 소리쳐 하나님께 도움을 청합니다.
부르짖는 나의 소리를 들으시고 나에게 귀를 기울여주소서.
내가 고통을 가눌 길 없을 때 주님을 찾았나이다.
밤새도록 두 손을 치켜들고 주께 기도했지만
나의 상한 마음은 위로받을 길이 없었나이다.
내가 하나님을 생각하면서 길게 한숨을 짓나이다.
주님을 생각하면 할수록 맥이 풀려 어찌할 줄을 모르겠나이다. (셀라)

주께서 밤새도록 뜬눈으로 지새우게 하시니
이 몸이 너무나도 고통스러워서 아예 입조차 열리질 않나이다.
내가 지난날들 곧 흘러간 옛 시절을 돌이켜 생각해봅니다.
밤이면 부르던 그 노래들을 기억하면서 깊은 묵상에 잠기자
내 영혼이 속으로 내게 묻나이다.
"주께서는 나를 영영 버리셨는가?
다시는 내게 은혜를 베푸시지 않을 셈이신가?

그분의 한결같은 사랑이 이젠 영영 끊어지는 것인가?
그분께서 하셨던 언약들이 이대로 영영 끝나버리고 마는 것인가?
하나님께서는 나를 더 이상 불쌍히 여기시지 않는가?
크게 노여워하신 나머지
나를 측은히 여기시던 그 자비로운 마음을 영영 거두어들이신 것인가?"
(셀라)
그때에 내가 또 마음속으로 생각하기를
"지극히 높으신 분께서 이제는 더 이상 나를 위해 손을 쓰지 않으시니
내가 이리도 고통을 당하는구나!" 하였나이다.

(11-20) 그러나 주여, 나는 주께서 행하신 일들을 결코 잊을 수 없나이다.
오래전에 주께서 내게 베푸셨던 놀라운 기적들을 다 기억하고 있나이다.
이제 주께서 행하셨던 놀라운 일들을 하나하나 헤아려보고
주께서 이루셨던 위대한 일들을 깊이 되새기렵니다.
오, 하나님이시여, 정녕 주님의 길은 거룩합니다.
주께서 행하시는 일들 가운데
어느 것 하나 위대하지 않는 것이 있겠습니까!
주님이야말로 기적을 베푸시는 하나님이십니다.
진실로 주께서는 주님의 크신 권능을 뭇 민족들에게 드러내보이셨나이다.
주께서는 그 크신 권능의 팔로 주님의 백성을
곧 야곱과 요셉의 자손들을 구원해 내셨나이다.

오, 하나님, 큰물들이 주님을 뵈었을 때 주님을 크게 두려워했나이다.
바다 속 깊은 물들조차도 주님이 두려워 벌벌 떨었나이다.
구름들은 비를 쏟아부었고
하늘에서는 천둥이 우르릉거렸으며
천지 사방에서는 주님의 화살들 곧 번개들이
이리저리 번쩍거리며 날아다녔나이다.
회오리바람 가운데서 주님의 천둥소리가 우르르 쾅쾅 들렸고
번쩍거리는 번갯불이 온 세상을 환하게 비추었으며
땅이 흔들흔들 마구 요동쳤나이다.

그때에 주님의 길이 바다에 있었고 주님의 행로가 큰물들에 있었지만
주님의 발자국은 어디에서도 찾아볼 수 없었나이다.
그처럼 위대하신 주께서는 주님의 백성을
모세와 아론의 손을 통해 양 떼처럼 인도하셨나이다.

[해설과 묵상] 극심한 환난과 오래 지속되는 곤고함으로 인해 그 영혼이 크게 상처받은 자가 하나님께 결사적으로 매달려 도움과 구원을 애타게 부르짖는 탄원의 기도다. 동시에 본시는 지난날에 베풀어진 하나님의 크신 은혜를 회상하는 가운데, 이제도 그러한 놀라운 구원이 임할 것임을 확신하는 믿음의 기도다.

본시의 내용은 뚜렷이 이분된다. 전반부는 극심한 환난으로 인해 고통스럽게 부르짖는 밤의 기도다(1-10절). 후반부는 지난날 베풀어진 주님의 크신 은혜에 대한 기억으로 인해 그 구원을 다시금 소망하는 낮의 찬양이다(11-20절). 진실로 스스로에 대해서는 절망할 수밖에 없지만, 능력의 하나님을 의지하고 바라봄으로써 구원의 소망을 가질

그때에 주님의 길이 바다에 있었고

수 있는 것이 우리네 인생이 아니던가!

여기서 시인이 맞닥뜨리고 있는 환난은 개인적인 것이 아니라 민족 전체의 고통이며 아픔이다. 그 민족적인 환난과 고통이 무엇인지 구체적으로 알 수 없지만, 분명 강력한 이방 세력의 압제와 핍박으로 인한 영육 간의 견딜 수 없는 핍절과 곤고함으로 추정된다.

한편, 본시의 표제에 소개된 '여두둔 창법'은 다윗 시대에 성전 성가대의 지휘자로 활동한 여두둔이 지은 곡조에 의지한 노래란 뜻이다. 시편에서 이 곡조 방식에 따른 노래는 모두 3편이 있다(39, 62, 77편). 그리고 여두둔의 본래 이름은 '에단'으로 추정된다(대상 6:42; 15:19; 25:1).

본시의 내용 가운데 후반부에 나타나는 여러 묘사들, 곧 큰물들이 주님을 보고 두려워 벌벌 떨었다는 것(16절), 그때에 번개와 회오리바람과 천둥소리가 있었다는 것(18절), 주께서 깊은 바다를 건너셨다는 것(19절) 등은 모두 출애굽 때에 주께서 크게 역사하셔서 홍해의 큰물을 둘로 가르시고 이스라엘 백성을 바다 가운데로 건너가게 하신 사건을 묘사하는 시적이고도 사실적인 표현들이다.

78

이스라엘 역사 속에 나타난 주님의 구원과 심판

주께서는 조상들에게 이렇게 행하셨네
바다를 갈라 건너게 하시고
구름기둥과 불기둥으로 이끄시며
바위 깨뜨려 샘물을 마시게 하셨네

(아삽의 마스길, 곧 교훈시)

(1-8) 내 백성아, 나의 가르침에 귀를 기울여라.
내가 하는 말을 잘 들어라.
내가 입을 열어 비유로 말하겠고
옛적부터 전해져 내려오는 비밀스러운 일들을 밝히 말해 주겠다.
사실 그것은 우리가 이미 들어서 잘 알고 있는 일들이고
우리 조상들이 우리에게 낱낱이 이야기해준 것들이다.
우리는 그 일들을 우리의 자녀들에게
조금도 숨기지 않고 다 말해줄 것이다.
곧, 주님의 크신 권능을, 그분의 위대하신 행위를,
그분께서 베푸신 놀라운 일들을
하나도 빠짐없이 다음 세대에게 다 이야기해줄 것이다.

주께서는 야곱에게 계명을 정해주셨고
이스라엘에게 율법을 내려주셨다.

그리고는 우리 조상들에게 지시하시기를
“너희는 이것들을 너희 자녀들에게 가르치라.” 하셨다.
그래서 장차 태어날 세대에게 그 법도를 전해주도록 하셨고
또 그 세대는 다음 세대의 자손들에게 그대로 전하게 하셨다.

그렇게 하면, 그 자손들이 하나님을 믿고 의지하면서
하나님께서 행하셨던 선하신 일들을 잊어버리지 않은 채
언제나 하나님의 말씀에 순종하게 될 것이고
옛적에 주께 등을 돌린 채 고집을 피우며 매사에 거역했던
그들의 조상들과는 달리
그들은 하나님께 순종하는 세대가 될 것이기 때문이다.
정녕 그들의 조상들은 그 마음이 하나님께 올바르지 못했고
그 영도 하나님께 신실하지 못했다.

(9-64) 보라, 에브라임의 자손들은 화살과 활로 무장하고 있었지만
정작 전쟁의 날에는 대적들 앞에서 도망치기에 바빴다.
그들이 하나님과 맺은 언약을 지키지 않았고
그분의 율법에 따라 살지 않았기 때문이다.
그렇다. 그들은 하나님께서 행하신 일들을 다 잊어버렸고
그분께서 보여주신 놀라운 기적들도 까맣게 잊고 말았다.

돌이켜 보면, 옛적 주께서는 우리 조상들이 지켜보는 가운데
이집트 땅 소안 들녘에서 기이한 기적을 베푸셨다.
또 주께서는 바다를 좌우로 가르신 후 바닷물을 벽처럼 서 있게 하셔서
우리 조상들을 그 가운데로 마른 땅을 밟고 지나가게 하셨다.
그런 후에 낮에는 구름기둥으로
밤에는 불빛 환하게 비치는 불기둥으로 조상들을 인도하셨다.
광야에서는 바위를 쪼개시어
깊은 샘에서 물이 콸콸 솟아나는 것같이
많은 물을 모두가 흡족하게 마시게 하셨다.
쪼개진 바위틈에서 시내가 흘러나오게 하시어 강물처럼 흐르게 하셨다.

그런데도 우리 조상들은 거듭 거듭 하나님께 죄를 지었고
광야에서 지극히 높으신 분께 반기를 들어 그분을 진노케 하셨다.
그들은 일부러 하나님을 시험하려고
욕심껏 음식을 달라고 주께 졸라댔다.
그들은 하나님을 우습게 여겨 이렇게 지껄여댔다.
"하나님인들 이 광야에서 어찌 우리의 밥상을 차려낼 수 있을까.
바위를 내리쳐서 물이 솟아나게 하시고

바위를 내리쳐서 물이 솟아나게 하시고

거기서 시냇물이 흐르게 하신 것은 사실이지만
과연 우리들에게 빵까지 마련해주실 수야 있겠는가.
더욱이 고기까지 장만해 주실 수야 있겠는가."
이 말을 들으신 주께서는 크게 진노하셨다.
불같이 뜨겁게 야곱의 후손들에게 진노하셨고
이스라엘을 향해 진노의 불길이 활활 타올랐다.
그들이 전능하신 하나님을 믿지 않았고
그분의 구원을 조금도 신뢰하지 않았기 때문이었다.

보라, 그런데도 주께서는 하늘 문을 활짝 여시고
모든 백성이 먹을 수 있도록 만나를 비처럼 내려주셨다.
하늘 양식을 그 백성에게 보내주셨다.
그리하여 백성은 천사의 음식을 먹을 수 있었다.
주께서 그 음식을 풍족하게 보내주셨기 때문에
백성은 하나같이 배부르게 먹었다.
또 주께서는 동풍을 강하게 일으키시고

주님의 권능으로 남풍도 세차게 불게 하시어
땅의 티끌처럼 셀 수조차 없을 만큼 많은 고기를
바닷가의 모래알처럼 많은 새들을 그 백성 위에 쏟아주셨다.
주께서는 그 새들을 이스라엘 백성이 사는 진영 안에
그들 장막 둘레의 사방에 무수히 떨어뜨리셨다.
그래서 우리 조상들은 그 새들을 잡아 원하는 만큼 배불리 먹었다.
하나님께서는 우리 조상들이 욕심을 부린 대로 원 없이 실컷 먹이셨다.
그런데도 그들의 탐욕이 조금도 잦아들지 않으므로
고기가 아직 그들의 입속에 있을 때
하나님께서 그들에게 진노를 퍼부으시어
이스라엘의 가장 건장한 자들을 쓰러뜨리시고
이스라엘의 젊은이들을 거꾸러뜨리셨다.

그럼에도 불구하고 우리 조상들은 거듭거듭 죄만 지었다.
주께서 놀라운 기적들을 계속 베푸셨는데도 그들은 아랑곳하지 않았다.
두 눈으로 직접 보고도 주님을 믿지 않았다.
그리하여 마침내 하나님께서는 그들에게 헛된 나날들을 보내게 하셨으며
두려움과 고통 속에서 남은 생애를 끝나게 하셨다.
이처럼 하나님께서 그들을 쳐서 죽이시자
그때서야 그들은 다시 하나님을 부르기 시작했고
비로소 마음을 돌이켜 하나님을 열심히 찾았다.
그제야 우리 조상들은 하나님께서 자기들의 반석이셨음을
지극히 높으신 하나님께서 자신들의 구원자이셨음을 기억했던 것이다.

그러나 그들은 입만 그렇게 놀려 아첨했을 뿐
혀로는 여전히 거짓말로 하나님을 속일 뿐이었다.
이렇게 그들의 마음은 하나님께 신실하지 못했고
주님과 맺은 언약에 충실하지 않았다.
그럴지라도 주께서는 그들을 불쌍히 여기시어
허물이 있어도 덮어주시면서 그들을 멸망시키지 않으셨다.
분노가 치밀어도 수없이 참으시고
분하게 여기시다가도 마음을 거듭 돌이키셨다.

사람은 한낱 썩어 없어질 살덩이에 지나지 않으며
한 번 지나가면 다시는 되돌아올 수 없는
바람 같은 존재임을 기억하셨기 때문이었다.

돌이켜 보면, 참으로 우리 조상들은 광야에서 얼마나 자주
하나님을 거역하였던가!
그 황량한 사막에서 얼마나 자주 하나님의 마음을 아프게 했던가!
진실로 그들은 거듭거듭 하나님을 시험했고
이스라엘의 거룩하신 분의 마음을 아프게 하였다.
그들은 하나님의 권능을 기억하지 않았고
하나님께서 그들을 압제자의 손아귀로부터 건져내셨던
그날도 새카맣게 잊어버렸다.
하나님께서는 이집트 땅에서 여러 가지 표적들을 보여주셨고
소안 들녘에서 놀라운 기적들을 행하셨다.

주께서는 강물을 피로 변하게 하셔서
이집트 사람들이 물을 마실 수 없게 하셨다.
파리 떼를 보내시어 저들을 아주 괴롭게 하셨고
개구리 떼를 보내어 저들에게 큰 피해를 입히셨다.
또 메뚜기 떼를 보내어
저들이 애써 거둔 농작물을 모조리 뜯어먹게 하셨다.
또 우박으로 저들의
포도밭을 사정없이
때리셨고
서리로 저들의 무화
과나무를 모조리 얼
어 죽게 하셨다.
또 저들의 가축 떼를
우박으로
저들의 양 떼를 벼락
으로 내리치셨다.

메뚜기 떼를 보내어 농작물을 뜯어먹게 하셨고

주께서는 저들에게 타오르는 분노와 진노의 불길을 마구 쏟아부어
큰 고통을 겪게 하셨고
마침내 멸망시키는 재앙의 천사들을 저들에게 내려보내셨다.
주께서는 타오르는 진노를 억제하지 않으셨고
도리어 진노의 길을 활짝 터놓으시니
저들의 생명이 여지없이 죽음으로 내몰려
무서운 전염병에 모조리 죽고 말았다.
이처럼 주께서는 이집트 땅의 모든 장자들,
곧 함의 장막에 있는 힘의 첫 열매들을 모조리 죽이셨다.
그러나 주께서는 이집트 땅에서 자기 백성을 무사히 이끌어내시어
광야에서 양 떼처럼 인도하셨다.
이처럼 주께서 자기 백성을 안전하게 인도하시니
그들은 아무것도 두려워하지 않았다.
그러나 그들을 뒤쫓던 원수들은 바다가 몽땅 집어삼켰다.

그리하여 주께서는 자기 백성을 거룩한 땅의 경계까지
곧 그분께서 권능의 오른손으로 몸소 취하신 산간지대로 인도하셨다.
그러고는 백성 앞에서 그 땅에 살던 여러 민족들을 몰아내신 후
그 땅을 그들에게 기업으로 분배해주신 다음
이스라엘 각 지파들로 그 땅에 정착하여 살게 하셨다.
그러나 그 백성은 지극히 높으신 하나님을 시험하고 계속 거역했으며
주께서 지키라고 명하신 계명들을 지키지 않았다.

그들은 자기 조상들처럼 하나님께 등을 돌려 반역했고
마치 빗나간 화살처럼 신실하지 못했다.
더욱이 산당을 만들어 하나님의 진노를 자아냈고
조각한 목석의 우상에게 엎드려 절함으로써
하나님의 질투심을 불러일으켰다.
하나님께서는 이 모든 악한 행위들을 듣고 보시면서 크게 진노하셨고
아예 이스라엘을 외면해버리셨다.

그리하여 하나님께서는 사람들과 함께 지내셨던
그 장막 곧 실로의 성막을 떠나가셨다.
마침내 주께서는 자기의 힘과 영광을 드러내는 언약궤마저
포로들과 함께 대적들의 손아귀에 넘겨주셨다.
주께서는 자기 백성을 원수의 칼날 아래 아낌없이 넘겨주심으로써
불같은 진노를 자기 소유된 그 백성에게 쏟아부으셨다.
젊은 남자들이 불길에 휩싸여 다 죽으니
젊은 여자들은 혼인할 남자가 하나도 없었다.
제사장들도 칼에 맞아 쓰러졌고
홀로 된 그들의 아내들은 소리 내어 통곡조차 마음 놓고 할 수 없었다.

(65-72) 그때에 주께서 잠에서 깨어나신 사람처럼
포도주를 마시고 후끈 달아오른 용사처럼 분연히 떨치고 일어나셔서
원수들을 추격해서 모조리 물리치시고
그들로 길이길이 수치를 당하게 하셨다.
그런 다음에 주께서는 요셉의 후손들도 마다하시고
에브라임 지파도 뽑아 세우지 않으시고
오직 유다 지파를 뽑아 세우셨으니
주께서 사랑하신 시온산을 가려 뽑으셨다.
그리고 그곳 시온산에서 주께서는 주님의 성소를 하늘같이 드높게
영원히 다지신 땅같이 든든하게 우뚝 세우셨다.

또한 주께서는 다윗을 가려 뽑으신 후에 자기 종으로 삼으시고
그를 양 치던 목장에서 이끌어내셨다.
곧 새끼 둔 암양을 치던 다윗을 불러내시어
주님의 백성 야곱을
주님의 소유 된 이스라엘을 인도하는 목자로 세우셨다.
그리하여 다윗은 온 마음을 다해 이스라엘을 정성껏 돌보고
지혜롭고 능숙한 손길로 이스라엘을 잘 인도하였다.

[해설과 묵상] 시편에 나타난 세 편의 역사시(歷史詩, 78, 105, 106편)

가운데 첫 번째 것이다. 모세 시대의 출애굽으로부터 다윗 시대의 선정(善政)에 이르기까지의 이스라엘 역사를 서사시 형태로 노래한 것이다. 본문의 내용을 고려해볼 때, 그 저작 시기는 다윗의 후계자인 그의 아들 솔로몬 왕의 초기로 보인다.

본시를 쓴 아삽은 레위 지파 게르솜의 자손인 베레갸의 아들로서, 다윗 시대에 헤만 및 에단(여두둔)과 더불어 성전 찬양대의 세 지휘자 가운데 한 명이었다. 그는 많은 노래를 작곡하였는데, 그중에서 그의 노래 12편이 시편에 수록되었다(시 50, 73-83편). 또한 그는 '왕의 선견자'로도 불렸다(대하 35:15).

본시의 표제에 나타난 히브리어 '마스길'은 '묵상' 또는 '교훈'이란 뜻이다. 과연 이 표제대로 본시는 과거의 역사를 통해 당시의 백성과 장차 올 백성에게 지나간 일들을 진지하게 묵상토록 하고, 나아가 그러한 묵상을 통해 올바른 교훈을 깨닫도록 하려고 지은 것이다.

그 교훈은 이러하다. 이스라엘의 주인이며 인도자이신 하나님은 이스라엘 백성의 잦은 거역과 불신, 많은 죄와 허물에도 불구하고 그들을 징계하시되 끝내 저버리지 않으시고 끝까지 사랑과 은혜를 베풀어주셨다. 그러한 하나님의 은혜와 사랑으로 구원받은 하나님의 백성은 하나님께 전적으로 순종하면서 오직 그분의 영광을 위해 살아가야 하고, 또한 마땅히 감사와 찬송을 하나님께 올려드려야 된다는 것이다.

본시의 내용은 크게 삼분된다. 초반부는 시인이 본시를 쓴 목적을 밝히고 있는데, 이스라엘 백성이 자기네들 조상의 그릇된 불신앙적 삶의 모습을 다시금 밟지 않기 위해 경건한 교훈에 귀 기울일 것을 강조하는 내용이다(1-8절). 중반부는 하나님께서는 끊임없는 용서와 사랑으로 자기 백성 이스라엘을 돌보셨으나, 이스라엘이 그 사랑을 거듭 배반함으로써 결국 하나님의 진노를 받게 된 사실을 언급하고 있다(9-64절). 그리고 후반부는 이스라엘의 거역과 실패에도 불구하고 하나님은 유다 지파 가운데서 다윗을 선택하셔서 그를 통하여 이스라엘을 다시 품고 기르신 사실을 언급하였다(65-72절).

시에서 '소안 들녘'(12절, 43절)의 이적과 징조는 하나님께서 이스라엘 백성을 이집트에서 구출하기 위해 이집트 땅에 여러 재앙을 내리신 일을 가리키는 말이다. '소안'은 이집트 땅의 나일강 삼각주 지대에 위치한 성읍으로, 후일 '타니스'(Tanis)로 불린 성읍이다(70인역).

하나님께서 모세를 통해 이집트 땅에 내린 여러 재앙은 이른바 '여호와의 10대 재앙'을 일컫는데(출 7:14-12:36), 그것들은 이러하다. ① 나일강물이 피로 변함 ② 개구리 떼 ③ 땅의 티끌이 이로 변함 ④ 파리 떼 ⑤ 가축이 죽음 ⑥ 사람과 짐승에게 악성 종기가 생김 ⑦ 무거운 우박 ⑧ 메뚜기 떼 ⑨ 흑암 ⑩ 이집트 땅의 모든 초태생이 죽음. 이후에 시인은 이런 재앙들을 구체적으로 묘사하였다(43-51절).

또한 시에서 '천사의 음식'(개역개정에는 '힘센 자의 떡'으로 번역, 25절)으로 묘사된 '만나'(manna)는 '이것이 무엇이냐?'는 뜻인데, 하나님께서 이스라엘 백성을 먹이기 위해 하늘에서 내려보낸 '광야의 식량'이다. 만나는 어떤 특정한 날에 내려와서 이스라엘 백성이 가나안 땅에 들어간 바로 그날에 그친 것으로 볼 때(수 5:12), 자연적으로 생긴 것이 아니라 하나님께서 특별히 내리신 초자연적인 하늘의 신령한 음식임이 분명하다(고전 10:3).

이스라엘 백성의 장막 둘레에 바닷가의 모래알처럼 내려주신 새는 '메추라기'를 가리킨다(27절). 광야에서 이스라엘 백성이 고기가 먹고 싶다고 불평했을 때, 하나님께서 한 달 동안 메추라기 떼를 원 없이 먹을 수 있도록 보내주신 사건을 가리킨다(민 11:31). 또 시 가운데 '함의 장막'(51절)이란 표현은 '이집트'를 가리키는 다른 이름이다(시 105:23; 106:22). 창세기 10장 6절을 보면, 함(Ham)의 아들들 가운데 한 명의 이름이 '미스라임'인데, 그 말이 히브리어로 '이집트'를 의미한다.

79

언약 백성의 탄식과 구원의 호소

이방인이 네 하나님 어디 있느냐고
비아냥거리니 어찌합니까
갇혀서 신음하는 소리 들으시고
죽은 자 같은 우리를 구해주소서

(아삽의 시)

(1-4) **오, 하나님이시여, 이방 나라들이**
주께서 우리에게 물려주신 땅으로 쳐들어와
주님의 거룩한 성전을 마구 더럽히고
예루살렘을 돌무더기 나뒹구는 폐허로 만들어버렸나이다.
저들은 주님의 종들의 시체를 공중의 새들에게 먹이로 내어주고
주님의 성도들의 살점을 들짐승의 먹이로 던져주었나이다.
주님의 백성의 피가 예루살렘 온 사방에 물처럼 흘러넘쳐도
그 시체들을 묻어줄 사람이 아무도 없나이다.
우리의 주변 나라 사람들은 우리를 욕하고 비웃나이다.
잘 됐다고 고소해하며 조롱합니다.

(5-13) **오, 주여, 언제까지입니까?**
언제까지 주님의 진노를 거두지 않으시렵니까?
언제까지 주님의 진노가 불같이 활활 타오르겠습니까?
주여, 이제는 주님의 진노를 주님을 알지 못하는

이방 사람들에게 퍼부으소서.
주님의 이름을 부르지 않는 이방 나라들에게 터뜨리소서.
보소서, 저들이 주님의 백성 야곱을 집어삼키지 않았습니까.
저들이 주님의 백성이 살고 있는 이 강산을 몹쓸 폐허로 만들지 않았습니까.
우리 조상들이 저지른 죄를 기억하여 우리에게 돌리지 마소서.
우리가 절망 가운데 있으니
우리를 불쌍히 여기시고 속히 주님의 자비를 베풀어주소서.
지금 우리가 이토록 비참한 신세가 되고 말았나이다.

오, 하나님, 우리를 도와주소서.
우리 구원의 하나님이시여, 우리를 속히 건져주소서.
주님의 거룩한 이름을 위해서라도 우리를 도와주시고
주님의 영예를 위해서라도 우리 죄를 용서해주소서.
어찌 이방 사람들이 "너희 하나님이 대체 어디 있느냐?" 하고
비아냥거리도록 그냥 내버려두십니까.
주께서는 주님의 종들이 흘린 피를
그 피를 흘리게 한 사람들에게 반드시 갚아주신다는 사실을
뭇 민족들에게 보여주소서.

주여, 갇힌 사람들이 고통 가운데 탄식하고 신음하는 소리를 들어주소서.
주께서 능하신 두 팔을 뻗치시어
죽게 된 이들의 가련한 목숨을 속히 구해주소서.
주님, 우리 주변의 저 이방 나라들이 주께 마구 퍼부은 모독을 기억하시고
저들의 품에 일곱 배로 갚아주소서.
그리하시면 주님의 백성인 우리는
주님 목장의 양 떼인 우리는
길이길이 주께 감사를 드리렵니다.
세세토록 주께 찬양을 드리렵니다.

[해설과 묵상] 이방 대적의 침략으로 인해 극도로 폐허화된 이스라엘이 크게 핍박당하고 수치를 겪고 있는 상황에서, 하늘의 하나님께 구원과

도움을 부르짖는 애절한 탄원의 기도시다. 기도의 내용을 살펴보면, 주님의 기업의 땅 이스라엘은 대적에 의해 철저히 짓밟혔고, 주님의 성전은 파괴되어 더럽혀졌으며, 주님의 종들은 비참하게 죽임을 당했다. 그러니 이스라엘은 한낱 주변 이웃 나라들의 비웃음거리로 전락하고 말았다.

이 같은 시대 상황으로 미루어보면, 본시의 저작 시기는 74편과 마찬가지로 바빌로니아 침공으로 인해 예루살렘 성읍과 성전이 파괴되고(주전 586년경), 이스라엘 백성이 그 땅에 포로로 끌려간 '바빌로니아 포로 시대'로 보인다. 따라서 본시의 표제에 저자로 표기된 '아삽'은 다윗 시대의 성전 찬양대 지휘자인 그 아삽이 아니라, 바빌로니아 포로 시대에 살던 그의 후손 가운데 누군가이다. 그 사람이 본시를 쓴 뒤에 옛적 다윗 시대에 살았던 자신의 영광스러운 조상인 아삽의 이름으로 세상에 내놓은 것이다.

본시는 두 부분으로 나뉜다. 전반부는 이스라엘이 직면했던 처참한 상황을 하나님께 호소하는 장면이다(1-4절). 후반부는 그처럼 원수들의 말발굽에 짓밟혔고 이방의 비웃음거리가 된 참혹한 상황에서 이스라엘을 구원해내시어 하나님의 영광을 회복해 달라고 소망하는 장면이다(5-13절). 이처럼 참된 신앙인은 어떠한 상황에서든 하나님의 영광이 실추되는 것을 가장 안타까워하고 아파하는 자다. 그러하기에 이스라엘의 구원 목적도 궁극적으로 '하나님의 영광 회복'에 그 초점이 맞춰져 있다.

한편, 시의 말미 부분에서 시인은 대적에게 '일곱 배'로 보응해주실 것을 하나님께 요청하는데(12절), 성경에서 '일곱(7)'은 완전함과 거룩함을 뜻하는 상징적인 숫자다. 따라서 대적에 대한 일곱 배의 보응은 철저하고도 완벽한 보응을 의미한다.

80

이스라엘의 회복을 위한 기도

포도원의 울타리가 헐리자
멧돼지와 들짐승이 짓밟습니다
불에 태워지고 베임을 당했으니
주께서 속히 회복시켜 주소서

(아삽의 시: 소산님 에듯 곡조에 맞추어 찬양대 지휘자의 지휘에 따라 부르는 노래)

(1-3) 이스라엘의 목자시여, 요셉 집안을 양 떼처럼 손수 인도하시는 분이시여
귀를 기울이시어 우리의 말을 들어주소서.
그룹 사이의 보좌에 앉아계시는 주여
찬란한 영광의 빛을 드러내소서.
에브라임 지파와 베냐민 지파와 므낫세 지파 앞에서
주님의 크신 능력을 보여주소서.
속히 오셔서 우리를 구해주소서.
오, 하나님이시여, 우리를 회복시켜주소서.
우리에게 주님의 찬란한 얼굴빛을 비추어주셔서
우리를 속히 건져주소서.

(4-7) 전능하신 만군의 주 하나님, 언제까지 이토록 간절히 올리는
주님의 백성의 기도를 그렇게 노여워하시렵니까.
주께서는 주님의 백성에게 눈물의 빵을 먹이시고
많은 눈물을 사발 가득 마시게 하셨나이다.

주께서 이웃 나라들로 우리를 놓고 다투게 하시니
원수들이 우리를 보고 마구 비웃나이다.
오 전능하신 만군의 주 하나님, 우리를 회복시켜 주소서.
우리에게 주님의 찬란한 얼굴빛을 비추어주셔서
우리를 속히 건져주소서.

(8-19) 일찍이 주께서는 이집트에서 포도나무 한 그루를 가져오셔서
이방 민족들을 다 내쫓으시고 그 땅에 그 포도나무를 심으셨나이다.
그런 후에 주께서 땅을 고르시고 가꾸시어
그 포도나무가 뿌리를 잘 내리도록 하시니
그 나무가 온 땅을 가득 채워 무성하게 퍼져나갔나이다.
산들은 그 포도나무 그늘로 뒤덮였고
울창한 백향목은 그 포도나무 가지들로 휘감겼나이다.
그 나무의 무성한 가지들은 지중해까지 뻗었고
그 나무의 새 순은 유프라테스강까지 돋았나이다.

그런데 주께서는 어찌하여 그 포도원의 울타리를 허셔서
지나가는 사람들마다 모두 그 열매를 마음대로 따 먹게 하셨나이까.
뿐만 아니라, 멧돼지들도 숲에서 나와 포도나무를 마구 짓밟고
들짐승들도 제멋대로 그 열매를 먹어치우게 하셨나이까.
오, 전능하신 만군의 주 하나님이시여, 우리에게 돌아오소서!
하늘에서 우리를 굽어 살피시어 이 포도나무를 보살펴주소서!
주께서 손수 심으신 이 포도나무를 지켜주시고
주께서 손수 키우신 이 어린 나뭇가지들을 보살펴주소서.
지금 주님의 포도나무가 꺾여 불에 타고 있나이다.
주님의 불타는 진노로 인해 주님의 백성이 다 망하게 되었나이다.

오, 주여, 주께서 손수 가려 뽑으신 이 백성을 보호하소서.
주께서 몸소 강하게 키워주셨던 이 민족이 다시 회복할 수 있도록
주님의 크신 권능의 손을 얹어주소서.
그리하시면, 우리가 다시는 주께 등을 돌리지 않겠사오니
부디 우리를 살려주소서.

우리가 주님의 이름을 찬양할 수 있도록 우리를 속히 건져주소서.
오, 전능하신 만군의 주 하나님, 우리를 회복시켜주소서.
우리에게 주님의 찬란한 얼굴빛을 비추어주셔서
우리를 속히 건져주소서.

[해설과 묵상] 날로 쇠잔해가고 망해가는 민족의 패망을 비탄의 심정으로 지켜보면서, 그 민족의 소생과 회복을 하나님께 애타게 간구하는 비탄의 기도다. 그런데 여기에서 멸망 가운데 처한 민족은 '북왕국 이스라엘'이다. 그것은 본시에 언급된 대로 '요셉 집안'(1절), '에브라임 지파와 베냐민 지파와 므낫세 지파'(2절)라는 표현에서 알 수 있다. 그 지파들은 분열왕국 시대에 북왕국 이스라엘을 대표하는 지파들이기 때문이다.

따라서 본시의 저작 시기는 분열왕국 시대에 수차례에 걸친 아시리아의 침공으로 북왕국 이스라엘이 급속도로 쇠잔해져 점차 멸망의 길로 치닫고 있던 무렵으로 보인다(주전 730-722년경). 그렇게 본다면, 본서의 저자도 다윗 시대의 성전 찬양대 지휘자인 그 아삽이 아니고, 그의 후손 가운데 누군가일 것이다.

본시의 표제에 소개된 '소산님 에둣'은 '증거의 백합화' 또는 '언약의 백합화'란 뜻인데, 이는 노래의 성격 혹은 악기의 모양을 가리키는 듯하다. 오늘날에는 그것이 무얼 뜻하는지 분명히 알 수 없지만, 당시의 사람들에겐 매우 익숙했던 곡조(曲調, melody)인 것으로 보인다.

본시의 내용은 삼분된다. 초반부는 능력의 하나님께 애타게 구원을 호소하는 장면이고(1-3절), 중반부는 이스라엘이 현재 겪고 있는 크나큰 슬픔과 고통을 속히 거두어가실 것을 간절히 호소하는 장면이다(4-7절). 그리고 후반부는 하나님께서 친히 심으신 포도나무인 이스라엘, 곧 절망 가운데 처한 그 이스라엘을 속히 회복시켜주실 것을 호소하는 장면이다(8-19절). 이처럼 본시는 암울한 현실을 시대 배경으로 삼고

포도나무 한 그루를 그 땅에 심으셨나이다

있지만, 그럼에도 불구하고 전능하신 하나님의 구원 사역으로 인해 소망 찬 미래를 기대하는 신앙인의 호소가 잘 묘사되어 있다. 바로 이것이 신앙이 지닌 근본 힘이고 신앙인에게 주어진 복이다.

한편, 하나님께서 이집트에서 가져와 가나안 땅에 심은 '포도나무'(8절)는 '이스라엘'을 비유한 말이다. 하나님께서는 이스라엘을 이집트에서 인도해내시어 가나안 땅의 여러 민족들을 쫓아내시고, 그 땅에 이스라엘을 정착시켰던 것이다. 그리고 마치 포도나무 경작자가 포도나무를 정성껏 가꾸듯, 그렇게 하나님은 좋은 열매를 기대하면서 가나안 땅의 이스라엘을 세심하게 돌보고 가꾸셨다(사 5:1-7).

81

회개를 촉구하는 절기의 노래

소리 높여 주를 찬양하여라
북을 치고 풍악을 울려라
주의 백성이 지켜야 할 규정이니
초하룻날과 보름에는 나팔 불어라

(아삽의 시: 깃딧에 맞추어 성전 찬양대 지휘자의 지휘에 따라 부르는 노래)

(1-4) 우리의 힘이 되시는 하나님께 기쁨의 노래를 즐거이 불러라.
야곱의 하나님께 소리 높여 기쁘게 외쳐라.
시를 읊고 풍악을 울려라.
작은북을 두드리고 수금을 타면서 비파를 뜯어라.
다 함께 아름다운 음악을 연주하여라.
초하룻날과 대보름날에, 그리고 우리의 모든 절기의 날에
축제의 나팔을 크게 불어라.
이것이 이스라엘이 따라야 할 법령이고
야곱의 하나님께서 정해주신 규정이도다.

(5-10) 이는 또한 일찍이 주께서 이집트를 치실 때
주님의 백성 된 요셉 족속에게 내리신 명령이기도 하다.
이집트 땅에서 나는, 내가 이전에 들어보지 못한 생소한 말씀을 들었으니
곧 주께서 우리를 향해 말씀하시기를
"내가 네 어깨에서 짐을 벗겨주었고

네 손에 들려 있던 무거운 바구니도 내려놓게 하였다.
너희가 어려움에 빠져 고통 가운데서 내게 부르짖기에
내가 너희를 건져주었다.
천둥소리 울리는 은밀한 곳에서 내가 너희에게 응답하였고
므리바 물가에서는 너희가 어쩌나 보려고
내가 너희를 시험하기도 하였다. (셀라)
내 백성아, 너희는 내 말을 들어라.
내가 너희에게 경고하겠으니
이스라엘아, 너희는 내 말에 귀를 기울여라.
너희 가운데 다른 신을 두지 말고 이방 신에게 절하지 말아라.
나는 너희를 이집트 땅에서 이끌어 낸 너희의 주 하나님이다.
너희는 입을 크게 벌려라.
그러면 내가 너희의 입을 가득 채워 주리라." 하셨다.

너희는 이방 신에게 절하지 말아라

(11-16) 그러나 내 백성은 내 말을 들으려 하지 않았고
이스라엘은 내 뜻을 따르려 하지 않았다.
그리하여 나는 고집 센 그 백성을 그대로 내버려두었고
자기들이 원하는 대로 하도록 그냥 두었다.
만일 내 백성이 내 말에 귀를 기울였더라면
만일 이스라엘이 내가 가라는 길로 순종하여 갔더라면
내가 내 백성의 원수들을 순식간에 쳐서 모조리 꺾어버리고
내 백성의 대적들을 모두 다 물리쳐주었을 텐데!

만일 그리했더라면, 나를 미워하던 자들이 너희 앞에
벌벌 떨며 무릎을 꿇었을 것이고
너희는 그들을 영원토록 벌주며 다스렸을 텐데!
만일 그리했더라면, 내가 너희에게 가장 좋은 알곡을 먹여주었을 것이고
바위에서 따낸 좋은 꿀로 너희를 흡족하게 먹였을 텐데!"

[해설과 묵상] 하나님의 구원 은총으로 말미암는 기쁨과 죄악의 회개에 따른 기쁨을 소리 높여 노래한 시다. 그래서 시 전체의 분위기는 기쁨의 악기 소리와 찬양 소리로 가득 차 있다. 이런 점에서 본시의 표제에는 이 시를 '깃딧' 곡조에 맞추어 부를 것을 주문했는데, 그 곡조는 포도 수확기에 포도즙을 내기 위해 사람들의 술틀을 밟을 때 부르는 '기쁜 곡조'를 가리킨다. 따라서 본시는 '유월절'이나 '초막절' 등 이스라엘 백성의 민족적인 큰 절기에 불리도록 지어진 것이다. 그리고 본시의 저자 '아삽'은 다윗 시대에 성전 찬양대를 이끈 3대 악장(헤만, 에단[일명, 여두둔], 아삽) 가운데 하나다.

본시의 내용은 크게 삼분된다. 초반부는 모든 악기를 동원하여 주님을 향해 기쁨의 찬양을 부를 것을 권면하는 장면이고(1-4절), 중반부는 과거에 주께서 이스라엘에게 베풀어주셨던 은혜를 기억하고 기뻐하는 장면이다(5-10절). 마지막 후반부는 죄를 회개하고 하나님의 뜻에 준행하는 자의 은총과 기쁨이 어떠한 것인지를 묘사한 장면이다(11-16절).

본시를 통해 우리는, 진실로 하나님의 은혜로 구원받은 백성에게는 그들의 삶과 영혼에 기쁨 넘치는 감사와 찬양이 있다는 것을 깨닫게 된다. 성도에게 있어 기쁨과 감사와 찬양의 근원은 하나님께서 사랑으로 베푸시는 '구원의 은총'인 것이다.

한편, 본시의 맨 마지막 구절(16절)에 묘사된 '바위에서 따낸 좋은 꿀'은 팔레스타인 지역에서 종종 발견되는 천연 들꿀을 가리킨다. 그 지역에서는 때때로 벌들이 바위 틈새에다 꿀을 치곤 했다.

82

불의한 재판관들에 대한 하나님의 심판

못된 짓 일삼는 자들의 손아귀에서
연약하고 가난한 자를 구해라
악인들은 아무것도 깨닫지 못해
땅의 기초가 송두리째 흔들릴 것이다

(아삽의 시)

(1-4) 하나님께서 하늘 법정을 베푸시고
땅의 재판관들에게 판결을 내리시며
그들을 심판하신다.
"너희가 언제까지 불공평한 재판을 계속하려느냐?
너희가 언제까지 악한 자들의 편을 들어주려 하느냐? (셀라)
너희는 약한 자들과 고아들을 감싸주며 변호해주고
가난한 이들과 억압받는 자들의 권리를 되찾아주어라.
너희는 약하고 궁핍한 자들을 구해주어라.
못된 짓만 일삼는 악한 자들의 손아귀에서 그들을 건져주어라."

(5-8) "그러나 그들이 알지도 못하고 깨닫지도 못한 채
어둠 속에서 마냥 헤매고 있으니
땅의 기초가 송두리째 흔들리고 있구나.
내가 말하기를 '너희는 신들이요, 지극히 높으신 자의 아들들이다.'
하였으나

그럴지라도 너희는 보통 사람들처럼 죽을 것이고
여느 통치자들처럼 쓰러질 것이다."
오, 하나님, 일어나소서.
일어나셔서, 이 세상을 올바로 심판해주소서.
세상의 모든 나라가 주님의 것이 아니옵니까!

[해설과 묵상] 부패하고 죄악 많은 인간 세상에서 자칫 상실하기 쉬운 공의와 공평의 실현을 촉구하는 시다. 특별히 하나님께 세움 받은 재판관들에게 공의로운 판결을 권면하는 시다. 그와 동시에, 판결을 굽게 하는 불의한 재판관들에게 최후의 엄중한 심판을 경고하는 시다. 그만큼 정의와 불의를 판결하는 위치에 있는 재판관의 자리는 하나님 앞에서 막중했다. 왜냐하면 재판관들의 판결 하나하나가 공의로운 사회 구현과 평등한 공동체 실현의 척도가 되기 때문이다. 그러므로 법을 운용하여 나라를 다스리는 통치자들과 법을 적용하는 재판관들은 항상 최고 최후의 재판관이신 하늘의 하나님을 의식한 채 그분 앞에서 공의롭고 공평한 사회를 실현해나가도록 힘써야 한다.

6절에 표현된 '신들'과 '지극히 높으신 자의 아들들'이란 말은 '천사들'을 가리키는 말이 아니라 '재판관들'을 가리키는 말이다. 하나님의 공의로운 뜻을 대행하도록 특별히 세움을 받았다는 의미에서, 일찍이 모세 율법에서도 재판관들을 가리켜 '신들'(gods)이라고 표현하기도 했다(출 21:6; 22:8-9).

83

원수들을 벌하소서!

그들을 바람에 날리는 겨처럼 흩으시고
불길에 살라지는 숲처럼 없애시고
폭풍으로 쓸어 자빠지게 하시고
부끄러워 일어나지 못하게 하소서

(아삽의 찬송시)

(1-8) 오, 하나님, 묵묵히 계시지 마소서.
계속 침묵하지 마소서.
하나님이시여, 그냥 조용히 계시지 마소서.
보소서, 주님의 원수들이 미친 듯이 이리저리 날뛰고 있으며
주님의 대적들이 머리를 뻣뻣하게 치켜들고 있나이다.
그들이 주님의 백성을 쓰러뜨리려고 사악한 음모를 꾸미고
주께서 감싸고 있는 사람들을 해치려고 온갖 궁리를 하면서 지껄이기를
“자, 가자! 어서 가서, 저 나라를 쳐부수자.
그래서 ‘이스라엘’이라는 이름이 이 땅에서 더 이상
기억되지 못하게 하자.” 합니다.
그러면서 그들은 한마음이 되어 머리를 맞대고
주님과 맞서려고 주님을 거슬러 서로 동맹을 맺었나이다.
에돔 사람, 이스마엘 사람, 모압 사람, 하갈 사람, 그발 사람,
암몬 사람, 아말렉 사람, 블레셋 사람, 두로 사람이 그런 자들이고
아시리아 사람들까지도 그들과 동맹을 맺어

롯의 후손들에게 힘을 보태주었나이다. (셀라)

(9-18) **그러하오니 주님, 주께서 옛적에 미디안 족속을 치신 것처럼**
또한 기손강에서 시스라와 야빈을 치신 것처럼
이제 저들을 내리치소서.
옛적에 그들은 엔돌에서 전멸당했고
그들의 주검은 땅바닥에 썩어서 거름이 되었나이다.
이제 저들의 귀족들을 오렙과 스엡처럼 되게 하시고
저들의 통치자들을 세바와 살문나처럼 되게 하소서.
보소서, 지금 저들은 지껄이기를 "하나님의 목장을
우리가 몽땅 차지하자" 합니다.

오, 하나님이시여, 저들을 바람에 날리는 겨처럼
바람에 굴러가는 엉겅퀴처럼 흩어버리소서.
숲을 태워버리는 불길처럼
산들을 삼켜버리는 불꽃처럼
주님의 세찬 바람으로 저들을 모조리 쓸어버리소서.
맹렬한 돌풍을 일으키시어, 저들로 놀라 자빠지게 하소서.
오, 주님, 저들의 얼굴을 수치로 가득 덮으셔서
주님 앞에 무릎 꿇고 벌벌 떨면서 주님의 이름을 간절히 찾게 하소서.
저들이 수치를 당하고 공포에 질려서
영원토록 치욕 가운데서 멸망하게 하소서.
그리하여 그 이름이 '여호와'이신 주님만이
홀로 온 세상을 다스리시는 지극히 높은 분이심을 저들로 알게 하소서.

[해설과 묵상] '아삽의 시'로 명명된 시들 가운데 마지막 시로, 민족적인 큰 위기 상황에서 낙심치 않고 하나님을 향하여 구원의 손길을 호소하는 시인의 담대한 신앙이 잘 그려져 있는 탄원시다. 이스라엘 역사에서 이 같은 큰 위기 상황은 남왕국의 유다 왕 여호사밧 때로 보인다(주전 872-847년경, 대하 20장). 그때에 모압, 암몬, 아람, 에돔, 블레셋 등

기손강에서 치신 것처럼 저들을 내리치소서

유다 주변에 있는 사방의 여러 민족들과 나라들이 동맹을 맺고 연합군을 결성하여 유다를 대대적으로 침공했기 때문이다.

본시의 내용은 이분된다. 전반부는 하나님의 백성을 멸절시키려는 교만한 마음을 품고 주변의 여러 민족들과 나라들이 다 함께 연합하여 대대적으로 유다를 침공해온 사실을 긴급하게 호소하는 장면이고(1-8절), 후반부는 옛적 미디안 족속과 가나안 족속의 침공 때에도 승리를 안겨주신 하나님께서 지금도 개입하셔서 교만한 대적들을 다 물리치시어 주님의 백성을 구원해 주십사고 호소하는 장면이다(9-18절).

한편, 본시 후반부의 9-10절에서 시인은 옛적 사사시대에 있었던 두 개의 큰 전쟁, 곧 크나큰 민족적 위기 상황에서 하나님의 개입으로 큰 승리를 거두었던 두 개의 전쟁을 회상했다. 하나는, 미디안 족속을 물리친 사사 기드온의 승리다(삿 6-8장). 그때 사사 기드온은 메뚜기 떼처럼 수많은 미디안 족속을 격파하고, 미디안 족속의 두 방백 오렙과 스엡을 죽였다(삿 7:25). 이어 미디안 족속의 두 왕인 세바와 살문나까지 추격하여 잡아 죽였다(삿 8:12, 21). 또 하나는, 가나안 족속을 물리친 여사사 드보라의 승리다(삿 4장). 그때 여사사 드보라는 바락과 함께 기손 시내와 엔돌에서 강력한 가나안 족속을 크게 물리쳐, 가나안 족속의 군대장관 시스라를 죽이고 또한 가나안 왕 야빈의 군대를 진멸하였다.

84

하나님의 집을 사모함

주님의 집이 이리 아늑하여
나는 주님의 집을 그리워합니다
주님의 제단 옆에 참새나 제비도
둥지를 짓고 새끼를 키웁니다

(고라 자손의 시: 깃딧에 맞추어 찬양대 지휘자의 지휘에 따라 부르는 노래)

(1-4) 전능하신 만군의 주님, 주께서 계시는 곳은 어찌 그리 사랑스러운지요!
내 영혼이 주님 계시는 성전 뜰을 사무치게 그리워합니다.
내 몸도, 내 마음도 살아 계시는 하나님께 애타게 부르짖나이다.
만군의 주님, 나의 왕, 나의 하나님이시여
참새조차도 주님의 제단 곁에서 제 집을 짓고
제비도 거기에 제 새끼를 칠 둥지를 얻나이다.
오, 복 있도다, 주님의 집에 사는 이들이여!
그들은 영원토록 주님을 찬양하리. (셀라)

(5-8) 오, 복 있도다, 주님에게서 힘을 얻고
그 마음이 시온의 순례길에 올라 있는 이들이여!
그들이 눈물 골짜기를 지나갈 때
그곳은 샘물이 펑펑 솟아나는 곳이 될 것이고
가을비도 촉촉이 내려 만물을 푸르고 싱싱하게 만들어줄 것입니다.

그들은 앞으로 나아갈수록 더욱 더 힘을 얻어
마침내 시온산에 올라 하나님을 우러러 뵙게 될 것입니다.
전능하신 만군의 주 하나님, 나의 기도를 들어주소서.
야곱의 하나님이시여, 내 말에 귀를 기울여주소서. (셀라)

(9-12) 우리의 방패 되시는 하나님, 우리를 굽어 살피소서.
주께서 기름 부어 세우신 우리 왕에게 복을 내려주소서.
주님의 집 뜰에서 하루를 지내는 것이 다른 곳에서
천 날을 지내는 것보다 낫나이다.
악한 자의 장막에서 편안히 사느니
차라리 내 하나님의 집을 지키는 문지기가 되렵니다.
주 하나님께서는 우리의 태양이시고 방패이시니
주께서는 우리에게 은혜와 영광을 내려주실 것입니다.
주님의 뜻에 따라 올바른 길을 걸어가는 자들에게
주께서는 좋은 것들을 아끼시지 않을 것입니다.
오, 전능하신 만군의 주님이시여,
정녕 주님을 믿고 의지하는 사람은 복이 있나이다.

[해설과 묵상] 본시의 표제에 붙은 '깃딧'은 '기쁜 곡조'라는 뜻으로, 본래 포도 수확기에 포도즙을 짜려고 추수한 포도를 술틀에 넣고 밟으면서 부르는 곡조다. 이후에 이 곡조는 유월절이나 초막절 같은 이스라엘의 큰 절기 때에 순례자들이 하나님의 성전이 있는 예루살렘의 시온산으로 나아가면서 부르는 노래가 되었다.

본시의 저자로 소개된 '고라 자손'은 고라의 후손들을 가리키는데, 그들의 조상인 고라는 레위의 증손이며 모세의 사촌형제였다. 그러나 그는 하나님의 뜻을 거슬러 모세와 아론의 직분과 권위에 도전했다가 하나님의 심판을 받아 광야에서 죽고 말았다(민 16장). 하지만 그때 고라의 반역에 가담하지 않은 그의 아들들은 죽지 않았는데, 후일에 그들은 성전의 문지기 또는 성전 찬양대에서 노래하는 자들이 되었다(대상 9:19; 대하 20:19). 따라서 본시 중 하나님의 집 곧 성전을 지키는 문지기의 기쁨을 노래한 것은 그들 삶의 간증이다(10절).

주님의 집 뜰에서의 한 날이 다른 곳의 천 날보다 나은즉

본시는 인간에게 있어 정녕 복된 일이 무엇인지를 일깨워준다. 그것은 바로 '하나님과 함께하는 것'이다. 이런 맥락에서 본시의 내용은 삼분된다. 초반부에서 시인은 하나님의 지상 임재 처소인 성전을 간절히 사모했고(1-4절), 중반부에서는 단지 사모할 뿐만 아니라 그 성전을 향해 직접 순례 여행을 떠났으며(5-8절), 마지막 후반부에서는 마침내 예루살렘의 시온산에 올라 하나님의 성전에 거하는 기쁨을 맛보게 된다(9-12절).

본시 중반부에 언급된 '눈물 골짜기'(6절)는 성전 순례자가 순례의 여정 중에 통과해야 하는 골짜기로서, 건조한 광야지대에서 자라는 발삼 나무들(balsam trees)이 있는 골짜기를 가리키는 말일 수 있다. 메마른 지대에서 자라나는 이 나무는 나무 자체에서 눈물 같은 물을 떨어뜨리기 때문이다. 어쨌든 이 말의 이미지가 갖고 있는 기본적인 의미는 메마름과 슬픔으로 가득 찬 골짜기를 가리킨다. 따라서 이 표현은 하나님께서 거하시는 거룩한 곳으로 나아가고자 하는 순례자들이라면 반드시 통과해야 하는 삶의 환난과 고통의 기간을 의미한다고 볼 수 있다.

85

나라의 회복과 번영을 간구함

포로가 된 야곱 자손 돌아오게 하시고
지은 죄를 용서하여 덮어주셨으니
진노 거두시고 구원 베푸시어
우리에게 더 이상 화내지 마소서

(고라 자손의 시: 찬양대 지휘자의 지휘에 따라 부르는 노래)

(1-3) 주여, 주께서는 주님의 땅에 은혜를 베푸시어
포로로 끌려간 야곱의 자손을 돌아오게 하셨나이다.
주님의 백성이 지은 죄를 용서해주시고
그들의 모든 죄를 다 덮어주셨나이다. (셀라)
주님의 크신 진노를 말끔히 거두어주시고
솟구쳐 나오던 주님의 맹렬한 진노도 모두 거두어주셨나이다.

(4-7) 오, 우리의 구원자이신 하나님이시여, 우리를 다시 회복시켜주소서.
우리에게 품으신 진노를 다시 거두어주소서.
우리에게 영원히 진노하시렵니까.
우리의 후손들에게까지 대대로 진노를 거두지 않으시렵니까.
주님의 백성이 주님을 기뻐할 수 있도록
우리를 다시금 살려주지 않으시렵니까.
오, 주여, 주님의 한결같은 사랑을 우리에게 보여주소서.
주님의 크신 구원을 우리에게 베풀어주소서.

(8-13) 주 하나님께서 우리에게 하시는 말씀, 무엇이든지 귀 기울여 듣겠나이다.
주께서 주님의 백성에게, 주님의 성도들에게 약속하시는 말씀은 평화이시니
우리가 다시는 주님의 말씀을 떠나 어리석은 길로 돌아가지 않게 하소서.
주님을 경외하는 사람들에게는 항상 구원이 가까이 있으니
주님의 영광이 우리의 온 땅에 가득 깃들 것입니다.
그때에 사랑과 진실이 기쁨으로 함께 만나고
정의와 평화가 서로 얼싸안고 입을 맞출 것이며
진리가 땅에서 샘솟고, 정의가 하늘에서 굽어볼 것입니다.
또한 주께서 온갖 좋은 것들을 우리에게 풍성히 내려주실 터이니
우리 땅에 온갖 열매가 주렁주렁 맺힐 것입니다.
정녕 그때에는 정의가 주님 앞에 앞서 나아가
주께서 가실 길을 평탄하게 닦아놓을 것입니다.

[해설과 묵상] 바빌로니아 포로 귀환의 시대를 배경으로 삼고 있는 시로서, 시의 내용을 고려할 때 그 시기는 제1차 포로귀환 직후에 쓰인 것으로 보인다(주전 537년경). 즉, 스룹바벨 총독의 인솔하에 진행된 제1차 바빌로니아 포로 귀환의 시대에, 고국 땅으로 돌아온 어느 애국 충정의 시인이 피폐해질 대로 피폐해진 고국 땅과 유다 민족을 바라보면서, 그 장래를 염려하는 가운데 오직 하나님께 은총을 간구하는 내용으로 구성되었다.

야곱의 포로 된 자들을 돌아오게 하셨고

시의 내용은 삼분된다.

초반부는 오랜 바빌로니아 포로생활에서 해방되어 마침내 고국 땅으로 돌아온 이스라엘 백성이 크신 진노를 푸시고 마침내 귀환을 허락하신 하나님께 감사드리는 장면이고(1-3절), 중반부는 황폐해진 고국 땅과 거칠어진 유다 민족의 심령을 회복시켜 주십사고 간구하는 장면이다(4-7절). 후반부는 기도의 응답을 확신하는 가운데 미래의 소망 찬 회복의 영광을 힘차게 노래하는 장면이다(8-13절).

본시를 쓴 시인처럼, 진실로 황폐해진 고국의 회복과 인간의 심령을 회복시키고 부흥시키는 일은 오직 하나님만이 이루시는 일임을 깨닫고, 그분을 전적으로 의지하는 가운데 엎드려 진심으로 간구해야 한다. 본시의 저작자인 '고라 자손'은 레위의 증손이며 모세의 사촌형제인 고라(Korah)의 후손으로서, 이들은 다윗 시대 이후로 성전의 문지기나 찬양대원으로 봉사하고 있었다. 시편에는 '고라 자손의 시'라는 이름으로 모두 11편이 소개되었다(42, 44-49, 84-85, 87-88편).

86

고난과 시련 중에 도움을 구하는 기도

주여, 거만한 자들은 아랑곳하지 않고
내 목숨을 계속 노립니다
종일 부르짖으니 은혜 베푸시고
이 종에게 기쁨을 주소서

(다윗의 기도)

(1-7) 오, 주여, 내 말에 귀를 기울여주시고 응답해주소서.
이 몸은 진실로 가난하고 궁핍합니다.
그럴지라도 주님을 향한 나의 믿음은 신실하오니
부디 내 생명을 지켜주소서.
주께서는 나의 하나님이시니
주님을 믿고 의지하는 주님의 종을 구원해주소서.
주여, 내가 온종일 주께 부르짖사오니
나에게 은혜를 베풀어주소서.

주여, 내 마음이 진심으로 주님을 우러러뵈오니
주님의 종 된 이 몸에게 기쁨을 가득 채워주소서.
주여, 주께서는 한량없이 선하시고 항상 기꺼이 용서하는 분이시므로
주께 부르짖는 사람에게는 누구에게나 넉넉한 사랑을 베풀어주십니다.
하오니 주여, 나의 기도에 귀를 기울여주소서.
나의 애타는 간구를 들어주소서.

이렇듯 이 몸이 고난 가운데서 주께 부르짖는 것은
정녕 주께서 나의 기도를 들어주실 줄 믿는 까닭입니다.

(8-13) 주여, 세상의 모든 신들 가운데 진실로 주님 같으신 신이
어디에 또 있겠습니까!
어느 누가 주께서 하신 일을 똑같이 행할 수 있겠습니까!
주께서 지으신 뭇 나라들이 주님 앞에 모두 나와
주께 무릎 꿇고 경배를 드릴 것이고
주님의 이름에 영광을 돌릴 것입니다.
정녕 주께서는 위대하시고 놀라운 일들을 행하시니
온 천하에 주님만이 홀로 하나님이십니다.

오, 주여, 주님 따르는 길을 내게 가르쳐주소서.
이 몸이 신실하게 주님의 진리 말씀만을 따르겠나이다.
내가 오직 주님의 이름만을 경외할 수 있도록
내 마음을 꽁꽁 묶어 나로 분열되지 않는 한마음을 갖게 하소서.
오, 나의 주 하나님이시여, 내가 온 마음을 다 바쳐 주님을 찬양하렵니다.
영영토록 주님의 이름에 영광을 돌리렵니다.
진실로 주께서는 내게 크신 사랑 베풀어주시어
저 깊고 캄캄한 죽음의 처소에서 이 몸을 건져주셨기 때문입니다.

(14-17) 오, 하나님이시여, 거만한 자들이 들고일어나 나를 치려고 합니다.
난폭하고 잔인한 무리가 나의 목숨을 노리고 있나이다.
저들은 주님을 아랑곳하지 않은 사악한 무리입니다.
주여, 주께서는 참으로 자비롭고 은혜로우시며
노하기를 더디 하시고
사랑과 신실함이 한량없이 넘치시는 분이십니다.

하오니 주여, 내게로 얼굴을 돌리시어
이 몸을 어여삐 여겨 자비를 베풀어주소서.
주님의 종에게 힘을 북돋워주시고
주님의 신실한 아들인 이 몸을 건져주소서.

나에게 주님의 크신 은총의 징표를 보여주소서.
그리하여 나를 미워하는 내 원수들이 그것을 보고 수치를 당하게 하소서.
오, 주여, 진실로 주께서는 나를 도우시는 분이시요
나에게 위로를 베풀어주시는 분이십니다.

[해설과 묵상] 시편 제3권(73-89편) 중에서 유일하게 소개된 다윗의 시다. 다윗은 자신을 죽이려는 대적들의 집요한 추격으로 목숨이 바람 앞의 촛불처럼 위태롭고 절망적인 상황에 처해 있을 때, 오직 유일한 구원의 소망 되시는 하나님만을 바라보고 의지하면서 그분께 애타게 구원을 호소하고, 또 기도의 응답을 확신하면서 본시를 썼다.

시의 내용은 삼분된다. 초반부는 환난과 시련 중에 하나님께 보호를 요청하는 장면이고(1-7절), 중반부는 온 세상을 홀로 주관하시는 하나님의 권능과 경건한 자를 보호하시는 하나님의 주권을 찬양하는 장면이다(8-13절). 후반부는 교만한 대적의 위협으로부터 자신을 구원해줄 것을 간절히 호소하는 장면이다(14-17절).

진실로 다윗은 인생 전반에 걸쳐 수많은 시련과 위기를 겪은 백전노장이었다. 본시를 통해 우리는 그가 그 모든 위기와 시련을 능히 극복하고

하나님의 성이여, 참으로 영광스럽도다

승리할 수 있었던 비결을 발견할 수 있다. 그 비결은, 위기와 시련이 닥칠 때마다 무엇보다 먼저 하나님께 나아가 그분께 구원과 보호를 요청하고, 하나님의 권능과 주권을 의지하는 중에 기도 응답을 확신하면서 당당하게 대처한 데에 있었다. 이처럼 참된 신앙인은 고난과 시련의 세찬 바람이 휘몰아치면 칠수록 하나님을 더욱 굳게 붙들고 의지하며, 그분께 온전히 모든 구원의 소망을 두는 자임을 알 수 있다.

87

시온의 영광

주께서는 거룩한 산 시온을
이렇게 찬란하게 하시니
이 나라 저 나라가
시온을 고향이라고 말합니다

(고라 자손의 찬송시)

(1-3) 주께서 거룩한 산 위에 주님의 터전을 세우셨도다.
주께서는 야곱의 어느 처소들보다도 시온의 문들을 더 사랑하시는구나.
그러므로 너 하나님의 도성아,
뭇 사람들이 너를 가리켜 참으로 영광스럽다고 칭송하는구나. (셀라)

(4-6) "내가 장차 라합과 바빌로니아를 나를 받아들이는 나라로 만들리라.
블레셋과 두로와 구스도 모두 다
'시온이 우리의 고향이다.' 하고 말하게 하리라."
또 그날에 뭇 사람들이 시온을 두고 이렇게 말하리라.
"지극히 높으신 분께서 친히 시온을 세우셨으므로
이 사람과 저 사람이 한결같이 '우리가 시온에서 태어났다.' 하는구나."
주께서 장차 만백성을 일일이 등록하실 때에
그 수효를 세시며 "이 사람도 시온에서 태어났다." 하시리라. (셀라)

(7) 그러면 온 세상의 만백성이 즐거이 춤추고 노래하면서
"나의 모든 근원이 시온에 있다." 하고 고백하리라.

[해설과 묵상] 시온산 위에 터를 잡은 거룩한 도성 예루살렘을 노래한 찬양시다. 이 찬양시는 단순히 유대 땅의 예루살렘 도성에 대한 찬양으로 그치는 것이 아니고, 예루살렘의 시온산을 통해 장차 온 세상의 모든 민족에게 미칠 세계적이며 보편적인 구원의 기쁨과 감격을 노래한 시다. 유대주의나 선민사상의 한계를 벗어나, 남녀노소와 빈부귀천을 막론하고 온 세상의 모든 인류가 참여하는 범세계적인 공동체 도성, 곧 장차 궁극적으로 완성될 하나님 나라에 대한 원대한 비전을 제시해주는 시인 것이다.

시의 내용은 삼분된다. 초반부에는 시온산 위에 세워진 하나님 도성의 영광이 읊어졌고(1-3절), 중반부에는 그 도성과 나라에 온 세상의 만백성이 참여하는 보편성과 세계성이 읊어졌다(4-6절). 그리고 후반부에는 그 영광스런 하나님 나라의 벅찬 감격과 기쁨이 울려 퍼지고 있다(7절). 이처럼 본시는 구약시대를 지배하고 있던 유대주의 및 선민사상의 한계를 초월하여, 장차 임할 메시아로 인해 궁극적으로 완성될 범세계적인 교회, 곧 온 세상의 도처에서 부르심 받은바 믿는 자들로 구성될 영광스러운 하나님의 나라를 소망하고 노래 불렀다는 점에서, 그 영적인 신선함과 영감성이 매우 돋보이는 시라 하겠다.

시온(Zion)은 예루살렘 도성의 남동쪽 지역에 있는 작은 언덕지대다. 그곳에 하나님의 성전이 세워진 이후, 시온은 종종 '예루살렘 도성'을 대표하는 말로 사용되었다. 따라서 '시온의 문들'(2절)은 곧 '예루살렘 도성의 문들'을 가리키고, 그것은 또한 예루살렘 전체를 가리키는 말이 된다. 그리고 '라합'(4절)은 성경 용례상 '이집트'(애굽)를 일컫는 시적인 표현이다.

88

고통 가운데서 부르짖는 기도

주여, 밤낮으로 주께 부르짖습니다
나는 죽은 자처럼 버림받아
어둡고 깊은 수렁에 던져졌으니
내 기도를 들어주소서

(고라 자손의 찬송시, 곧 에스라 사람 헤만의 교훈시: '마할랏 르안놋' 곡조에 맞추어 찬양대 지휘자의 지휘에 따라 부르는 노래)

(1-2) 오, 주님, 나를 구원하시는 하나님이시여
내가 밤낮 주님 앞에서 부르짖나이다.
나의 애타는 이 기도가 주님 앞에 이르게 해주소서.
나의 부르짖는 소리에 귀를 기울여주소서.

(3-9) 내 영혼이 고통 가운데서 심히 괴롭고
내 목숨이 죽음의 문턱에 다다랐나이다.
지금 이 몸은 저 아래 무덤으로 내려가는 사람들과 같아서
온몸에 기운이 다 빠졌나이다.
진실로 그렇나이다.
이 몸은 죽은 자처럼 버려졌으며
살해당하여 무덤에 누운 자처럼 되고 말았나이다.
내가 주님의 기억 속에서 사라져, 주께서 이 몸을 생각조차 않으시니
나는 주께 완전히 버림받은 신세입니다.

주께서는 이 몸을 저 깊은 무덤 속으로 내치셨으며
가장 어둡고 가장 깊은 저 구덩이 속으로 내던지셨나이다.
주께서는 주님의 진노로 이 몸을 무겁게 짓누르셨고
주님의 파도로 나를 덮쳐 이 몸을 고통 가운데 빠뜨리셨나이다. (셀라)

뿐만 아니라 주께서는 나와 가장 가까이 지내던 내 친구들마저
내게서 멀리 떼어놓으셨고
그들로 나를 역겨워하게 만드시니
정녕 나는 사방으로 갇혀버린 신세가 되어
도무지 빠져나갈 길을 찾을 수 없나이다.
그리하여 나는 고통과 슬픔 때문에 눈마저 침침해졌나이다.
오, 주여, 내 기도에 귀를 기울이소서.
내가 날이면 날마다 온종일 주께 부르짖나이다.
주님을 향하여 두 손을 높이 들고 애타게 기도하나이다.

(10-18) 정녕 주께서는 죽은 자에게 기적을 베푸시려 하십니까.
어찌 죽은 자가 일어나서 주님을 찬양할 수 있겠습니까. (셀라)
어찌 무덤 속에서 주님의 사랑을 말할 수 있겠으며
어찌 파멸 가운데서 주님의 신실하심을 증언할 수 있겠습니까.
어찌 흑암 속에서 주님의 기적들이 보일 수 있겠으며
어찌 망각의 땅에서 주님의 의로운 행위를 기억해낼 수 있겠습니까.

오, 주여, 그러므로 이 몸이 지금 주께 부르짖나이다.
아침마다 주께 기도를 올리나이다.
그러나 주님, 어찌하여 주께서는 이 몸을 물리치며 마다하십니까.
어찌하여 주님의 얼굴을 내게서 숨기십니까.
이 몸은 어려서부터 끊임없이 고통에 시달려
이제는 기진맥진해 있고 매순간 죽음의 문턱을 넘나들고 있나이다.
주께서 내리시는 징벌이 너무나 무거워
이젠 내 기력이 다 쇠잔해지고 말았나이다.
주님의 불타는 진노가 이 몸을 집어삼켰고

주님의 무시무시한 공포가 나를 파멸시켰나이다.
하루종일 이런 일들이 나를 홍수처럼 에워싸고
크게 입 벌려 나를 완전히 삼켜버리나이다.
주께서 나의 가장 가까운 친구들과 나의 가장 사랑하는 사람들을
내게서 멀리 떼어놓으셨으니
이제는 오직 어둠만이 나의 가장 가까운 벗이 되었나이다.

[해설과 묵상] 시편 가운데 가장 애조 띤 비탄의 시로 알려지고 있는데, 그래서인지 표제에 소개된 '마할랏 르안놋'은 '슬픔(비탄) 또는 질병 가운데 있는 자를 위하여 연주할 것'이라는 의미를 지닌 음악 용어다. 요컨대 본시는 모든 것을 잃고 악창 가운데 처한 욥의 고통스러운 하소연을 연상시킬 만큼, 견디기 힘든 극도의 고통과 슬픔 중에 있는 시인이 오직 엎드려 하나님께 도움을 호소하고 있는 애절한 모습이 구구절절 역력하게 나타나 있다. 그리하여 운율 면에서도 거의 절과 절 사이를 구분할 수 없을 정도로 그야말로 쉼 없고 끊임없는 비탄과 비통을 계속 읊조리고 있는 시다.

시의 내용은 삼분된다. 초반부는 고통 중에 처한 시인이 밤낮없이 주님의 구원을 호소하는 장면이고(1-2절), 중반부에는 날이 갈수록 점점 더 짙어지고 있는 죽음의 그림자를 느끼면서 안타까운 심령으로 주님의 도우심을 부르짖는 시인의 절규가 묘사된다(3-9절). 그리고 후반부에서는 애타게 부르짖어도 계속 침묵하고 계시는 하나님께 대하여 더욱 간절하게 부르짖는 시인의 애절한 간구가 묘사되었다(10-18절).

정녕 하나님을 유일한 구원자로 믿는 자는 환경이 열악하고 몸이 아프고 상황이 절박할수록 비록 육신은 시들어갈지라도 그 영혼은 하나님을 향하여 더욱 뜨겁게 달아오를 수밖에 없다. 오직 하나님께 울며 매달릴 수밖에 없다. 본시를 통해 우리는 고통 중에서 무엇보다 하나님을 찾고 하나님을 향해 애타게 부르짖는 것이야말로 모든 고통과

슬픔을 극복하고 구원과 회복에 이르는 지름길이고 또한 유일한 비결임을 깨달아야 한다.

본시의 저자로 소개된 헤만(Heman)은 다윗 시대와 솔로몬 시대에 고라 자손들로 구성된 성전 찬양대를 지휘한 인물이다(대상 6:33; 37-39).

89

다윗과 맺은 주님의 언약

주의 종 다윗에게 약속하시기를
네 후손이 대를 이어 왕이 되겠고
그 위가 영원히 견고하다 하셨으니
하나님보다 높으신 이가 있겠습니까

(에스라 사람 에단의 교훈시)

(1-4) 내가 주님의 크신 사랑을 영원히 노래하렵니다.
내가 주님의 신실하심을 오고 올 모든 세대들에게
내 입으로 널리 전하렵니다.
진실로 주님의 사랑은 영원토록 변함없으시고
주님의 신실하심은 하늘에 굳게 세우셨으니
내가 이를 널리 알리렵니다.
일찍이 주께서는 이렇게 말씀하셨나이다.
"나는 내가 선택한 사람과 언약을 맺고서
나의 종 다윗에게 맹세하기를
'내가 네 자손을 영원히 견고하게 세우겠고
네 왕조가 대대로 이어지게 하겠노라.' 하였다." (셀라)

(5-37) 오, 주님, 하늘이 주께서 행하신 놀라운 일들을 노래하고
거룩한 회중이 주님의 신실하심을 찬양합니다.
저 하늘 위에서 누가 감히 주님과 견줄 수 있겠으며

모든 신들 가운데서 누군들 주님 같은 이가 또 있겠습니까.
거룩한 회중 가운데서도 하나님께서는 참으로 경외의 대상이십니다.
주님 곁에 둘러서서 주님을 모시는 모든 자들이
한결같이 다 주님을 경외합니다.
오, 전능하신 만군의 주 하나님이시여
온 천하에 주님 같은 이가 어디에 또 있겠습니까.
진실로 주께서는 능력이 많으시고 온통 신실하심뿐입니다.
주께서는 소용돌이치는 바다를 다스리시며
솟구치는 파도를 잔잔케 하십니다.
주께서는 바다괴물 '라합'을 깨뜨려 죽이시고
주님의 강하신 팔로 모든 원수들을 거꾸러뜨리셨나이다.

하늘도 주님의 것이요, 땅도 주님의 것이니
온 세상과 그 안에 있는 모든 것을 주께서 다 지으셨나이다.
북녘 땅도, 남녘 땅도 다 주께서 지으신 것이니
다볼 산과 헤르몬 산이 주님의 이름을 기뻐하며 노래합니다.
주님의 팔은 강하고
주님의 손에는 능력이 있으며
주님의 오른손은 높이 들렸나이다.
정의와 공의가 주님의 보좌를 힘 있게 받들고 있으며
사랑과 진리가 언제나 주님 앞서서 나아갑니다.

복 되도다, 기쁨으로 노래를 부르며 주님을 모시는 자들이여!
주님, 그들은 어지신 주님의 얼굴빛 가운데서
은총으로 살아가는 자들입니다.
그들은 하루종일 주님의 이름을 기뻐하며 주님의 의로우심을 찬양합니다.
그들의 힘과 영광이 오직 주께 있으니
주께서 우리를 미쁘게 여기사
주님의 크신 은혜로 우리의 뿔을 한껏 높여주소서.
주여, 참으로 주님은 우리의 방패이십니다.
이스라엘의 거룩하신 하나님이시여, 주님이야말로 우리의 왕이십니다.

오래전에 주께서는 환상 중에 나타나시어
주님의 거룩한 백성에게 말씀하셨나이다.
“내가 한 젊은 용사에게 힘을 불어넣어주었고
내가 백성 가운데 선택한 그 사람을 높여주었노라.
내가 내 종 다윗을 찾아내어, 나의 거룩한 기름을 그에게 부어주었노라.
내 손이 그를 든든히 붙들어주겠고
내 팔이 그를 강하게 하리니
원수들이 다시는 그를 넘보지 못하고
악한 무리가 결코 그를 쓰러뜨리지 못할 것이다.
도리어 내가 그의 앞에서 그의 대적들을 여지없이 짓밟을 것이고
그를 미워하는 자들을 모조리 쓰러뜨리겠노라.
내가 신실함과 사랑으로 항상 그와 함께할 것이니
나의 이름으로 인하여 그의 뿔이 높아지리라.
내가 그의 손 곧 그의 오른손으로 바다와 강을 치게 하리니
그의 영토는 지중해에서 유프라테스강까지 이르게 되리라.

그때에 그가 나를 부르며 고백하기를
‘주님은 나의 아버지, 나의 하나님이시오,
나를 건져주시는 내 구원의 반석이십니다.’ 하리라.
그러면 나도 그를 나의 맏아들로 삼아
세상의 모든 왕들 가운데 가장 위대한 왕으로 높여주겠노라.
내가 언제까지나 그를 사랑하고
그와 맺은 언약을 어기지 않고 성실하게 지키겠노라.
내가 또 그의 자손들로 대대로 왕위에 오르게 하고
하늘이 존재하고 있는 한 그의 왕조가 계속 이어지게 하겠노라.

그러나 만일 그의 자손들이 나의 법을 저버리고
나의 규례에 따라 살지 않으며
나의 율례를 어기고
나의 계명을 지키지 않는다면
그때는 내가 그들에게 죄를 물어 막대기로 그들을 매질하고
그들의 죄악에 대해 채찍으로 그들을 후려치겠노라.

그럴지라도 내가 내 사랑을 그에게서 완전히 거두지는 않을 것이며
그를 향한 나의 신실함도 깨뜨리지 않겠노라.
그와 맺은 내 언약도 깨뜨리지 않을 것이고
내 입술로 말한 것들도 번복하지 않겠노라.
내가 나의 거룩함을 두고 한번 굳게 맹세하였는데
어찌 다윗에게 한 내 약속이 거짓말 되게 하겠느냐.
그러므로 그의 자손도 대대로 끊어지지 않을 것이고
그의 왕조도 하늘의 태양처럼 내 앞에서 지속되리라.
저 달이 하늘의 신실한 증인이듯
내가 그의 왕조를 영원토록 굳게 세워주겠노라." (셀라)

(38-52) 그러나 오늘날 주께서는 크게 진노하시어
주께서 기름 부으신 자를 무섭게 내치셨고 그를 버리셨나이다.
주님의 종과 맺은 언약을 깨뜨리시고
그의 왕관을 진흙탕 속에 내던져 심히 욕되게 하셨나이다.
또한 주께서는 그의 모든 성벽을 허물어버리시고
그의 모든 요새를 폐허로 만들어 버리셨나이다.
그러하니 지나가는 사람마다 다 그의 것들을 빼앗아가고
이웃에 살던 백성들이 하나같이 그를 비웃고 있나이다.
이처럼 주께서는 그의 원수들에게 승리를 안겨주시고
그의 모든 대적들로 하여금 기뻐 날뛰게 만드셨나이다.
또 주께서는 그의 칼날을 무디게 만드셔서
그로 전쟁에서 패배하게 하셨나이다.
그리하여 빛나던 그의 영광도 끝나게 하시고
그의 왕좌도 땅바닥에 내팽개치셨나이다.
그의 젊은 시절을 단축시켜 나이도 들기 전에 늙게 하시고
그의 얼굴을 온통 수치로 뒤덮으셨나이다. (셀라)

오, 주여, 언제까지입니까.
언제까지 영영 모습을 감추고 계시렵니까.
주님의 진노를 언제까지 활활 불태우시렵니까.
이 목숨이 얼마나 짧은지 기억해주소서.

주께서 모든 인생을 얼마나 덧없이 지으셨는지를 기억해주소서!
인생들 가운데 어느 누가 죽음을 겪지 않고 살 수 있겠으며
어느 누가 자기 목숨을 죽음의 권세에서 건져낼 수 있겠습니까? (셀라)

오, 주여, 주께서 이전에 베풀어주셨던 그 크신 사랑은 어디에 있습니까.
주께서 다윗에게 맹세하신 그 신실한 사랑의 언약은 어디로 갔습니까.
주여, 주님의 종들이 받은 모욕을 기억해주소서.
수많은 힘센 나라들에게서 받은 치욕이 내 가슴 속에 사무칩니다.
오, 주여, 주님의 모든 원수들이 주께서 기름 부으신 자를
가는 곳마다 모욕하고 있나이다.
부디 기억해주소서.
주님을 영원토록 찬양하라! 아멘, 아멘!

[해설과 묵상] 시편 제3권(73-89편)을 마무리 짓는 본시는 일찍이 '다윗'을 택하셔서 그와 그의 후손들에게 은총의 언약 곧 '다윗 언약'을 세우신 언약의 하나님을 찬송하는 가운데, 그 언약에 근거하여 당면한 유다 왕국(다윗 왕조)의 위기를 호소하면서 하나님의 도움을 요청하고 있는 내용이다. 따라서 본시의 핵심 주제는 '다윗 언약'이다. 이 언약은 하나님께서 선지자 나단을 통하여 다윗 왕에게 주신 약속으로서(삼하 7:8-16), 다윗 왕조의 왕위를 영원토록 견고하게 세워줄 것이라는 은혜의 약속이다.

물론, 이 같은 다윗 언약은 일차적으로는 다윗과 그의 뒤를 이어 이스라엘의 왕위에 오를 그의 후손들에게 적용되는 약속이지만, 그것은 불완전하고 한시적인 것이었다. 따라서 이 언약은 영적이고 구속사적인 차원에서 이해되어야 하는데, 궁극적으로 다윗의 혈통을 좇아 그의 후손으로 장차 이 땅에 오셔서 메시아 왕국을 세우실 '다윗의 씨' 곧 예수 그리스도에 의해 온전하고도 영원토록 성취될 약속이었다. 따라서 우리는 '다윗 언약'을 주제 삼아 노래한 본시를 대함에 있어 이 같은 언약의 이중적 의미와 성격을 십분 감안하고 읽어야 한다.

내 종 다윗을 찾아내어 기름을 부어주었노라

본시의 저자로 표기된 에스라 사람 에단(Ethan)은 레위 지파 소속의 인물로서 놋 제금을 능숙하게 잘 치는 사람으로 소개되었는데, 다윗과 솔로몬 시대에 성전 찬양대의 지휘자로 활동한 '여두둔'이라는 인물과 동일인으로 보인다(대상 6:44; 16:38-42; 25:1-3).

본시의 저작 시기는 솔로몬을 이어 왕위에 오른 유다 왕 르호보암 시대로 추정된다(르호보암 통치 5년, 주전 926년경). 즉, 다윗 왕조를 계승한 남왕국 유다가 이집트 왕 시삭에게 대대적인 침공을 당하여 국토가 유린당하고 예루살렘 성전의 기물들이 약탈당하던 비참한 국가적 비운의 때에 기록된 듯하다(왕상 14:25-28; 대하 12:1-12).

본시의 내용은 삼분된다. 초반부는 하나님의 은혜와 신실하심에 근거하여 세워진 다윗 왕국의 영원성과 견고성을 확신하는 장면이다(1-4절), 중반부는 다윗 언약을 세우신 하나님의 거룩하신 품성과 그분의 위대한 사역을 노래하고 다윗 언약의 내용을 소개하는 장면이다(5-37절). 마지막 후반부는 그러한 다윗 언약에 근거하여 시인이 작금 위기 가운데 처한 다윗 왕조를 구원해 주십사고 간구하는 장면이다(38-52절).

본시를 통해 깨닫는 바는, 진실로 우리 구원의 근거는 우리 스스로의 신앙적인 열정이 아니라 자신이 발하신 그 영원한 언약에 신실하신 하나님의 거룩한 열정이라는 사실이다. 그렇다. 정녕 하나님은 인생이 아니시니 자신이 한번 발하신 약속을 절대로 변경하거나 취소하지 않으신다. 어떠한 경우에도 식언이 없는 분이시다(민 23:19). 이러한 하나님의 영원한 신실하심이야말로 우리 구원의 가장 확실한 보증이다.

본시의 시구 중에 '거룩한 자들의 모임'(5절) 곧 '거룩한 회중'은 하늘에 있는 거룩한 영적 존재들인 '천사들의 무리'를 가리키고, 바다괴물 '라합'(10절)은 당시 하나님의 백성을 대적했던 악한 세력인 '이집트'를 비유하는 말이다. 또한 '뿔이 높아진다'(24절)는 말은 다윗의 왕권이 하나님으로 인해 그 영광과 위세가 높아진다는 뜻이다. 성경에서 '뿔'은 흔히 '힘'이나 '권세'나 '영광'을 상징하는 말로 사용되기 때문이다. 그리고 '맏아들'(장자, 27절)은 이스라엘의 위대한 왕 '다윗'을 가리킨다. 실제 다윗은 장자가 아니었지만, 하나님은 다윗을 자신의 장자로 삼아 장자로서의 특권과 축복을 부여하셨다.

90

영원하신 하나님과 연약한 인간

주여, 꽃은 피지만 저녁이면 시들고
허물과 죄도 감출 길 없습니다
주의 진노에 모두 사그라지니
인생은 건강해도 80년입니다

(하나님의 사람 모세의 기도)

(1-12) 주여, 주께서는 대대로 우리의 거처가 되어주셨나이다.
산들이 생기기도 전에, 땅과 세상이 창조되기도 전에
영원부터 영원까지 주께서는 우리의 하나님이십니다.
주께서는 사람을 한낱 티끌로 돌아가게 하시면서 이르시기를
"너희 죽을 인생들아, 흙으로 돌아가라." 하십니다.
주께서 보시기에, 주님 앞에서는 천 년도 금방 지나가버린 어제와 같고
간밤의 짧은 한 순간 같나이다.
주께서 사람의 목숨을 앗아가시면,
인생이란 한 순간의 꿈에 지나지 않고
아침에 돋아나는 한 포기의 풀과 같을 따름입니다.
풀은 아침에 돋아나 금방 자라서 꽃을 피우다가도
저녁이 되면 말라 시들어버릴 뿐입니다.
주께서 화를 내시면 우리는 스러지고
주께서 노하시면 우리는 두려워 벌벌 떱니다.

주께서 우리의 죄와 허물을 주님 앞에 그대로 들추어 내놓으시니
우리가 은밀히 지은 숨은 죄들까지도
주님의 밝은 빛 가운데 전부 드러납니다.
주께서 우리에게 노하시면 우리의 나날들은 금방 사그라져 버리고
우리의 일평생은 한숨처럼 끝나버리고 맙니다.
우리의 인생살이가 기껏해야 칠십 년이고,
혹여 건강하게 살아도 팔십 년인데
그마저도 온갖 수고와 슬픔뿐이요
금세 지나가니 마치 쏜살같이 재빠르게 날아갑니다.
주님의 노여움이 얼마나 무서운 것인 줄 누가 알겠으며
주께서 진노하시면 얼마나 무서운 결과가 초래되는 줄 누가 알겠습니까.
그러하오니, 우리가 우리의 인생이 얼마나 짧은 것인지를
헤아릴 수 있게 하셔서
우리로 지혜로운 마음을 얻을 수 있게 해주소서.

(13-17) 오, 주여, 돌아오소서!
언제까지 그렇게 진노하시렵니까.
부디 주님의 종들을 불쌍히 여겨주소서.
주님의 그칠 줄 모르는 사랑으로 아침마다 우리를 흡족히 채워주셔서
우리로 한평생 기뻐하고 즐거워하게 해주소서.
그리하여 우리가 아파했던 그 날수만큼
우리가 고통스러워했던 그 햇수만큼
우리로 행복을 맛보며 살아가게 하소서.
주께서 하시는 일들을 주님의 종들에게 드러내주시고
주님의 영광을 주님의 자녀들에게 보여주소서.
주 우리 하나님이시여, 우리에게 은총을 베푸소서.
그리하여 우리의 손으로 하는 모든 일마다 잘 되게 해주소서.
부디 우리의 손으로 하는 모든 일들을 견실하게 세워주소서.

[해설과 묵상] 시편 제4권(90-106편)의 막을 여는 첫 시는 출애굽의 위대한 영도자였던 모세의 시다. 율법서(모세 오경) 중에는 더러 모세의

기도송이 나타나고 있지만(출 15:1-18; 신 32:1-43), 시편 중에서는 유일하게 소개된 모세의 시가 본시 90편이다. 그래서 본시는 시편 전체 가운데서 연대적으로 가장 오래된 시인데, 모세는 본시를 통해 영원하시고 전능하신 하나님 앞에서 유한하고 나약한 인간의 한계를 겸허하게 고백하는 가운데 오직 하나님의 은총과 긍휼을 호소하고 있다.

시의 내용을 살펴볼 때, 본시의 저작 시기는 출애굽한 이스라엘 백성이 광야에서 40년 동안 유랑하던 시기로 보인다(주전 1445-1400년경). 이집트에서 나온 이스라엘 백성이 가데스바네아에서 하나님의 명을 거역하고 죄를 범했을 때(민 14장), 크게 진노하신 하나님께 징벌을 받아 그 백성이 40년 동안 광야를 정처 없이 떠돌던 시기에, 모세가 인간의 나약함과 유한함을 호소하면서 하나님의 자비와 긍휼을 바라며 본시를 쓴 것이다.

시의 내용은 이분된다. 전반부는 하나님의 영원하심과 전능하심에 비해 참으로 하찮고 보잘것없는 인간의 연약함과 유한함을 호소하는 장면이고(1-12절), 후반부는 그러하기에 인간 된 자로서 오직 하나님의 크신 은혜와 자비를 간구할 수밖에 없는 사정을 아뢰는 장면이다(13-17절). 그러므로 본시를 통해 우리는 하나님 앞에서 인생 된 자신이 얼마나 무력하고 연약한 존재인지를 겸허하고도 철저하게 깨닫고, 오직 영원하시고 전능하신 하나님께 모든 삶의 소망과 믿음을 두고 살아가야 한다는 교훈을 배울 수 있다.

한편, 시구에서 인생이 '풀'(5-6절)에 비유된 점에 주목하라. 그 까닭은, 사람과 풀은 모두 짧고 하찮은 생명을 지녔기 때문이다. 영원의 시간에 비교할 때, 또 하나님의 위대하심에 비교할 때, 사람은 한낱 아침에 돋았다가 저녁에 시드는 풀처럼 짧고 허무한 존재와 같기 때문이다.

91

주님은 나의 견고한 피난처

주는 나의 피난처이자 요새
나는 그분의 날개 아래 피하네
어디로 가든 천사가 지켜주니
사자와 코브라도 짓밟으리라

(1-13) 지극히 높으신 분이 보호하는 곳에서 사는 자는
전능하신 분의 그늘 아래에서 편히 쉬게 될 것이다.
내가 주께 대하여 말하기를
"주님은 나의 피난처이시고, 나의 요새이시며
내가 믿고 의지하는 하나님이십니다." 하리라.
진실로 주께서는 너를 새 사냥꾼의 덫에서 건져주시고
죽음의 질병에서 구해주실 것이다.
주께서 너를 그의 깃털로 덮어주시리니
너는 주님의 날개 아래로 피하라.
그리하면, 주님의 신실하심이 너를 안전하게 지켜주는 방패가 되고
성벽이 되어줄 것이다.

그러므로 너는 한밤중에 갑자기 위험이 닥쳐와도
두려워하지 않을 것이고
대낮에 화살이 날아올지라도 무서워하지 않으리라.
어둠 속에서 괴상한 질병이 퍼진다 해도

대낮에 사람을 죽음으로 몰아넣는 재앙이 닥쳐온다 해도
너는 조금도 두려워할 것이 없으리라.
너의 왼쪽에서 천 명이 넘어지고
너의 오른쪽에서 일만 명이 쓰러진다 해도
네 곁으로는 어떤 재앙도 가까이 이르지 못하리라.
그때에 오직 너는 악한 자들이 벌을 받고 고꾸라지는 모습을
너의 두 눈으로 똑똑히 지켜보게 될 것이다.

네가 주님을 너의 피난처로 삼고
지극히 높으신 분을 너의 거처로 삼았으니
어떤 불행도 너를 덮치지 못하겠고
어떤 재앙도 네 집 가까이에 이르지 못하리라.
네가 어디를 가든지, 주께서 천사를 명하여 너를 안전하게 보호하시리니
너의 발이 혹시라도 돌부리에 걸려 넘어지는 일이 없도록
주님의 천사들이 두 손으로 너를 굳게 붙들어줄 것이다.
그리하여 도리어 너는 사자와 코브라를 짓밟고
어린 사자와 살모사를 발로 짓누르리라.

(14-16) 하나님께서 말씀하신다.
"그가 나를 사랑하니, 내가 그를 건져주리라.
그가 내 이름을 알고 받아들이니
내가 그를 보호하고 높여주리라.
그가 나를 부를 때에 내가 그에게 응답하리라.
그가 고난 가운데 있을 때 내가 곁에 함께 있어 주리라.
내가 그를 건져주겠고, 내가 그를 영화롭게 하리라.
내가 그를 오래오래 살게 해주고
나의 구원을 그에게 보여주리라."

[해설과 묵상] 시편 제4권(90-106편)에 있는 시들이 대부분 그러하듯, 본시도 저자나 표제가 전혀 나타나 있지 않다. 따라서 본시의 저자나 저작 연대에 대해서 알 수 있는 길이 막연하다. 다만 전통적으로 유대인들

은 추측하기를, 본시와 신명기 32-33장의 유사성에 근거하여 본시를 앞선 90편과 마찬가지로 '모세'가 지은 것이라고 본다. 하지만 고대 헬라어 역본인 70인역(LXX)이나 다른 고대 역본들은 본시의 저자를 '다윗'이라고 본다. 아무튼 46편과 유사한 내용을 지닌 본시는 하나님을 자신의 피난처로 삼은 자의 안정성을 주제로 삼은 교훈시로서, 그 분위기는 하나님을 의지하는 자의 강한 확신과 기쁨이 흘러넘치고 있다.

시의 내용은 대체로 이분된다. 전반부는 하나님의 구원을 체험한 시인이 전능하신 하나님의 보호 아래 거하는 자의 안전함과 무사함을 확신하는 장면이다(1-13절). 후반부는 전능하신 하나님께서 자신을 의뢰하는 자에게 절대적인 보호와 안전을 약속하시는 장면이다(14-16절). 그러므로 본시를 통해 우리는 하나님을 떠난 인생은 그 어떤 안전 보장책으로도 자신의 영육을 능히 보존할 수 없음을 깨닫게 되고(요 15:5), 동시에 전능자 하나님의 보호의 날개 아래 거하는 자는 그 어떤 거센 폭풍우가 몰아쳐도 털끝 하나 상함 없이 요람 안의 아기처럼 절대 안전과 절대 평안을 누릴 수 있음을 깨닫는다.

주님께서 천사를 명하여 너를 보호하시리라

시구에서 하나님의 보호가 '새의 날개 아래'에 비유되었다(4절). 그것은 어미 새는 날개를 펴서 새끼를 안전하게 보호해주기 때문이다. 특히, 새의 날개 아래는 부드럽고 따뜻한 이미지를 심어준다. 후일 예수님도 예루살렘 백성을 자신에게로 모으기를 바라면서 이 같은 날개의 이미지를 사용하셨다(눅 13:34).

하나님의 백성이 그 발로 사자와 뱀을 짓누를 것이라는 시구가 있는데(13절), 이는 비유적인 표현으로 사자는 '힘'을, 뱀은 '교활함'을 상징한다. 따라서 사자와 뱀은 하나님의 백성을 대적하는 모든 악인의 교활한 세력을 뜻하는데, 하나님의 백성은 하나님의 도우심으로 말미암아 그런 악인의 세력을 능히 이길 수 있다는 뜻이다.

92

악인의 멸망과 의인의 번영

원수를 멸하고 제게 기름부으시니
의인은 종려나무처럼 무성하고
레바논의 백향목처럼
주의 뜰에서 싱싱하게 자랍니다

(안식일에 부르는 찬송시)

(1-6) 지극히 높으신 주여, 주께 감사하고 주님의 이름을 기리며
찬양하는 것은 참으로 멋진 일입니다.
아침마다 주님의 사랑을 말하고
저녁마다 주님의 신실하심을 이야기하는 것처럼
좋은 일이 어디에 또 있겠습니까!
십현금 가락에 맞추어 노래하고
비파와 수금 가락에 맞추어 주님을 찬양합니다.
오, 주여, 주께서 행하신 일들을 생각하면 기쁨이 넘쳐흐릅니다.
주께서 손수 이루신 일들을 생각하면서 내가 기쁨에 넘쳐 노래합니다.
주여, 주께서 하시는 일마다 어찌 그리 위대한지요!
주님의 생각이 어찌 그리 깊고 오묘하신지요!
그러나 어리석은 사람들은 그 사실을 알지 못하고, 미련한 사람들도
그것을 깨닫지 못합니다.

(7-9) 악인들이 잡초처럼 무성하게 돋아나고

사악한 자들이 활짝 핀 꽃처럼 크게 번성할지라도
결국 그들은 영영 멸망하고 말 것입니다.
하지만 주여, 오직 주님은 영원토록 높임을 받으실 것입니다.
오, 주여, 주님의 저 원수들 곧 주님의 저 대적들은
기필코 멸망하고 말 것입니다.
악을 행하는 자들은 모두 산산이 흩어지고 말 것입니다.

(10-15) 그러나 주께서는 내 뿔을 들소의 뿔처럼 높이시고
좋은 기름을 내게 흠뻑 부어주셨나이다.
나를 거슬러 대적하던 자들이 고꾸라지는 것을
내 두 눈으로 분명히 보았고
나를 해치려던 사악한 원수들이 패하여 도망치는 소리를
내 두 귀로 똑똑히 들었나이다.
의로운 자들은 종려나무처럼 무성하게 우거질 것이고
레바논의 백향목처럼 높게 치솟을 것입니다.
그들은 주님의 집에 심겨져 뿌리를 내린 자들이오니
우리 하나님의 뜰에서 무성하게 자랄 것입니다.
그들은 늙어서도 여전히 열매를 풍성히 맺고
진액이 넘쳐 언제나 푸르고 싱싱할 것입니다.
그리하여 그들은 이렇게 외칠 것입니다.
"주님은 진실로 올곧은 분이시다.
주님은 나의 반석이시니
그분에게는 한 점 허물도 없도다."

의인은 종려나무처럼 번성하리로다

[해설과 묵상] 개인적인 구원의 체험에 근거하여 하나님의 신실하신 섭리와 위대하신 사역을 찬양하고 있는 개인적인 감사의 찬송시다. 시의 주제는 '악

인의 궁극적인 멸망과 의인의 영원한 번영'이다. 본시의 저자와 저작 배경은 알려져 있지 않지만 시의 표제에 '안식일에 부르는 찬송시'라고 소개된 것은, 바빌로니아 포로시대 이후에 고국 이스라엘로 돌아온 유대인들이 안식일 아침 예배 때에 본시를 공식적인 찬송가로 널리 애용하였기 때문이다. 또한 본시는 포로시대 및 그 이후에 설립된 유대인의 회당에서 주로 사용하였던 찬송시들(90-99편) 가운데 하나이기도 하다.

시의 내용은 삼분된다. 초반부는 하나님의 신실하신 섭리와 위대하신 사역에 대한 찬양이다(1-6절). 중반부는 악인은 잠시 번성할지라도 궁극적으로 멸망에 이를 것이라는 내용이다(7-9절). 후반부는 악인의 궁극적인 멸망과는 대비되는 의인의 영원한 번영에 대한 확신의 고백이다(10-16절). 그래서 의인들은 '레바논의 백향목'에 비유되었다(12절). 고대 이스라엘 백성에게 있어 백향목은 가장 크고 당당한 나무로 알려져 있었다. 당시 이스라엘 북부 지역의 일부에 백향목이 자라고 있었지만, 울창한 백향목 숲은 레바논의 해안가 산악지대를 따라 형성되어 있었다. 이런 배경에서 '레바논의 백향목'은 영광과 번성, 올곧음과 당당함을 상징하는 시어가 되었다.

진실로 그러하다. 비록 이 세상에서 악인들이 번성하고 권세를 휘두른다 해도 그것은 잠시잠깐뿐이다. 전능하시고 절대 의로우신 하나님의 개입하심으로 악인들은 조만간에 영영 멸절당하고 만다. 반면, 그때에 세상에서 고통 받던 의인들은 아름다운 종려나무처럼, 우람한 백향목처럼 우뚝 솟아나 울창하고 풍성한 구원의 열매를 맺게 된다. 신실한 하나님의 백성은 저마다 이 같은 소망을 가슴에 품고 살아가야 한다.

93

주님의 견고하고 영원한 통치

바다는 미친 듯이 날뛰고
세찬 파도가 으르렁거려도
견고한 주의 보좌는
영원 전부터 거기 계셨습니다

(1-5) 주께서는 세상을 다스리는 왕이시니
위엄의 옷을 입으시고 권능의 띠를 매셨도다.
주께서 다스리시는 세상은 든든하여 흔들리지 않도다.
주여, 주님의 보좌는 먼 옛날부터 아주 견고하였고
주께서는 영원 전부터 계셨나이다.
주여, 바다가 소리를 높이고 높여 미친 듯이 날뛰고 있나이다.
으르렁대며 큰 물결을 일으키고 있나이다.
그러나 저 높은 곳에 계시는 주께서는
미쳐 날뛰는 바다보다 더욱 힘차시고
으르렁대는 큰 파도보다 더욱 강하십니다.
오, 주여, 세상을 다스리시는 주님의 법령은 견고하게 서 있나이다.
또한 주님의 집은 영원무궁토록 거룩함으로 단장하고 있나이다.

[해설과 묵상] 작자 익명의 본시는 여호와의 왕 되심 곧 '하나님의 왕권'을 찬양하는 이른바 군왕시(君王詩) 가운데 하나로, 만왕의 왕이

되시는 하나님 통치의 견고성과 영원성을 장엄하게 표현하고 있다. 하나님의 왕권은 시간적으로는 영원 전부터 영원 후까지 미치며, 공간적으로는 온 우주 전역에 미치고, 대상적으로는 하늘과 땅의 모든 피조물에게 미친다는 사실을 노래하고 있다.

결국 시인은 본시를 통해 자신이 전적으로 신뢰하고 의지할 분은 오직 하나님 한 분뿐이라는 사실을 신앙 고백하는 한편, 나아가 오직 하나님만이 모든 찬송과 영광을 받으시기에 마땅하고 합당하신 분이라는 사실을 고백하고 있는 것이다.

94

세상의 불의와 하나님의 공의

주여, 악한 이들을 왜 그냥 두십니까
과부, 나그네, 고아를 죽이니
오만한 자들을 심판하여
복수라는 벌을 주소서

(1-7) 주여, 주님은 복수하시는 하나님이십니다.
복수하시는 하나님이시여, 주님의 공의로운 빛을 비추소서.
세상을 심판하시는 주님, 일어나소서!
일어나셔서, 오만한 자들이 받아야 할 마땅한 징벌을 베푸소서.
주여, 언제까지입니까?
언제까지 저 악한 자들이 승리의 환호성을 지르도록
그냥 내버려두시렵니까?
저들은 거만한 말을 함부로 내뱉고
악을 일삼으면서도 그것을 뽐내고 다닙니다.
주여, 저들은 주님의 백성을 마구 짓밟고
주께서 택하신 민족을 심히 괴롭히고 억압합니다.
저들은 연약한 과부와 나그네를 죽이고
힘없는 고아를 살해합니다.
그러고선 지껄여대기를
"주가 어떻게 알겠으며
야곱의 하나님이 어찌 눈치를 챌 수 있으랴!" 합니다.

(8-11) 백성아, 너희가 어찌 그리 어리석으냐.
언제가 되어야 너희가 제대로 깨닫겠느냐.
귀를 지으신 분이 어찌 듣지 못하시겠느냐.
눈을 빚으신 분이 어찌 보지 못하겠느냐.
뭇 나라들을 꾸짖고 훈계하시는 분이 어찌 벌을 내리시지 않겠느냐.
모든 사람들을 가르치시는 분이 어찌 모르시겠느냐.
주께서는 사람의 생각을 다 아시고
그런 생각들이 얼마나 헛된 것인지도 다 알고 계신다.

(12-23) 복 되도다, 주께 훈계를 받고
주님의 법도로 가르침을 받는 사람들이여!
주께서는 이런 사람들을 환난 날에 건져주시고
악인들을 빠뜨릴 구덩이를 팔 때까지
그에게 평안한 안식을 주시리라.
주께서는 자기 백성을 저버리지 않으시고
자신이 택하신 민족을 외면하지 않으시리라.
주님의 판결은 반드시 공의의 토대 위에서 이루어질 것이니
마음이 정직하고 올바른 자들은 모두 공의를 따르게 되리라.

누가 나를 위해 일어나 악한 자들을 물리쳐줄까.
누가 나를 위해 일어나
못된 짓을 일삼는 자들과 대항하여 내 편을 들어줄까.
주께서 나를 도와주지 않으셨더라면
지금쯤 내 생명은 적막한 죽음의 땅으로 떨어지고 말았으리라.
오, 주여, 내 발이 미끄러져 헛딛으려고 할 때마다
주께서는 사랑으로 나를 붙들어주셨나이다.
내 마음이 심히 괴롭고 걱정이 태산 같을 때에도
주께서는 내 영혼을 위로하시어 내게 기쁨을 주셨나이다.

부패한 재판장이 어찌 주님과 사귈 수 있겠으며
법을 악용하여 악한 짓을 꾸미는 자가 어찌 주님과 어울릴 수 있으랴!

저들은 끼리끼리 모여서 의로운 자를 해칠 궁리나 꾸미고
죄 없는 사람들에게 사형선고를 내립니다.
그러나 오직 주님은 나의 견고한 요새가 되셨고
내 하나님께서는 내가 믿고 의지할 반석이 되셨나이다.
주께서는 저들이 지은 죄악을 저들에게 그대로 되갚으시고
저들의 악함으로 인해 저들을 완전히 멸망시키실 것입니다.
정녕 주 우리 하나님께서 저들을 모조리 없애버리실 것입니다.

[해설과 묵상] 본시의 저자와 저작 배경은 알려져 있지 않다. 하지만 내용을 살펴보면, 악인들의 세력이 흥왕하고 무법자들의 횡포가 극성을 부리던 고통스럽고 암울한 시대임을 알 수 있다. 그런 시대 상황 속에서, 시인은 오직 공의의 재판장 되시는 하나님께 악인들에 대한 의로운 재판을 호소하는 이 탄원시를 쓴 것이다.

이 같은 본시의 내용에 근거하여 시대 상황을 대략 추론해보면, 외적으로는 아마도 이스라엘이 아시리아나 바빌로니아 등과 같은 강력한 외세의 침략으로 민족적인 크나큰 고통을 겪던 시기인 듯하고, 내적으

주님은 나의 견고한 요새가 되셨도다

로는 기세등등한 악인들로 말미암아 불법과 부패가 횡행하던 암울한 사회 속에서 의로운 자들이 개인적으로 극심한 육적, 심적 고통을 겪던 시기임을 알 수 있다. 그러한 외적, 내적인 처참하고 절박한 상황 속에서 오직 의로우신 재판장 되시는 하나님만이 이 절망적인 위기 가운데서 이스라엘을 구원하고, 또한 의인들을 건져내실 수 있다고 굳게 믿은 한 무명의 시인이 애타는 심령으로 본시를 쓴 것이다.

시의 내용은 삼분된다. 초반부는 하나님의 권위에 도전하고 하나님의 백성을 괴롭히는 잔인하고 교만한 악인들의 죄악과 악행을 고발하면서 그들에 대한 심판을 요청하는 장면이고(1-7절), 중반부는 그런 악인들에게 반드시 하나님의 징벌이 임할 것임을 경고하는 장면이다(8-11절). 후반부는 의인들을 향한 하나님의 자비로우신 은총과 악인들을 향한 하나님의 공의로우신 심판이 언급된 장면이다(12-23절). 진실로 세상과 인류에 대한 하나님의 공의로우신 통치와 심판이 지속되는 한, 악인들은 결국 심판으로 멸망당할 수밖에 없고 의인들은 은총으로 필히 구원을 얻을 수밖에 없다.

시의 첫 구절에서 시인은 하나님을 향해 '복수하시는 하나님'이라고 불렀는데(1절), 이는 하나님께서는 모든 피조물에 대하여 의로우신 재판장이 되기 때문이다. 절대 의로우신 재판장으로서 하나님께서는 온 세상의 모든 잘못된 것들을 옳고 바르게 정리하신다. 복수에 대한 인간적인 개념은 보복하는 것이고 그 동기는 이기적이다. 하지만 하나님의 동기는 올바르고 공정하며 의로운 것이다. 따라서 악인에 대한 하나님의 복수는 그들의 죄악과 악행에 따른 합당하고 마땅한 징벌로서 언제나 옳고 정당하며 의롭다.

95

주님을 찬양하고 그분께 순종하라

위대한 우리의 왕을 노래하자
주께 무릎 꿇어 예배하자
우리는 주의 양 떼요 주의 백성
주의 말씀을 듣고 따르자

(1-7) 오라, 모두 와서 우리 다 같이 주께 기쁨의 노래를 불러드리자.
소리 높여 우리 구원의 반석이신 주님을 찬양하자.
감사의 노래를 부르면서 그분께 나아가자.
그분을 기리는 즐거운 찬송을 부르자.
주님은 크고 위대하신 하나님이시요
모든 신들 위에 뛰어나신 왕이시로다.
깊디깊은 땅도 주님의 손 안에 있고
높디높은 산도 다 주님의 것이로다.
주께서 바다를 지으셨으니 바다도 주님의 것이요
마른 땅도 주님이 손수 빚으신 것이로다.

그러므로 오라!
모두 와서, 우리 다 함께 주님 앞에 엎드려 경배를 드리자.
우리를 지으신 주님 앞에 무릎을 꿇자.
주님은 우리의 하나님이시요
우리는 주께서 기르시는 백성이며

그분께서 돌보시는 양 떼라.
오늘날 너희는 주님의 음성을 들어보아라.

(8-11) "므리바에서 너희 조상들이 그랬던 것처럼
맛사에서 너희 조상들이 그랬던 것처럼
너희는 그렇게 고집을 부리지 말고
완고한 마음을 품지 말아라.
그때에 너희 조상들은 내가 행한 놀라운 일들을 똑똑히 보고서도
나를 거듭 시험하고 또 시험하였노라.
그러므로 나는 40년 동안이나 그 백성에게 분노하며 말하기를
'저들은 마음이 삐뚤어진 백성이요
내 길을 깨닫지 못하는 백성이로다.' 하였고
또 나는 화가 나서 맹세하기를
'저들은 내가 편히 쉬라고 저들에게 허락한 그 땅에
결코 들어가지 못하리라.' 하였노라."

[해설과 묵상] 성전 예배에 사용하기 위해 쓰인 여호와 경배의 찬양시로서, 시편 95-100편이 이 같은 찬양시의 형태에 속한다. 그래서 본시는 예로부터 안식일 예배를 비롯한 각종 성전 예배 때에 즐겨 불렸고, 지금도 여전히 유대교회 예배 때에 즐겨 불리고 있다. 이러한 성전 예배를 위한 찬양시의 특징은 대체로 이러하다.

먼저, 경배의 자리에 다 함께 초청하는 내용이 있고, 다음으로 경배할 이유를 제시한다. 이때 하나님의 거

우리는 주님께서 돌보시는 양 떼라

룩하신 품성과 위대한 능력 등이 묘사된다. 마지막으로 경배하는 자들에게 주어지는 기쁨과 복, 그리고 하나님께 불복하는 자들을 향한 경고와 심판 등이 묘사된다.

본시의 내용은 이분된다. 전반부는 예배 집례자의 주도하에 온 회중이 부르는 노래로서, 다 함께 나아와서 하나님을 찬양할 것과 하나님을 찬양해야 할 이유에 관해 묘사하는 장면이다(1-7절). 후반부는 예배 집례자가 회중들에게 올바른 예배의 자세에 관해 교훈하는 장면이다(8-11절).

진실로 구원받은 성도에게 있어 예배와 찬송은 매일 매 순간의 호흡과도 같다. 하나님의 거룩한 이름과 위대한 사역을 기리고 찬송하는 예배는 성도의 마땅한 본분이고 의무이며, 또한 성도만의 특권이고 영광이다.

본시 후반부의 첫 구절(8절)에 묘사된 '므리바'는 '다툼'이란 뜻이고, '맛사'는 '시험'이란 뜻이다. 출애굽 이후, 르비딤 광야에서 심한 갈증에 시달리던 이스라엘 백성들이 마실 물로 인하여 모세와 다투고 하나님을 시험한 사건에서 비롯된 명칭들이다(출 17:1-7).

96

주님의 의로우신 통치를 찬양하라

새 노래로 주를 찬양하여라
주의 영광을 선포하여라
주께서 심판하시니
하늘과 땅은 기뻐하여라

(1-6) 새 노래로 주님을 노래하여라.
온 땅이여, 주님을 찬양하여라.
주님을 노래하고, 그 이름을 찬양하여라.
주님의 구원을 날이면 날마다 널리 선포하여라.
온 나라에 주님의 영광을 선포하고
주께서 행하신 놀라운 일들을 세상 사람들에게 널리 알려라.
주님은 참으로 위대하신 분이시니 높이 찬양을 받으셔야 마땅하고
모든 신들 위에 홀로 경외를 받으셔야 마땅하도다.
뭇 나라의 백성들이 섬기는 신들은 한낱 우상들일 뿐이지만
오직 주께서는 하늘을 지으셨도다.
찬란한 위엄과 영광이 주님을 에워싸고
크신 권능과 아름다움이 주님의 성전에 가득하도다.

(7-10) 온 땅의 백성들아, 주님을 찬양하여라.
주님의 크신 영광과 권능을 소리 높여 찬양하여라.
주님의 이름에 합당한 영광을 주께 돌리고

예물을 들고 주님의 성전 뜰로 들어가라.
거룩한 옷을 입고 주께 경배하여라.
온 땅이여, 주님 앞에서 벌벌 떨어라.
너희는 뭇 나라 백성들에게 선포하기를
"주께서 다스리신다!" 하여라.
세상이 그 자리에 든든하게 세워졌으니 땅이 흔들리지 않겠고
주께서는 뭇 민족을 공의로 심판하시리라.

(11-13) **하늘아, 기뻐하여라.**
땅아, 즐거워하여라.
바다야, 또 그 안에 가득한 모든 것들아,
다 함께 기쁨으로 크게 소리를 질러라.
들판아, 또 그 안에 있는 모든 것들아, 다 함께 기뻐하여라.
숲에서 자라나는 모든 나무들아, 다 함께 기쁨으로 노래를 불러라.
보라, 주께서 나오신다.
세상을 심판하러 주께서 나오신다.
주께서는 공의로 세상을 심판하시고
진리로 뭇 백성을 심판하시리라.

[해설과 묵상] 본시 역시 성전 예배 때에 사용하기 위해 지은 찬양시로, 하나님의 거룩한 통치와 왕권을 찬양하는 군왕시들 가운데 하나다(47, 93, 95-99편). 시인은 뭇 나라들과 백성들과 민족들을 향하여 창조주요 통치자요 심판주 되시는 하나님을 경배하고 그분께 영광 돌릴 것을 권고하며 노래한다. 참으로 그 존귀와 능력과 위엄과 품성에 있어 하나님은 그 이름에 합당한 영광을 받으시기에 지극히 마땅하신 분이다. 따라서 세상의 모든 인간과 우주의 모든 자연은 그분 앞에서 떨며 엎드려 경배해야 한다.

본시는 대체로 삼분된다. 초반부는 하나님을 '창조주'로 묘사하여 그분의 위대하심을 찬양하는 장면이고(1-6절), 중반부는 그분을 '통치자'로 묘사하여 그 성호에 합당한 영광을 돌리라고 권고하는 장면이다(7-10절). 후반부는 그분을 '심판주'로 묘사하여 그 지엄한 권위에 합당한 찬양을 돌리는 장면이다(11-13절).

본시는 다윗의 감사 찬송이 소개되고 있는 역대상 16장 23-33절 부분과 거의 동일하다는 것을 알 수 있는데, 이런 점에서 헬라어 역본인 70인역(LXX)은 본시에 '다윗의 시'라는 표제를 붙였다. 또한 본시에 언급된바 장차 주께서 이 땅에 오셔서 공의로 뭇 민족을 심판하실 것이라는 내용에 근거하여(10, 13절), 사람들은 본시를 '메시아 예언시'로 보기도 한다.

97

심판주 하나님의 공의로우신 통치

주의 불이 사방의 적을 사르고
주의 번개가 세상을 두루 비추네
모두가 주의 영광을 우러러보니
우상 숭배자는 수치를 당하리라

(1-6) 주께서 다스리시니
온 땅아, 기뻐하여라.
바다의 많은 섬들아, 즐거워하여라.
짙은 구름과 흑암이 주님을 에워쌌고
공의와 공평이 주님 보좌의 기초가 되었도다.
불이 주님 앞에서 나와
사방의 적들을 모두 태워버리는구나.
주께서 일으키시는 번개가 번쩍번쩍 온 세상을 두루 비추니
땅이 보고서 무서워 벌벌 떨고
산들이 주님 앞에서, 온 땅을 다스리시는 주님 앞에서
양초처럼 녹아내리는구나.
하늘은 주님의 의로우심을 선포하고
온 세상 사람들은 그분의 영광을 우러러보도다.

(7-12) 조각된 우상을 섬기는 자들은 치욕을 당하고
헛된 우상을 자랑하는 자들은 모두 다 수치를 당하리라.

모든 신들아, 주님 앞에 무릎 꿇고 엎드려 경배하여라.
오, 주여, 주님의 공의로우신 심판으로 인해 시온이 크게 즐거워하고
유다의 성읍들이 기뻐 소리칩니다.
주여, 진실로 주님은 온 땅을 다스리시는 지극히 높으신 분이시고
세상의 어떤 신들보다도 더욱 뛰어나신 분이십니다.

주님을 사랑하는 자들아, 너희는 악을 미워하여라.
주께서는 신실한 성도들의 영혼을 지켜주시고
모든 악인들의 손아귀에서 건져주신다.
의로운 자들에게는 빛이 비추일 것이고
마음이 정직한 사람들에게 기쁨이 넘쳐나리라.
너희 의인들아, 주님을 기뻐하여라.
주님의 거룩하신 이름을 기억하고
그 이름에 감사를 드려라.

[해설과 묵상] 앞의 시(96편)에 이어, 본시 역시 만왕의 왕 되시는 여호와 하나님의 통치와 그분의 심판을 찬양하는 군왕시(君王詩)다. 그런데 앞장의 분위기는 만유에 충만하신 여호와 하나님의 의롭고도 인자하신 통치에 대한 감사와 기쁨이 묘사된 데 비해, 본시의 분위기는 온 세상을 공의와 공평으로 심판하시는 엄위하신 하나님께 대한 경건한 두려움이 충만하게 묘사되었다.

우상을 섬기는 자들은 수치를 당하리라

본시는 이분된다. 전반부는 심판주 하나님의 거룩한 임재와 장엄한 영광을 묘사하고(1-6절), 후반부는 그런 하나님의 엄위하신 심판이 악인에게는 크나큰 수치와 두려움으로 임할 것이지만, 구원받은 의인에게는 기쁨으로 임할 것이라는 사실을 노래한다(7-12절).

이처럼 하나님의 거룩한 임재와 엄위한 심판은 악인에게는 두려움과 멸망, 의인에게는 기쁨과 구원이라는 이중적 의미가 담겨있다. 따라서 형벌 받을 악인들은 언제든 심판주 하나님의 임재를 회피하고자 무진 애쓸 것이지만, 구원받은 성도들은 언제든 심판주 하나님의 임재를 기다리며 소리 높여 그분을 찬양한다.

98

주님의 놀라운 구원을 찬양하라

기뻐하여 주를 노래하여라
수금을 타며 노래하여라
강과 산도 손뼉치며 노래하여라
소리 모아 기뻐하며 노래하여라

(찬송시)

(1-3) 새 노래로 주께 찬송하여라.
우리 하나님께서 놀라운 일들을 행하셨도다.
그 권능의 오른손과 그 거룩하신 팔로 크신 구원을 베푸셨도다.
주께서는 자신의 구원을 온 세상에 널리 알리셨고
뭇 나라의 백성들에게 자신의 의로우심을 밝히 드러내어 보이셨도다.
주께서 이스라엘 백성을 잊지 않으시고
그들에게 한결같은 사랑과 신실함을 보여주시니
땅 끝에 이르기까지 온 세상 사람들이 우리 하나님의 구원을 보았도다.

(4-9) 온 땅아, 기쁨으로 주님을 노래하여라.
크게 기쁨의 소리를 지르며 우리 주님을 즐거이 찬양하여라.
수금을 타며 주께 찬양의 노래를 불러라.
수금 가락에 맞추어 노래를 불러라.
나팔을 불어라.
뿔 나팔을 힘차게 불며, 우리 왕이신 주께 기쁨의 소리를 외쳐라.

바다야, 또 그 안에 가득한 모든 것들아
소리 높여 외쳐라.
온 땅아, 또 그 안에 사는 모든 것들아
큰 소리로 외쳐라.
강들아, 힘껏 박수를 쳐라.
산들아, 다 함께 소리 높여 기쁨의 노래를 불러라.
주께서 세상을 심판하러 오시나니
그분께서는 공의로 세상을 심판하시고
공평으로 뭇 백성들을 심판하시리라.

[해설과 묵상] 본시 역시 90편부터 99편까지 이어지는 찬양시들 가운데 하나로, 만왕의 왕 되시는 하나님의 의로운 통치를 사모하면서 그분께서 장차 이 땅에 오셔서 뭇 나라들과 민족들과 백성들을 다스리실 것임을 노래한 군왕시다. 이 같은 내용으로 인해 본시는 흔히 '메시아 예언시'로 간주되어, 이 땅에 메시아 왕국이 임하기를 소망하는 모든 이들이 즐겨 부르는 애창시가 되었다.

수금을 타면서 주님을 찬양하라

본시의 내용은 이분된다. 전반부는 하나님의 놀랍고 위대하신 구원 사역이 이스라엘의 지경을 뛰어넘어 이방의 땅끝까지 이를 것임을 노래하는 장면이고(1-3절), 후반부는 하나님의 주권이 온 우주만물에 미치고 그분의 공의로우신 통치가 온 세상에 가득하므로, 모두가 소리 높여 각종 악기로 찬양할 것을 권고하는 장면이다

(4-9절).

특별히 시인은 '새 노래'로 주님을 찬양할 것을 권고했다(1절). 이 새 노래는 특별한 행사를 위해 새로 작곡된 노래도 아니고, 또는 맨 처음으로 불리는 노래도 아니다. 이 노래는 하나님의 구원과 승리에 관한 새로운 체험의 노래이고, 또한 새롭게 된 마음과 감동으로 부르는 노래를 가리킨다.

아무튼 그것이 새로 지은 노래든 아니면 기존에 있던 노래든, 하나님께 영광을 돌리고 하나님을 영화롭게 하지 않는 노래는 예배에서 아무런 가치가 없다. 예배에서 불리는 모든 노래는 마땅히 하나님의 거룩한 품성을 찬양하면서 그분께 영광을 돌리는 것이어야 한다.

99

거룩하신 주님을 찬양하라

제사장들 중에는 모세와 아론이
예언자들 중에는 사무엘이
주를 부르니 그 간구 들으시고
구름기둥 가운데서 말씀하셨네

(1-3) 주께서 세상을 다스리시니
뭇 나라 백성들이 두려워 벌벌 떠는구나.
주께서 그룹들 사이에 앉아 계시니
땅이 흔들거리는구나.
시온에 계신 주님은 참으로 위대하시고
온 나라 백성들 위에 우뚝 드높으시도다.
온 나라 백성들아, 크고 두려운 주님의 이름을 찬양하여라.
진실로 주님은 거룩하시도다.

(4-5) 주님은 강한 분이시요
공의를 사랑하는 분이시로다.
주께서는 공평을 견고히 세우셨고
정의와 올곧음을 야곱 안에 두셨도다.
우리 하나님 주님을 높이 기리고
그분의 발판 앞에 엎드려 경배하여라.
진실로 주님은 거룩하시도다.

(6-9) **주님을 섬기는 제사장들 가운데는 모세와 아론이 있었고**
그분의 이름을 부르는 사람들 가운데는 사무엘이 있었으니
그들이 우리 주께 부르짖을 때마다
그분께서는 그들의 간구를 들어주셨도다.
주께서는 구름 기둥 가운데서 그들에게 말씀하셨고
그들은 주께서 이르신 훈계와 명령을 그대로 따랐도다.
우리 주 하나님이시여, 주께서는 그들의 기도에 응답하셨나이다.
그들의 잘못된 행동에 대해서는 행한 대로 벌을 내리기도 하셨지만
결국 주께서는 그들을 용서해주신 하나님이십니다.
그러므로 너희는 우리 주 하나님을 드높이 기리고
그 거룩한 산에서 그분을 경배하여라.
진실로 우리 주 하나님께서는 거룩하시도다.

[해설과 묵상] 지금까지 '하나님께서 통치하신다.'라는 대주제를 가지고 계속 읊어진 군왕시들(47, 93, 95-99편)이 본시에 이르러 마무리된다. 군왕시들 가운데 본시는 그 내용과 형식에 있어서 가장 뚜렷하게 하나님의 초월하신 왕권과 거룩하신 품성에 관한 사상이 잘 드러나 있다.

본시의 내용은 "주님은 거룩하시다."라는 후렴구를 중심으로 삼분된다. 즉, 하나님의 거룩하고 의로운 통치의 미래성 곧 장차 이 땅에 임하실 엄위하신 하나님(1-3절), 그 통치의 현재성 곧 지금도 공의와 공평을 행하고 계시는 공의로우신 하나님(4-5절), 그리고 그 통치의 과거성 곧 지난날 자기 종들(모세, 아론, 사무엘 등)과 백성(이스라엘 백성)에게 응답하시고 용서해주신 인자하신 하나님(6-9절)으로 구성되어 있다.

본시에서 특징적인 면은 "주님은 거룩하시다."라는 후렴구가 세 번이나 반복해서 나타나고 있다는 점이다(3, 5, 9절). 그러하기에 혹자들은 이 같은 장면을 이사야 선지자가 소명을 받을 때 하나님의 엄위하신 보좌 앞에서 스랍들(천상의 호위 천사들)이 "거룩하시다, 거룩하시다,

주님의 제사장들 중에는 모세와 아론이 있었고

거룩하시다, 만군의 여호와여!"라고 찬양했던 장면(사 6:1-3)과 조화시켜, 본시의 장면이야말로 '스랍들의 지상 메아리'라며 탄복하기도 한다.

'그룹'(1절)은 하나님을 섬기는 천사들로, 각자 맡은 역할에 따라 하나님을 섬기고 찬양하며 거룩한 것들을 지키는 역할을 수행한다. 그리고 '스랍'은 성경 전체에서 이사야 선지자의 소명과 관련해서 오직 한 번만 언급되었는데(사 6:2), 문자적인 뜻은 '불타는 자들'이다. 아마도 불타는 듯한 형상을 지닌 절대 성결한 영적 존재로서, 인간을 성결케 하는 역할을 담당하는 천사인 듯하다.

100

기쁨과 감사의 노래

하나님을 경외하여라
기쁨에 넘쳐 주를 경배하여라
우리는 주의 것이요 주의 백성
주께서 기르시는 그의 양 떼라네

(감사의 찬송시)

(1-3) 온 땅아, 주께 기쁨의 노래를 불러라.
기쁨으로 주께 경배를 드리고
즐거이 노래를 부르면서 주님 앞으로 나아가라.
주님이야말로 하나님이심을 알라.
그분께서 우리를 지으셨으니
우리는 주님의 것이요
주님의 백성이며
주께서 기르시는 양 떼라.

(4-5) 감사의 노래를 부르면서 주님의 성전 문으로 들어가고
소리 높여 찬양하면서 주님의 성전 뜰로 나아가라.
주께 감사하고, 그분의 이름을 찬양하여라.
주께서는 선하시고 그 인자하심이 영원하시니
그분의 신실하심이 대대로 이어지리라.

우리는 주님께서 돌보시고 기르시는 양 떼라

[해설과 묵상] 본시는 하나님의 거룩한 통치를 찬양하는 일련의 시편들(95-100편) 가운데 마지막 대미를 장식하는 시로서, 표제에 나타나 있듯이 간결하고도 압축된 표현으로 하나님께 모든 영광을 올려드리는 감사의 시요, 그분의 크신 위엄과 인자하심을 노래한 찬양의 시다. 내용을 살펴볼 때, 전반부는 성전 문으로 나아가는 회중들이 부른 찬송이고(1-3절), 후반부는 성전 문 안에서 기다리고 있는 찬양대가 부른 찬송으로 보인다(4-5절).

본시에는 슬픔, 한탄, 하소연, 비애 등의 부정적인 어조가 한 마디도 나타나 있지 않다. 물 흐르듯 자연스럽게 처음부터 끝까지 하나님께 영광과 찬양을 올려드리고 있으며, 또한 온 땅의 만민으로 하여금 하나님을 경배하고 찬양할 것을 권고하고 있다. 그래서 본시는 돋보이는 탁월한 예배시로서 성전에서 주께 예배드릴 때 즐겨 사용되었는데, 그 내용을 들여다보면 이방 종교의 거짓된 사상을 훼파하는 여호와 신앙의 특징적인 사상이 잘 나타나 있다. 그것들은 이러하다.

첫째, 여호와는 참된 하나님이시다. 둘째, 여호와 하나님은 우리를 지으신 창조주이시다. 셋째, 우리는 여호와 하나님의 백성이요 그분이 기르시는 양 떼이다. 넷째, 여호와 하나님은 선하시고 인자하시다. 다섯째, 여호와 하나님의 선하심과 인자하심은 영원무궁하시다. 여섯째, 여호와 하나님의 신실하심은 대대로 계속 이어진다.

101

왕의 결연한 다짐

주의 사랑과 정의를 노래합니다
주를 찬양하는 노래를 부릅니다
이웃을 헐뜯는 자의 입을 막고
교만한 자는 받아들이지 않겠습니다

(다윗의 시)

(1-4) 주여, 주님의 사랑과 공의를 노래하렵니다.
주여, 내가 주께 찬양의 노래를 부르렵니다.
흠 없는 온전한 삶을 살기 위해 늘 애쓰렵니다.
그런데 주여, 주께서는 언제 내게로 오시렵니까?
나는 집 안에서 지낼 때도 흠 없는 마음으로 살려고 노력하겠고
악하고 불의한 일은 내 눈앞에 얼씬도 못하게 하렵니다.
내가 또 믿음 없는 자들의 빗나간 행위를 미워하여
그런 자들과 가까이하지 않으렵니다.
삐뚤어진 마음을 품지 않겠으며
남을 짓누르며 착취하는 짓은 생각조차 하지 않으렵니다.

(5-8) 이웃을 헐뜯는 자들의 입을 아예 다물게 만들고
잘난 체하며 거만하게 구는 자들을 절대로 그냥 놔두지 않으렵니다.
나는 이 땅에서 신실한 사람을 찾아내어 내 곁에 머물게 하고
흠 없이 살아가는 정직한 사람을 찾아내어 나의 일꾼으로 삼으렵니다.

속이는 자들은 나의 집에 발도 붙이지 못하게 하고
거짓을 말하는 자들은 내 앞에서 얼씬도 못하게 하렵니다.
내가 아침마다 이 땅의 모든 악인들의 입을 다물게 할 것이고
악을 행하는 모든 자들을 주님의 도성에서 다 없애버릴 것입니다.

[해설과 묵상] 이스라엘 왕들 중 가장 위대한 군왕이라 할 수 있는 다윗 왕이 지은 시로서, 하나님을 최고의 왕으로 모시는 신정국가의 왕 된 자로서 치세에 임하는 그의 통치 철학이 표현된 군왕시(君王詩)다. 다윗은 신정국가의 왕답게 나라와 백성을 다스리는 치세의 기본 원리를 하나님의 2대 속성에서 찾고 있다. 그것은 곧 사랑(인자)과 공의다.

본시는 이분된다. 전반부는 다윗 왕이 스스로를 성찰하는 내용으로, 하나님 앞에서 흠 없는 마음으로 경건하고 온전하게 살아갈 것임을 다짐하는 장면이다(1-4절). 후반부는 신정국가의 왕으로서 신실하고 정직한 신하들을 공정하게 발탁하고 또한 악한 자들을 징벌함으로써 나라의 기강을 올바로 세우겠다고 다짐하는 장면이다(5-8절).

이 같은 다윗 왕의 결연한 다짐은 장차 다윗의 혈통을 좇아 이 땅에 오셔서 사랑과 공의로 만백성을 다스리실 메시아(그리스도)의 완전하고 이상적인 통치를 미리 보여주는 것이라고 볼 수 있다.

102
상한 심령의 회복을 탄원하는 기도

나의 나날은 황혼녘 그림자이오니
하늘에서 두루 살펴주소서
시온에서는 주의 이름을 찬송하고
왕들은 주의 영광을 기릴 것입니다

(고난 가운데 처한 곤고한 자가 상한 심령으로 주께 하소연하는 기도)

(1-11) 오, 주여, 내 기도를 들어주소서.
나의 울부짖는 이 소리가 주님 앞에 이르게 하소서.
내가 고통 중에 있사오니, 주님의 얼굴을 내게서 숨기지 마소서.
내가 부르짖을 때에 내 기도에 귀를 기울여주시고
내가 외칠 때에 내게 속히 응답해주소서.
나의 나날들은 연기처럼 덧없이 사라져가고
내 뼈들은 까만 숯처럼 바짝 타들어가나이다.
내 마음은 베어놓은 풀처럼 시들고 말라버려서
이제 입맛조차 다 잃어버렸나이다.
나의 신음소리가 잠시도 그칠 날 없어
이제 나의 살가죽이 뼈에 달라붙었나이다.
지금 이 몸은 광야에 사는 올빼미 같고
폐허더미에 사는 부엉이 같나이다.

내가 침대에 누울지라도 잠을 조금도 이루지 못하니

마치 지붕 위에 홀로 앉아 있는 외로운 새와 같나이다.
나의 원수들은 온종일 나에게 온갖 욕을 해대고
나를 우습게 여기는 자들은 내 이름을 들먹이면서 내게 저주를 퍼붓나이다.
나는 재 뒤집어쓰기를 밥 먹듯 하고
눈물을 물처럼 마시나이다.
이것은 주께서 이 몸에게 크게 진노하신 까닭입니다.
주께서는 나를 들어 올려 내팽개치셨나이다.
그리하여 나의 인생은 황혼녘에 길게 기울어지는 그림자 같고
시들어 말라가는 풀 같나이다.

(12-22) 오, 주여, 그러나 주께서는 영원토록 왕좌에 앉아 다스리시고
주님의 이름은 세세토록 찬양을 받으실 것입니다.
주여, 일어나소서.
일어나셔서, 시온을 불쌍히 여겨주소서.
이제 시온을 불쌍히 여기실 때가 이르렀으니
곧 주께서 정하신 때가 왔나이다.
주님의 종들은 시온의 돌들만 보아도 즐겁고
그 티끌만 보아도 정겹나이다.
뭇 나라 백성들이 주님의 이름만 들어도 두려워 벌벌 떨고
세상의 모든 왕들이 주님의 영광을 크게 기릴 것입니다.
주께서 시온을 다시 세우시고
큰 영광 가운데 나타나실 것이기 때문입니다.
주께서는 헐벗고 가난한 자들의 기도를 들어주실 것이며
그들의 간구를 외면하지 않으실 것입니다.

너희는 주께서 행하신 놀라운 일들을 적어두어라.
다음 세대가 다 읽고 알 수 있도록
아직 이 세상에 태어나지 않은 사람들도 장차 그것을 읽고
모두가 주님을 찬양할 수 있도록 기록으로 남겨두어라.
정녕 주께서는 저 높은 곳 자신의 성소에서 굽어 살펴보시고
하늘에서 이 땅을 두루 살피시니
그것은 감옥에 갇힌 자들의 탄식 소리 들으시고

죽을 지경에 놓여 있는 사람들을 석방시키시기 위함이니라.
그리하여 주님의 이름이 시온에 크게 울려 퍼지고
주께 올리는 찬양이 예루살렘에 널리 울려 퍼지리라.
그때에 또한 뭇 나라들과 뭇 민족들이 다 함께 모여 주님을 경배하리라.

(23-28) 내가 한창 잘나가던 시절에 주께서는 나의 힘을 꺾어놓으시고
내 남은 날들을 줄여버리셨도다.
그리하여 내가 주께 아뢰기를
"오, 나의 하나님이시여, 이 몸이 늙기도 전에
나의 중년의 목숨을 앗아가지 마소서.
주님은 영원히 사시는 분이시니, 주님의 연대는 대대로 무궁무진합니다.
태초에 주께서는 땅의 기초를 놓으셨고
하늘도 주께서 손수 빚으셨나이다.
비록 하늘과 땅은 사라질지라도, 주께서는 영원히 계십니다.
하늘과 땅은 옷처럼 낡을 것이고
주께서는 낡은 옷을 갈아입으시듯 그것들을 바꾸실 터이니
그러면 그것들은 다 사라지고 말 것입니다.

그럴지라도 주께서는 언제나 변함없이 한결같으시고
주님의 연대는 영원무궁토록 끝이 없을 것입니다.
그러하오니 주여, 주님 종의 자녀들이 계속 이어져
주님만 바라보며 살아가게 하소서.
주님 종들의 자녀들로 하여금 주님 앞에 굳건히 서게 하소서." 하였도다.

[해설과 묵상] 나라와 민족의 아픈 현실을 놓고 고난 가운데 처한 곤고한 자가 상한 심령을 부둥켜안고 하나님께 애타게 도움을 호소하고 간절히 회복을 구하는 비탄의 시다. 누가 본시를 썼는지 그 작자는 알 수 없지만, 저작 시기는 분명 나라가 망한 후 이스라엘 백성이 바빌로니아 땅에 끌려가 거기서 포로생활을 하던 암울한 시기로 보인다(주전 605-538년경). 그 시기에 시인은 본시를 통해 개인의 곤고함과 민족의

이 몸은 광야에 사는 올빼미 같나이다

아픔을 하나님께 허심탄회하게 토로한 것이다.

본시의 내용은 삼분된다. 초반부는 절박하고 처절한 현실 가운데 처한 시인이 자신의 곤고한 상황을 피맺힌 절규로 토로하는 장면이다(1-11절). 중반부는 시온(예루살렘)의 회복에 대한 간절한 소망과 확신이 피력되는 장면이다(12-22절). 마지막 후반부는 선민(選民) 이스라엘을 향한 하나님의 영원한 복 주심과 적극적인 후원을 기대하는 장면이다(23-28절).

시의 내용을 통해 알 수 있듯이, 시인은 자신이 당하고 있는 고난을 단지 개인적인 아픔으로만 보지 않았다. 자신의 고난을 통해 나라와 민족 전체가 직면하고 있는 고통스런 현실, 곧 거룩한 성전이 있는 시온(예루살렘)에서 쫓겨나 머나먼 이방 땅 바빌로니아에서 포로생활을 하고 있는 처참한 현실을 온몸으로 느꼈다. 그래서 시인은 그런 처참한 현실을 해결할 수 있는 유일한 길은 오직 하나님께서 자기 민족에게 도움을 베푸시는 것뿐임을 깊이 확신하고, 하나님 앞에 엎드려 시온의 회복을 애타게 갈망하는 탄식조의 간구를 드렸던 것이다.

그렇다. 바로 이런 자세야말로 고난 중의 신앙인이 마땅히 취해야 할 올바른 자세다. 참된 신앙인은 암울하고 고통스런 현실로 인해 마냥 절망하거나 탄식만 하고 있어선 안 된다. 그럴 때일수록 더더욱 하나님 앞으로 가까이 나아가, 가난하고 겸허한 심령으로 모든 현실과 상황을 가감 없이 허심탄회하게 토로하는 가운데 하나님의 도우심, 은혜, 긍휼, 복 주심의 손길을 호소하고 기대하며 확신하고 찬양해야 한다. 본시의 저자가 그랬던 것처럼.

103

주님의 크신 은혜와 사랑

내 영혼아, 주를 찬양하여라
죄를 용서하신 은혜를 잊지 말아라
날 치유하시고 무덤에서 살리시고
독수리처럼 높이 솟구치게 하셨네

(다윗의 시)

(1-2) 내 영혼아, 주님을 찬양하여라.
내 속에 있는 모든 것들아, 주님의 거룩하신 이름을 찬양하여라.
내 영혼아, 주님을 찬양하고
주께서 베푸신 모든 은혜를 정녕 잊지 말지어다.

(3-19) 주께서는 네가 지은 모든 죄를 용서하시고
네가 앓는 모든 질병을 고쳐주시며
네 생명을 파멸의 구덩이에서 건져주시고
사랑과 자비로 네게 관을 씌워주시며
온갖 좋은 것들로 네 마음을 흡족히 채워주시고
네 청춘을 새롭게 하여 독수리처럼 용솟음치게 해주신다.
진실로 주께서는 억압당하는 모든 사람들을 위해
공의로운 심판을 베푸시는 분이시니
주께서는 모세에게 주님의 길을 알려주셨고
이스라엘 백성에게 주님의 행적들을 보여주셨도다.

주께서는 자비로우시고 은혜로우시며
노하기를 더디 하시고, 사랑이 풍성하신 분이시다.
죄를 꾸짖으시되 두고두고 꾸짖지 아니하시며
진노하는 마음을 오래도록 품지 않으신다.
우리가 죄를 지어도 그 죗값에 따라 고스란히 처벌하지 않으시고
또한 우리의 허물을 그대로 되갚지도 않으신다.

하늘이 땅에서 높디높은 것처럼
주님을 경외하는 사람에게 주님의 사랑도 그지없이 높고 크시다.
동녘이 서녘에서 한없이 멀듯이
주께서는 우리의 죄악과 허물을 우리에게서 그처럼 멀리 옮겨주신다.
부모가 자녀를 가엾게 여겨 따뜻이 감싸주듯이
주께서도 주님을 경외하는 자들을 가엾게 여겨 포근히 감싸주신다.
그것은, 주께서 우리가 어떻게 지어졌는지 우리의 체질을 다 아시기에
우리가 단지 흙에 불과할 뿐임을 기억하시기 때문이도다.
진실로 우리네 인생은 그 나날들이 풀과 같고
그 영화가 피고 지는 들꽃과 같아서
바람이 한 번 불고 지나가면 곧 시들어
그 피어난 흔적조차 찾을 수 없도다.
그러나 주님을 경외하는 사람들에게는 주님의 크신 사랑이
영원에서 영원까지 이르고
주님의 의로우심이 대대로 자자손손까지 이를 것이니
곧 주님의 언약을 지키고
주님의 법도를 기억하여 순종하는 사람들에게 영원토록 이르리라.
주께서는 하늘에 주님의 보좌를 굳건히 정해놓으셨으니
주님의 나라가 세상 만물을 다스리신다.

(20-22) 주님의 모든 천사들아,
곧 주께서 하시는 말씀을 듣고 그 음성대로 따르는 너희 힘 있는 자들아,
다 함께 주 하나님을 찬양하여라.
너희 주님의 모든 천상의 군대들아

주님의 기쁘신 뜻을 이루는 주님의 모든 종들아,
다 함께 주 하나님을 찬양하여라.
주께 지음 받은 너희 모든 피조물들아,
주께서 다스리시는 곳에 있는 모든 자들아,
다 함께 주 하나님을 찬양하여라.
오, 내 영혼아, 주님을 찬양하여라.

[해설과 묵상] 다윗이 지은 찬송시로서, 다윗의 여러 찬송시들 가운데 가장 출중한 시들 가운데 하나다. 그야말로 영감 넘치고 신앙적인 열정이 풍부한 탁월한 시다. 그 다양하고 풍부한 내용, 그 아름답고 운율적인 묘사에 있어 뛰어난 문학적 가치를 지닌 주옥같은 황금시다. 본시의 저작 배경에 대해서는 알려진 바가 없다. 하지만 본시는 그 넘쳐나는 영감, 힘차고 감격스런 신앙고백, 그리고 하나님의 영광을 찬양하는 빼어난 문학적 필치로 인하여 오고 오는 세대의 수많은 신앙인들에게 큰 감흥과 영감을 제공해주고 있다.

시인은 넘치는 감사와 기쁨의 분위기 속에서 모두를 향해 하나님께 찬양할 것을 권면하고 있는데, 시의 내용은 삼분된다. 초반부는 스스로를 찬양에로 초대하는 장면이다(1-2절). 중반부는 개인적으로, 민족적으로 크신 은혜를 베푸신 하나님의 행적을 설파하면서 마땅히 찬양받으실 하나님의 사랑과 은혜와 긍휼을 노래하는 장면이다(3-19절). 그리고 마지막 후반부는 천사, 성도, 만민 등 우주 공간에 존재하는 모든 피조물을 향하여 하나님을 찬양하라고 권면하는 장면이다(20-22절).

네 청춘을 독수리같이 새롭게!

이처럼 개인적 차원에서, 민족적 차원에서 하나님의 넘치는 사랑과 긍휼을 체험한 자의 심령 속에는 하나님을 향한 거룩한 열정과 기쁨으로 가득 차 있게 되는데, 그러한 마음속의 열정과 기쁨은 당연히 하나님을 향한 뜨겁고 열렬한 찬양과 경배로 표출될 수밖에 없다. 그런 점에서 하나님을 향한 기쁨의 찬양은 하나님의 크신 사랑과 은혜로 구속함을 받은 모든 성도들이 주께 마땅히 드려야 할 가장 아름답고 귀한 예물이요, 이 땅을 떠나 천국 가는 그날까지, 아니 천국에 들어가서도 끊임없이 계속되어야 할 거룩한 의무이자 영광스러운 특권이라 할 수 있다.

시인은 사람을 '흙'이라고 묘사했는데(14절), 그것은 하나님께서 땅의 흙 곧 티끌(먼지)로써 사람을 지으셨기 때문이다(창 2:7). 이는 인간의 육체적 생명이 얼마나 연약하고 짧은 것인지를 잘 보여준다. 그렇지만 인간은 하나님의 형상과 모양을 좇아 지음을 받았기에 아주 가치 있고 고귀한 존재가 되었고(창 1:27), 그래서 하나님은 우리 타락한 인간을 구하시려고 자신의 독생자를 십자가에 희생시키기까지 하셨다(요 3:16).

104

창조주 하나님을 찬양하라

레바논의 백향목은 비를 맞고 잘 자라고
높은 산에는 산양들이 사네
주께서 하신 일 어찌 그리 많은지
땅에는 지으신 것들로 충만하네

(1-4) 내 영혼아, 주님을 찬양하여라.
오, 나의 하나님이시여, 주님은 참으로 위대하십니다.
주님은 영광과 위엄으로 옷을 입으셨나이다.
주께서는 빛으로 온몸을 휘감으시고
하늘을 장막처럼 활짝 펼쳐놓으시며
물 위에 들보를 놓아 누각을 지으시고
구름으로 마차를 삼으시며
바람의 날개를 타고 다니시는 분입니다.
바람을 심부름꾼으로 삼으시고
번개를 몸종으로 삼으신 분입니다.

(5-30) 주께서는 땅의 기초를 든든히 세우셔서
땅이 영원토록 흔들리지 않게 하셨나이다.
또한 옷으로 몸을 감싸듯, 주께서는 깊은 물로 땅을 덮으셨으니
물이 산들 위로 높이 솟았나이다.
그러나 주께서 꾸짖으시자 물이 깜짝 놀라 저만치 물러가고

주님의 천둥소리에 물이 정신없이 서둘러 도망칩니다.
물들이 흘러 이 산과 저 산을 넘은 뒤 골짜기를 타고 내려가서
주께서 정해주신 그 자리로 흘러갑니다.
주께서는 물의 경계를 정해놓으셔서 물이 더 이상 넘치지 않도록 하셨고
다시는 땅을 덮지 못하게 하셨나이다.
또한 골짜기마다 샘물이 솟아나게 하시어
그 물이 산과 산 사이로 흘러내리게 하시니
모든 들짐승들이 그 물을 즐거이 마시고
목마른 들나귀들도 그 물로 갈증을 풉니다.
공중의 새들조차 물 가까이에 둥지 틀고, 나뭇가지 사이에서 지저귑니다.

이처럼 주께서 저 높은 하늘 궁궐에서
뭇 산들에 물을 대어 촉촉하게 적셔주시니
이 땅은 주께서 빚으신 열매들로 주렁주렁 풍성합니다.
주께서는 가축들이 뜯어먹도록 풀밭을 푸르게 하시고
사람들이 먹을 채소도 자라게 하시며
땅에서 곡식들을 거두게 하셨나이다.
또한 사람의 마음을 흥겹게 하는 포도주를 주시고
사람의 얼굴에 윤기가 나게 하는 올리브기름도 얻게 하시며
사람들로 그 생명을 유지하도록 빵을 주셨나이다.
주님의 나무들 곧 주께서 손수 심으신 레바논의 백향목들이
비를 맞고 잘 자라니
온갖 새들이 거기에 둥지를 틀고
황새도 전나무 꼭대기에 집을 짓나이다.
높은 산들마다 산양들이 살고 있으며
바위틈마다 오소리가 몸을 숨깁니다.

높은 산들마다 산양들이 살고

주께서는 또 하늘에 달을 두어
계절을 나타내시고

태양에게는 그 지는 때를 알려주셨나이다.
또 어둠을 펼치시어 밤이 되게 하시니
뭇 들짐승들이 기어 나와 숲을 어슬렁거립니다.
젊은 사자들은 먹이를 찾아 여기저기 다니면서
먹을 것을 달라고 하나님께 으르렁거리며 부르짖다가
해가 돋으면 물러가서 자기 굴 속에 눕나이다.
그러면 사람들은 일하러 나와서, 해가 저물도록 수고롭게 일합니다.

오, 주님, 주께서 하신 일들이 어찌 그리도 많고 다양한지요!
그 모든 일들을 주께서 지혜로 다 이루셨으니
온 땅이 주께서 지으신 것들로 가득합니다.
또한 저 바다, 곧 한없이 크고 드넓은 저 바다 안에는
셀 수 없을 만큼 크고 작은 다양한 피조물들이
우글거리며 살고 있나이다.
바다 위에서는 크고 작은 배들이 이리저리 왔다 갔다 하고
바다 속에서는 주께서 손수 지으신 리워야단이 노닐고 있나이다.
이 모든 것들이 주님만을 바라보면서
주께서 때맞춰 먹을 것 주시기를 기다립니다.
주께서 먹을 것을 주시면, 그들은 몰려들어 받아먹나이다.

이처럼 주께서 손을 펴서 먹을 것을 나눠주시면
그들은 좋은 것들로 흡족하게 배를 채우며 아주 만족해합니다.
그러다가 주께서 얼굴을 돌리시면, 그들은 무서워 벌벌 떨고
마침내 주께서 그들의 호흡을 거두어들이시면,
그들은 죽어서 한 줌 흙으로 되돌아갑니다.
그러나 주께서 그들에게 주님의 숨결을 불어넣으시면
그들은 새로운 생명으로 다시 태어나서, 온 땅을 다시금 새롭게 합니다.

(31-35) 오, 주님, 주님의 영광은 영원토록 이어지소서.
주께서 친히 지으신 것들로 기쁨을 누리소서.
주께서 땅을 굽어보기만 하셔도 땅은 무서워 벌벌 떨고
주께서 산을 살짝 건드리기만 하셔도 산은 연기를 토해냅니다.

나는 내 목숨이 다하도록 주님을 노래하리라.
내가 살아 있는 동안 일평생 나의 하나님을 찬양하리라.
나의 이런 묵상을 주께서 즐거이 받아주신다면
내가 주님 안에서 참으로 기뻐하리라.
그러나 주여, 죄인들을 이 땅에서 다 쓸어버리소서.
악인들이 더 이상 존재하지 못하게 하소서.
오, 내 영혼아, 주님을 찬양하여라. 할렐루야!

[해설과 묵상] 창조주로서의 하나님의 권능과 지혜를 노래한 시편의 4대 창조시(創造詩, 8, 19, 29, 104편) 가운데 하나로, 하나님께서 창조하신 대자연에 대한 감탄과 경이가 마치 한 폭의 그림처럼 회화적으로 묘사되었다. 따라서 본시는 창세기 1장의 '창조 장(章)'을 연상시키는데, 다만 창조의 순서대로 묘사한 것이 아니라 감상자의 입장에서 자유롭게 대자연의 경이와 질서와 조화를 읊고 있다.

본시의 저자나 배경에 대해서는 알려진 바가 없다. 하지만 다윗이 쓴 앞의 103편의 처음과 마지막 구절 곧 "내 영혼아, 주님을 찬양하여라!"라는 구절이 똑같다는 점을 들어, 본시도 역시 다윗이 쓴 것으로 추정된다. 여하튼 본시는 '천지 창조'를 다루고 있는 창세기 1장의 내용과 불가분의 관계를 지닌 벅찬 감흥의 찬양시로서, 온 우주 만물을 친히 조성하시고 그 하나하나를 직접 관리하시고 다스리시는 하나님의 경이로운 섭리와 사역을 마치 한 폭의 수채화를 그리듯 섬세하고도 생동감 넘치게 묘사하고 있다.

본시가 창세기 1장에 소개된 천지창조의 순서에 따라 순차적으로 읊은 찬송시가 아니므로, 내용을 분류하는 데 약간의 어려움이 있다. 하지만 대략 세 단락으로 구분할 수 있다. 초반부는 창조주 하나님의 광대하고도 무한한 능력과 초월적이고도 엄위하신 영광을 묘사한다(1-4절). 중반부는 대자연 곧 하늘과 땅, 사람과 짐승, 바다의 동물,

각종 생명들 속에 나타나 있는 하나님의 경이로운 섭리와 지혜를 묘사하고(5-30절), 마지막 후반부는 찬양에 대한 서원과 다짐 및 하나님의 공의로우신 심판에 대한 확신을 묘사한다(31-35절).

하나님께서 태초에 천지 만물을 창조하셨다는 그 사실(창 1:1)을 믿느냐, 혹은 믿지 않느냐에 따라 한 인생의 모든 신앙과 운명이 결정적으로 좌우된다. 온 우주만물과 대자연과 우리 인간이 그저 우연히 생겨난 존재가 아니라 하나님의 기쁘신 뜻과 계획에 따라 지음 받았다는 사실을 분명히 믿고 깨닫게 될 때, 우리도 본시를 쓴 시인처럼 창조주 하나님을 향해 가슴 벅찬 찬양을 올려드릴 수 있게 된다. 아울러 그토록 광대하고 위엄 있으신 창조주 하나님 앞에서 우리 인생의 미약함과 나약함을 새삼 발견하고는, 겸손하고 가난한 심령으로 하나님의 존전에 나아가 마땅히 그분께 소리 높여 모든 영광과 찬양을 올려드리는 것이 지극히 마땅하다는 사실을 철저하게 깨닫게 된다.

시인은 바닷속의 '리워야단'에 대해 언급했는데(26절), 이는 거대한 바다 동물을 가리킨다. 성경에서는 악어, 큰 뱀(용), 고래 등으로 번역된다. 성경에서 이 말은 오직 시적(詩的) 표현으로서만 사용되고 있는데, 본래는 고대 세계의 창조신화에서 빌려온 이미지다. 즉, '리워야단'은 고대 바빌로니아 신화에서 해와 달의 빛을 가릴 수 있는 힘을 지녔다고 간주된 신화적인 용(龍)을 가리켰다. 혹은 유대교 설화에서는 태초의 창조 때에 하나님께 도전했다가 싸움에 져서 쫓겨난 신화적인 피조물로 여겨졌다. 후일에 이 말은 강력한 힘을 지닌 크고 무시무시한 '악어'를 가리키는 데 사용되기도 했다(욥 41:1).

105

자기 백성을 돌보시는 신실하신 하나님

옥중의 요셉이 애굽 총리가 되자
야곱 가족은 몸 붙여 살았네
모세를 세워 교만한 애굽을 치니
강은 피가 되고 장자는 다 죽었네

(1-7) 너희는 주께 감사를 드리고, 그분의 이름을 불러라.
주께서 하신 일들을 뭇 나라 사람들에게 널리 알려라.
그분께 찬양의 노래를 불러드리고
그분께서 행하신 놀라운 일들을 전하여라.
그분의 거룩하신 이름을 찬양하여라.
주님을 찾는 이들은 마음으로 진정 기뻐하여라.
주님을 찾고, 그분의 능력을 구하여라.
너희는 언제나 주님의 얼굴을 찾고 구하라.
주께서 행하신 놀라운 일들과 기적들을 생각하고
주께서 내리신 심판을 기억하여라.
주의 종 아브라함의 자손들아, 주께서 택하여 뽑아내신 야곱의 자손들아,
그분은 우리 하나님 주이시니
그분께서는 온 세상을 공의로 다스리신다.

(8-15) 주께서는 자신의 언약을 영원히 기억하시고
자신이 명하신 말씀을 자손만대에 이르도록 생생하게 기억하신다.

그것은 아브라함과 맺으신 언약이요
이삭에게 하신 맹세이며
야곱에게 세워주신 율례이고
이스라엘과 맺으신 영원한 계약이니
주께서 말씀하시기를 "내가 너희에게 가나안 땅을 주어
너희 자손 대대로 유산이 되게 하리라" 하셨다.
그때에는 너희의 수효가 극히 적었고
그 땅에서 나그네로 지냈으며
이 나라에서 저 나라로 정처 없이 떠돌아다녔고
이 민족에게서 저 민족에게로 헤매고 다녔다.
그러나 그때에 주께서는 아무도 너희를 억누르지 못하게 하셨고
너희를 지켜주시려고 왕들을 꾸짖으며 말씀하시기를
"내가 기름 부어 세운 자들에게 손대지 말며
내 예언자들을 해치지 말라." 하셨다.

(16-23) 그 뒤에 주께서는 가나안 땅에 심한 기근이 들게 하시어
모든 양식을 다 끊어버리셨다.
그러나 주께서는 그들보다 먼저 한 사람을 보내셨으니
곧 이집트 땅에 노예로 팔려간 요셉이었다.
사람들은 요셉의 발에 차꼬를 채우고, 그의 몸을 쇠사슬로 묶었지만
마침내 요셉의 예언이 모두 들어맞게 되었으니
곧 주님의 말씀이 그의 진실함을 입증해주었도다.
그러자 이집트 왕이 사람을 보내어 요셉을 풀어주었으니
뭇 백성의 통치자인 왕이 그를 석방한 것이다.
그런 뒤 이집트 왕은 요셉에게 나라 살림을 전부 맡기고
자기 소유의 모든 재산도 관리하게 하였으며
이집트의 모든 관료들을 그의 뜻대로 가르치게 하였고
또한 원로들에게 지혜를 가르치게 하였다.
그 무렵에 이스라엘이 이집트로 내려갔으니
곧 야곱이 함의 땅에서 나그네로 몸 붙여 살게 된 것이다.

(24-38) 주께서는 이집트 땅에서 자기 백성을 크게 불어나게 하셔서

그들의 대적들보다도 더욱 강성하게 하셨다.
이에 주께서는 이집트 사람들의 마음을 변하게 하셔서
자기 백성을 미워하게 하셨다.
그리하여 이집트 사람들은 온갖 속임수를 쓰고 간교한 음모를 꾸며
주님의 종 이스라엘을 크게 학대하였다.
그러므로 주께서는 자기 종 모세와 더불어
직접 택하신 아론을 이집트 왕에게로 보내셨다.

주께서는 모세와 아론을 이집트 왕에게 보내셨다

모세와 아론은 이집트 백성에게 하나님의 표적을 보였고
함의 땅에서 하나님의 위대한 기적을 베풀었다.
주께서 이집트 땅에 흑암을 보내시어 온 땅을 칠흑같이 어둡게 하셨지만
이집트 사람들은 주님의 말씀을 배척하고 그분의 명령에 따르지 않았다.
주께서는 나일 강의 물을 모두 피로 바꾸어
그 강의 물고기를 모조리 죽이셨고
그 땅의 방방곡곡에 개구리 떼들로 우글거리게 하셔서
심지어 왕의 침실에까지 넘쳐나게 하셨다.
주께서 명령하시니
파리 떼와 모기 떼가 가득 몰려들어 이집트 온 땅에 득실거렸다.

또 주께서는 비 대신에 우박을 그 땅 위에 쏟아붓고

온 땅에 번쩍거리는 번갯불도 보내셨다.
그리하여 포도나무들과 무화과나무들을 죄다 꺾어버리시고
이집트 땅에 있는 나무란 나무는 모조리 산산조각 내버리셨다.
또 주께서 명령하시니
어디선가 메뚜기 떼가 수도 없이 날아들어
그 땅에 돋아나 있는 푸른 것들은 하나도 남김없이 다 갉아먹었고
그 땅의 밭에서 나는 열매란 열매는 모조리 삼켜버렸다.
그런 뒤 마침내 주께서는 이집트 땅의 모든 처음 난 것들
곧 모든 기력의 시작인 그 땅의 맏이들을 모조리 죽이셨다.
그러고 나서야 주께서는 이스라엘 백성으로 은과 금을 많이 챙겨서
그 땅에서 나오게 하셨으니
이스라엘 각 지파 사람들 가운데 병든 자나 약한 자가 하나도 없이
모두 당당하게 걸어 나왔다.
그때에 이집트 사람들은 온갖 재앙들로 인해
두려워 벌벌 떨고 있었기 때문에
이스라엘 사람들이 자기 땅을 떠나가자 오히려 기뻐하였다.

(39-45) 이집트 땅에서 나온 뒤
하나님께서는 뜨거운 낮에는 구름을 펼쳐 가려주시고
추운 밤에는 환한 불로 길을 밝혀주셨다.
이스라엘 백성이 먹을 것을 달라고 부르짖으면

하나님께서 낮에는 구름을 펼쳐 가려주시고

주께서는 메추라기를 가득 몰아주셨고
또한 하늘에서 먹을 양식을 풍족하게 내려주셔서
모두가 배불리 먹게 하셨다.
또 백성이 목마를 때
주께서는 바위를 쪼개어 물이 펑펑 솟아나게 하셨으니
그 물이 강물처럼 흘러 마른 땅을 적셨다.

이 모든 것은, 주께서 하셨던 거룩한 약속
곧 주께서 자기 종 아브라함과 맺으셨던 그 약속을 잊지 않고
다 기억하고 계셨기 때문이다.
참으로 주께서는 자기 백성으로 기쁨에 가득 차서 나오게 하셨고
자신이 택하신 백성으로 환호성을 지르며 나오게 하셨다.
그런 뒤에 주께서는 뭇 나라 백성이 살고 있던 땅을 그들에게 주셨으니
곧 다른 이방 민족들이 애써 일군 땅을
자기 백성에게 물려주어 그들의 차지가 되게 하셨다.
주께서 이렇게 하신 까닭은
이스라엘 백성으로 주님의 율례를 지키게 하고
또 주님의 법도를 따르게 하시기 위함이었다.
할렐루야!

[해설과 묵상] 시편에 소개된 세 편의 역사시(歷史詩, 78, 105, 106편) 가운데 하나로서, 자기 백성과 맺은 언약에 신실하신 하나님께 감사를 올려드리는 찬양시다. 다른 두 편의 역사시(78, 106편)가 이스라엘 역사 내내 전개되었던 백성들의 죄악과 불순종을 지적하면서 올바로 살아갈 것을 훈계한 것인데 비해, 본시는 이스라엘 역사 내내 하나님께서 자신의 언약을 어떻게 신실하게 준행해 오셨는지를 밝히 소개함으로써 하나님께 감사를 드리고 그분을 영화롭게 하는 일에 힘을 쏟고 있다.

본시에서 다루고 있는 이스라엘 역사의 소재는 이스라엘의 조상인 아브라함의 소명에서부터 모세의 인도하에 이루어진 출애굽과 광야

여정을 거쳐 여호수아의 인도하에 실행된 가나안 입성까지다(창세기 12장~여호수아). 본시의 저자가 누구인지는 분명히 알 수 없지만, 본시의 1-15절 부분은 일찍이 다윗이 언약궤를 옮긴 때에 그 넘쳐나는 기쁨으로 지었던 노래(대상 16:8-22)와 흡사하다는 사실에 근거하여, 다윗이 본시를 쓴 것으로 추정된다. 그리고 본시의 맨 끝부분이 '할렐루야'로 마무리되고 있기에, 흔히들 본시를 '할렐루야 시편'(105-106, 111-113, 117, 135, 146-150편)이라 부른다.

본시의 내용을 살펴보면 이러하다. 제1연은 능력의 하나님께 대한 감사와 찬양을 드릴 것을 권고하는 장면이고(1-7절), 제2연은 하나님께서 이스라엘의 족장들(아브라함, 이삭, 야곱)과 언약을 맺으신 사실을 소개하는 장면이다(8-15절). 제3연은 이스라엘이 기근을 피해 이집트로 내려간 사실과 요셉을 통해 그 땅에서 일하신 사실이 언급된 장면이고(16-23절), 제4연은 모세를 일꾼 삼아 이집트 땅에 온갖 이적을 베푸심으로써 하나님께서 자기 백성 이스라엘을 해방시킨 사실을 묘사하고 있다(24-38절). 그리고 마지막 제5연은 죽음의 땅 광야에서 자기 백성을 눈동자처럼 자상하게 돌보신 하나님의 인자하신 손길 및 언약에 신실하신 하나님께서 마침내 자기 백성을 가나안 땅으로 인도해 들이신 사실을 묘사하고 있다(39-45절).

진실로 하나님께서 친히 돌보시는 개인과 민족은 결코 망하지 않는다. 하나님은 신실하신 분이므로 그분께서 한번 발하신 약속은 일점일획도 땅에 떨어짐 없이 반드시 이루어진다. 특히 거칠고 황량한 죽음의 장소인 광야에서 하나님은 자기 백성을 자상하게 돌보신다. 그러므로 오늘날 광야 같은 거친 세상을 살아가고 있는 우리 성도들이 망하지 않고 끝까지 살아남아 젖과 꿀이 흐르는 하늘 가나안 곧 천국에 들어갈 수 있는 유일한 방법은 언약에 신실하신 하나님을 굳게 붙들고 오직 그분의 말씀과 인도하심대로 살아가는 것이다.

본시에서 시인은 이집트(애굽)를 '함의 땅'이라고 묘사했다(23, 27절). 함(Ham)은 노아의 세 아들 중 한 명이었다(창 9:18). 창세기 10장은 노아의 세 아들의 후손들에 의하여 나라와 민족이 생겨나고 문명이 확장되는 과정을 묘사하고 있다. 그중 함의 자녀들 중에 '구스'와 '미스라임'과 '붓'이 포함되어 있는데(창 10:6), '구스'의 후손들이 상(上) 이집트(남부 이집트)의 백성들이고, '미스라임'의 후손들이 하(下) 이집트(북부 이집트)의 백성들이다. 그리고 '붓'의 후손들이 이집트 서부의 백성들이다. 이처럼 이집트는 함의 후손들에 의해 구성된 '함의 땅'이었다.

106

이스라엘의 불순종과 하나님의 자비하심

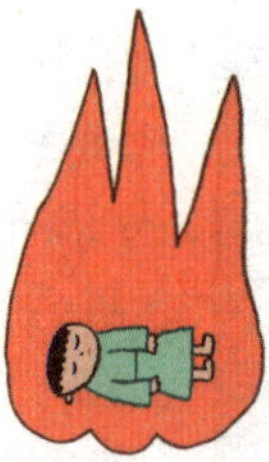

선하신 주께서 우리를 구하셨건만
우리는 광야에서 주를 시험하였네
이방인과 통혼하고 우상을 섬기며
자녀를 우상에게 제물로 바쳤네

(1-5) 주님을 찬양하여라.
주께 감사드려라.
주께서는 선하시고, 그 인자하심이 영원하도다.
주께서 행하신 그 놀라운 일들을 누가 일일이 다 말할 수 있겠으며
그분께서 마땅히 받으셔야 할 영광을 누가 제대로 찬양할 수 있으랴!
복 되도다, 공의를 실천하는 자들과 항상 옳은 일을 행하는 자들이여!
주여, 주께서 주님의 백성에게 은혜를 베풀어주실 때에
이 몸을 기억하여주소서.
그들에게 구원의 손길을 내미실 때에 이 몸도 돌보아주소서.
주께서 택하신 백성이 번영하는 모습을 내 눈으로 똑똑히 보게 해주소서.
그리하여 주님 나라의 기쁨을 이 몸도 함께 누리게 해주시고,
또한 나로 하여금 주께서 주신 유산을 자랑하게 해주소서.

(6-12) 주님, 우리도 우리 조상들처럼 죄를 지었나이다.
참으로 우리가 잘못을 저질렀고 악한 짓을 행했나이다.
옛적 우리 조상들이 이집트에 있을 때

그들은 주께서 베푸셨던 위대한 기적들이 무엇을 뜻하는지
전혀 깨닫지 못했나이다.
그들은 주께서 수없이 보여주셨던 그 많은 사랑을 다 잊어버리고
도리어 바다 곧 홍해 바닷가에서 주님을 거역했나이다.

그럴지라도 주께서는 주님의 거룩한 이름을 위해
그들로 주님의 크신 권능을 알게 하시려고 그들을 구원해주셨나이다.
곧 주께서는 홍해를 꾸짖어 바닷물을 마르게 하신 뒤
그들로 광야를 지나듯
깊은 바닷속을 건너게
해주셨나이다.
이렇게 주께서는 주님
의 백성을 미워하는 자
들의 손아귀에서 구해
주셨고
대적들의 손아귀에서
건져주셨나이다.
그리고 주님의 백성을
뒤쫓아 왔던 대적들은
바닷물로 덮어버리시니
저들 가운데 살아남은
자가 아무도 없었나이다.
그제야 주님의 백성이 주님의 말씀을 믿었고
주께 찬양의 노래를 불렀나이다.

주님께서 그들로 바닷속을 건너게 하시고

(13-33) 그러나 그들은 어느새 주께서 행하신 일들을 다 잊어버리고
주님의 가르침을 기다리지도 않고 제멋대로 행동했나이다.
그들은 광야에서 탐욕을 크게 부렸고
사막에서 하나님을 종종 시험했나이다.
그래서 주께서는 그들이 요구하는 대로 다 들어주셨지만
동시에 그들에게 무서운 전염병을 보내시어
그들의 영혼을 쇠약하게 하셨나이다.

또 그들은 광야의 진영에서 모세를 질투하고
주께서 거룩하게 구별하신 아론을 시기함으로써
주님의 크신 진노를 자아냈나이다.
그러자 땅이 입을 크게 벌려 다단을 집어삼켰고
아비람 일당도 몽땅 덮어버렸나이다.
불길이 그 일당들을 다 집어삼키고
불꽃이 악한 무리들을 다 태워버렸나이다.

또 그들은 호렙산에서 송아지 우상을 만들고
거푸집에 부어 만든 그 우상을 섬겼나이다.
이렇게 그들은 자신들의 영광이 되시는 하나님을
한낱 풀이나 뜯어먹는 황소의 형상과 바꾸어버림으로써
이집트에서 그토록 위대한 일들을 행하신
자기들의 구원자이신 하나님을 잊고 배반했나이다.
그들은 이전에 함의 땅에서 일어났던 놀라운 이적들도
홍해에서 일어났던 두려운 이적들도 다 잊어버렸나이다.
그래서 주께서는 급기야 그들을 모조리 없애버리겠다고 선언하셨지만
그때에 주께서 택하신 모세가 주님 앞에 중재자로 나아가
그 백성을 위해 빌고 또 빌어 겨우 주님의 진노를 가라앉힘으로써
그들을 진멸시키지 않게 했나이다.

그때에 또 그들은 주께서 허락하신 그 좋은 땅을 우습게 여기고
주님의 말씀에 순종하지 않았나이다.
자기들의 장막 안에 틀어박혀 불평만 늘어놓으면서
주님의 음성을 들으려 하지 않았나이다.
그리하여 주께서는 손을 들어 맹세하사
그들을 광야에서 쓰러지게 하셨나이다.
또한 그들의 후손들도 뭇 나라들 앞에 거꾸러뜨리시고
사방으로 흩어버리시겠다고 말씀하셨나이다.
그들은 또 브올에서 바알 제사에 참석하여
아무런 생명도 없는 헛된 우상에게 제물을 바치고 그 제물을 먹었나이다.

이 같은 사악한 행위로 그들 스스로가 주님의 진노를 불러들였기에
주께서는 그들 가운데 무시무시한 전염병이 퍼지게 했나이다.
그때에 비느하스가 일어나서 범죄자들을 모두 처형함으로써 중재하니
가까스로 전염병이 물러갔나이다.
이런 비느하스의 행동은 의로움으로 인정받았고
그 이후로 그의 명성은 대대로 전해졌나이다.
또 그들은 므리바 물가에서도 주님을 진노하게 하였으므로
그로 인해 모세에게도 화가 미쳤나이다.
곧 그들이 모세의 마음을 크게 상하게 하였으므로
모세가 자신도 모르게 그 입술로 경솔한 말을 내뱉었던 것입니다.

(34-46) 그들은 또 주께서 그들에게 지시하신 대로
가나안 땅의 이방 민족들을 모조리 쓸어버려야 했지만
오히려 그들과 뒤섞여 서로 혼인하고
그들의 관습을 배우기에 바빴으며
그들의 우상들을 숭배했으니
그것은 결국 그들에게 올무와 덫이 되었나이다.
그래서 심지어 그들은 자기들의 아들딸들을
이방 귀신들에게 제물로 바쳐서 무죄한 피를 흘리게 했으니
곧 그 피는 가나안 땅의 우상들에게 희생 제물로 바쳐진 그들의 아들딸들의 피였나이다.
그리하여 그 땅은 그들의 피로 온통 더러워지고 말았나이다.
이런 짓을 벌임으로써 그들은 스스로를 더럽혔고
또 그런 행동으로 온갖 음란한 짓을 자행했나이다.

자기 자녀를 이방 귀신에게 바쳤도다

그러므로 주께서는 자기 백성에게 크게 진노하시고

자기 소유인 그들을 아주 싫어하셔서
그들을 이방 민족들의 손아귀에 넘겨주시니
그들을 미워하던 자들이 그들을 지배하게 되었나이다.
그들의 원수들이 그들을 심히 억압하였으므로
그들은 원수들의 힘에 짓눌려
그 권세 아래 굴종하는 가련한 신세가 되었나이다.
주께서는 여러 차례나 그들을 건져주셨지만
그들은 주께 등을 돌린 채 자기들 멋대로 행동하면서 거듭 죄를 짓다가
결국 비천한 신세가 되고 말았나이다.
그런데도 주께서는 그들의 고난을 돌아보시고
그들이 고통 가운데서 살려 달라고 부르짖을 때마다
그들의 간구를 들어주셨나이다.
주께서는 그들을 위해 그들과 맺은 자신의 언약을 기억하셨고
그 크신 인자하심으로 자신의 뜻을 돌이키시어
그들을 사로잡아간 자들로 하여금 그들에게 자비를 베풀도록 하셨나이다.

(47-48) 오, 주 우리 하나님이시여, 우리를 구원하소서.
뭇 나라들 가운데 흩어져 살고 있는 우리를 다시 모아주소서.
그리하여 우리가 다 함께 모여
거룩하신 주님의 이름에 감사드리며
소리 높여 주님을 찬양하게 하소서.
너희는 이스라엘의 하나님 주님을 찬양하여라.
영원부터 영원까지 찬양하여라.
모든 백성아, 다 함께 "아멘!"하고 응답하여라.
할렐루야!

[해설과 묵상] 시편 제4권(90-106편)을 마무리 짓는 본시는 시편에 나타난 세 편의 역사시(78, 105, 106편) 가운데 하나로, 앞의 시(105편)와 마찬가지로 이스라엘의 지난 역사를 소재 삼아 하나님의 구원 사역을 찬양하고 있다. 그런데 앞장이 이스라엘의 조상들과 맺은 언약을 변치 않고 지키시는 하나님의 인자하심과 신실하심에 대한 감사의 찬양시라

면, 본시는 이스라엘의 과거 역사를 돌이켜보는 가운데 이스라엘 백성의 불순종과 거역에 대한 참회의 시라고 할 수 있다.

그렇다고 해서 본시가 암울한 분위기를 지닌 참회의 정경만을 묘사하고 있는 것은 아니다. 이스라엘 백성의 계속되는 불순종과 거역에도 불구하고 여전히 그들의 구원자와 보호자가 되어주셨던 하나님께 영광을 올려드리는 찬양시의 성격도 띠고 있다. 본시의 내용을 고려할 때(40-41, 45-47절), 본시를 쓴 시기는 이스라엘 백성이 이방 땅에 포로로 잡혀간 바빌로니아 포로 시기(주전 605-538년경)로 추정된다. 본시에 나타난 이스라엘의 과거 역사는 출애굽 이후로부터 광야 유랑을 거쳐 가나안 생활에 이르기까지다(주전 1446-605년경). 그 오랜 시기는 참으로 하나님께 대한 불순종과 거역의 역사였다. 시인은 이를 참회하는 가운데 그것을 오늘날에 교훈 삼을 것을 노래하고 있다.

본시의 내용을 구분하자면 이러하다. 제1연은 하나님의 크신 인자하심과 위대한 사역에 대하여 모두가 감사하고 찬양할 것을 권고하는 장면이다(1-5절). 제2연은 홍해 바닷가에서 이스라엘 백성이 주님을 거역한 사실과 그럼에도 불구하고 하나님께서 자기 백성을 구원하신 사실을 언급하였다(6-12절). 제3연은 광야 유랑생활 40년 동안에 이스라엘 백성이 매번 주님과 모세와 아론을 거역한 사실과 그러한 죄악에 대하여 하나님께서 그 백성을 징계하신 사실을 묘사하였다(13-33절). 제4연은 가나안 땅에 들어간 이후에도 이스라엘 백성이 하나님의 말씀을 거역하고 그 땅의 우상을 숭배함으로써 하나님께 징계받은 사실을 언급하고 있다(34-46절). 마지막 제5연은 하나님의 징계하심으로 이방 땅에 흩어져 살고 있는 이스라엘 백성을 다시 모아 회복시켜 주십사 간구하고 있다(47-48절).

본시를 통해 밝히 알 수 있는 한 가지 진리가 있다. 그것은, 진실로 하나님께서는 자기 백성이 거듭 불순종하고 거역할지라도 그들을 아주

버리거나 포기하지 않으시고, 채찍을 들어 징계해서라도 끝끝내 자신의 품 안으로 다시 돌아오게 만드시는 분이라는 사실이다. 이 같은 하나님의 무한한 사랑과 거룩한 집념이야말로 매 순간 타락하고 거역하는 연약한 우리가 끝내 실족당하지 아니하고 마침내 구원에 이르게 되고, 천국 백성으로 살아갈 수 있는 유일한 동인과 이유가 된다.

한편, 본시는 이스라엘 역사에서 지울 수 없는 범죄 사건들을 여럿 제시하고 있다. 그것들 중 하나는, 하나님께서 세우신 위계질서를 거슬러 모세와 아론을 질투한 자들이다(16-18절). 그들은 고라를 비롯한 다단과 아비람 일당인데, 모세의 지도권과 아론의 제사장 직분을 탐냈기 때문이다(민 16:1-35). 결국 그들은 하나님의 징벌을 받아 모두 죽고 말았다.

다른 하나는, 브올에서 바알 제사에 참여한 것이다(28-31절). 이 사건은 이스라엘 백성들이 가나안 땅 맞은편의 모압 평지에 진 치고 있을 때, 모압 여인들의 유혹을 받아 그 땅의 우상인 '바알브올'의 음란한 제사에 참여한 사건을 가리킨다(민 25:1-13).

그리고 또 다른 하나는, 모세에게 재난이 임한 '므리바 물 사건'이다(32-33절). 이 사건은 이스라엘 백성의 거듭된 불평불만에 모세가 더 이상 참지 못하고 크게 화를 내어 반석을 세게 때려 물을 냄으로써 하나님의 영광을 온전히 드러내지 못한 일을 가리킨다. 이 일로 인해 모세는 가나안 땅의 입성이 불허되었다(민 20:2-13).

107

구원받은 자의 감사 찬송

주의 사랑은 끝도 없어라
예물 바치고 감사 노래 드려라
높은 파도에 휩쓸렸지만
그 미친 파도를 잠재우셨네

(1-3) 주께 감사하여라.
진실로 주님은 선하시고
그분의 인자하심은 영원하시다.
주께 구원받은 자들아, 원수의 손아귀에서 건짐 받은 자들아
모두 주께 찬송하여라.
주께서 모아들이신 동서남북 사방의 사람들아,
모두 주께 감사 찬송을 불러라.

(4-32) 그들은 길 없는 광야에서 이리저리 헤매면서
자신들이 정착해 살아갈 성읍을 찾지 못한 채
굶주리고 목이 말라, 기력을 다 잃고 말았다.
그러나 그들이 그런 비참한 곤경 가운데서 주께 부르짖을 때
주께서는 그들을 그 고통 가운데서 건져주시고
그들을 바른 길로 인도하시어
그들이 정착할 수 있도록 견고한 성읍으로 데려가셨다.
그러므로 주님의 크신 사랑에 감사드려라.

한결같은 사랑으로
사람들에게 베푸신 놀라운 일들로 인해 주께 감사드려라.
진실로 주께서는 목마른 심령에게 실컷 물을 들이키게 하셨고
배고픈 영혼에게 맘껏 좋은 음식을 먹게 하셨도다.

그들은 또 흑암과 죽음의 그늘 아래에서
쇠사슬에 묶인 채 죄수처럼 살아갔으니
이는 그들이 하나님의 말씀에 거역하고
지극히 높으신 분의 가르침을 업신여겼기 때문이다.
그래서 주께서는 그들로 쓰라린 고통을 겪게 하셨으니
그들이 넘어지고 엎어져도 누구 하나 도와주는 사람이 없었다.
그러나 그들이 곤경 가운데서 주께 살려달라고 울부짖을 때
주께서는 그들을 그 곤경에서 구해주셨다.
그들을 흑암과 죽음의 그늘에서 이끌어내시고
그들을 옭아매고 있던 쇠사슬을 끊어버리셨다.
그러므로 주님의 크신 사랑에 감사드려라.
한결같은 사랑으로
사람들에게 베푸신 놀라운 일들로 인해 주께 감사드려라.
진실로 주께서는 놋 대문을 부수시고, 쇠 빗장을 깨뜨리셨도다.

그들은 또 어리석게도 주님을 거역하고 죄악을 저지르다가
곤경의 늪에 빠져 입맛까지 잃고
죽음의 문턱에까지 이르렀다.
그러나 그들이 그런 고통 가운데서 주께 울부짖을 때
주께서는 그들을 그 곤경의 늪에서 건져주셨다.
말씀으로써 그들을 고쳐주셨고
파멸의 구덩이에서 그들을 건져주셨다.
그러므로 주님의 크신 사랑에 감사드려라.
한결같은 사랑으로
사람들에게 베푸신 놀라운 일들로 인해 주께 감사드려라.
주께 감사제물을 바치고
기쁨의 노래로 주께서 하신 일들을 널리 전파하여라.

그들은 또 배를 타고 바다로 나가서
큰 파도를 헤쳐가면서 장사를 하고 있었다.
그때에 그들은 주께서 하시는 일들을 보았으니
곧 깊은 바다에서 일으키신 주님의 놀라운 일들을 보았다.
주께서 바다에게 명령하시면
미친 듯이 세찬 바람이 불고
큰 파도가 사정없이 휘몰아친다.

주께서 명하시면 광풍이 큰 물결을 일으킨다

그러면 배가 하늘 높이 치솟았다가 저 바다 깊은 곳까지 떨어지니
사람들은 순식간에 얼이 빠지고 간담이 녹아내린다.
그들은 술에 만취한 주정뱅이처럼 이리저리 비틀거리며 허둥대니
제아무리 애써 봐도 아무런 소용이 없다.

그러나 그런 큰 곤경 가운데서 그들이 주께 부르짖을 때
주께서는 그들을 그 곤경에서 건져주셨다.
주께서 바다를 꾸짖으시니
미친 듯 날뛰던 거센 바람이 잠잠해지고
파도가 잔잔해졌도다.
바다 물결이 잔잔해지니 사람들은 모두가 크게 기뻐하고
주께서는 그들이 원하는 안전한 항구로 그들을 인도해주셨다.
그러므로 주님의 크신 사랑에 감사드려라.
한결같은 사랑으로
사람들에게 베푸신 놀라운 일들로 인해 주께 감사드려라.
백성이 모두 모인 자리에서 주님을 찬양하고
장로들이 모두 모인 자리에서 주께 감사드려라.

(33-43) 진실로 주께서는 강물을 말려 광야로 만드셨고

물이 솟아나는 샘들을 메마른 땅으로 만드셨다.
또 기름진 땅을 소금기 가득한 거친 들로 바꾸셨으니
이는 거기에 살고 있는 사람들이 악한 짓만 일삼기 때문이었다.
주께서는 거친 사막을 연못으로 만드시고
메마른 땅을 물이 솟아나는 샘물로 바꾸신 뒤
굶주린 사람들을 데려와 그곳에 살게 하셨다.
곧 그들로 성읍을 세우게 하시고 거기에 정착하게 하셨으니
그들은 들판에 씨를 뿌리고
포도원을 가꾸며 풍성한 곡식을 거둬들였다.
주께서 그들에게 복을 주시니 그들의 자손들이 크게 불어나고
그들의 가축 떼도 나날이 늘어나게 되었다.

하지만 그들이 재난과 우환과 지도자들의 억압으로
그 수효가 줄어들고 갈수록 비천해지자
주께서는 그들의 지도자들을 나무라시고
그 지도자들을 길도 없는 황무지에서 헤매게 하셨다.
그러나 주께서는 비천한 상태에 있는 가난한 사람들에게는
자비를 베푸시어 그들을 그 고통 가운데서 건져주시고
그들의 가족을 양 떼처럼 불어나게 하셨다.
그리하여 의로운 자들은 이것을 바라보고 크게 기뻐할 것이요
악한 자들은 모두 그 입을 다물고 침묵하게 되리라.
정녕 지혜로운 자가 누구냐?
이 일들을 마음에 명심하고 찬찬히 살펴
주님의 크신 사랑을 깨닫는 자로다.

[해설과 묵상] 시편은 유대 랍비들의 전통적인 분류법에 따라 모세오경(율법서)에 근거하여 다섯 권으로 분류된다(제1권은 1-41편, 제2권은 42-72편, 제3권은 73-89편, 제4권은 90-106편, 제5권은 107-150편). 그중에서 제5권은 다른 어떤 권보다도 감격과 환희에 가득 찬 심령 속에서 터져 나오는 찬양과 감사의 시들로 충만하다. 제5권의 막을

여는 본시 역시 한결같은 사랑으로 택한 백성에게 때를 따라 은혜와 자비를 베푸시는 하나님의 크신 손길에 감사하며 온 마음을 다해 찬양하고 있다.

본시의 내용을 살펴보면, 본시를 쓴 시기는 바빌로니아 포로생활 이후로, 해방의 환희와 감격을 시의 소재로 삼은 듯하다. 시인은 감히 구원받을 만한 자격이 없음에도 불구하고 자신과 자신의 민족에게 한결같은 신실하심으로 크신 사랑과 은혜를 베푸신 하나님의 손길에 감격하여 그분의 놀라운 구원 사역을 진심으로 찬양하고 있다.

본시는 그 뛰어난 문체와 탁월한 표현력으로 고대 시문학의 걸작으로 널리 인정받는데, 과연 시인은 풍성한 주제와 다양한 비유로써 하나님의 구원 사역을 감동 있게 그려내고 있다. 따라서 본시는 모든 시대를 초월하여 광야 같고 고해 같은 인생길을 걸어가는 모든 믿는 자들에게 신선한 감동을 자아내고 있다.

본시는 삼분된다. 초반부는 서론으로서 하나님을 향해 찬양할 것을 권유하는 장면이다(1-3절). 중반부는 본론으로서 하나님의 백성이 하나님께 마땅히 감사하고 그분을 찬양해야 하는 여러 이유들에 관해 설명하고 있다(4-32절). 그리고 마지막 후반부는 결론으로서 정직하고 지혜로운 자는 하나님의 공의와 주권으로 인해 당연히 하나님을 찬양할 수밖에 없다는 찬양의 필연성을 강조하고 있다(33-43절).

본시의 23-32절에 언급된바 지중해 바다의 거센 파도와 광풍에 관한 묘사는 어떤 특정한 해상 무역상들을 대상으로 삼은 것이 아니라, 일반적인 의미에서 고해 같은 인생길을 살아가는 하나님 백성들이 흉흉한 파도에 휩싸여 죽을 수밖에 없는 지경에 처할지라도, 그들을 끝내 구원과 소망의 항구로 인도해 들이시는 하나님의 크신 사랑과 은혜를 묘사한 것이라고 봄이 좋다.

108

승리를 확신하는 기도

한결같이 주를 찬양하며
악기도 깨우고 새벽도 깨우리라
여러 나라에서 주를 찬양하니
그 소리가 구름까지 닿네

(다윗의 찬송시)

(1-5) 하나님, 내가 마음을 굳게 정했나이다.
그러므로 내가 내 마음을 다하여 주님을 기리고 찬양하렵니다.
비파야, 수금아, 깨어나라!
내가 새벽을 깨우리로다.
주여, 내가 뭇 백성 가운데서 주께 감사드리고
뭇 나라들 가운데서 소리 높여 주님을 찬양하렵니다.
주님의 한결같은 그 사랑은 하늘보다 더욱 높고
주님의 변함없는 신실하심은 구름에까지 닿나이다.
오, 하나님, 하늘보다 더욱 높임을 받으시고
주님의 영광을 온 땅 위에 널리 펼치소서.

(6-13) 주여, 권능의 오른손을 내미셔서
주께서 사랑하시는 사람들을 구원해주시고
오늘날 내 기도에 응답해주소서.
하나님께서는 그 성소에서 말씀하시기를

"내가 기쁜 마음으로 세겜을 나누고 숙곳 골짜기를 측량하여
내 백성에게 주리라.
길르앗이 내 것이요 므낫세도 내 것이라.
에브라임은 내 머리에 쓰는 투구요
유다는 내 왕권을 나타내는 홀이라.
그러나 모압은 나의 목욕통으로 삼고
에돔에는 내 신발을 벗어던지며
블레셋은 정복하여 승리의 노래를 부르리라." 하셨나이다.
누가 나를 이끌어 견고한 성읍으로 데려가며
누가 나를 인도하여 에돔으로 데려갈까.

오, 하나님, 주께서는 정녕 우리를 버리신 것입니까.
이제 우리 군대와 함께 진군하지 않으시렵니까.
사람의 도움은 모두 헛되니
어서 우리를 도우시어 저 원수들을 치게 하소서.
하나님께서 우리와 함께하시면 우리가 능히 승리하리니
이는 주께서 우리 원수들을 친히 짓밟으실 것이기 때문입니다.

[해설과 묵상] 다윗이 지은 찬송시로서, 하나님의 위대하심을 찬양하고 그분의 크신 권능을 의뢰하는 시다. 본시의 특징적인 면은 각기 다른 두 편의 시를 합쳐서 새로운 한 편의 시로 절묘하게 승화시키고 탄생시켰다는 사실이다. 다시 말하면, 본시의 전반부(1-5절)는 다윗이 사울 왕의 추격을 피해 외딴 굴에 숨었을 때 지은 바 있는 시편 57편 7-11절의 내용을 그대로 따온 것이고, 후반부(6-13절)는 다윗이 에돔과 전쟁을 수행하고 있을 때 지은 바 있는 시편 60편 5-12절의 내용을 그대로 따온 것이다.

이처럼 본시는 서로 다른 환경과 배경에서 지은 두 개의 시를 혼합한 것이지만, 둘 다 어려움 가운데 처한 다윗의 시련을 그 기반으로 하고 있고, 또한 구원은 오직 하나님께만 있다는 다윗의 뜨거운 신앙고백이

나타나있다는 점에서 아무런 이질감 없이 하나의 일관된 논리와 분위기를 자아내고 있다.

비록 본시에는 찬양과 비탄이 뒤섞여 있지만, 그 둘은 완벽한 조화를 이루고 있다. 그것이 가능한 것은, 주님의 손길을 바라고 의지하는 신앙인에게는 언제든지 슬픔이 변하여 기쁨이 되고, 눈물이 변하여 찬송이 될 수 있기 때문이다. 거친 광야 같은 세상을 살아가는 신앙인들에게 슬픔과 눈물이 없을 수는 없지만, 그럴지라도 끝내 절망하거나 실족하지 않는 까닭은 그 모든 눈물 골짜기를 통과하여 마침내 기쁨과 소망의 언덕에 이르도록 성도의 배후에서 조용히 후원하시고 도우시는 전능하신 하나님의 손길이 있기 때문이다.

비파야, 수금아, 깰지어다!

모압과 에돔에 관한 비유적 표현이 매우 독특하다(9절). 그 표현은, 하나님의 언약 백성인 이스라엘이 모압을 종으로 부리고, 또한 에돔을 정복할 것이라는 사실을 비유적으로 묘사한 것이다. 즉, 모압에 비유된 '목욕통'은 발을 씻는 데 사용된 그릇으로 비천한 종의 지위를 상징하는 말이다. 또한 에돔과 관련하여 사용된 '신발을 벗어던지는' 행위는 고대 사회에서 상대방에 대한 지배를 나타내는 상징적인 행위다.

109

악인의 보응을 호소하는 기도

악인들의 자녀는 고아가 되고
집 없이 떠도는 거지가 되어
빚쟁이들에게 재산을 빼앗겨도
가엾게 보는 이가 없게 하소서

(다윗의 시: 찬양대 지휘자의 지휘에 따라 부르는 노래)

(1-5) 나의 찬송 되시는 하나님, 내가 주님을 찬양합니다.
부디 잠잠히 계시지 마소서.
악한 자들과 속이는 자들이 일제히 입을 벌려 나를 공격하고 있나이다.
어떻게든 나를 쓰러뜨리려고 혀를 놀려 거짓말로 나를 헐뜯고 있나이다.
증오의 말로 나를 빙 둘러 에워싸고
아무 까닭도 없이 나를 마구 공격하나이다.
나는 저들을 사랑하고 아껴주었건만
저들은 도리어 나를 거슬러 대적하니
나는 그저 기도할 뿐입니다.
이렇게 저들은 나의 선을 악으로 갚고
나의 사랑을 미움으로 갚나이다.

(6-20) 그러므로 악한 재판관을 저들 위에 세워 저들과 대적하게 하소서.
또 저들의 오른편에 고소인을 세워
저들의 죄악상을 샅샅이 고발하게 하소서.

저들이 재판을 받을 때에 유죄 판결을 받게 하시고
저들이 하는 기도는 저들 스스로를 정죄하게 하소서.
저들의 살아갈 나날들을 짧게 하시고
저들의 직분들도 다른 사람들이 차지하게 하소서.
또한 저들의 자식들로 고아가 되게 하시고
저들의 아내들로 과부가 되게 하소서.
저들의 자식들로 떠돌아다니며 구걸하는 거지 신세가 되게 하시고
폐허가 된 집에서조차 쫓겨나 밥을 빌어먹게 하소서.
빚쟁이들이 저들의 재산을 모조리 가져가게 하시고
저들이 애써 모은 재산은 낯선 사람들이 들이닥쳐 다 빼앗아가게 하소서.
아무도 저들을 가엾게 여기지 않게 하시고
아무도 고아가 된 저들의 자식들에게 은혜를 베풀지 못하게 하소서.
저들의 자손마저 끊어져서
저들의 이름이 다음 세대에는 기억조차 못하게 하소서.

주여, 저들의 아버지가 지은 죄를 잊지 마시고
저들의 어머니가 지은 허물도 지워지지 않게 하소서.
저들의 죄가 언제까지나 주님 앞에 남아있게 하시고
저들이란 존재가 이 땅에 사는 사람들의 기억 속에서
완전히 사라지게 하소서.
저들은 남에게 친절을 베풀 줄이라곤 전혀 모르고
가난하고 궁핍한 자들을 괴롭혀 그들의 마음에 큰 상처를 입혔나이다.
저들은 남을 저주하기를 좋아하고 일삼았으니
그 저주가 저들 위에 그대로 임하게 하소서.
저들은 남에게 복 빌어주기를 그토록 싫어하였으니
모든 복들이 저들에게서 멀리 떠나가게 하소서.
저들은 남 저주하기를 옷 입고 다니듯 하였으니
저들의 입으로 뱉어낸 그 저주가 물처럼 저들의 몸속에 스며들게 하시고
기름처럼 저들의 뼛속에 배어들게 하소서.
그 저주가 늘 입고 다니는 옷처럼 저들을 덮게 하시고
허리에 항상 두르는 띠처럼 저들을 두르게 하소서.
주여, 나를 고발하는 자들에게, 그리고 나에게 악담을 퍼붓는 이들에게

주께서 그렇게 갚아주소서.

(21-29) 오, 주여, 그러나 주께서는 나의 하나님이시니
주님의 이름을 위하여 나를 도와주시고
주님의 한결같은 그 사랑으로 나를 구해주소서.
이 몸은 가난하고 궁핍하여
내 마음속 깊은 곳까지 갈기갈기 찢어졌나이다.
지금 이 몸은 석양의 땅거미처럼 점차 사그라져가고
들판의 메뚜기 떼처럼 바람에 이리저리 휩쓸려 날려 다닙니다.
금식으로 인해 내 무릎에서 힘이 다 빠졌고
내 몸은 덩그러니 살가죽과 뼈만 남았나이다.

이 몸은 석양의 땅거미처럼 사그라져가고

뭇 사람들은 나를 보고 비웃으며
어쩌면 저럴 수 있느냐고 혀를 쯧쯧 차며
머리를 절레절레 흔들어댑니다.

오, 나의 하나님, 나를 도와주소서.
주님의 한결같은 그 사랑으로 나를 건져주소서.
그리하여 그 일을 해낸 것이 바로 주님이라는 것을
곧 주께서 손수 이 몸을 건져주셨다는 것을
저 원수들로 분명히 알게 하소서.

비록 저들은 나에게 저주를 퍼부을지라도
주께서는 내게 복을 내려주소서.
비록 저들이 나를 치려고 일어날지라도
주께서 저들로 수치를 당하게 하셔서
주님의 종으로 기뻐하게 해주소서.
나를 고발하는 대적들에게 수치로 옷 입게 하시되
마치 망토처럼 수치를 온 몸에 걸치고 다니게 하소서.

(30-31) 그리하시면, 내가 입을 크게 열어 주님을 찬양하고
뭇 사람들이 모인 자리에서 소리 높여 주님을 찬송하렵니다.
진실로 주께서는 궁핍한 자의 오른편에 서시어
그를 정죄하는 자들의 손아귀에서
그의 영혼을 구원해주시는 분이십니다.

[해설과 묵상] 다윗이 지은 비탄의 '저주시'(詛呪詩)로서, 악한 대적들에게서 큰 위협을 받고 있던 때에 지은 것이다. 달리 말하면, 악인들에게서 무고히 핍박당하고 있는 한 의인이 자신의 곤고함을 호소하는 가운데, 그런 악인들에 대해 하나님의 공의로우신 심판이 임하기를 간구하는 시다. 따라서 본시에 나타난 다윗의 저주들은 대적들에 대한 개인적인 원한이나 보복의 감정에서 비롯된 것이 아니라, 악인들에 의해 버젓이 자행되고 있는바 하나님의 거룩한 이름이 폄훼당하는 것을 막기 위해 하나님의 공의의 실현을 호소하고 촉구하는 공적인 차원의 것이다.

본시를 통해 다윗이 저주한 대상이 누구인지는 구체적으로 알 수 없다. 다윗이 자신을 핍박하고 죽이려는 대적들을 단지 '저들'이란 복수 형태로만 언급하고 있기 때문이다. 하지만 다윗의 일생을 살펴보면, 그가 대적들에게 목숨의 위협을 느끼도록 심하게 핍박받았던 시기는 청년 시절의 '사울 핍박기'와 노년 시절의 '압살롬 반란기'다. 그렇게 본다면, 그 대상으로 사울 왕 및 사울 왕 휘하의 사악한 신하들, 에돔 사람 도엑, 지난날 다윗의 벗이요 모사였던 아히도벨, 베냐민 지파

사람으로 피난 중의 다윗을 심하게 저주한 시므이 같은 인물들을 떠올려 볼 수 있다.

본시를 살펴보면, 제1연은 다윗이 대적들의 악한 언동과 행위를 하나님께 보고하는 장면이고(1-5절), 제2연은 그런 대적들을 저주하면서 그들의 행위가 심판받고 그들의 운명이 파멸될 것을 호소하는 장면이다(6-20절). 제3연은 다윗이 자신의 나약함을 아뢰면서 하나님의 도우심을 간청하는 장면이고(21-29절), 마지막 제4연은 자신의 기도 응답을 확신하면서 주께 찬송을 드리는 장면이다(30-31절).

본시에 뚜렷이 나타나 있듯, 다윗이 그토록 강렬한 어휘로써 대적들을 저주하면서 그들의 파멸을 호소한 것은 결코 개인적인 감정이 극에 달해서가 아니다. 옛적 광야에서 우상 숭배하는 음란한 남녀를 창으로 찌른 비느하스의 의로운 분노처럼(민 25장), 다윗 역시 의인을 핍박하는 대적들의 악한 행위로 하나님의 주권과 성호와 영광이 훼손당하는 것을 극히 우려한 거룩한 신앙의 분노 때문이었다.

본시 가운데 '머리를 흔든다.'(25절)는 표현은 상대방을 비웃고 조롱할 때 취하는 태도이고, 주께서 '궁핍한 자의 오른쪽에 서신다.'(31절)는 표현은, 주께서 강한 능력의 손길로 궁핍한 자들을 힘껏 도우실 것이라는 뜻이다. 성경의 일반적인 용례상 '오른쪽' 혹은 '오른손'이나 '오른팔'은 능력과 권세와 영광 등을 상징하는 말이기 때문이다.

110

메시아의 영광스러운 통치

원수들이 내 발판이 될 때까지
주의 오른편에 앉으라 하셨습니다
왕의 권위인 홀을 시온에서 주시고
왕의 원수를 다스리게 하셨습니다

(다윗의 시)

(1-4) 주께서 내 주께 말씀하시기를
"내가 너의 모든 원수를 너의 발판이 되게 할 때까지
너는 여기 내 오른편에 앉아있어라." 하셨나이다.
주께서 내 주 왕께 권능의 홀을 시온에서 하사해주실 것이니
왕께서는 왕의 모든 원수를 다스리소서!
내 주 왕께서 군대를 이끌고 전쟁터에 나가시는 권능의 날에
왕의 백성이 거룩한 옷을 차려입고 기꺼이 왕께로 나아올 것이니
그들은 새벽 이슬처럼 생기 넘치는 주님의 청년 전사들입니다.
주께서 내 주를 두고 맹세하시기를
"너는 멜기세덱의 계통을 따르는 영원한 제사장이다." 하셨으니
주님의 그 마음은 변치 않으실 것입니다.

(5-7) 주께서 내 주 왕의 오른손이 되어주시니
주께서 진노하시는 날에 내 주 왕께서는 숱한 왕들을 쳐부수실 것입니다.
그날에 내 주 왕께서는 뭇 나라들을 심판하시어

온 땅을 시체들로 가득 채우시고
세상의 모든 통치자들도 다 쓸어버리실 것입니다.
그때에 내 주 왕께서는 길가에 있는 시냇물을 마시고
의기양양하게 고개를 높이 드실 것입니다.

[해설과 묵상] '주께서 통치하신다'는 주제를 담고 있는 군왕시 가운데 하나다. 본시가 언제 어떤 배경에서 쓰였는지는 분명치 않지만, 다윗이 쓴 이 시는 '메시아 예언시'로 유명하다. 장차 세상에 임하셔서 모든 원수의 세력을 멸하시고 영원한 하나님의 나라를 세운 뒤 공의로우신 통치를 베푸실 영광스런 메시아(그리스도)를 힘 있고 장엄한 필치로 노래한 본시는 메시아 예언시의 진수이며 결정판이다.

본시는 후일 세상에 오신 메시아 예수에 의해 직접 인용되었고(마 22:43-45; 마 12:35-37; 눅 20:41-44), 신약의 다른 저자들도 메시아 예수와 관련하여 본시를 종종 인용하였다(행 2:34; 고전 15:25; 히 1:13; 5:6; 7:17; 10:12-13).

본시의 내용은 이분된다. 전반부는 왕과 제사장으로서 세상을 공의로 다스리실 메시아의 영광스러운 통치를 묘사한 장면이고(1-4절), 후반부는 심판주로서 세상을 권능으로 심판하실 메시아의 두려운 위엄을 묘사한 장면이다(5-7절).

그렇다. 진실로 메시아가 이 땅에 임하시면 모든 왜곡된 질서가 바로 잡힐 것이고, 불의를 행한 자들은 그분의 공의로우신 심판대 위에서 마땅한 징벌을 받게 될 것이다. 그러므로 불법과 불의가 횡행하는 타락한 세상에서 살아가는 성도들이 진정 사모해야 할 것은 메시아의 의로우신 통치가 하루속히 온전히 성취되는 것, 바로 그것이다.

본시에서 다윗이 부른 '주'(1절)는 메시아를 가리킨다. 당시에 비록 다윗 자신은 온전히 이해하지 못했을지라도, 그는 장차 오실 '메시아'를 예견하고 그를 자신의 '주(主)'로 불렀던 것이다. 후일 메시아로 이 땅에 오신 예수님은 자신이 다윗의 자손임에도 불구하고 다윗보다 큰 자임을 입증하기 위해 본시의 이 구절을 인용하셨다(마 22:44).

또한 다윗은 성령의 감동으로 주(主) 곧 메시아를 '멜기세덱의 계통을 따르는 영원한 제사장'이라고 묘사했는데, 멜기세덱은 '의(義)의 왕'이란 뜻이다. 다윗보다 수십 세기 이전의 인물인 그는 고대 살렘(예루살렘의 옛 이름)의 왕이요 제사장으로서, 성경 역사에서 어느 시기에 홀연히 나타나서 아브라함에게 예물을 받은 뒤에 그에게 축복을 베푼 신비스런 인물이다(창 14:18-20). 성경은 이 같은 멜기세덱의 신비하고 독특한 신분에 근거하여, 그를 영원한 왕이며 제사장이신 그리스도를 예표하는 인물로 삼았다(히 7장). 그래서 히브리서 저자는 예수님이 영원한 제사장임을 입증하기 위해 시편 110장의 이 구절을 인용하였다(히 7:21).

본시의 마지막 구절에 '(주께서) 길가에 있는 시냇물을 마신다.'라는 표현이 있는데(7절), 이는 주(메시아)께서 원수들을 멸하시려고 추격하되 한 명도 놓치지 않고 철저히 멸하시기 위해 추격 중에 충분한 휴식을 취하지도 않고 길가의 흐르는 시냇물로 잠깐 목을 축이고는 곧장 추격의 고삐를 죈다는 의미다. 원수를 철저히 멸하시려는 메시아의 열심과 열정을 나타내는 시적인 표현이다.

111

놀라운 일을 행하시는 주님

지혜의 근본은 주를 경외하는 것
누구든지 주의 계명을 따르면
올바른 깨달음 얻고
영원히 주를 찬양하리라

(1-5) 할렐루야! 내가 의롭고 정직한 사람들이 모인 자리에서
온 마음 다해 주님을 찬양하리라.
주께서 행하신 일들이 참으로 크고 놀라우시니
그 일을 보고 기뻐하는 사람들 모두가
두고두고 그 일을 깊이 생각하고 연구하는구나!
주께서 행하신 일들은 진실로 영광스럽고 장엄하며
주님의 의로우심은 영원하도다.
주께서는 자신이 이루신 놀라운 일들을 사람들로 다 기억하게 하셨으니
주님의 은혜와 자비가 가득 차고 넘치는구나.
주께서는 자기를 경외하는 자들에게 매일의 양식을 공급해주시며
그들과 맺은 자신의 언약을 영원히 잊지 않고 마음에 새겨두시는도다.

(6-10) 주께서는 뭇 민족들의 땅을 자기 백성에게 주심으로써
그 백성에게 자신의 크신 권능을 보여주셨도다.
주께서 손수 하시는 일마다 한결같이 참되고 의로우시니
주님의 법도는 진실로 믿음직스럽도다.

그러므로 주께서 정하신 법도는 영원토록 흔들림이 없으리니
이는 그 법도가 진실함과 정직함으로 제정되었기 때문이라.
주께서 자기 백성에게 놀라운 구원을 베푸시고
그들과 영원한 언약을 맺으셨으니
진실로 주님의 이름은 거룩하고 위대하도다.
그러므로 주님을 경외하는 것이 지혜의 근본이니
누구든지 주님의 계명을 따르는 사람들은 올바른 깨달음을 얻게 되고
영원토록 주님을 찬양하리라.

[해설과 묵상] 자기 백성에게 놀라운 은혜와 자비를 베푸시는 하나님의 위대하신 행사를 찬양하는 송축의 시로, 참으로 밝고 힘찬 분위기를 연출하고 있다. 그래서 이 시편은 뒤이어 계속 소개되는 112-118편과 더불어 이스라엘의 3대 주요 절기(유월절, 오순절, 초막절) 때에 즐겨 불렸다.

또한 본시는 특별히 각 구절의 첫 글자가 히브리어 알파벳 문자를 차례로 따라 쓴 답관체(踏冠體, Acrostic) 형식으로 구성되어 있고, 바로 뒤에 나오는 112편과 더불어 그 내용이나 형식이 한 쌍을 이루고 있다. 즉, 두 편의 시는 서로 보완적인 역할을 하는데, 그 내용은 하나님의 위대하심과 보호하심, 하나님의 구원에 대한 찬양 및 그분의 보호 아래 있는 백성의 평강과 안락함이다.

본시는 이분된다. 전반부는 자기 백성을 향한 하나님의 은혜와 자비가 놀랍고 탁월하다는 사실을 찬양하는 내용이고(1-5절), 후반부는 하나님께서 자신을 경외하는 자들에게 필요한 은혜를 베풀어주신 사실에 감사하면서, 하나님을 경외하는 일이야말로 지혜의 근본이라는 사실을 일깨워주는 내용이다(6-10절).

그렇다면 하나님을 경외하는 것이 왜 지혜의 근본인가? 성경이 말하는 지혜는 세상적인 지식이나 경험을 뜻하지 않는다. 그것은 구원에 이르는 삶의 올바른 자세를 가리킨다. 구원에 이르는 삶의 올바른 자세는 하나님

을 향한 경외심 곧 경건한 두려움에서 비롯된다. 우리가 하나님을 향하여 경건한 두려움을 지닐 때, 하나님의 말씀대로 살아갈 것이기 때문이다. 그리고 그런 하나님께 대한 순종의 삶이 마침내 우리를 구원에 이르게 하는 것이다.

112

주님을 경외하는 자는 복되도다

주를 섬기는 사람은 참으로 복되네
그의 후손들은 바르게 살고
집안도 잘되고 의로움도 영원하니
주를 찬양하면 복이 되어 돌아오네

(1) 할렐루야! 복 되도다, 주님을 경외하고
주님의 계명 따르는 것을 크게 즐거워하는 자들이여!

(2-9) 그의 자손들은 땅에서 부강해질 것이니
곧 올곧게 살아가는 자의 자손들이 복을 받으리라.
그의 집안에는 부귀와 영화가 항상 있을 것이고
그의 의로운 행위도 영원히 남으리라.
올곧게 살아가는 자에게는 어둠 속에서도 빛이 비치리니
이는 그가 은혜롭고 자비로우며 의로운 사람이기 때문이도다.
복 되도다, 남에게 아낌없이 베풀고
즐거운 마음으로 거저 꾸어주기를 잘하는 사람이여!
그런 사람은 하는 일마다 잘 될 것이요
모든 일을 사려 깊고 공정히 처리하게 되리라.

그런 사람은 영원히 흔들리지 않을 것이고
의로운 자로서 길이길이 기억되리라.

그는 나쁜 소식이 들려와도 조금도 두려워하지 않을 것이니
이는 주님을 믿고 의지하는 그의 마음이 아주 확고하기 때문이도다.
진실로 그의 마음은 확고하여 아무 두려움이 없으리니
결국에는 그가 모든 원수들을 물리치고 승리하게 되리라.
그는 또 자신의 재산을 아낌없이 풀어
가난한 자들에게 넉넉하게 베풀어주었으니
그의 의로운 행위는 영원히 기억되고
그의 뿔은 더욱 높아지리라.

(10) 악인들은 이것을 보고 울화통을 크게 터뜨리고
이를 박박 갈다가 덧없이 사라질 것이니
악인의 모든 욕망은 한낱 물거품이 되고 말리라.

[해설과 묵상] 앞의 111편과 그 내용과 형식(답관체 형식: 각 구절의 첫 글자가 히브리어 알파벳 문자를 차례로 따라 쓰는 형식)에 있어 서로 쌍을 이루는 시로서 "할렐루야!"로 시작하는 '할렐루야 찬양시'다. 두 편의 시가 다루고 있는 주제와 내용은 유사하지만, 111편이 주로 경건한 자기 백성을 돌보시는 하나님의 놀랍고 위대하신 행적에 그 초점이 맞춰져 있다면, 본시는 그런 하나님을 경외하는 자들이 누리게

주님의 계명을 즐거워하는 자는 복되도다

될 영육(靈肉) 간의 은총과 복됨에 초점이 맞춰져 있다고 하겠다.

본시의 내용을 살펴보면 이러하다. 먼저 시인은 주님을 경외하는 자의 복됨을 힘차게 선포한 뒤(1절), 주님을 경외하는 자가 주님의 은혜로 말미암아 영육 간에 누리게 될 각양 복됨에 대해 노래한다(2-9절). 그리고는 주님을 경외하지 않는 악인들의 비극적인 운명에 대해 경고하면서 시를 마무리 짓는다(10절).

본시를 통해 오늘날 우리는 우리 행복의 관건은 복의 근원이신 주님 앞에서 얼마나 신실하며 또 얼마나 경건한지에 달려 있다는 사실을 깊이 깨닫게 된다. 말하자면 주께 대한 우리의 신앙이 얼마나 신실하고 경건한가에 따라 우리 인생의 행복과 불행이 최종 결정되는 것이다. 한편, 성경의 일반적인 용례상 '뿔'(9절)은 종종 힘, 권세, 영예, 영광 등을 상징한다. 뿔 달린 짐승이 자랑스럽고 당당하게 그 뿔을 높이 쳐드는 모습에서 빌려온 이미지다.

113

어려운 이들을 도우시는 주님

주께서는 하늘과 땅을 두루 굽어 살피시며
가난한 이들을 구제하시네
구덩이에서 나를 일으켜
거름더미에서 끌어올리시네

(1-3) 할렐루야! 너희 모든 주님의 종들아,
주님의 이름을 찬양하여라.
이제부터 영원토록
주님의 크신 이름을 찬양하여라.
해 뜨는 데서부터 해 지는 데까지
주님의 이름이 찬양을 받으리라.

(4-6) 주께서는 뭇 나라들보다 높으시고
그분의 영광은 하늘보다 더욱 드높도다.
누가 주 우리 하나님과 같으랴!
진실로 주께서는 저 하늘 높고 높은 곳에 앉아 계시지만
스스로 낮추시어, 하늘과 땅을 두루 굽어 살펴보신다.

(7-9) 주께서는 가난한 자들을 먼지 구덩이에서 일으켜 세우시고
궁핍한 자들을 거름더미에서 끌어올리셔서
그들을 지체 높은 귀족들

곧 자기 백성의 귀족들과 한자리에 같이 앉게 하신다.
또 주께서는 아이 낳지 못하는 여인들에게도
떳떳하게 아이를 낳게 하시어
행복한 엄마가 되게 하신다.
할렐루야!

[해설과 묵상] 본시의 저자와 배경은 알 수 없다. 하지만 시의 처음과 마지막이 '할렐루야!'로 장식되고 있기에 '할렐시' 곧 '할렐루야 찬양시'라 불린다. 본래 본시는 유대인들의 큰 절기들인 유월절, 오순절, 초막절 등에 불렸는데, 특히 유월절 식사 중에 불렸다. 이런 전통에 따라 오늘날 서구 교회에서는 본시를 예수 그리스도의 부활을 기념하는 날 곧 부활절에 즐겨 애창하고 있다.

본시는 삼분된다. 초반부는 온 인류의 만백성에게 주님을 찬양할 것을 권유하는 장면이다(1-3절). 중반부는 높고도 높으신 여호와 하나님의 크신 영광을 찬양하는 장면이다(4-6절). 후반부는 궁핍한 자들과 소외된 자들을 챙기시는 여호와 하나님의 자비로우신 행사를 찬양하는 장면이다(7-9절).

진실로 여호와 하나님은 온 우주의 창조주로서 만유를 다스리시고 모든 인생의 생사화복을 주관하는 분이시다. 그러므로 땅 위의 모든 인생은 소리 높여 여호와 하나님의 성호를 찬양하면서 그분께 영광 돌리는 것이 지극히 마땅하다. 하나님께서 지으신 땅 위에 두 발을 딛고, 하나님께서 주신 공기로 마음껏 숨 쉬며 살아가면서도 하나님을 찬양하지 않는 자들은 하나님의 은혜를 모르는 배은망덕한 자들로서 정녕 세상에서 가장 불쌍한 존재다.

114
이집트에서 자기 백성을 구출하신 주님

홍해가 이들을 보고 달아나자
요단강은 물의 흐름을 되돌렸네
산은 숫양처럼 펄쩍 뛰고
언덕은 어린 양처럼 날뛰었네

(1-2) 이스라엘이 이집트에서 나올 때
곧 야곱 집안이 다른 언어를 쓰는 민족에게서 떠나올 때
유다는 주님의 성소가 되었고
이스라엘은 주님의 영토가 되었도다.

(3-8) 바다가 그들을 보고 화들짝 도망쳤고
요단강도 흠칫 뒤로 물러났으며
산들은 숫양처럼 펄쩍펄쩍 뛰었고
언덕들도 어린 양처럼 이리저리 뛰었도다.
바다야, 네가 어찌하여 도망쳤더냐.
요단강아, 너는 또 어찌하여 뒤로 물러났더냐.
산들아, 너희는 어찌하여 숫양처럼 그리 펄쩍펄쩍 뛰었더냐.
언덕들아, 너희는 또 어찌하여 어린 양처럼 이리저리 뛰었더냐.
온 땅이여! 네 주님 앞에서 떨지어다.
야곱의 하나님 앞에서 벌벌 떨지어다.
진실로 주께서는 바위를 물웅덩이로 바꿔놓으셨고

단단한 바위에서 샘물이 펑펑 솟아나게 하셨도다.

[해설과 묵상] 간단명료한 표현과 명확한 대구로써 히브리 시 전통의 평행 기법을 잘 보여주고 있는 본시는 히브리 시의 운율감과 박진감을 가장 생생하게 담고 있는 대표적인 시다. 시의 내용은 출애굽 당시에 자연만물 가운데 나타난 하나님의 권능에 대한 찬양과 감사다. 본시의 저자와 배경에 대해선 알려진 바가 없지만, 어느 무명의 시인이 바빌로니아 포로생활에서 본토로 귀환한 이스라엘 백성에게 출애굽의 위대한 역사를 들려줌으로써 결코 낙심치 말고 힘찬 용기 속에 새롭고도 소망찬 삶을 시작할 것을 촉구하기 위해 지은 것으로 추정된다.

시인은 바빌로니아 포로생활에서 갓 돌아온 동포들에게 출애굽 사건과 그 이후 광야생활 및 요단강에서 펼쳐진 기적적인 사건의 경험을 들려줌으로써 민족적 자긍심을 고취시키고, 민족의 미래에 대해 소망의 빛을 비추고자 했다.

본시의 내용은 이러하다. 먼저 시인은 출애굽의 영광을 회상한 뒤(1-2절), 그때에 자연만물에 나타난 하나님의 크신 권능을 소개하고 있다(3-8절). 옛적 이스라엘의 하나님께서 이집트의 430년 종살이에서 자기 백성을 크신 권능으로 구원하셨는데, 이제 다시금 본토로 돌아온 자기 백성을 크신 능력의 손길로 인도해주지 않겠느냐고 하면서, 오직 하나님을 의뢰하는 가운데 힘찬 소망의 삶을 살아갈 것을 권고한다.

본시의 3-6절에 언급된 '바다'와 '요단강'과 '산들'에 관한 시인의 묘사는 모두 출애굽과 관련된 놀라운 이적의 사건들을 시적으로 생동감 있게 묘사한 것이다. '바다가 도망간 것'은 홍해가 좌우로 갈라진 현상을, '요단강이 물러간 것'은 이스라엘 백성이 가나안 땅으로 들어갈 때 요단 강물이 멀리서부터 끊어진 현상을, '산들이 뛰논 것'은 하나님께서 율법을 주시려고 시내산에 강림하실 때 산들이 심하게 흔들린 지진 현상을 시적으로 묘사한 것이다.

115

홀로 마땅히 영광을 받으실 주님

우상은 손이 있어도 만지지 못하고
다리가 있어도 걷지 못하네
우상을 만들어 믿는 어리석은 자들아
너희도 우상처럼 되고 말리라

(1-3) 오, 주님, 우리에게 영광을 돌리지 마소서.
영광은 우리에게 있지 아니하고
오직 주님의 이름에 있나이다.
모든 영광은 주님의 인자하심과 신실하심에 돌려져야 마땅합니다.
어찌하여 뭇 나라 사람들이
"도대체 너희 하나님은 어디에 있느냐?" 하고
말하게 하겠습니까. 진실로 우리 하나님께서는 하늘에 계셔서
하시고자 원하시는 일이면 무엇이든 다 이루시는 분이십니다.

(4-8) 그러나 뭇 이방 민족들의 우상들은 고작 금이나 은으로 만든 것
곧 사람의 손으로 빚어낸 것들입니다.
그러니 그것들은 입이 있어도 말하지 못하고
눈이 있어도 보지 못하며
귀가 있어도 듣지 못하고
코가 있어도 냄새를 맡지 못하며
손이 있어도 만지지 못하고

발이 있어도 걷지 못하며
목구멍이 있어도 소리를 내지 못합니다.
그러므로 우상을 만드는 사람들이나 우상을 의지하는 사람들은
모두 우상처럼 그렇게 허망하게 되고 말 것입니다.

(9-16) 오, 이스라엘아, 주님을 믿고 의지하여라.
오직 주께서 너희를 도우시고
너희의 방패가 되어주시리라.
오, 아론 집안의 제사장들아, 주님을 믿고 의지하여라.
오직 주께서 너희를 도우시고
너희의 방패가 되어주시리라.
오, 주님을 경외하는 사람들아, 주님을 믿고 의지하여라.
오직 주께서 너희를 도우시고
너희의 방패가 되어주시리라.
주께서는 우리를 잊지 않으시고
반드시 기억하셔서 복을 내려주시리라.
그분께서 이스라엘 집에 복을 내려주시고
아론 집안에 복을 내려주시리라.
주님을 경외하는 사람들에게는
낮은 사람이나 높은 사람이나
모두에게 다 복을 내려주시리라.
주께서 너희를 번창하게 해주시고
너희 자손도 번성하게 해주시리라.
진실로 너희가 하늘과 땅을 지으신 주께 풍성하게 복을 받으리니
저 높은 하늘은 주님의 것이지만
이 땅은 주께서 사람에게 주셨도다.

(17-18) 죽은 자들은 주님을 찬양하지 못하고
저 적막한 침묵의 땅으로 내려간 자들도 주님을 찬양하지 못한다.
그러나 땅 위에 살아있는 우리는 소리 높여 주님을 찬양하리니
지금부터 영원토록 우리 주님을 찬양하리라.
할렐루야!

[해설과 묵상] 하나님의 크신 영광과 이방 우상들의 헛되고 무가치함을 대조하면서, 오직 하나님께만 영광 돌릴 것을 권고하고 있는 찬양시다. 누가 언제 지었는지는 알 수 없지만, 유월절 마지막 만찬 후 예배자들이 헤어지기 전에 인도자와 무리의 교창(交唱)으로 불린 시편들(115-118편) 가운데 하나다. 말하자면 인도자의 선창에 따라 무리가 응답하는 교창 형태로 구성된 시다. 시인은 아무런 반응도 하지 못하는 우상의 허구성을 부각시킴으로써 그것을 숭배하는 자들의 어리석음을 지적하는 한편, 하늘과 땅을 지으시고 자신을 경배하는 자들에게 풍성한 복을 내려주시는 하나님께 마땅히 모든 영광을 올려드릴 것을 노래하고 있다.

시의 내용은 이러하다. 제1연은 모든 것을 원하시는 대로 다 이루시는 하나님만을 섬기고 그분께 모든 영광을 올려드릴 것을 권고하는 장면이다(1-3절). 제2연은 아무런 반응도 하지 못하는 목석의 우상들을 고발하면서 그것의 허망함을 상기시키는 장면이다(4-8절). 제3연은 주님을 믿고 의지하는 자들에게 임할 복된 상황을 노래하고 있는 장면이다. 그래서 시인은 거듭해서 "주님을 믿고 의지하라!"고 권고한다(9-16절). 마지막 제4연은 모든 인생에게 있어 가장 복된 일은 살아생전에 하나님을 찬양하는 일임을 일깨워주고 있다. 왜냐하면 죽어서는 하나님을 찬양할 수 없기 때문이다(17-18절).

그렇다. 정녕 세상의 모든 우상을 버리고 떠나, 오직 주님만을 찬양하는 삶이 복된 삶이고 승리하는 삶이며 영생이 보장되는 소망의 삶이다.

116
주님의 구원에 대한 감사 찬송

주여, 내 기도를 들어주소서
살아 있는 동안 주를 사랑합니다
죽음에 사로잡혀 몸부림치니
주여, 나를 살려주소서

(1-11) 주여, 주께서 나의 간구를 들어주시기에 내가 주님을 사랑합니다.
진실로 주께서는 살려 달라 부르짖는 나의 간구를 들어주셨나이다.
주께서 내 기도에 귀를 기울여주시니
내가 살아있는 한 평생토록 주님을 부를 것입니다.
사망의 올가미가 나를 얽어매고 죽음의 공포가 나를 덮쳐
내가 고통에 사로잡혀 절망 가운데서 몸부림칠 때에
나는 주님의 이름을 부르며
"오, 주여, 주께 간구하오니
이 몸을 건져주소서!" 하고 울부짖었나이다.
주께서는 은혜로우시고 의로우신 분이십니다.
우리 하나님께서는 자비가 풍성하신 분이십니다.
진실로 주께서는 그 마음이 순결한 사람을 보호해주시는 분이시므로
내가 곤경에 빠졌을 때 이 몸을 구원해주셨나이다.

오, 내 영혼아, 주께서 너에게 그토록 자비롭게 대해주셨으니
너는 편히 쉬어라.

오, 주여, 주께서 내 영혼을 죽음의 구렁텅이에서 건져주시고
내 눈에서 모든 눈물을 거두어주시며
내 발이 더 이상 비틀거리지 않게 굳게 붙잡아주셨으니
내가 산 자들의 땅에서 살아 숨 쉬는 동안
일평생 주님 앞에서 올곧게 행하렵니다.
내가 주님을 굳게 믿었으므로
"어찌 그리 내 인생이 고달픈고?"라는 생각이 들 때에도
주님을 향한 나의 마음이 흔들리지 않았나이다.
내가 살면서 크나큰 상처를 받았으므로
몹시 당황하고 두려워하며 말하기를
"사람은 다 거짓말쟁이기에, 믿을 사람이 아무도 없구나!" 하였나이다.

(12-19) 주께서 내게 베푸신 그 모든 은혜를
내가 어찌 다 갚을 수 있겠습니까.
다만 이 몸은 구원의 잔을 높이 들고
주님의 이름을 부르렵니다.
온 백성이 모여 있는 자리에서
주께 맹세한 것을 다 지키렵니다.
진실로 주께서는 성도들 개개인의 죽음을 아주 소중하게 여기십니다.

오, 주여, 진실로 이 몸은 주님의 종입니다.
나는 주님의 종이요, 주님을 섬기던 여종의 자식입니다.
주께서는 이 몸을 사슬에서 풀어주셨나이다.
그러므로 내가 주께 감사제물을 드리고
주님의 이름을 부르렵니다.
내가 주께 맹세한 것을
온 백성이 모인 자리에서 다 지키렵니다.
오, 예루살렘아, 네 한가운데서 곧 주님의 성전 뜰에서
내가 주께 맹세한 것들을 빠짐없이 다 지키리라.
할렐루야!

[해설과 묵상] 아름다운 운율이 매절마다 반복되는 본시는 어떤 위급하고 절망적인 상황에서 주님의 크신 구원을 체험한 시인이 그 은총을 찬양하면서 그때에 자신이 서원하고 맹세한 바를 성실히 갚겠노라고 다짐하는 개인적인 감사의 시다. 그래서 후대에 이르러 본시는 서원을 위한 예배 때에 주로 사용되었다.

그렇다면 이 같은 감사와 서원의 시를 쓴 저자는 누구일까? 본시의 저자와 배경에 대해 밝히 알 수는 없다. 하지만 시의 내용을 통해 학자들은 압살롬의 반란으로 큰 곤경에 빠졌던 다윗이 하나님의 크신 구원 사역으로 그 위기에서 벗어난 후에 본시를 쓴 것으로 추정한다(주전 979년경, 삼하 15:10-12; 19:9). 그렇게 볼 때 본시에 언급된 여러 표현들, 곧 사망의 올가미, 죽음의 공포와 죽음의 구렁텅이, 크나큰 상처, 고통, 몸부림, 눈물, 사슬 등의 표현들은 당시 다윗이 겪었던 고난이 얼마나 심각하고 위급했는지를 잘 보여준다.

본시는 크게 이분된다. 전반부는 자기 백성의 부르짖음에 응답하여 구원의 손길을 베푸시는 하나님의 풍성한 자비로움을 찬양하는 장면이다(1-11절). 후반부는 그런 주님의 풍성한 자비를 맛본 자가 주님 앞에서 자신이 행한 서원과 맹세를 신실하게 갚겠다고 다짐하는 장면이다(12-19절).

압살롬의 반란으로 인해 혈육인 아들의 거역, 가장 절친했던 친구의 배반, 대적들의 조롱과 저주를 겪은 시인은 정녕 사람을 믿는 것이 부질없는 일임을 절실히 깨닫고 오직 하나님만 굳게 믿고 의지하기로 결심한다. 과연 하나님은 변함없이 신실하셨다! 늘 그러하셨듯이 풍성한 인자하심과 크신 능력으로 시인을 모든 절망적인 위기 상황에서 능히 구원해주셨다. 그러니 어찌 그분께 감사 찬양을 올려드리지 않을 수 있겠으며, 어찌 그분 앞에 서원한 바를 실행하지 않을 수 있으랴!

117
주님을 찬양하라

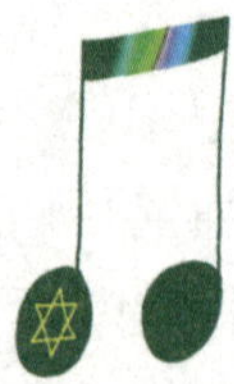

주께서는 크고 영원하신 분
한없이 인자하신 분이니
모든 나라는 주를 찬양하여라
그 백성은 주를 찬양하여라

(1) **너희 모든 민족들아, 주님을 찬양하라.**
너희 모든 백성아, 우리 주님을 찬송하라.

(2) **우리를 향한 주님의 인자하심이 참으로 크고**
우리를 향한 주님의 신실하심이 진실로 영원하도다.
할렐루야!

[해설과 묵상] 단 두 절로 이루어진 본시는 시편 가운데 가장 짧은 시이지만, 시편의 핵심 사상을 가장 분명하고도 명쾌하게 표현하고 있기에 많은 이들의 사랑을 받고 있다. 시인은 먼저 온 세상의 모든 민족들과 백성들을 향하여 주님을 찬양할 것을 힘차게 권고하고 있다(1절). 그런 뒤, 왜 천하 만민이 주님을 찬양해야 하는지 그 이유를 밝히 제시하고 있다(2절).

이유는 분명하다. 세상 만민을 향한 주님의 인자하심은 참으로 크고, 주님의 신실하심은 진실로 영원하기 때문이다. 그러하기에 호흡 있는 자들은 마땅히 주님을 찬양해야 하되, 찬양의 주제는 그분의 크신 인자하심(사랑 및 긍휼)과 영원한 신실하심(미쁘심 및 변치 않으심)이다.

118

능력과 구원의 주님을 찬양하라

선하고 인자하신 주께 감사합니다
나의 하나님이 빛을 비추시니
손에 나뭇가지 들고
축제에 함께 손잡고 갑니다

(1-4) 주께 감사하여라.
그분은 선하시고, 그분의 인자하심은 영원하도다.
이스라엘 백성아,
"주님의 인자하심은 영원하시다." 하고 외쳐라.
아론의 집 제사장들아,
"주님의 인자하심은 영원하시다." 하고 외쳐라.
주님을 경외하는 모든 자들아,
"주님의 인자하심은 영원하시다." 하고 외쳐라.

(5-18) 내가 고통 가운데서 주께 부르짖었더니
주께서 내 기도를 들으시고
나를 이끌어내시어 넓은 곳에 세워주셨도다.
주께서 내 편이 되어주시므로
나는 아무것도 두렵지 않도다.
사람이 어찌 내게 해를 끼칠 수 있으랴!
주께서 내 편이 되어 나를 항상 도와주시니

나를 미워하는 내 모든 원수들이 멸망하는 것을 내가 보게 되리라.
진실로 사람을 의지하느니 주님을 의지하는 것이 훨씬 낫고
권세 있는 자들을 의지하느니 주님을 의지하는 것이 훨씬 낫도다.

뭇 나라들이 나를 해치려고 빙 둘러 에워쌌지만
나는 주님의 이름을 힘입어 그들을 모두 물리쳤도다.
나의 대적들이 나를 삼키려고 사방에서 겹겹이 에워쌌지만
나는 주님의 이름을 힘입어 그들을 모조리 물리쳤도다.
참으로 나의 대적들이 나를 없애려고 벌떼같이 에워쌌지만
마치 활활 타오르는 불길이 마른 가시덤불을 일시에 다 태우듯
그들 모두가 순식간에 다 죽어 나자빠졌도다.
진실로 내가 주님의 이름을 힘입어 그들을 모조리 물리쳤도다.

나의 대적들이 거칠게 밀치고 들어와 나를 고꾸라뜨리려 하였어도
오직 주께서는 나를 도와주셨도다.
그러므로 주님은 나의 능력과 나의 찬송이요
나의 구원자가 되셨도다.
너희는 귀 기울여 들어보아라.
의인들의 장막마다 기쁨과 승리의 환호성이 크게 울리기를
"진실로 주님의 오른손이 위대한 일을 해내셨도다!
주님의 오른손이 높이 들렸도다.
주님의 오른손이 위대한 일을 해내셨도다!" 하는구나.
내가 죽지 않고 살아서
주께서 하신 위대한 일을 널리널리 선포하리라.
내가 크게 잘못했을 때 주께서는 나를 엄히 징벌하긴 하셨어도
나를 죽게 내버려두지는 않으셨도다.

(19-23) 그러므로 나를 위해 구원의 문을 활짝 열어다오.
내가 그 문으로 들어가서 주께 감사드리리라.
이 문은 주님의 문이니
의인들이 다 그리로 들어가리라.
주께서 나의 기도에 응답해주시고

집 모퉁이의 머릿돌이 되었도다

내게 구원의 손길을 베풀어주셨으니
내가 소리 높여 주께 감사드리리라.
집 짓는 건축자들이 버린 돌이
집 모퉁이의 머릿돌이 되었도다.
이것은 주께서 행하신 일이니
우리가 보기에 참으로 놀랍기만 하여라.

(24-29) 이날은 주께서 구별하여 정하신 날이니
이날에 우리가 다 같이 기뻐하고 즐거워하자!
주여, 간구하오니 우리를 구원해주소서.
주여, 간구하오니 우리에게 승리를 안겨주소서.
복 되도다, 주님의 이름으로 나오는 자들이여!
주님의 성전에서 우리가 너희를 축복하였도다.
주님은 우리에게 빛을 비추어주시는 하나님이시니
너희는 손과 손에 나뭇가지를 들고 축제의 행렬을 벌여
다 함께 제단의 뿔로 나아가자!
주님은 나의 하나님이시니
내가 주께 감사를 드리렵니다.
진실로 주님은 나의 하나님이시니
내가 주님을 높이 기리렵니다.
주께 감사하여라.
그분은 선하시고
그분의 인자하심은 영원하도다.

[해설과 묵상] 이스라엘의 절기나 축제 때 여호와 하나님의 구원과 성품을 기념하고 찬양하는 송축시인 이른바 '할렐시'(113-118편)의 마지막 편이다. 마지막 부분답게 매우 장엄하고 웅장한 교창으로 하나님

의 선하심과 인자하심을 찬양하라는 주제가 일관되게 나타나고 있다. 즉, 본시는 교창(交唱)을 위해 작시된 것인데, 절기나 축제 때에 성전 순례자들에 의해 서로 주고받는 노래로 불렸다.

본시의 저자나 배경에 대해선 밝히 알 수 없지만, 시의 내용으로 살펴보면 다윗의 시로 추정된다. 대략적으로 다윗이 온갖 시련과 고난을 극복하고 마침내 이스라엘의 왕위에 오르게 되었을 때 지금까지 지켜주신 하나님의 구원 은총과 능력을 찬양한 것으로 보인다. 그리하여 파란만장한 삶을 살아온 다윗이 왕위에 오른 뒤 하나님의 성전으로 올라가면서 자신의 지난날을 회고하면서 감사와 찬미의 심령으로 이 노래를 부른 것으로 여겨진다.

본시의 내용을 요약하면 이러하다. 제1연은 이스라엘의 모든 백성을 향해 하나님의 인자하심을 찬양할 것을 권고하는 장면이다(1-4절). 제2연은 지난날의 모든 위기와 곤고함에서 모든 대적을 물리치고 능히 건져주신 하나님의 크신 능력과 은혜를 찬양하는 장면이다(5-18절). 제3연은 모든 시련을 극복하고 마침내 영화로운 몸으로 하나님의 성전으로 올라가게 된 사실에 감사하는 장면이다(19-23절). 마지막 제4연은 이제껏 그래왔던 것처럼 앞으로도 형통케 하시는 하나님의 은총이 항상 함께하실 것을 확신하며 하나님께 감사 찬송을 드리는 장면이다(24-29절).

특히 본시에서 하나님의 성전에 올라가는 자들에게 임하게 될 축복을 노래한 부분들(22, 25-26절)은 장차 메시아 예수의 예루살렘 입성을 연상시킨다(눅 19:38). 그렇기 때문에 본시는 장차 메시아 예수의 예루살렘 입성과 관련된 '메시아 예언시'의 성격을 띠기도 한다. 진실로 성도에게 임하는 고난과 시련은 모두 해로움이 되고 장애물인 것은 아니다. 그런 일들이 하나님의 오묘한 섭리와 경륜하에서 이루어지는 것이라면, 고난과 시련은 마침내 합력하여 위대한 선을 이루게 된다(롬 8:28).

다윗의 삶은 그러한 경우의 생생한 예증이다.

본시에서 '건축자들이 버린 돌'(22절)이란 표현은 사람들로부터 멸시와 천대를 받는 시인 자신, 더 나아가 이방 나라들에게 업신여김을 받는 이스라엘을 비유하는 말로 사용되었다. 요컨대, 건축에 쓸모없어 버려진 돌처럼 그렇게 하찮고 가치 없는 존재라는 뜻이다. 후일 이 땅에 오신 예수님은 사람들에게 배척받는 자신에 대해 이 말을 적용시켰고(마 21:42), 사도들도 그렇게 해석했다(행 4:11; 벧전 2:7).

119

주님의 율법

주의 말씀은 인생길의 참된 빛이니
나를 짓누르는 손에서 구원하소서
은혜 잊지 않고 목숨 다하는 날까지
주의 법을 따르며 살겠습니다

(1-8) 복 되도다, 그 행실이 온전하여 흠이 없고
주님의 법대로 살아가는 자들이여!
복 되도다, 주님의 율례를 잘 지키고
온 마음을 다해 주님을 찾는 자들이여!
진실로 이런 사람들은 악한 짓을 행하지 아니하고
오직 주님의 길로만 따라가도다.
주께서는 우리에게 주님의 법도를 주시면서
그것을 충실하게 지키라고 명하셨나이다.
하오니, 내가 주님의 가르침을 성실하게 잘 지킬 수 있도록
나를 인도하시고 붙들어주소서.
내가 주님의 계명을 마음에 깊이 새겨 그대로 따르면
결코 수치를 당하는 일이 없을 것입니다.
내가 주님의 의로운 법을 배울 때에
순수하고 정직한 마음으로
소리 높여 주님을 찬양하리이다.
내가 주님의 율례를 힘써 지키겠사오니

정녕 이 몸을 버리지 마소서.

(9-16) 청년이 어떻게 해야 일생 동안 깨끗하고 온전하게 살아갈 수 있겠습니까?
그것은 주님의 말씀을 따라 살아가는 길
오직 그 길뿐입니다.
내가 온 마음 다 바쳐 주님을 찾겠사오니
주님의 계명에서 벗어나지 않도록 나를 붙들어주소서.
내가 주께 죄를 짓지 않으려고
주님의 말씀을 내 마음속 깊이 간직하렵니다.
찬양을 받으실 주님,
주님의 법도를 내게 가르쳐주소서.
주께서 친히 입으로 말씀해주신 그 모든 법도를
내가 입술로 크게 소리 내어 낭독하렵니다.
참으로 주님의 교훈을 배우고 따르는 이 기쁨은
큰 재물을 얻는 기쁨보다 더욱 큽니다.
내가 주님의 가르침을 묵상하고
주님의 법도를 깊이 살펴보렵니다.
오직 주님의 율례를 나의 기쁨으로 삼고
언제든지 주님의 말씀을 절대로 잊지 않겠나이다.

(17-24) 주여, 주님의 종을 너그럽게 대하시어 은혜를 베풀어주소서.
그리하시면 내가 활기차게 살아서
주님의 말씀에 순종하겠나이다.
내 눈을 여시어
주님의 법에 담겨 있는 놀라운 진리를 보고 깨닫게 하소서.
이 땅에 살아가는 동안 이 몸은 나그네에 불과하오니
주님의 계명을 내게서 숨기지 마소서.
내 영혼이 주님의 법을 깨닫고 싶어 항상 갈망하다가 지치고 말았나이다.
주께서는 교만한 자들을 책망하시고
주님의 계명에서 떠나간 자들을 저주하십니다.
그러나 나는 주님의 교훈을 힘껏 지켰사오니
이 몸이 조롱과 경멸을 당하지 않게 해주소서.

뭇 통치자들이 다 함께 모여서 나를 해칠 궁리를 하더라도
주님의 종은 오직 주님의 율례만을 묵상하렵니다.
진실로 주님의 교훈은 나의 기쁨이요
주님의 증거는 내 갈 길을 이끌어주는 스승입니다.

(25-32) 지금 내 영혼이 티끌과 흙구덩이 가운데서 나뒹굴고 있사오니
주께서 약속하신 대로
내게 힘을 주시어 나를 살려주소서.
이 몸이 행한 모든 것을 주께 다 아뢰었더니
주께서는 내 기도에 응답해주셨나이다.
이제 주님의 법도를 내게 가르쳐주소서.
나를 도우셔서 주님의 법도를 깨닫게 해주소서.
그리하시면 내가 주께서 이루신 놀라운 일들을 깊이 묵상하겠나이다.
내 영혼이 슬픔에 지쳐 있사오니
주께서 약속하신 대로 내게 힘을 북돋아주소서.
내가 그릇된 길로 빗나가지 않도록
주께서 나를 굳게 붙잡아주시고
주님의 법도를 내게 가르쳐주심으로써
주님의 크신 은혜를 베풀어주소서.
나는 진리의 길을 따르기로 결심하였고
나의 온 마음을 주님의 법도에 쏟았나이다.
주여, 내가 주님의 법도를 따랐사오니
이 몸이 수치를 당하지 않게 해주소서.
주께서 내 마음을 넓히시어
나로 주님의 교훈을 깨닫게 해주시면
내가 주님의 계명이 인도하는 길로 힘껏 달려가겠나이다.

(33-40) 주여, 주님의 법도를 내게 가르쳐주소서.
그리하시면 내가 일평생 주님의 법도를 따르렵니다.
나로 주님의 법을 깨닫게 하소서.
그리하시면 내가 주님의 법을 지키고
온 마음 다 바쳐 주님의 법에 순종하겠나이다.

주님의 법도를 지키는 길을 내게 가르쳐주소서.
그 길이 내게는 참된 기쁨입니다.
내 마음이 온전히 주님의 말씀으로만 향하게 하시고
이기적인 탐욕으로 치우치지 않게 하소서.
내 눈이 세상의 헛된 것들을 보지 않도록 해주시고
오직 주님의 말씀에 따라 사는 일에 몰두하게 하소서.
주님의 약속을 주님의 종에게 이루어주소서.
그리하여 주님의 종으로 하여금 두려운 마음으로 주님을 섬기게 하소서.
주님의 법은 진실로 선하오니
내가 두려워하는 수치를 내게서 다 떠나게 해주소서.
내가 주님의 법도를 간절히 사모하오니
주님의 의로 나를 새롭게 하소서.

(41-48) 주여, 주께서 약속하신 그 말씀대로
주님의 한결같은 사랑과 변치 않는 구원을 내게 베풀어주소서.
그리하시면 내가 주님의 말씀을 굳게 믿고서
나를 비난하며 모욕하는 자들에게 당당하게 응답할 수 있을 것입니다.
내가 나의 모든 소망을 주님의 법에 두고 있사오니
주님의 진리의 말씀을 잠시라도 내 입에서 빼앗아가지 마소서.
나는 언제까지나 변함없이
주님의 율법을 항상 지키고 따르렵니다.
내가 주님의 교훈을 힘써 지키고 따르기에
아무것도 두려워하지 않고 드넓은 길로 자유롭게 다니렵니다.
또한 뭇 왕들 앞에서도 아무 부끄러움 없이
주님의 교훈을 힘차게 선포하렵니다.
내가 주님의 계명을 진실로 사랑하기에
오직 그것을 나의 기쁨으로 삼으렵니다.
내가 주님의 계명을 진실로 사랑하기에
주님의 교훈 앞에 두 손을 높이 들고
온종일 주님의 율례를 깊이 묵상하렵니다.

(49-56) 주여, 주께서 주님의 종에게 하신 말씀을 기억하소서.

주께서는 말씀으로 내게 소망을 주셨나이다.
비록 내가 고통 가운데 빠져 있을지라도 큰 위로를 받을 수 있는 것은
주님의 그 말씀이 항상 나를 되살려주시기 때문입니다.
교만한 자들이 거리낌 없이 나를 비웃고 조롱한다고 해도
나는 결코 주님의 법에서 떠나지 않으렵니다.
주여, 내가 옛날부터 전해져 내려오는 주님의 규례들을 기억하기에
그 규례들에 큰 위로를 받나이다.
그러나 주님의 법을 무시하고 거스르는 악인들을 볼 때마다
나의 마음속에서 분노가 끓어오릅니다.
내가 이 땅에서 나그네 인생을 잠시 살아가는 동안
주님의 율례는 나의 노래가 되었나이다.
주여, 내가 밤에도 주님의 이름을 기억하고
주님의 법을 지키렵니다.
정녕 주님의 법도를 지키며 살아가는 것이
내게 가장 큰 행복입니다.

(57-64) 주여, 진실로 주님은 내가 바라는 모든 것이므로
나는 주님의 말씀에 온전히 순종하렵니다.
내가 온 마음을 다 바쳐 주께 간구하오니
주께서 약속하신 대로 내게 은혜를 베풀어주소서.
내가 나의 살아온 길을 곰곰이 생각해보고
내 발걸음을 돌려 주님의 법을 따라갑니다.
이제부터는 내가 주님의 계명을 지키는 데

주님의 율례는 나의 노래가 되었나이다

조금도 망설이거나 지체하지 않으렵니다.
악인들이 나를 잡으려고 덫을 놓았을지라도
나는 결코 주님의 법을 잊지 않으렵니다.
한밤중에라도 내가 벌떡 일어나
주님의 의로운 법을 생각하며 주께 감사를 드리렵니다.
주님을 경외하며 사는 이들은 하나같이 내 벗이요
주님의 법도를 따르는 이들도 모두 내 동무입니다.
주여, 온 누리에 주님의 사랑이 가득합니다.
내게 주님의 법도를 가르치소서.

(65-72) 주여, 주께서는 약속하신 대로
주님의 종에게 은혜를 베풀어주셨나이다.
내가 주님의 계명을 믿고 따르겠사오니
나로 하여금 올바른 판단력과 지식을 갖게 하소서.
주께서 내게 고난을 주시기 전에는 내가 그릇된 길을 걸었으나
이제는 주님의 말씀에 순종합니다.
주님은 선하시고
주께서 하시는 일도 모두 선합니다.
하오니, 주님의 법도를 내게 가르쳐주소서.
교만한 자들이 온갖 거짓말로 나를 괴롭히며 해치려 하지만
나는 온 마음 다해 주님의 교훈을 지키렵니다.
저들의 마음은 기름기만 잔뜩 끼여 무뎌지고 굳어졌지만
오직 나는 주님의 법을 즐거워하고 기뻐합니다.
주께서 내게 고난을 주신 것이
도리어 내게 약이 되고 유익이 되었나이다.
그런 고난으로 인해
내가 비로소 주님의 율례를 배우게 되었나이다.
주께서 친히 일러주신 주님의 입술의 교훈이
수천 개의 금은보다도 내게 더욱 귀합니다.

(73-80) 주께서 손수 이 몸을 지으시고 또 살게 하셨으니
주님의 계명을 배우고 깨달을 수 있도록

내게 통찰력도 허락해주소서.
주님을 경외하는 자들마다 나를 보고 기뻐할 수 있도록
나로 하여금 오직 주님의 말씀에 소망을 두고 살아가게 하소서.
주여, 나는 주님의 법이 의롭다는 것을 잘 압니다.
또한 주께서 내게 고난을 주신 것도
주께서 신실하기 때문이라는 것도 잘 압니다.
그러므로 주께서 주님의 종에게 약속하신 대로
주님의 한결같은 그 사랑으로 이 몸을 위로해주소서.
주님의 법은 내게 기쁨이 되오니
내게 자비를 베푸소서.
그리하시면 내가 새 힘을 얻고
다시 힘차게 살 것입니다.
교만한 자들이 아무 까닭도 없이
나를 괴롭히고 해치려 하오니
저들로 수치를 당하게 하소서.
하지만 나는 오로지 주님의 가르침만을 깊이 묵상하렵니다.
주님을 경외하는 사람들과 주님의 교훈을 깨닫는 자들이
다 내게로 돌아오게 하소서.
내 마음이 항상 깨어 주님의 율례를 흠 없이 지키므로
내가 수치를 당하지 않게 해주소서.

(81-88) 내 영혼이 주님의 구원을 기다리다가 지쳤지만
그래도 나는 오직 주님의 말씀에 내 소망을 둡니다.
내가 "주께서는 언제쯤이나 나를 위로해주실까?" 하고
주님의 약속을 기다리고 기다리다가
그만 지쳐서 나의 두 눈마저 흐릿해졌나이다.
비록 내가 불에 오그라든 가죽부대처럼 아무 쓸모없게 되었을지라도
나는 결단코 주님의 율례를 잊지 않으렵니다.
주여, 주님의 종을 얼마나 더 기다리게 하시렵니까.
내가 살아갈 날이 얼마 남지 않았나이다.
나를 괴롭히는 자들을 언제 주께서 벌하시렵니까.
주님의 법을 거스르는 저 교만한 자들이

나를 빠뜨리려고 구덩이를 깊게 파 놓았나이다.
주님의 계명들은 모두 진실하건만
사람들이 아무 까닭도 없이 나를 해치려고 하오니
부디 나를 도와주소서.
저들은 나를 거의 죽음의 문턱까지 몰고 갔지만
그래도 나는 주님의 교훈을 저버리지 않았나이다.
주님의 인자하심으로 나를 살려주소서.
그리하시면 내가 주님의 입으로 친히 일러주신
주님의 교훈을 지키며 살겠나이다.

(89-96) 주여, 주님의 말씀은 영원토록 살아있고
하늘 높은 곳에 굳건히 자리잡고 서 있나이다.
주님의 신실하심은 대대로 이어지고
주께서 땅의 기초를 굳건히 세우셨으므로
땅이 흔들리지 않고 항상 그 자리에 그대로 있나이다.
온 세상 만물이 모두 주님을 섬기는 주님의 종들이기에
그것들이 주님의 명령에 따라 오늘날까지 그대로 서 있나이다.
내가 주님의 법을 나의 기쁨으로 삼지 않았더라면
나는 고난 가운데 그대로 죽어서
벌써 땅에서 사라졌을 것입니다.
이처럼 주님의 법이 나를 살려주셨으므로
내가 결단코 주님의 교훈을 저버리지 않으렵니다.
이 몸은 주님의 것이오니, 나를 구원하소서.
나는 주님의 법도를 힘껏 지키려고 애썼나이다.
악인들은 나를 쳐서 망하게 하려고 잔뜩 벼르고 있지만
나는 다만 주님의 교훈만을 깊이 묵상하렵니다.
세상에는 아무리 완전한 것일지라도 모두 한계가 있게 마련이지만
오직 주님의 말씀에는 아무런 한계가 없나이다.

(97-104) 오, 내가 참으로 주님의 법을 얼마나 사랑하는지요!
하루종일 주님의 법을 묵상합니다.

주님의 계명이 항상 나와 함께하므로
그 계명들로 인해 내가 나의 원수들보다 더욱 지혜롭게 되었나이다.
내가 주님의 교훈을 항상 묵상하므로
그로 인해 내가 모든 스승들보다 더욱 통찰력을 지니게 되었나이다.
내가 주님의 법도를 잘 따르므로
그로 인해 내가 모든 노인들보다 더욱 슬기롭게 되었나이다.
내가 주님의 말씀을 지키려고 굳게 마음먹었기에
모든 악한 길에는 내 발을 아예 들여놓지 않았나이다.
주께서 나의 스승이 되어 친히 나를 가르치셨으므로
내가 주님의 법을 떠나지 않았나이다.
주님의 말씀이 내 입에 어찌 그리 다디단지요!
내 입에 꿀보다 더 달콤합니다.
내가 주님의 법도로 인해 깨달음을 얻고 슬기로워지니
모든 악하고 거짓된 길을 심히 미워합니다.

주님의 말씀이 어찌 그리 다디단지요!

(105-112) 주님의 말씀은 내 발을 인도하는 등불이요
내 길을 비춰주는 빛입니다.
내가 주님의 의로운 법을 지키려고 굳게 맹세하고 다짐하였으니
결단코 주님의 법에 따라 살아가렵니다.
주여, 내가 큰 고통 가운데 있사오니
주께서 약속하신 대로 나를 살려주소서.
주여, 내 입술로 기꺼이 드리는 감사기도를 받으시고
주님의 규례를 내게 가르쳐주소서.
비록 내 목숨이 항상 위협을 받고 있을지라도
나는 주님의 법을 잊지 않겠나이다.
악한 자들이 나를 잡으려고 내 앞에다 올무를 놓았어도
나는 주님의 법도에서 벗어나지 않았나이다.

진실로 주님의 법은 나의 영원한 유산이요
내 마음의 참된 기쁨입니다.
이 목숨이 다하는 그 순간까지
내가 변함없이 주님의 법에 따라 살기로 굳게 마음먹었나이다.

(113-120) 주여, 나는 두 마음을 품은 자를 미워하고
주님의 법을 사랑합니다.
오직 주님은 나의 피난처요 나의 방패시니
내 모든 소망을 전적으로 주님의 말씀에 둡니다.
너희 악을 행하는 자들아, 모두 내게서 떠나가라.
나는 내 하나님의 계명을 온전히 지키련다.
내 소망이 부끄럽지 않도록
주께서 약속하신 대로 나를 굳게 붙들어주소서.
그래야 내가 살 수 있겠나이다.
나를 붙들어주소서.
그리하시면 내가 구원을 얻고
주님의 율례를 잘 살펴 항상 그대로 따르렵니다.
주님의 율례를 버리고 떠나간 자들을 주께서 다 멸시하셨으니
그들의 거짓된 계획은 다 물거품처럼 헛되고 말 것입니다.
참으로 주께서는 세상의 모든 악한 자들을 쓰레기처럼 버리십니다.
그래서 나는 주님의 교훈을 더욱 사랑합니다.
이 몸은 주님을 경외하므로
주님 앞에서 벌벌 떱니다.
내가 주님의 심판을 생각하면 참으로 두렵고도 떨립니다.

(121-128) 주여, 나는 옳고 바른 일을 행하였으니
나를 억압하는 저 원수들의 손에 나를 내맡겨두지 마소서.
주께서 주님의 종의 안녕을 확실히 보장해주시고
저 교만한 자들이 나를 짓누르지 못하게 하소서.
내 눈이 주님의 구원의 손길을 기다리고 기다리다가 지쳤고
주님의 의로운 말씀을 사모하고 사모하다가 그만 쇠약해지고 말았나이다.

그러므로 주님의 종에게 주님의 한결같은 사랑을 베풀어주시고
주님의 율례를 내게 가르쳐주소서.
이 몸은 주님의 종이오니
주님의 교훈을 올바로 깨달을 수 있도록 내게 통찰력을 주소서.
주여, 지금은 주께서 행동하실 때입니다.
저 악한 자들이 주님의 법을 마구 짓밟고 있사오니
이제 일어나셔서 저들에게 진노의 심판을 베푸소서.
그러나 나는 금보다도
순금보다도 주님의 계명을 더욱 사랑합니다.
나는 진실로 주님의 모든 교훈을 의롭게 여기기에
모든 거짓된 행위를 심히 미워합니다.

(129-136) 주님의 교훈은 너무도 놀랍고 훌륭하기에
내가 나의 온 마음을 다 바쳐 그 말씀을 지킵니다.
주님의 말씀을 펼치면 그 말씀에서 빛이 나오므로
우둔한 사람들조차도 깨달음을 얻나이다.
내 영혼이 주님의 계명을 심히 갈망하므로
내가 입을 벌리고 헐떡거립니다.
주여, 주께서 주님의 이름을 사랑하는 이들에게 항상 그러하시듯
이 몸을 돌아보시고 내게 은혜를 베풀어주소서.
내 발걸음을 주님의 말씀 위에 굳게 세워
조금도 비틀거리지 않게 하셔서
어떠한 죄도 나를 감히 지배하지 못하게 하소서.
내가 오롯이 주님의 법도를 따라 살아갈 수 있도록
나를 억압하는 모든 악한 자들의 손아귀에서 이 몸을 건져주소서.
주님의 종에게 주님의 환한 얼굴을 비추어주시고
주님의 율례를 내게 가르쳐주소서.
뭇 사람들이 주님의 법에 따라 살지 않으니
나의 두 눈에서 눈물이 시냇물처럼 줄줄 흘러내립니다.

(137-144) 주여, 주님은 항상 의로우시고

주님의 판단은 언제나 올바릅니다.
주께서 세우신 규례들도 하나같이 모두 의롭고
더없이 믿을 만한 것들입니다.
내 원수들이 주님의 말씀을 우습게 여기니
내 마음속에서 분노가 불길같이 치밀어 오릅니다.
주님의 말씀은 정련되어 매우 순결하기에
주님의 종이 그 말씀을 무척 사랑합니다.
내가 비록 미천하여 온갖 멸시를 당할지라도
나는 주님의 교훈을 잊지 않았나이다.
주님의 의는 영원하고
주님의 법은 진실합니다.
환난과 고통이 나를 뒤덮고
고난과 재난이 나를 사로잡아도
주님의 계명은 나의 기쁨입니다.
주님의 교훈은 언제나 의로우니
그 교훈의 빛으로 나에게 깨달음을 주셔서
내가 죽지 않고 살 수 있게 하소서.

(145-152) 오, 주여, 내가 온 마음 다해 주께 부르짖사오니
내게 속히 응답해주소서.
내가 주님의 율례를 굳게 지키겠나이다.
내가 이토록 주께 부르짖사오니
속히 나를 구원하소서.
내가 주님의 교훈을 힘써 지키겠나이다.
내가 나의 모든 소망을 주님의 말씀에 두었으므로
동이 트기도 전에 일어나 주께 부르짖나이다.
내가 주님의 말씀을 깊이 묵상하느라
뜬눈으로 밤을 지새웁니다.
그러하오니 주님, 주님의 그 크신 인자하심으로 내 간구를 들어주소서.
주님의 그 의로운 규례에 따라 나를 살려주소서.
악한 일을 도모하는 자들이 내게로 점점 가까이 다가옵니다.
그들은 주님의 법과는 거리가 멀어서

그 법을 지키려는 마음이 조금도 없는 자들입니다.
하지만 주여, 주께서 내 가까이에 계시고
주님의 모든 계명은 진실합니다.
내가 오래전부터 주님의 말씀을 세심하게 살폈으므로
그 말씀이 영원히 세워진 것임을 잘 알고 있었나이다.

(153-160) 내가 주님의 법을 잊지 않고 살았사오니
내 고통을 돌아보시고 나를 구해주소서.
주께서 내 변호인이 되어주셔서
나의 이 억울한 사정을 풀어주시고
주께서 약속하신 대로 나를 살려주소서.
악인들이 구원을 받을 수 없는 까닭은
그들이 주님의 율례를 지키지 않았기 때문입니다.
주여, 진실로 주께서는 자비가 많은 분이시니
주님의 법에 따라 이 목숨을 구해주소서.
비록 나를 괴롭히고 대적하는 원수들이 많지만
나는 주님의 교훈을 떠나지 않았나이다.
나는 믿음 없는 저 악한 자들이
주님의 말씀을 무시하며 지키지 않는 것을 보고
참으로 역겨워서 치솟는 분노를 금할 수 없었나이다.
주여, 내가 주님의 교훈을 얼마나 사랑하는지 보소서!
그러하오니 주님, 주님의 크신 인자하심에 따라 나의 목숨을 건져주소서.
진실로 주님의 모든 말씀은 참되며
주님의 모든 의로운 규례들은 영원합니다.

(161-168) 세상의 뭇 권력자들이 아무 까닭도 없이 나를 핍박하지만
내 마음이 경외하는 것은 오직 주님의 말씀뿐입니다.
나는 많은 귀중한 전리품을 얻은 사람처럼
주님의 말씀을 크게 기뻐하고 즐거워합니다.
내가 모든 거짓된 것들을 싫어하고 미워하지만
진실로 주님의 법은 사랑합니다.
내가 주님의 의로운 규례들을 생각하면서

하루에도 일곱 번씩 주님을 찬양합니다.
주님의 법을 사랑하는 사람들에게는
그 마음에 항상 평안이 깃드니
아무것도 그들을 쓰러뜨릴 수 없나이다.
주여, 내가 주님의 구원을 간절히 기다리면서
주님의 계명을 따릅니다.
내가 주님의 교훈을 너무도 사랑하기에
온 마음을 다해 그 교훈대로 살았나이다.
내가 가는 모든 길을 주께서 밝히 아시오니
내가 주님의 교훈과 법도에 순종합니다.

(169-176) 주여, 내 부르짖는 이 소리가 주님 앞에 이르게 하시고
주께서 약속하신 대로 나에게 깨달음의 빛을 비춰주소서.
애타게 부르짖는 나의 이 간구가 주님 앞에 닿게 해주시고
주께서 약속하신 대로 나를 건져주소서.
주께서 내게 주님의 법도를 손수 가르쳐주시니
나의 입술에서는 주께 대한 찬양이 쏟아져 나옵니다.
진실로 주님의 계명들은 모두가 의로우니
내가 내 혀로 주님의 말씀을 힘차게 노래하렵니다.
내가 주님의 법도를 선택하여 그것을 따르기로 결심했사오니
주께서 친히 나를 도와주소서.
오, 주여, 내가 주님의 구원을 애타게 갈망하니
주님의 법이 나의 기쁨이 되었나이다.
내 영혼이 주님을 힘차게 찬양할 수 있도록 나를 살려주시고
주님의 법으로 나를 굳게 붙들어주소서.
내가 길 잃은 양처럼 이리저리 방황하고 있사오니
주께서 오셔서 주님의 종을 찾아주소서.
나는 주님의 계명을 잊지 않았나이다.

[해설과 묵상] 작자 미상의 본시는 성경 전체에서 가장 긴 구절을 담고 있는 장으로 유명하다. 무려 176절에 이른다. 그렇지만 이토록 긴 176절

주님의 계명을 순금보다 더욱 사랑하나이다

이 지루하고 무질서하게 이어지고 있는 것은 결코 아니다. 마치 위대한 건축가의 치밀한 작품처럼, 저자는 '하나님의 말씀'이라는 재료를 가지고 한 치의 빈틈도 없이 고도의 건축 기법으로 어느 각도에서 보더라도 참으로 아름답고 멋진 작품을 만들었다. 하나님의 말씀에 대한 시인의 뜨거운 열정과 사랑이 이 같은 위대한 작품을 탄생시킨 것이다.

저자는 히브리어 알파벳 22자를 소재 삼아, 알파벳 순서대로 첫 글자 '알렙(א)'부터 마지막 글자인 '타우(ת)'에 이르기까지, 각 철자로 시작하는 여덟 절(verses)을 22연(stanzas)으로 만들어 상호 간에 매우 치밀하고 질서 있게 연결시킴으로써 176절에 이르는 방대한 본시를 만들어낼 수 있었다. 요컨대 본시는 시편의 시들 가운데 더러 찾아볼 수 있는 답관체(踏冠體, Acrostic) 형식의 시들, 곧 각 구절의 첫 글자가 히브리어 알파벳 철자를 차례로 따라 쓴 그런 형식의 시들 가운데 가장 전형적이고 대표적인 시라 할 수 있다.

저자는 하나의 일관된 주제 곧 '하나님의 말씀(율법)'이 지닌 고상한 가치와 그 말씀을 지키는 자의 복됨이란 뚜렷한 주제를 가지고 본시를 썼는데, 그 이유는 분명 어떤 교육적인 목적 때문으로 보인다. 고대 유대인들은 자녀를 가르칠 때 율법이나 경구 등을 암송하게 했다. 그런 암송에 큰 도움이 되고 또 기억에 오래 남도록 히브리어 알파벳 순서로 본시를 기록했을 것이다. 이런 면에서 본시는 모든 시대와 모든 민족을 초월하여 보편적인 교육시요 또한 지혜시의 성격을 지니는데, 하나님의 백성 된 자라면 '하나님의 말씀'을 정녕 사랑하는 마음으로 본시를 늘 애송하고 부지런히 암송하여 심령 깊숙이 새겨야 하는 것이다.

본시의 뚜렷한 특징 가운데 하나는 176절의 매 구절마다 하나님의 말씀과 직접적으로 관련되었거나 연상시키는 용어들이 거의 빠짐없이 등장한다는 사실인데, 그런 유사한 용어들은 하나님의 말씀이 갖는 다양한 면모와 성격을 보여준다. 요약하면, 대략 9가지 정도 등장한다. 법(히, 토라: 율법), 증거(히, 에두트: 명령), 도(히, 데레킴: 길), 법도(히, 피쿠딤: 교훈), 율례(히, 호킴: 법령, 규례), 계명(히, 메즈와: 교훈), 판단(히, 미쉬파트: 심판), 말씀(히, 다바르: 말씀), 말씀(히, 아므라: 약속) 등.

하나님의 말씀을 가리키는 이 같은 여러 용어들은 경미한 차이가 있을 뿐, 사실 서로 교차적으로 번역될 수도 있다. 그래도 굳이 살펴보면, 규례(law)는 구약의 율법처럼 하나님의 특별한 명령을 뜻하고, 증거(statutes)는 십계명처럼 하나님의 의지가 진술된 것을 뜻한다. 법도(precepts)는 하나님에 의해 세워진 언약의 규정들을 뜻하고, 율례(decrees)는 '규례'와 동의어인데 특별히 시민법과 의식법을 강조하는 말이다. 계명(commands)은 하나님의 권위로써 주어지는 그분의 말씀을 가리키고, 말씀(word)은 모든 용어들을 포괄하는 일반적인 말로서 하나님의 모든 진리 말씀을 가리킨다. 또한 약속(promise)은 '말하다'란 동사에서 파생된 말로 반드시 성취되는 하나님의 말씀을 뜻한다.

22연에 각 연마다 8절, 그리하여 도합 176절로 구성된 본시의 내용을 대략적으로 구분해보자면 이러하다. 히브리어 알파벳의 첫 글자인 '알렙(א)'으로 시작하는 제1연은 율법에 대한 경건한 다짐을 노래하는 장면이고(1-8절), 두 번째 글자인 '베트(ב)'로 시작하는 제2연은 사람을 온전케

하는 말씀에 관한 내용이다(9-16절). 세 번째 글자인 '기멜(ג)'로 시작하는 제3연은 말씀을 지키려는 주님의 종의 간구를 노래하는 장면이고(17-24절), 네 번째 글자인 '달레트(ד)'로 시작하는 제4연은 사람을 소생케 하는 주님의 말씀에 관한 내용이다(25-32절).

히브리어 알파벳의 다섯 번째 글자인 '헤(ה)'로 시작하는 제5연은 굳은 심지로 열심히 말씀을 따르겠다는 결심을 노래하는 장면이고(33-40절), 여섯 번째 글자인 '와우(ו)'로 시작하는 제6연은 하나님의 구원과 약속이 있는 그분의 말씀에 관한 내용이다(41-48절). 일곱 번째 글자인 '자인(ז)'으로 시작하는 제7연은 곤란 중에 위로가 되는 하나님의 말씀을 노래하는 장면이고(49-56절), 여덟 번째 글자인 '헤트(ח)'로 시작하는 제8연은 주님의 계명을 신속히 지키겠다는 다짐에 관한 내용이다(57-64절).

히브리어 알파벳의 아홉 번째 글자인 '테트(ט)'로 시작하는 제9연은 고난 중에 율례를 깨닫고 배운다는 사실을 노래하는 장면이고(65-72절), 열 번째 글자인 '요드(י)'로 시작하는 제10연은 삶의 즐거움과 구원이 되는 하나님의 말씀을 찬양하는 내용이다(73-80절). 열한 번째 글자인 '카프(כ)'로 시작하는 제11연은 피곤함 가운데 주님의 말씀을 간구한다는 내용이고(81-88절), 열두 번째 글자인 '라메드(ל)'로 시작하는 제12연은 주님의 법도를 영영 잊지 못할 이유를 노래하고 있는 장면이다(89-96절). 히브리어 알파벳의 열세 번째 글자인 '멤(מ)'으로 시작하는 제13연은 모든 지혜의 근원이 되는 하나님의 말씀을 찬양하는 내용이고(97-104절), 열네 번째 글자인 '눈(נ)'으로 시작하는 제14연은 인생의 인도자가 되는 주님의 말씀을 찬미하는 내용이다(105-112절). 열다섯 번째 글자인 '싸메크(ס)'로 시작하는 제15연은 자신을 붙잡아주어 살게 하는 주님의 말씀을 노래하는 장면이고(113-120절), 열여섯 번째 글자인 '아인(ע)'으로 시작하는 제16연은 주님의 율례 배우기를 사모하는 시인의 심경이 잘 나타난 부분이다(121-128절).

히브리어 알파벳의 열일곱 번째 글자인 '페(פ)'로 시작하는 제17연은 주님의 계명을 사모하는 마음이 잘 나타난 부분이고(129-136절), 열여덟 번째 글자인 '차데(צ)'로 시작하는 제18연은 주님의 놀라운 말씀에 대한 감탄이 나타난 부분이다(137-144절). 열아홉 번째 글자인 '코프(ק)'로 시작하는 제19연은 주님의 법을 지키는 자의 간구가 나타난 부분이고(145-152절), 스무 번째 글자인 '레쉬(ר)'로 시작하는 제20연은 주님의 법도를 잊지 않겠다는 다짐을 노래하고 있는 내용이다(153-160절). 스물한 번째 글자인 '신(ש, 또는 쉰)'으로 시작하는 제21연은 주님의 말씀을 경외하는 시인의 심경이 잘 나타난 부분이고(161-168절), 마지막 히브리어 알파벳의 스물두 번째 글자인 '타우(ת)'로 시작하는 제22연은 주님의 말씀 깨닫기를 갈망한다는 내용으로 이루어져 있다(169-176절).

진실로 하나님의 말씀에 대하여 넘치는 애정과 뜨거운 열정으로 가득 찬 시인은 상상할 수 있는 모든 각도에서 하나님의 말씀을 묘사하고 갈망하고 찬미하고 노래했다. 하나님의 말씀, 율법, 법도, 율례, 증거, 규례, 명령, 계명, 교훈 등이 얼마나 위대하고 멋지고 순전하고 정교하고 좋고 참되고 달콤한지를 다양하게 묘사하면서, 오직 그 말씀에 따라 살아가는 삶이야말로 정녕 복된 인생으로서, 모든 죄악의 덫과 올무에서 벗어나 구원과 진리와 영생에 이르는 길임을 누누이 강조했다. 그러므로 오늘날 우리는 우리에게 전해진 이 값진 지혜시와 귀한 교훈시를 우리 심령 속 깊숙이 새겨, 오직 하나님의 말씀으로 내 인생의 등불 삼고 내 삶의 빛으로 삼아야 한다.

120

평화를 구하는 기도

평화를 그렇게도 싫어하는 이들과
너무도 오래 살아왔구나
나는 평화를 말하는데도
그들은 전쟁을 생각하는구나

(예루살렘 성전으로 올라가며 부르는 순례자의 노래)

(1-2) 내가 고통 가운데서 주께 부르짖었더니
주께서 내게 응답해주셨도다.
주여, 거짓말하는 입술과 속이는 혓바닥에서
내 영혼을 건져주소서.

(3-4) 너희 거짓말하고 속이는 자들아,
하나님께서 너희를 어떻게 하실 것 같으냐.
주께서 너희에게 무슨 벌을 내리실 것 같으냐.
용사들의 날카로운 화살과 벌겋게 달아오른 로뎀나무 숯불로
너희를 벌하시리라.

(5-7) 오, 슬프다! 내가 지금 메섹에 머물며 게달의 장막 가운데 살고 있으니
내게도 재앙이 미치겠구나.
내가 그동안 속이고 거짓말하는 사람들

곧 평화를 싫어하는 이런 사람들과
너무나 오랫동안 함께 살아왔구나.
나는 평화를 사랑하여 애타게 평화를 원하건만
저들은 오로지 싸우려고만 하는구나.

[해설과 묵상] 본시부터 134편까지 15편의 시들은 '예루살렘 성전으로 올라가며 부르는 순례자의 노래'라는 공통된 표제가 붙어 있다. 따라서 이 시편들은 모두 이스라엘의 절기나 축제 때에 성전 예배를 위해 사용된 것으로 보인다.

그 가운데서 본시는 화평을 사랑하는 시인을 괴롭히고 평화 깨뜨리기를 즐겨하는 사악한 자들을 향한 시인의 깊은 탄식이 묘사된 장면이다. 본시의 저자나 배경에 대해선 밝히 알 수 없다. 하지만 시의 내용을 살펴보면 사악한 자인 에돔 사람 도엑이 다윗을 모함하여 사울 왕에게 밀고했던 때의 아픈 경험을 바탕으로 삼고 있는 다윗의 시로 대략 추정된다(삼상 21:1-9; 22:6-19).

본시는 삼분된다. 초반부는 현재 직면하고 있는 고난 중에서 구원을 베풀어주실 것을 주께 간절히 요청하는 장면이다(1-2절). 중반부는 악한 말과 호전적인 태도로 의인을 괴롭히는 악인들이 주께 받을 보응을 묘사하는 장면이다(3-4절). 마지막 후반부는 악인들이 평화를 갈망하는 시인의 태도에 호응하지 않고 도리어 적대적으로 행동하는 아픈 현실을 탄식하는 장면이다(5-7절).

진실로 하나님의 뜻을 좇아 경건하고 의롭게 살고자 하는 자에게 세상은 평화를 허락하지 않는다(딤후 3:12). 죄 많은 세상에서 마구 설쳐대는 악인들은 평화 깨뜨리기를 즐겨하고 의인 괴롭히기를 좋아하기 때문이다. 그래도 의인들은 낙심하거나 절망하지 않고 아픈 현실을 주께 아뢰는 가운데 오직 평강의 왕이신 하나님을 소망하고 의뢰해야 한다.

광야에서 흔히 발견되는 로뎀나무

킹제임스역(KJV)에서 '노간주나무'(juniper)로 번역된 4절의 '로뎀나무'는 팔레스타인의 광야에서 무성하게 자라는 나무다(왕상 19:4-5). 이 나무의 뿌리로 만든 숯은 화력이 뛰어나고 오랜 시간 동안 열기를 유지하는 특징이 있기에, 오늘날에도 아라비아인들이 즐겨 사용한다.

또한 시인은 자신이 지금 '메섹에 머물며, 게달의 장막 가운데 살고 있다'고 묘사했다(5절). '메섹'은 오늘날 터키 지역인 소아시아 지방을 가리키고, '게달'은 아라비아 지역이다. 시인에게 이곳 주민들은 거칠고 호전적인 이방의 야만 족속들이었다.

121

자기 백성을 보살피시는 주님

나는 산을 바라보며 묻네
내 도움이 어디서부터 오는가
하늘과 땅을 지으신 주께서
내 발을 굳게 붙드시네

(예루살렘 성전으로 올라가며 부르는 순례자의 노래)

(1-2) 내가 눈을 들어 산을 바라보리라.
나의 도움은 어디에서 올까.
나의 도움은 하늘과 땅을 지으신 주께로부터 오는구나.

(3-4) 주께서는 네 발이 미끄러지지 않도록 잘 보살펴주시고
잠시도 졸지 않으시고 너를 지켜주신다.
진실로 이스라엘을 지키시는 그분은
졸지도 않으시고 주무시지도 않는다.

(5-8) 주께서는 너를 항상 지켜주시는 분이시니
주께서 네 오른편에 서서
너를 보호하는 그늘이 되어주시리라.
그러므로 낮의 이글거리는 해가 너를 해치지 못하겠고
밤의 차가운 달도 너를 다치게 하지 못하리라.
주께서는 너를 모든 재난에서 지켜주시고

네 생명을 안전하게 보살펴주시리라.
네가 나갈 때나 들어올 때나 어디를 가든지
주께서 이제부터 영원토록 너를 보살펴주시리라.

[해설과 묵상] 이른바 '예루살렘 성전으로 올라가며 부르는 순례자의 노래'라는 표제를 지닌 15편의 시들(120-134편) 가운데 두 번째 시다. 하나님께 예배드리기 위해 예루살렘 성전으로 올라가던 순례자가 예루살렘 가까이 이르러 그 거룩한 성읍을 품고 있는 시온산과 주변의 산들을 바라보며 오직 여호와 하나님만이 이스라엘의 보호자요 도움이 되시는 분임을 확신하고 부른 찬양의 시다. 따라서 시의 주제는 자기 백성을 눈동자처럼 돌보시고 인도하시는 '하나님의 보호하심과 도우심'이다.

시의 내용은 삼분된다. 초반부는 하나님의 백성에게 있어 유일한 도움의 근원은 오직 하나님밖에 없음을 자문자답의 형식으로 찬양하는 장면이다(1-2절). 중반부는 자기 백성을 세밀하게 보살피시는 하나님을 의인화하여 찬양하는 장면이다(3-4절). 후반부는 자기 백성을 어떤 환난 가운데서도 눈동자처럼 안전하게 지켜주시고 인도하시는 하나님을 찬양하는 장면이다(5-8절).

내가 눈을 들어 산을 보리라

본시는 졸지도 않으시고 주무시지도 않고 자기 백성을 돌보시는 하나님, 곧 하나님을 의인화시킨 그 친근한 내용으로 인해 성도들에게 널리 애송되는 시다. 이스라엘 백성은 1년에 세 번의 절기 때(유월절, 오순절, 초막절)

는 예루살렘 성전으로 순례길을 떠나야 했다.

본시는 예루살렘 성전으로 순례길에 오른 한 시인이 예루살렘 가까이에 이르러 눈을 들어 멀리 성도(聖都) 예루살렘과 그 주변을 감싸고 있는 시온산을 바라보며 지은 것이다. 말하자면 예루살렘에 다다른 시인은 이제 눈을 들어 저 멀리 하나님의 성전이 우뚝 세워진 시온산을 감격스럽게 바라보면서, 오직 도움은 그곳에 계신 창조주 하나님에게서 비롯된다는 신앙고백을 유려한 운율로 읊은 것이다.

특히 본시에서 '낮의 해'와 '밤의 달'에게서 성도를 지키시는 하나님의 손길에 주목하라(6절). 이 말의 일차적인 뜻은 어디까지나 상징적이다. 하나님은 '낮과 밤의 모든 위험'에서 우리를 안전하게 지켜주신다는 뜻이다. 또한 이 말은 실제적인 뜻도 갖고 있다. 팔레스타인 광야는 일교차가 심해서 한낮의 태양은 사람에게 심한 갈증과 고열을 가져다주며, 밤의 달은 견디기 힘든 추위를 가져다주기 때문이다. 아무튼 가시밭길 같고 광야 같은 이 세상 삶을 살아가는 성도에게 있어 본시는 모든 도움과 돌봄의 근원이 전능하신 창조주 하나님께로부터 비롯된다는 사실을 보여줌으로써 마음에 그윽한 평강을 가져다주는 탁월한 시다.

122

평화의 도성 예루살렘

우리 함께 주의 집으로 올라가세
이보다 더 반가운 말이 있으랴
우리의 발은 이미
성문 안에 들어와 있구나

(다윗의 시: 예루살렘 성전으로 올라가며 부르는 순례자의 노래)

(1-5) 사람들이 나에게 말하기를
"우리 함께 주님의 집으로 올라가자!" 했을 때
내 마음이 한없이 기뻤도다.
오, 예루살렘아, 이제 우리의 발이 네 성문 안에 들어와 있도다.
너 예루살렘은 모든 것이 치밀하게 갖추어진
잘 건축된 도성이로구나.
보아라, 이스라엘의 모든 지파들,
곧 주님의 모든 지파들이 이리로 올라오고 있구나.
이스라엘에게 주신 주님의 규례에 따라
주님의 이름을 소리 높여 찬양하려고
모두가 이리로 올라오고 있구나.
이곳에 이스라엘 백성을 다스리는 보좌가 놓여 있으니
곧 다윗 집안의 왕좌로구나.

(6-9) 너희는 예루살렘에 평화가 깃들도록 다 함께 기도하려무나.

"예루살렘을 사랑하는 사람들은 하는 일마다 형통하기를!
예루살렘 성벽 안에 평화가 깃들기를!
예루살렘 궁궐 안에 안녕이 깃들기를!" 하고, 기도하려무나.
또한 내 형제들과 친구들을 위해서도
"예루살렘아, 너에게 평화가 깃들기를!" 하고, 내가 기도하리라.
그리고 우리 주 하나님의 성전을 위해서도
내가 너 예루살렘의 번영을 간구하리라.

예루살렘은 잘 건축된 도성이로다

[해설과 묵상] 이른바 '예루살렘 성전으로 올라가며 부르는 순례자의 노래'라는 표제를 지닌 15편의 시들(120-134편) 가운데 세 번째 것인데, 하나님의 도성 예루살렘의 영광과 평강을 기원하는 내용으로 이루어져 있다.

예루살렘 도성에 이스라엘의 보좌를 세운 다윗은 절기나 축제를 맞아 이스라엘 백성이 예루살렘 성전으로 예배하러 올라갈 때에 사용하도록 본시를 지었다. 본시는 형태상으로 '시온의 노래'와 밀접한 관련이 있는데, 그중에서도 특히 시편 84편과 유사하다. 두 시는 모두 시온산에 위치한 예루살렘 성전에서 하나님께 예배드리는 자의 기쁨을 감동적으로 묘사하고 있다.

이처럼 성도 예루살렘을 향해 순례하는 자의 환희와 그곳의 성전에서 예배드리는 자의 기쁨을 표현하고 있는 본시는 그 내용상 이분된다. 전반부는 예루살렘 순례에 참예하는 자의 감격과 더불어, 예루살렘 도성의 영광스러운 광경을 묘사한 장면이다(1-5절). 후반부는 하나님의 성전이 있는 그 예루살렘을 축복하고 그곳의 평강과 번영을 기원하는 장면이다(6-9절).

예루살렘이 장엄하고 영광스러운 것은 그 성읍 자체가 웅장해서가 아니다. 그것은 전적으로 바로 그곳에 하나님의 지상 거처인 성전이 있어 하나님이 임재하고 계시기 때문이다. 이런 관점에서 지상의 예루살렘 영광은 장차 실현될 천국 도성인 하늘 예루살렘의 찬란한 영광을 보여주는 예표이고 그림자라고 할 수 있다. 그 하늘 예루살렘을 사모하며 성도는 땅 위에서 본시의 노래를 힘차게 불러야 한다.

123

자비를 구하는 기도

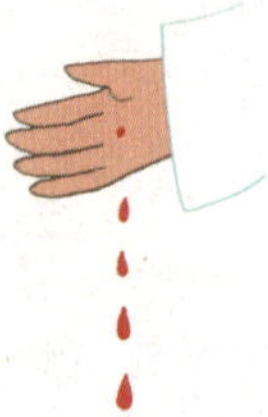

주께서 계신 곳을 우러러봅니다
종이 주인의 손을 바라보고
하녀가 안주인의 손을 바라보듯
나는 주만 바라봅니다

(예루살렘 성전으로 올라가며 부르는 순례자의 노래)

(1-2) 하늘 보좌에 앉아계시는 주님,
내가 눈을 들어 주님을 우러러봅니다.
종들의 눈이 자기 주인의 손을 바라보듯
여종들의 눈이 자기 여주인의 손을 바라보듯
우리의 눈도 우리 주 하나님만을 바라봅니다.
주께서 우리에게 자비를 베푸실 때를 애타게 기다리며
오직 주님을 우러러봅니다.

(3-4) 오, 주여, 우리를 불쌍히 여기시고
우리에게 자비를 베푸소서.
부디 자비를 베푸소서.
우리는 너무나도 많은 멸시와 천대를 받아왔나이다.
우리의 영혼이 안락에 빠진 자들의 조롱과
목을 뻣뻣이 세운 교만한 자들의 경멸로
심히 고통당하고 있나이다.

[해설과 묵상] 저자 미상의 짧은 시이지만, 견디기 힘든 조롱과 모멸의 상황 가운데서 낙심하지 않고 오직 하나님의 자비만을 간절히 바라는 시인의 소망이 잘 묘사되었다. 본시의 저작 배경에 대해선 밝히 알 수 없지만, 전체적인 시의 내용을 고려하면 바빌로니아 포로생활을 마치고 본국으로 귀환한 유다 백성이 본토에 남아있던 주민들(사마리아 사람들을 비롯한 이방 사람들)과 심각한 갈등과 충돌을 빚고 있던 시기로 추정된다.

당시 본국으로 귀환한 유다 백성은 예루살렘 성벽을 재건하려 했지만, 그 땅의 주민들은 유다 백성에게 구심점이 생겨 그 세력이 커지는 것을 우려하여 극렬하게 방해했다. 호론 사람 산발랏, 암몬 사람 도비야, 아라비아 사람 게셈 등이 주동이 되어 유다 백성을 멸시하고 조롱하고 훼방했다(느 2:9). 이런 상황 속에서 시인은 절망하지 않고 오직 하나님의 자비를 간구하는 기도를 드렸던 것이다. 이런 점에서 본시는 개인적 성격의 시라기보다는 민족 공동체적 성격의 기도라고 볼 수 있다.

시의 내용은 이분된다. 전반부는 눈을 들어 하늘에 계신 하나님의 자비의 손길을 바라는 장면이다(1-2절). 후반부는 대적들로 말미암아 겪고 있는 작금의 고통을 아뢰면서 하나님의 자비가 속히 임하기를 간구하는 장면이다(3-4절).

이때 시인은 상전에게 은혜를 구하는 남녀 종의 이미지로 상황을 묘사했다. 하나님과의 관계에 있어 우리는 상전 앞의 종 같은 자들이다. 하나님은 온 세상 만물을 주관하시는 주인이시고, 우리는 궁극적으로 모든 것을 그분께 의지해야 하기 때문이다. 따라서 우리는 상전이신 하나님께 겸손과 복종의 자세로 은혜를 구하는 것이 합당하다. 그렇지만 우리는 이 같은 상전과 종의 관계를 부정하거나 굴욕적인 시각으로 받아들여선 안 된다. 하나님은 우리가 정녕 기쁘게 섬길 수 있는 은혜로우시고 자비로우신 상전이기 때문이다(출 21:5-6; 롬 6:22).

124

자기 백성을 구원하시는 주님

주께서 우리 편이 아니셨다면
우리는 어찌 되었을까
원수들의 사나운 이빨이
세찬 물살처럼 우리를 휩쓸어 갔으리라

(다윗의 시: 예루살렘 성전으로 올라가며 부르는 순례자의 노래)

(1-5) **이스라엘아, 대답해보아라.**
만일 주께서 우리 편이 아니셨더라면
우리가 어찌되었겠느냐.
대적들이 우리를 치러 올라왔을 때
만일 주께서 우리 편이 아니셨더라면
기세등등한 원수들이 우리에게 큰 분노를 터뜨려
우리를 산 채로 몽땅 집어삼켰으리라.
홍수가 우리를 휩쓸어가고
큰물이 우리를 뒤덮었으리라.
넘쳐흐르는 격렬한 그 물살이
우리 영혼을 모조리 삼켜버리고 말았으리라.

(6-7) **이스라엘아, 주님을 찬양하라!**
주께서는 원수들의 사나운 이빨이
우리를 찢지 못하게 해주셨도다.

그러므로 사냥꾼이 쳐 놓은 그물에서 벗어난 새처럼
우리 영혼이 원수들의 손아귀에서 벗어났도다.
그물이 찢어지고
우리가 자유롭게 훨훨 벗어났도다.

(8) **진실로 우리의 도움은 하늘과 땅을 지으신 주님의 이름에 있도다.**

[해설과 묵상] 대적과의 큰 전쟁에서 승리를 안겨주신 하나님의 크신 구원을 회상하며 하나님께 감사하고 경배하는 다윗의 노래다. 하나님의 구원이 임한 그 전쟁이 어떤 전쟁인지는 구체적으로 알 수 없다. 하지만 다윗의 힘으로는 도저히 이겨낼 수 없는 대적을 오직 하나님의 도우심으로 이겨낸 것만은 분명하다. 그래서 시인은 "만일 주께서 우리 편이 아니셨더라면"(1-2절)이라는 구절로써 그 사실을 거듭 고백하고 있다.

본시는 삼분된다. 초반부는 하나님의 적극적인 개입으로 강력한 대적과의 전쟁에서 승리한 사실을 회고하면서, 승리의 원인이 오직 하나님의 도우심임을 분명히 인식하는 장면이다(1-5절). 중반부는 대적들의 강력한 도전과 위협 앞에 거의 죽을 뻔했던 이스라엘을 기적적으로 건져주신 하나님의 구원 손길을 찬양하는 장면이다(6-7절). 후반부는 승리의 원인이 오직 천지를 지으신 하나님의 도우심이란 사실을 천명하면서 그 이름에 감사를 올려드리는 장면이다(8절).

진실로 지난날 주께로부터 임한 은혜로운 구원 체험을 그저 흘러간 과거의 일로 묻어두어선 안 된다. 그것을 오늘에 끄집어내어 다시금 회고하고 감사하며 찬양함으로써 활기찬 신앙의 원천으로 삼아야 한다. 더불어 그러한 지난날의 구원이 오늘날에도 여전히 반복적으로 일어날 것임을 확신하고, 환난과 곤경에 처할 때 더욱 주님을 의지하고 소망해야 한다.

125

주님을 신뢰하는 자의 안전

주를 믿고 따르는 사람은
흔들리지 않는 든든한 시온산
산들이 예루살렘을 에워싼 것처럼
영원히 당신 백성을 감싸주십니다

(예루살렘 성전으로 올라가며 부르는 순례자의 노래)

(1-3) 주님을 믿고 의지하는 사람은 시온산과 같아서
조금도 흔들리지 않고 영원토록 굳게 서 있으리라.
산들이 예루살렘을 감싸고 있는 것처럼
주께서도 자기 백성을 이제부터 영원토록 포근히 감싸주시리라.
의로운 자들이 분배받은 그 땅 위에는
악한 자들의 권세가 결단코 미치지 못할 것이니
만일 그렇게 된다면
악한 자들로 인해 의로운 자들의 손이 더럽혀질까 두렵기 때문이도다.

(4-5) 오, 주여, 선한 사람들과 그 마음이 정직한 사람들에게
주님의 은혜를 베푸소서.
그러나 그릇되고 구부러진 길로 가는 자들은
악을 행하는 자들과 더불어
주께서 모조리 내쫓아주소서.
오직 이스라엘 위에는 평강이 깃들기를!

[해설과 묵상] 주님을 의뢰하는 자에게 임하는 안전과 평강, 그리고 승리에 대한 노래다. 본시 역시 '예루살렘 성전으로 올라가며 부르는 순례자의 노래'라는 표제가 붙은 15편의 시들(120-134편) 중 하나인데, 이 표제에는 세 가지 의미가 내포되어 있다.

첫째, 일반 예배자가 주께 제사를 드리기 위해 예루살렘 성전으로 올라가는 것. 둘째, 이스라엘의 3대 절기(유월절, 오순절, 초막절) 때 각처와 각국의 순례자들이 주께 제사를 드리기 위해 예루살렘 성전으로 올라가는 것. 셋째, 바빌로니아 포로생활에서 귀환한 유다 백성이 고국의 예루살렘 성전에서 제사를 드리기 위해 올라가는 것.

본시의 저자와 배경에 대해선 알 수 없다. 그렇지만 아마도 바빌로니아 포로생활에서 귀환한 유다 백성이 고국의 예루살렘 성전에서 제사 드리기 위해 올라가며 부른 노래인 듯하다. 당시 상황은 매우 불안정하고 위협적이었다. 바빌로니아 포로생활을 청산한 유다 백성들은 꿈에도 그리던 고국 땅에 돌아왔지만, 그들을 기다리고 있는 것은 본토에 남아있던 사마리아 사람들과 차가운 시선과 이방 사람들의 위협적인 훼방뿐이었다. 그런 상황에서 시인은 오직 주님을 의뢰하는 가운데 주님의 은혜로 말미암은 안정과 평화를 확신하고 있다.

본문의 내용은 이분된다. 전반부는 주님의 영원하고도 특별하신 보호로 인해 주님을 신뢰하는 자가 누리는 안전함과 평강을 노래하는 내용이다(1-3절). 후반부는 선한 자와 정직한 자를 위한 기도 및 악한 자에 대한 주님의 심판을 경고하는 내용이다(4-5절).

여기서 말하는 선함과 정직함은 세상적인 기준의 도덕적이고 윤리적인 성격의 것이 아니라, 절대 공의로우신 하나님과 올바른 관계를 맺고 있는 상태를 의미한다. 물론, 하나님과 올바른 관계를 맺고 있는 자라면 세상 기준에서 보더라도 윤리적, 도덕적으로 그 마음가짐과 언행이 선하고 정직할 수밖에 없다.

126

해방의 기쁨과 감격

눈물 흘리며 씨 뿌린 이들에게
기쁨의 수확을 허락하소서
울며 씨 뿌리러 나가는 이들에게
복된 곡식단을 거두게 하소서

(예루살렘 성전으로 올라가며 부르는 순례자의 노래)

(1-3) **주께서 잡혀간 포로들을 시온으로 다시 돌아오게 하셨을 때**
우리는 마치 꿈꾸는 것 같았도다.
그때에 우리의 입에는 웃음이 가득 찼고
우리의 혀에는 기쁨의 노래가 가득 찼도다.
그때에 다른 나라 사람들도 크게 놀라 우리를 두고 말하기를
"보라, 주께서 자기 백성을 위해 큰일을 행하셨구나!" 하였도다.
주께서 우리를 위해 이와 같이 크고 위대한 일을 행하셨을 때
우리는 그 얼마나 기쁘고 기뻤던가!

(4-6) **오, 주여, 메마른 남방의 시내들에 다시 물이 흐르듯**
포로 된 우리를 예전처럼 다시 회복시켜 주소서.
눈물을 흘리며 씨를 뿌리는 사람은 기쁨으로 거두리로다.
울며 씨를 뿌리러 나가는 사람은 정녕 기쁨으로 곡식 단을 거두어
돌아오리로다.

[해설과 묵상] 작자 미상의 본시는, 오랜 바빌로니아 포로생활을 청산하고 언약의 땅 이스라엘로 다시 돌아오게 된 자의 넘치는 기쁨을 감격적으로 표현하고 있다. 즉, 본국 귀환으로 인한 감격과 환희가 아직 채 사라지지도 않은 귀환 직후의 상태에서 작시된 감사의 시다. 이처럼 본시는 주전 538년에 있었던 '바빌로니아 포로 귀환'의 사건을 그 배경으로 삼고 있는데, 일찍이 바빌로니아를 정복한 페르시아(바사) 왕 고레스의 조서로 바빌로니아 땅의 포로 된 유대인들은 포로 된 지 70년 만에 꿈에도 그리던 고국 땅 시온(예루살렘)으로 돌아올 수 있었다. 그것은 정말로 꿈꾸는 것 같은 큰 환희요 감격이었다.

하지만 다시 돌아온 고국은 척박하고 피폐한 상태였다. 땅은 황폐했고, 그 땅에 남아있던 사람들은 귀환자들에 대해 냉랭했고 적대적이었다. 오랜 고난의 세월을 견디고 통과해서 본국에 겨우 돌아왔지만, 거기엔 또 다른 고난의 세월이 여전히 기다리고 있었다. 그래서 시인은 주께 회복을 호소하고, 믿음으로 조국의 소망 찬 내일을 노래한다.

본시를 요약하면 둘로 구분된다. 전반부는 오랜 바빌로니아 포로생활에서 마침내 해방을 얻은 자의 벅찬 기쁨과 찬미가 소개되어 있다(1-3

포로들이 시온으로 돌아올 때 꿈꾸는 것 같았도다

절). 후반부는 고국 귀환이 비록 고난의 길이라 하더라도 소망 가운데 인내하면서 올바른 신앙생활을 견지하면 언젠가는 반드시 풍성한 열매를 맛보는 기쁨의 날이 도래할 것이라는 신앙고백이 나타나 있다(4-6절).

본시는 죄의 올무에서 벗어나 구원을 얻은 자의 기쁨과 감격이 어떠해야 하며, 또한 구원 이후에 닥쳐올 온갖 세속적 시련 속에서 참된 신앙인은 어떤 자세로 믿음의 삶을 유지해야 하는지를 잘 보여주고 있다.

본시 가운데 '남방의 시내들'(4절)이란 표현에서 '남방'은 곧 네게브(Negev) 지역을 가리킨다. 이곳은 이스라엘 남단의 메마르고 황량한 사막 지대다. 평소 이곳의 시내들은 바닥을 드러낼 정도로 물이 없다. 하지만 우기(雨期)에는 시내가 넘쳐날 정도로 많은 물이 흐른다. 시인은 그런 회복의 날을 소망하고 있다.

127

모든 복의 근원이신 주님

주께서 사랑하는 이는 행복하네
심지어 잠을 자는 동안에도
원하는 것을 마련하시고
자녀까지 선물로 얻네

(솔로몬의 시: 예루살렘 성전으로 올라가며 부르는 순례자의 노래)

(1-2) 주께서 집을 짓지 아니하시면
집 짓는 사람의 수고가 헛되고
주께서 성을 지키지 아니하시면
파수꾼이 깨어 눈 부릅뜨고 지켜도 헛일이로다.
정녕 주께서 함께하지 아니하시면
먹고 살려고 아침 일찍 일어나 밤늦도록 애써 수고하는 모든 일들도
다 부질없는 짓이로다.
주께 사랑받는 사람은 잠을 자는 동안에도
주께로부터 복을 받기 때문이로다.

(3-5) 슬하의 자식들은 주께서 주신 선물이요
모태의 열매는 주께서 주신 상급이로다.
젊어서 얻은 자식은 용사의 손에 들려있는 화살 같으니
그런 화살이 화살통에 가득한 사람은 그 얼마나 복되랴!
그런 자들은 성문에서 원수들과 싸우게 될지라도

결코 수치를 당하지 않으리로다.

[해설과 묵상] 시편 72편과 더불어 솔로몬 왕의 작품으로 알려진 시다. 이처럼 시편 전체 중에서 솔로몬이 쓴 시는 두 편인데, 본시는 지혜의 왕 솔로몬의 시답게 교훈적인 성격을 띤 지혜시다. 또한 시의 후반부에서는 한 가정에서 자녀의 소중함을 특히 강조하고 있기에 '가정시'(家庭詩)로도 불린다. 지상에 존재한 모든 사람들 가운데 가장 유복했던 솔로몬 왕은 자신의 경험을 통해 복의 근원이 과연 누구이며, 성공과 실패의 관건은 과연 무엇인지를 일깨워주고 있다.

본시는 이분된다. 전반부는 주님이 함께하시지 않는 모든 인간 노력의 헛됨과 허무함에 관하여 노래하고 있고(1-2절), 후반부는 주께서 한 가정에 허락하신 자녀들이 얼마나 복된 것인지에 대해 노래하고 있다(3-5절). 이처럼 본시를 통해 확인할 수 있듯, 한 개인과 가정, 나아가 한 국가의 번영과 행복의 관건은 바로 주님의 후원을 받느냐, 그렇지 못하느냐에 달려 있다. 정녕 주께서 함께하셔야만 그 인생의 모든 수고가 헛되지 않고, 가정과 사회와 국가가 안정되고 풍요롭게 될 수 있음을 교훈해주고 있다. 이는 솔로몬이 잠언에서 가르친 내용과 같다(잠 10:22; 16:1, 33).

시의 후반부에서 시인은 슬하의 많은 자녀는 주님의 선물이며 상급이라고 묘사했는데(3-5절), 이는 고대 중근동 문화를 그 배경으로 삼고 있다. 당시의 문화에서 많은 자녀를 갖는다는 것은 부모의 노후가 보장받을 수 있다는 사실, 가문의 이름이 계속 이어질 수 있다는 사실, 그리고 그렇게 대가문(大家門)으로 번창할 수 있도록 하나님의 도움을 받았다는 사실 등으로 인해 의심할 바 없이 주님의 선물이며 상급으로 간주되었다.

128

주님을 경외하는 가정의 행복

너의 아내는 튼실한 포도나무
밥상에 둘러앉은 자식은
싱싱한 올리브나무이며
그 가정은 복된 집안이다

(예루살렘 성전으로 올라가며 부르는 순례자의 노래)

(1-2) **복 되도다, 주님을 경외하며 주님의 길을 따라 살아가는 사람이여!**
너는 네가 수고한 만큼 충분히 거두리니
행복과 번영이 바로 너의 것이로다.

(3-6) **네 집 안방에 있는 네 아내는**
열매를 주렁주렁 맺는 탐스런 포도나무 같고
네 식탁에 빙 둘러앉은 네 자녀들은 어린 올리브나무 같도다.
보라, 주님을 경외하는 사람은 이 같은 복을 받으리로다.
시온에 계시는 주께서 네게 복 내려주시기를 원하고
네가 평생토록 예루살렘의 번영을 보면서 살기를 원하노라.
또한 네가 네 자식들의 자식들까지 보면서 오래오래 살기를 비노라!
이스라엘에 평강이 임하기를!

[해설과 묵상] 작자 미상의 본시는 마치 한 식탁에 빙 둘러앉아 오순도순 식사하며 사랑을 나누는 행복하고 아름다운 가정의 모습을 연상시킨다.

네 식탁의 자녀들은 어린 올리브나무 같도다

따라서 시의 특징과 분위기 역시 가정적인데, 그래서인지 본시는 가족적인 경사에 주로 읊어진 시다. 이처럼 본시는 주님을 경외하는 가정이 누리는 즐거움과 행복을 중심 주제로 삼고 있는데, 결국 본시를 통해 시인은 진정한 복의 출처가 어디에 있는지를 깨우쳐주고 있다.

본시의 내용은 이분된다. 전반부는 주님을 경외하는 자의 행복과 번영에 관하여 노래하고 있고(1-2절), 후반부는 주님을 경외하는 자의 가정적, 신앙적 행복과 평강에 관하여 읊고 있다(3-6절). 과연 그러하다! 진실로 주님을 경외하는 가운데 그분의 길을 따라 살아가는 자, 오직 주님을 그 마음과 삶의 중심에 모시고 그분의 뜻을 추구하는 인생만이 자신의 영육과 가정을 복되게 가꿀 수 있는 것이다.

129

이스라엘의 고통과 구원

원수들이 네 등골에 상처를 내고
길게 고랑까지 파놓았구나
그러나 의로우신 주께서는
악인의 사슬을 끊어주셨네

(예루살렘 성전으로 올라가며 부르는 순례자의 노래)

(1-4) 이스라엘아, 너희는 이렇게 말하여라.
"내 어릴 적부터 나의 원수들이 수없이 나를 괴롭히고 억압하였다.
내 어릴 적부터 나의 원수들이 그처럼 나를 수없이 괴롭히고 억압하였지만
그들은 끝내 나를 이기지 못하였다.
그때에 나의 원수들은 마치 밭을 갈아엎듯이
내 등짝을 깊이 갈아엎어서 길게 고랑을 파 놓았다.
그러나 의로우신 주께서는 나를 옭아맨 악인의 사슬을 모두 끊으시고
나를 구원해주셨도다."

(5-8) 누구든지 시온을 미워하는 사람마다 수치를 당하고 쫓겨나게 되리라.
그들은 지붕 위에서 자라는 풀과 같아서
자라기도 전에 말라버리고 말리라.
그러면, 그것은 베는 사람의 손과 묶는 사람의 품에 차지도 않아서
아무도 그것을 모으거나 묶을 수 없으리라.
또한 지나가는 사람들 가운데 그 누구도

“주께서 네게 복을 내려주시기를
주님의 이름으로 네게 축복하노라”하고, 말해주지 않으리라.

[해설과 묵상] 작자 미상의 본시는 바빌로니아 포로생활에서 해방된 후에 쓰인 것으로 보인다. 여기서 시인은 지난날 이스라엘의 모든 고난과 고통의 세월을 회상하면서, 그러한 모진 세월을 감내할 수 있게 해주셨던 주님의 은혜에 감사하고, 나아가 장차 주님의 능력으로 모든 대적들이 지붕 위의 풀처럼 시들고 파멸될 것을 바라보고 있다. 이런 측면에서 본시는 이스라엘을 지키시는 주님에 대한 확신, 그리고 장래의 안전까지도 보장해주시기를 간구하는 일종의 ‘기도시’라고 볼 수 있다.

본시의 내용은 이분된다. 전반부는 지난날에 이스라엘이 원수들로부터 많은 괴로움을 겪었으나 신실한 주께서 그들의 삶을 보존해주시고 구원해주신 은혜에 감사하고 있다(1-4절). 후반부는 그런 하나님의 능력으로 지금도 여전히 활동하고 있는 모든 시온의 원수들도 조만간 전부 파멸될 것임을 확신하고 있다(5-8절).

진실로 이스라엘의 역사는 길고도 험난한 고난의 역사였다. 나라의 초기에는 이집트에서 오랫동안 종살이를 했고, 나라의 마지막 시기에는 바빌로니아 땅에 끌려가 비참한 포로생활을 했다. 그처럼 이스라엘은 오랜 고난의 세월을 살았지만, 하나님은 택한 백성의 곤고함을 기억하시어 때를 따라 돌보시고 마침내는 구원의 사역을 베푸시는 신실한 분이시다. 그러하기에 비록 오늘날 성도가 고통과 역경 가운데 있을지라도 절망하지 않고 끝까지 소망을 지닐 수 있는 이유는, 믿는 자들을 돌보시고 구원하시는 주께서 지금도 여전히 우리를 위해 사역하고 계시기 때문이다.

130

환난 가운데 주님을 기다림

파수꾼이 새벽을 기다리듯
내 영혼이 주를 기다립니다
내 소망은 주의 말씀에 있습니다
주께서는 이스라엘을 구원하십니다

(예루살렘 성전으로 올라가며 부르는 순례자의 노래)

(1-2) 주여, 깊은 절망의 늪 속에서 내가 주께 부르짖나이다.
주여, 내 소리를 들어주소서.
주님의 손길을 바라며 애타게 부르짖는 나의 간구에 귀를 기울여주소서.

(3-4) 주여, 주께서 우리의 죄악을 낱낱이 다 헤아리신다면
누군들 감히 주님 앞에 설 수 있겠습니까.
그러나 주께서는 우리를 용서하는 분이시니
우리가 마땅히 주님을 경외하나이다.

(5-6) 주여, 내가 애타게 주님을 바라고
내 영혼이 간절하게 주님을 기다립니다.
나는 내 모든 소망을 오직 주님의 말씀 위에 두고 있나이다.
파수꾼이 아침 오기를 기다리는 것보다
내 영혼이 더욱더 주님을 기다립니다.
진실로 파수꾼이 아침 오기를 기다리는 것보다

내가 더욱더 애타게 주님을 기다립니다.

(7-8) **이스라엘아, 너희는 주님을 바라고**
주께 소망을 두고 살아라.
오직 주께만 한결같은 인자하심이 있고
온전한 구원이 있도다.
주께서 친히 자기 백성 이스라엘을
그들의 모든 죄에서 구원해주시리로다.

[해설과 묵상] 작자 미상의 본시는 시편에 소개된 일곱 편의 회개시 혹은 참회시(6, 32, 38, 51, 102, 130, 143편) 가운데 여섯 번째 시다. 시인은 고난의 원인이 죄를 범한 데 있음을 분명히 인정하고 하나님의 사유하심을 간절히 바라고 있다. 그 간절함을 밤새워 성문을 지키고 있는 파수꾼이 아침 오기를 기다리는 것에 비유하고 있다(6절).

본시의 내용을 요약하면 이러하다. 제1연은 절망과 고통 속에서 유일한 소망이 되시는 주께 구원을 요청하는 장면이고(1-2절), 제2연은 주님의 사유하심에 대하여 확신하는 장면이다(3-4절). 제3연은 주님의 자비와 긍휼에 간절하게 의존하는 장면이고(5-6절), 제4연은 주님의 풍성하신 자비와 긍휼에 근거하여 죄 사함 및 구원에 대하여 확신하는 장면이다(7-8절).

본시의 회개는 어느 개인에 국한되는 것이 아니라 사회와 국가에 관한 것이기도 하다. 시인은 개인을 비롯하여 사회와 국가가 당하는 모든 고통과 고난의 원인을 '죄'에서 찾고 있다. 그러하기에 모든 고통에서 해방되는 유일한 길은 죄를 분명히 자각하고 그 죄를 철저하게 회개하는 가운데, 주님의 자비와 긍휼을 간절히 호소하는 길밖에 없음을 읊고 있다. 이 같은 시인의 자세는 죄로 인해 고난 가운데 처한 모든 자들에게 올바르고 유일한 고난 해결법을 제시해주고 있다고 볼 수 있다.

131

젖 뗀 아기처럼 주님의 품에 안겨

엄마 품에 아기가 안겨 있듯
아무 걱정이나 근심 없이
내 영혼은 주님의 품에서
만족하고 있습니다

(다윗의 시: 예루살렘 성전으로 올라가며 부르는 순례자의 노래)

(1) 주여, 이제 내 마음이 교만하지 않고
내 눈이 거만하지 않나이다.
진실로 이제 나는 내 분수에 넘치는 큰일들이나
내 힘으로 감당할 수 없는 놀라운 일에는
관심조차 두지 않나이다.

(2) 그리하여 내 영혼은 오히려 고요하고 평온합니다.
마치 젖 뗀 아기가 엄마 품에 포근히 안겨 있듯이
내 영혼도 그와 같이 평온합니다.

(3) 이스라엘아, 너희는 이제부터 영원토록 오직 주님만 바라고 의지하여라.

[해설과 묵상] 순전한 마음으로 하나님을 바라고, 그분 안에서 참된 평안을 얻었던 다윗의 시다. 비록 3절에 불과한 짧은 내용임에도 불구하고 성도의 겸손한 자세와 경건한 모습이 서정적으로 아름답게 묘사되고

있다. 그래서 본시는 '정결한 서정시를 연주하는 듯한 노래'라고 불린다. 추정컨대 본시는 다윗이 사울 왕의 박해와 추격을 피해 유대 광야를 전전하던 시기에 작시된 것으로 보이는데, 그처럼 육신이 극도로 곤고하고 환경이 아주 척박한 상황에서도 다윗이 놀라울 정도로 평안함과 고요함을 유지할 수 있었던 비결은 무엇일까?

그것은 바로 환난 가운데서도 하나님만을 의뢰하며 그분의 능력과 도우심을 확신했기 때문이다. 진실로 주님을 의뢰하는 자는 아무리 곤고한 상황 속에서도 놀라운 평안과 안식을 누리는 법이다. 그리하여 다윗은 주님 안에 거하는 자신의 평안과 안정된 심경을 젖 뗀 아기가 어머니 품속에서 고요히 잠자고 있는 상태에 비유했던 것이다(2절).

젖 뗀 아기는 더 이상 젖을 달라고 울거나 보채지 않는다. 다만 어머니 품속에서 안정을 찾고 평안을 누린다. 다윗은 자신의 신앙이 그처럼 성숙하고 안정되었음을 고백한 것이다. 진실로 주님을 더욱 의뢰하면 의뢰할수록 그의 심령은 하나님의 놀라운 평안과 안식을 더 깊이 맛보며 살아갈 수 있는 것이다.

본시에서 시인은 먼저 하나님 앞에서 결코 교만하지 않겠다는 자신의 마음을 읊었고(1절), 이어 하나님만으로 만족하는 심령의 평안함을 노래했으며(2절), 마지막으로 자신과 같은 평강을 누리도록 하려고 이스라엘 백성으로 하여금 오직 하나님을 바라고 의지하도록 권면하고 있다(3절).

132

성전 건축과 관련된 다윗의 맹세와 주님의 약속

약속하신 대로 기름 부은 자를 돌보소서
다윗의 후손이 다스리며
왕위를 이어가라 하신 대로
시온에 다윗의 왕권을 세워주소서

(예루살렘 성전으로 올라가며 부르는 순례자의 노래)

(1-5) **주여, 다윗을 기억하시고**
그가 겪은 온갖 시련들을 기억하소서.
다윗이 주께 맹세하고 야곱의 전능하신 분께 서약하기를
"내가 결코 내 집에 들어가지 않겠고
내 침상에 눕지도 않으리라.
내가 눈을 붙여 잠들지 아니하겠고
내 눈꺼풀이 졸게 하지도 않으리라.
내가 주님의 거처를 마련할 때까지
곧 야곱의 전능하신 하나님께서 계실 곳을 찾을 때까지
내가 그렇게 하리라." 하였도다.

(6-9) **마침내 우리는 '에브라다'에서 주님의 법궤가 있다는 말을 듣고**
나무들의 성읍 곧 '기럇 여아림'에서 그것을 찾았도다.
"자, 이제 우리 모두 그분이 계신 곳으로 나아가서
그분의 발아래 엎드려 경배를 드리자!"

주여, 이제 일어나소서.
일어나셔서, 주께서 편히 쉬실 성전으로 들어가소서.
주님의 권능이 깃들어 있는 법궤와 함께 들어가소서.
주님의 제사장들로 의로움의 옷을 입게 하시고
주님의 성도들로 기쁨의 노래를 부르게 하소서.

(10-18) 주님의 종 다윗을 기억하시고
그에게 약속하신 대로
주께서 기름 부어 세우신 왕을 물리치지 마소서.
주께서 주님의 종 다윗에게 엄숙하게 약속하셨으니
그 약속은 참되어 결코 변하지 않을 것입니다.
일찍이 주께서 다윗에게 약속하시기를
"네 몸에서 태어난 자손 가운데 하나를 네 왕좌에 앉히리니
네 뒤를 이어 그로 다스리게 하리라.
만일 네 자식들이 나와 맺은 언약을 지키고
내가 그들에게 가르쳐준 법도대로 행하면
그들의 자식들도 대를 이어 계속 왕위를 이어가리라." 하셨나이다.

또 주께서는 직접 시온을 선택하시고
그곳을 자신이 몸소 계실 곳으로 삼으시려고 말씀하시기를
"이제부터 이곳은 영원토록 내 쉴 곳이 되리니
그것은 내가 거하고 싶었던 곳이 바로 이곳이기 때문이로다.
그러므로 내가 시온에 복을 내려 먹을거리를 넉넉하게 채워주리니
시온에 사는 가난한 자들도 실컷 배불리 먹게 하리라.
또 제사장들에게는 구원의 옷을 입힐 것이고
성도들에게는 기쁨의 노래를 부르게 하리라.
이곳에서 나는 다윗을 위해
그의 자손 가운데서 한 뿔이 자라나게 할 것이고
내가 기름 부어 세운 자를 위해 항상 등불을 켜 두리라.
내가 그의 원수들에게는 수치의 옷을 입힐 것이지만
그에게는 면류관을 씌워
그의 머리에서 영원토록 빛나게 하리라." 하셨나이다.

[해설과 묵상] 하나님께서 임하여 계시는 성전을 향하여 순례하는 신앙인들이 즐겨 부르던 시로, 다윗의 유언을 받아 하나님의 성전을 건축하고 봉헌한 솔로몬이 지은 것으로 추정된다. 솔로몬은 부왕인 다윗이 성전 건축을 간절히 염원한 것에서부터 마침내 성전을 건축하고 봉헌한 자신에게로 이어지는 오랜 과정을 노래하고 있다. 그래서 본시는 성전 건축이 계획되고 완성되기까지의 일련의 역사를 보여준다.

주여, 편히 쉬실 성전으로 들어가소서!

숱한 정복 전쟁을 성공리에 마무리하고 나라를 굳게 다진 다윗은 무엇보다 성전 건축을 염원하였다. 그러나 하나님의 뜻은 달랐다. 전쟁으로 인해 많은 피를 흘린 다윗의 손에 의해서가 아니라, 평강의 왕인 그의 아들 솔로몬에 의해 성전이 건축되기를 원했다. 그래서 다윗은 성전 건축을 위해 모든 준비를 마무리하는 것으로 만족해야 했고, 결국 그의 아들 솔로몬에 의해 성전은 건축되고 봉헌되었다(주전 959년경). 그리하여 솔로몬은 자신의 손을 통해 이루어진 성전 건축과 봉헌의 기쁨에 겨워 성전 건축의 전체 과정을 회고하며 본시를 작시했던 것이다.

본시는 삼분된다. 초반부는 예루살렘 장막에 법궤(언약궤) 안치를 마친 다윗 왕이 성전 건축을 염원하며 주께 서원하는 장면을 읊은 부분이고(1-5절), 중반부는 솔로몬 왕에 의해 이루어진 성전 완공과 그 성전에 법궤를 안치하는 장면을 읊은 부분이다(6-9절). 그리고 후반부는 성전 건축과 관련하여 다윗 집에 베푸신 하나님의 은혜로운 약속을 묘사한 부분이다(10-18절).

이스라엘 백성에게 있어 성전 건축이 중요한 이유는 그 성전에 하나님께서 임하여 계시기 때문이다. 다시 말해 하나님의 통치 보좌가 굳건하게 세워지기 때문이다. 진실로 하나님을 나라와 자기 삶의 중심에 모시고 그분의 거룩한 통치를 받는 백성 또는 개인처럼 행복하고 안정된 나라 또는 개인이 어디 있겠는가! 본시는 바로 그러한 행복을 노래하고 있다.

시의 내용 가운데 나타난 주님의 약속 곧 다윗의 자손들이 대대로 영원히 왕위에 앉게 되리라는 약속(11-12절), 그리고 다윗의 자손 가운데서 한 '뿔'이 나게 하실 것이라는 약속(17절)은, 일차적으로는 다윗의 후손들을 통한 다윗 왕조의 보존을 의미하는 것이지만, 궁극적인 의미는 다윗의 혈통에서 태어나실 메시아(그리스도) 예수에 관한 약속이다. 성경 문학에서 '뿔'은 권세, 능력, 힘, 영광 등을 상징한다. 뿔 있는 짐승에게 그 뿔이 자랑과 힘이 된다는 데서 빌려온 이미지이다. 요컨대 하나님은 궁극적으로 메시아 예수를 통해 다윗 왕조의 영광과 권세를 크게 높여주실 것이라고 약속하신 것이다.

133

형제간의 아름다운 연합과 교제

형제자매가 어울려 사는
이보다 좋은 일이 어디 있나
몸으로 마음으로 함께하는 일
주의 품안에서 하는구나

(다윗의 시: 예루살렘 성전으로 올라가며 부르는 순례자의 노래)

(1-3) **형제가 서로 어울려 한마음으로 사이좋게 지내는 것은**
그 얼마나 아름답고 보기에 좋은가!
그것은 머리 위에 부은 보배로운 기름이 수염에까지
곧 아론의 수염에까지 흘러서
그 수염을 타고 또 흘러내려서 그 옷깃에까지 흘러내리는 것 같고
헤르몬산의 이슬이 시온산 위에 수북이 내리는 것 같도다.
주께서는 그 시온산에서 복을 베푸셨으니
그 복은 곧 영생이로다.

[해설과 묵상] 다윗이 작시한 것으로, 형제 사이에 이루어지는 교제와 연합의 선함과 아름다움을 읊고 있다. 그런데 여기서 시인이 읊은 형제 우애는 단순히 가족 내 형제자매 간의 우애를 노래한 것이 아니다. 그것은 하나님 안에서 참 사랑과 신앙으로 하나의 공동체를 이룬 성도들 간의 영적인 교제와 신령한 연합을 노래한 것이다. 말하자면 성도들은

하나님 안에서 신령한 가족이기 때문이다(엡 4:3-6).

사실, 사사시대 이후로 이스라엘 백성에게 있어 이 같은 형제 우애와 사랑은 오랫동안 잊힌 주제였다. 그들을 하나의 운명 공동체로 묶어줄 핵심 장소나 물체가 없었기 때문이다. 그러나 다윗 시대에 이르러 예루살렘의 시온산에 하나님의 법궤가 안치됨으로써 이스라엘 백성의 교제와 연합이 가능해졌다.

그들은 일 년에 세 차례의 절기(유월절, 오순절, 초막절)를 맞이하여 법궤가 안치된 예루살렘을 순례하였고, 이때 이스라엘 백성은 주께서 이스라엘에 베풀어주신 은혜에 감사하고 찬양하는 가운데 민족 공동체의 우애와 사랑을 상호 나눌 수 있었다. 본시는 바로 이러한 때에 이스라엘 민족의 형제 우애와 사랑을 노래한 다윗의 시다. 본시를 읽고 묵상하노라면, 하나님 안에서 하나 된 공동체의 일체감을 느끼면서 가슴 속에서 형제 사랑과 우애가 솟구쳐 오르는 감정을 느낄 수 있다.

시인은 제사장의 머리에 부은 기름이 수염을 거쳐 옷깃에까지 흘러내리는 것을 그토록 아름답고 좋은 것이라고 묘사했는데(2-3절), 이는 제사장의 머리에 붓는 기름은 거룩한 직분을 위한 성별을 의미했고, 나아가 하나님의 특별한 복 주심을 의미했기 때문이다. 그런 의미에서 성경에서 '기름'은 풍요와 기쁨과 축복의 상징이었다. 그런 기름이 머리로부터 수염을 타고 옷깃까지 흘러내리는 모습은 정녕 하나님의 크신 은총과 복 주심을 나타내는 것이었기에, 그토록 좋고 아름다운 것이라고 묘사했던 것이다.

시온산은 예루살렘 남동쪽에 위치한 기드론 골짜기와 튀로페온 골짜기의 합류 지점에 융기한 구릉지를 가리킨다. 그리고 '헐몬산'이라고도 불리는 헤르몬산은 팔레스타인의 북쪽에 위치한 세 개의 봉우리로 된 산이다(시 42:6). 해발 2,815m 높이의 산정에는 항상 눈이 쌓여있는데, 이 눈이 녹아 흐르는 물이 요단강의 주요 수원(水源)이 된다.

134
밤에 성전에서 섬기는 봉사자들의 찬양

주의 성전을 지켜라
밤도 대낮처럼 환하게 밝혀라
성전에서 밤마다 예배하니
주의 종들은 찬양하여라

(예루살렘 성전으로 올라가며 부르는 순례자의 노래)

(1-2) **밤에 주님의 성전에서 섬기는 너희 모든 주님의 종들아,**
다 함께 주님을 찬양하여라.
성소에서 너희 두 손을 높이 들고
우리 주님을 찬송하여라.

(3) **하늘과 땅을 지으신 주께서**
시온에서 너희에게 복 내려주시기를 원하노라.

[해설과 묵상] 모두 15편으로 구성된 '성전으로 올라가며 부르는 순례자의 노래'(120-134편) 가운데 마지막 시다. 그래서 본시는 순례자의 노래 모음집의 결론 부분답게 저녁 시간에 하나님을 찬양하도록 권면하고 있다. 예루살렘 성전의 순례자들은 이제 모든 절기 행사를 마치는 마지막 밤을 맞이했고, 이제 성전을 떠나가기 전에 하나님을 찬양하는 삶을 살기로 다짐하고 있다. 그러기에 본시는 성전을 떠나가기 전 순례자

들의 다짐과 결심을 읊은 시라고 해도 과언이 아니다.

이 같은 다짐과 결심은 성전 밖에 머물고 있는 순례자들과 성전 안에서 밤을 잊고 봉사하는 제사장들 및 레위인들 간에 서로 주고받는 교창(交唱) 형식으로 이루어져 있다. 먼저 성전 밖의 순례자들은 성전 안의 봉사자들(제사장들과 레위인들)을 향해 여호와 하나님을 찬양하라고 권면하고 있다(1-2절). 다음으로 이 같은 권면에 응답하여, 성전 안의 봉사자들이 이제 찬양과 경배의 삶을 다짐하고 집으로 돌아가는 순례자들에게 하나님의 축복을 기원해주고 있다(3절).

결국 이 같은 교창은 밤낮없이 여호와 하나님을 경배하고 찬양하자는 피차간의 권면과 격려 형식을 띠고 있다. 이처럼 믿는 자들은 혼자만의 유익을 추구하는 이기적인 신앙인이 되어서는 안 되고, 상대방을 향해 진심으로 권면하고 축복함으로써 서로에게 유익이 되는 이타적인 신앙인이 되어야 한다.

135

주의 이름을 찬양하라!

우상은 입 없고 귀 없는 허깨비
우상을 빚은 자들은 우상처럼 되리니
아론의 집과 레위 가문은 주를 섬기고
시온과 예루살렘에서 주를 찬양하여라

(1-3) 할렐루야! 주님의 이름을 찬양하여라.
주님의 모든 종들아, 소리 높여 주님을 찬양하여라.
주님의 성전에서, 우리 하나님의 집 뜰에서 주님을 섬기는 자들아,
주님은 선하시니, 주님을 찬양하여라.
주님의 이름은 아름다우니, 주님의 이름을 찬양하여라.

(4-14) 주께서는 야곱을 택하시어 자신의 소유로 삼으셨고
이스라엘을 택하시어 자신의 보물로 삼으셨도다.
내가 분명히 아노니, 주는 진실로 위대하시고
우리 주님은 온 세상의 어떤 신들보다도 더욱 위대하신 분이시다.
주께서는 뜻하시고 기뻐하시는 일은 무엇이든 다 이루시도다.
하늘에서도, 땅에서도, 바다에서도, 깊은 물 속에서도
어디에서나 언제든지 원하시는 일이라면 다 이루시도다.

주께서는 땅끝에서 안개를 일으키시고
비를 내리시려고 번개를 보내시며

하늘 창고에서 바람을 이끌어내시는 분이시다.
또 주께서는 옛적에 이집트에서 사람이든 짐승이든 가리지 않고
처음 태어난 맏이들을 모두 죽이셨도다.
너 이집트야, 그때에 주께서 너희 한가운데에서 기적을 일으키시고
놀라운 일을 행하셔서
파라오와 그의 모든 신하들을 벌하셨지 않았느냐.
또 주께서는 이스라엘을 위해 뭇 나라들을 치시고

주께서 이집트의 맏이들을 모두 죽이셨도다

힘센 왕들을 죽이셨으니
아모리 왕 시혼, 바산 왕 옥,
그리고 가나안 땅의 모든 왕들을 다 쳐서 죽이셨도다.
그런 뒤에 주께서는 그 땅을 이스라엘에게 주셨으니
곧 자기 백성인 이스라엘에게 유산으로 주셨도다.
오, 주여, 주님의 이름은 영원토록 빛날 것입니다.
오, 주여, 주님에 대한 기억은 대대로 영원히 이어질 것입니다.
진실로 주께서는 자기 백성을 변호해 주시고
자기 종들에게 자비를 베풀어주시는 분이십니다.

(15-18) 뭇 이방 나라의 사람들이 섬기는 우상들이야
고작 은이나 금에 불과할 뿐
전부 사람의 손으로 만든 것에 지나지 않으니
입이 있어도 말 한마디 하지 못하고
눈이 있어도 아무것도 보지 못하며

귀가 있어도 전혀 듣지 못하고
그 입으로 숨조차도 쉴 수 없도다.
그러므로 우상을 만든 자들도 그것과 같고
우상을 섬기는 자들도 그것과 다를 것이 무엇이랴!

(19-21) **오, 이스라엘 집아, 주님을 찬양하여라.**
아론의 집아, 주님을 찬양하여라.
레위 가문아, 주님을 찬양하여라.
주님을 경외하는 너희 모든 자들아, 주님을 찬양하여라.
너희는 시온에서
곧 주님 계시는 예루살렘에서 주님을 찬양하여라.
할렐루야!

[해설과 묵상] 작자 미상의 본시는 '할렐루야'로 시작해서 '할렐루야'로 끝나는, 이른바 '할렐루야 시편' 중 하나다. '할렐루야'(너희는 하나님을 찬양하여라)란 말의 의미에서도 짐작할 수 있듯, 본시는 하나님을 찬양하도록 권유하는 내용을 담고 있다. 시인은 하나님의 택한 백성에게 하나님을 찬양할 것을 권유하면서 그분을 찬양해야 할 이유를 제시해준다.

그 이유는 이러하다. 하나님은 자연만물을 지으시고 주관하시는 위대하신 분이시고, 더욱이 택한 백성 된 이스라엘의 역사 속에서 그 백성을 돕고 후원하신 분이기 때문이라는 것이다. 시인은 이스라엘을 향한 하나님의 그러한 구원 사역을 구약성경 여러 곳에서 인용하고 있는데, 이런 이유로 본시는 '구약의 모자이크'라는 별칭을 지니고 있다.

본시의 내용은 이러하다. 제1연은 택함 받은 백성을 향해 하나님을 찬양할 것을 권유하는 내용이고(1-3절), 제2연은 자연계와 이스라엘 역사 속에 펼쳐진 하나님의 위대하고 거룩한 사역을 노래한 내용이다(4-14절). 제3연은 이방 나라의 사람들이 섬기는 우상의 무력함과 허구성을 지적하는 내용이고(15-18절), 마지막 제4연은 다시금 이스라엘의 각 족속을 향하여 하나님을 찬양할 것을 권유하는 내용이다(19-21절).

진실로 그러하다. 하나님을 찬양하되, 그분의 거룩한 품성과 위대하신 사역, 그리고 우리를 향한 그분의 은혜로운 구원의 행위들과 흔적들을 깨닫고 찬양할 때 그 찬양은 더욱 힘이 있고 더욱 감격적인 찬양이 될 것이다.

시인은 아모리 왕 '시혼'과 바산 왕 '옥'에 관해 언급했는데(11절), 출애굽 시대에 이 두 왕은 요단강 동편 땅(Trans-Jordan)을 차지하고 있었던 아모리 족속의 강력한 왕들이었다. 요단강을 건너 본격적인 가나안 전쟁을 치르기 전에, 모세가 이끄는 이스라엘 군대는 이 두 왕이 통치하던 요단 동편 지역을 정복했다. 이스라엘 군대는 '야하스 전투'에서 시혼(Sihon)이 이끄는 아모리 족속의 남왕국을 먼저 정복하였고, 이어 암몬을 우회하여 바산 길로 올라가 '에드레이 전투'에서 바산 왕 옥(Og)이 이끄는 아모리 족속의 북왕국을 물리쳤다(민 21:21-35).

136
주님의 인자하심은 영원하도다

주께서는 홍해를 둘로 가르고
애굽 왕 파라오와 그의 군대를
바다에 빠뜨려 물로 덮고
광야에서 이스라엘 백성 이끄셨네

(1-3) 주께 감사하여라.
그분은 선하시고, 그분의 인자하심은 영원하도다.
모든 신들의 신이신 하나님께 감사하여라.
그분의 인자하심은 영원하도다.
모든 주들의 주이신 주께 감사하여라.
그분의 인자하심은 영원하도다.

(4-9) 홀로 위대한 기적을 베푸신 주께 감사하여라.
그분의 인자하심은 영원하도다.
지혜로 하늘을 지으신 주께 감사하여라.
그분의 인자하심은 영원하도다.
물 위에 땅을 두루 펼쳐놓으신 주께 감사하여라.
그분의 인자하심은 영원하도다.
큰 빛들을 지으신 주께 감사하여라.
그분의 인자하심은 영원하도다.
낮을 다스리도록 해를 지으신 주께 감사하여라.

그분의 인자하심은 영원하도다.
밤을 다스리도록 달과 별들을 지으신 주께 감사하여라.
그분의 인자하심은 영원하도다.

(10-22) 이집트의 처음 태어난 것들을 모두 치신 주께 감사하여라.
그분의 인자하심은 영원하도다.
이스라엘을 이집트에서 이끌어내신 주께 감사하여라.
그분의 인자하심은 영원하도다.
강한 손과 펴신 팔로 이스라엘을 이끌어내신 주께 감사하여라.
그분의 인자하심은 영원하도다.
홍해를 두 동강으로 쫙 갈라놓으신 주께 감사하여라.
그분의 인자하심은 영원하도다.
홍해 한가운데로 이스라엘을 지나가게 하신 주께 감사하여라.
그분의 인자하심은 영원하도다.
파라오와 그의 군대를 집어 홍해의 깊은 물 속에 던져 넣으신
주께 감사하여라.
그분의 인자하심은 영원하도다.

자기 백성을 거친 광야에서 인도해주신 주께 감사하여라.
그분의 인자하심은 영원하도다.
크고 강한 뭇 왕들을 물리치신 주께 감사하여라.
그분의 인자하심은 영원하도다.
힘세고 유명한 뭇 왕들을 죽이신 주께 감사하여라.
그분의 인자하심은 영원하도다.
아모리 왕 시혼을 죽이신 주께 감사하여라.
그분의 인자하심은 영원하도다.
바산 왕 옥을 죽이신 주께 감사하여라.
그분의 인자하심은 영원하도다.
그 왕들이 소유했던 땅을 자기 백성에게 유산으로 물려주신
주께 감사하여라.
그분의 인자하심은 영원하도다.
진실로 그 땅을 자기 종 이스라엘에게 기업으로 주신 주께 감사하여라.

그분의 인자하심은 영원하도다.

(23-26) 우리가 비천한 신세가 되었을 때에도,
우리를 잊지 않으시고 기억해주신 주께 감사하여라.
그분의 인자하심은 영원하도다.
우리를 원수들의 손아귀에서 건져주신 주께 감사하여라.
그분의 인자하심은 영원하도다.
육신을 가진 모든 사람들에게 날마다 먹을거리를 제공해주시는
주께 감사하여라.
그분의 인자하심은 영원하도다.
하늘에 계신 하나님께 감사하여라.
그분의 인자하심은 영원하도다.

[해설과 묵상] 작자 미상의 본시는 이스라엘 민족의 큰 절기, 예를 들면 유월절이나 초막절이나 신년절 같은 절기에 온 회중이 거국적으로 부르던 찬양시로서, 서로 주고받는 교창의 형식으로 불렸던 것으로 보인다. 먼저 성전 봉사자들인 제사장들과 레위인들이 "우리를 위해 ~해주신 주께 감사하여라."하고 선창을 하면, 뒤이어 성전 찬양대나 온 회중이 그 말에 응답하여 "그분의 인자하심은 영원하도다."라는

파라오의 군대를 홍해에 던져 넣으신 주님

후렴구를 덧붙임으로써 이 찬양시를 노래했던 것이다.

이처럼 본시는 "주께 감사하라"는 권면의 내용들로 이루어져 있는데, 그 감사의 내용들은 다음과 같이 요약될 수 있다. 첫째, 위대하신 전능자 하나님께 감사하라(1-3절). 둘째, 만물을 지으신 창조주 하나님께 감사하라(4-9절). 셋째, 자기 백성 이스라엘을 원수들의 손에서 건져주신 구원자 하나님께 감사하라(10-22절). 넷째, 일상 속에서 매일의 은혜를 베풀어주시는 섭리자 하나님께 감사하라(23-26절).

이처럼 성도가 하나님께 감사해야 할 이유들이 많은 까닭은 각 절의 후렴구에 26번이나 언급되었듯 그분의 인자하심이 영원하기 때문이다. 여기서 인자하심(히, 헤세드)은 자비, 긍휼, 친절, 사랑, 은총, 선함 등으로 번역될 수 있는 말로, 자기 백성과 맺은 언약에 대해 어떠한 상황에서도 일체 변함없이 영원토록 신실하신 하나님의 속성을 나타낼 때 사용되는 용어다. 그런 하나님의 인자하심 때문에 모든 역경과 환난에도 불구하고 성도가 마침내 구원을 얻고 영생의 포구((浦口)에 이르는 것이다.

137

망향의 노래

바빌로니아 강변에 앉아
시온을 그리며 슬피 울었네
사로잡은 자들이 노래를 청하지만
강가 버들가지에 수금을 걸었네

(1-4) 바빌로니아 강변 곳곳에 앉아
우리가 시온을 그리워하며 슬피 울었도다.
우리가 그 강변의 버드나무 가지 높은 데에 수금을 걸어두었으니
그것은 우리를 사로잡은 자들이 우리에게 노래를 청하고
우리를 짓밟은 자들이 자기들의 흥을 돋우려
우리에게 기쁨의 노래를 부르라고 강요하며 말하기를
"자, 너희는 시온의 노래들 중 한 가락을 뽑아보라!" 하였기 때문이라.
그러나 우리가 어찌 이방 땅에서 주님의 노래를 부를 수 있으랴!

(5-6) 오, 예루살렘아, 만일 내가 너를 잊는다면
내 오른손이 수금 타는 솜씨를 영영 잊게 해주려무나.
만일 내가 너 예루살렘을 기억하지 않는다면
만일 내가 너 예루살렘을 나의 가장 큰 기쁨으로 삼지 않는다면
내 혀가 입천장에 들러붙어
다시는 노래를 부르지 못하게 해다오.

(7-9) **오, 주여, 기억하소서.**
예루살렘이 멸망하던 그날에
에돔 사람들이 행한 짓을 잊지 마소서.
그때에 그들은 크게 외치기를
"예루살렘을 무너뜨리라.
그 기초까지 다 헐어버려라!" 하였나이다.
너 멸망당할 바빌론 도성아,
네가 우리에게 저지른 그대로
네게 앙갚음하는 자는 복을 받으리라.
너의 어린아이들을 붙잡아다가
바위 위에 메어치는 자는 복을 받으리라.

[해설과 묵상] 작자 미상의 본시는 유다 왕국의 멸망과 바빌로니아 유수(幽囚)를 그 배경으로 삼고 있다. 남왕국 유다의 백성들은 나라가 망해가는 과정에서 모두 3차에 걸쳐 바빌로니아 땅에 포로로 끌려갔다(주전 605, 597, 586년). 그리고 70여 년의 포로생활 끝에 바빌로니아를 무너뜨린 페르시아 왕들의 조서와 후원으로 모두 3차에 걸쳐 본토 이스라엘로 귀환하였다(주전 537, 458년, 444년).

본시는 비참하고 고통스러웠던 바빌로니아 포로생활을 마치고 본토 이스라엘로 돌아온 한 경건한 신앙인이 그 옛날 포로생활을 회상하며 지은 일종의 비탄시이고 슬픈 애가다. 시인은 그 시절을 회상하며 쓰라린 회한의 감정을 드러낸다. 포로 된 처지의 수치심, 본토 예루살렘을 향한 망향의 그리움, 원수들에 대한 적개심 등이 시인의 가슴 속에서 격하게 소용돌이치고 있다. 때문에 본시는 고난 중에 처한 성도들에게 위로가 되고, 험한 세상 속에서 살아가는 성도들에게 올바른 삶의 길을 제시해주고 있다.

본시의 내용은 삼분된다. 초반부에는 나라가 망하고 바빌로니아 땅에 포로로 끌려가 그곳에서 온갖 시련과 수치를 겪어야 했던 시인의

우리가 그 강변의 버드나무에 수금을 걸어두었도다

아픈 과거가 묘사되었고(1-4절), 중반부에는 고통과 압제가 심할수록 더욱 더 짙어지는 본토 예루살렘에 대한 망향의 그리움이 묘사되었다(5-6절). 그리고 후반부에는 자신과 동족을 비참한 지경에 빠뜨린 원수들에 대한 분노와 저주가 묘사되었다(7-9절).

시인이 남왕국 유다를 멸망시킨 뒤 그 백성을 포로로 잡아간 바빌로니아를 원수로 여기고 저주한 것은 당연하지만, 그에 덧붙여 에돔 족속을 저주하고 있는 점에 주목할 필요가 있다(7절). 그 까닭은, 야곱의 쌍둥이 형인 에서의 후손들이 세운 에돔(Edom)은 혈통상 이스라엘과 친척 관계에 있는 가까운 나라였다. 그럼에도 불구하고 예루살렘이 바빌로니아에게 멸망하던 때(주전 586년), 그들은 그 일을 적극적으로 기뻐했고, 심지어 에돔 땅으로 피신한 유다 백성을 사로잡아 바빌로니아 군대에게 넘겨주기까지 했기 때문이다(옵 1:10-11).

시인은 극심한 수치와 고통 가운데서도 '예루살렘' 곧 시온(Zion)을 결코 잊지 않겠다고 다짐하는데(5-6절), 그것은 이스라엘 백성들에게 있어 '예루살렘'은 아주 특별했기 때문이다. 그곳은 단순히 나라의 수도 이상의 의미를 지녔다. 그곳은 하나님께서 자기 백성을 만나는 거룩한 성전이 있는 장소였고, 따라서 그곳은 선민(選民)의 정체성을 뚜렷이 나타내주는 곳이었다. 따라서 예루살렘을 잊어버린다거나 혹은 그보다 다른 것을 더 사랑한다면, 그것은 스스로 하나님의 백성 됨을 포기하는 자기 상실을 의미했다.

이처럼 성도에게 있어 가장 절실한 소망은 단지 자신의 육신적인 안일함에 대한 갈구가 아니라, 하나님의 백성 된 자로서 하나님과 함께하고자 하는 거룩한 열망, 진실로 하나님과 신령한 교제를 나누고자 하는 경건한 바람이 되어야 한다. 그런 의미에서 오늘날 성도들은 어떤 일이 있어도 성도의 궁극적 본향인 '하늘 예루살렘'을 결코 잊어선 안 된다.

138

주께 감사의 찬양을 드려라

내가 부르짖을 때 응답하셨으니
온 땅의 왕들이 주의 말씀을 듣고
주의 위대하신 영광을 위하여
주의 길을 노래하게 하소서

(다윗의 시)

(1-3) **주여, 내가 온 마음을 다하여 주님을 찬양합니다.**
내가 모든 신들 앞에서 주님을 찬양합니다.
내가 주님의 성전을 향하여 엎드려 경배하고
주님의 인자하심과 신실하심을 생각하면서
주님의 이름을 찬양합니다.
진실로 주께서는 주님의 이름과 말씀을
이 세상의 어떤 것들보다도 더욱 높이셨나이다.
내가 부르짖는 날에 주께서는 내게 응답해주셨고
내 영혼에 힘껏 힘을 불어넣어 주시어 나를 담대하게 하셨나이다.

(4-5) **주여, 온 세상의 모든 왕들이 주님의 말씀을 들을 때**
그들 모두가 소리 높여 주님을 찬양하게 하소서.
진실로 주님의 영광은 한없이 크시니
그들 모두가 힘차게 주님의 길을 노래하게 하소서.

(6-8) **주께서는 지극히 높은 데 계셔도**
이 땅의 낮은 자들 하나하나를 굽어 살피시고
아주 멀고 먼 데서도
이 땅의 교만한 자들을 한눈에 다 알아보십니다.
내가 비록 고난의 한복판에 있을지라도
주께서는 나를 건져주시고 회복시켜 주십니다.
강한 능력의 손을 뻗치시어
분노하며 날뛰는 내 모든 원수들을 짓누르시고
주님의 오른손으로 나를 구원해주십니다.
주여, 주께서는 내게 하신 모든 약속들을 다 이루어주실 것이니
진실로 주님의 인자하심은 영원합니다.
부디, 주께서 손수 지으신 이 몸을 저버리지 마소서.

[해설과 묵상] 본시부터 145편까지는 계속해서 다윗이 지은 시다. 본시는 다윗의 찬양시로, 다윗이 일생을 통해 생생하게 겪은바 자신의 구원 체험에서 우러나오는 신앙 간증 같은 감사와 찬양이 넘쳐흐르는 아름다운 노래다. 본시에서 다윗은 모든 환난을 극복하고 이스라엘 왕위에 오르게 된 일과 이방 나라들과의 수많은 전쟁에서 승리한 일 등 자신의 생애 가운데 일어난 모든 구원에 대하여 그 모든 영광을 하나님께 돌리며 목소리 높여 그분을 찬양하고 있다.

본시는 삼분된다. 초반부는 다윗이 자신의 간구에 응답해주신 주께 감사 찬양을 드리는 장면이고(1-3절), 중반부는 온 땅에 주님의 말씀이 널리 펼쳐지기를 기대하는 장면이다(4-5절). 그리고 마지막 후반부는 지난날과 오늘날의 구원 은혜에 근거하여 장래의 구원까지 확신하는 장면이다(6-8절).

참된 신앙인은 자신의 성공과 번영에 도취되어 교만하게 행동하지 않는다. 성공과 번영에 이르도록 늦은 비와 이른 비처럼 때마다 적절하게 은혜를 베풀어주신 주께 모든 영광과 찬양을 올려드린다(고전 10:31).

139

인생을 주관하시는 전지전능하신 주님

주여, 내 마음을 살펴주소서
나를 시험하여 내 생각 알아주소서
내 속에 악함이 있는지 살펴보시고
영원한 생명의 길로 이끌어주소서

(다윗의 시: 성전 찬양대 지휘자의 지휘에 따라 부르는 노래)

(1-6) 주여, 주께서 지금껏 나를 자세히 살펴보셨으니
나의 모든 것을 밝히 알고 계십니다.
내가 앉든지 일어서든지 주께서는 모든 것을 다 아시고
멀리서도 내 생각을 전부 꿰뚫어보십니다.
내가 길을 가든지 누워있든지 주께서는 모든 것을 다 보시니
나의 모든 행실을 낱낱이 다 알고 계십니다.
오, 주여, 내가 혀를 움직여 무슨 말을 하기도 전에
주께서는 그것마저 벌써 다 알고 계십니다.
진실로 주께서는 나의 앞뒤를 두루 감싸시고
주님의 손을 내게 얹고 계시므로
이 몸은 주님의 손바닥 위에 놓여있는 신세입니다.
이런 사실을 알고 나니
나는 너무나 놀랍고 또 내게는 너무도 높아서
감히 주님의 능력을 헤아려볼 엄두조차 나지 않나이다.

(7-12) 그러므로 내가 주님의 영을 피하여 어디로 갈 수 있겠으며
주님의 낯을 피하여 어디로 도망갈 수 있겠습니까.
설령 내가 저 높은 하늘로 올라간다 해도
주께서는 거기에 벌써 계시고
내가 저 깊은 스올로 내려가서 자리를 펴더라도
주께서는 거기에도 이미 계십니다.
설령 내가 새벽 날개를 타고 햇살처럼 신속하게 날아가서
바다 저쪽 끝 편의 가장 먼 곳에 머물지라도
거기에서도 역시 주님의 손길이 나를 인도하시고
주님의 오른손이 나를 굳게 붙들어주십니다.
내가 외치기를
"어둠아, 나를 덮어 꼭꼭 숨겨다오!
나를 두른 빛아, 밤이 되어다오!" 할지라도
주님 앞에서는 칠흑 같은 어둠도 전혀 어둡지 않으며
깜깜한 밤도 대낮처럼 밝을 것입니다.
주께는 어둠과 빛이 조금도 다를 바 없이 다 똑같기 때문입니다.

(13-18) 진실로 주께서는 내 몸 깊은 곳의 모든 장기를 다 만드셨고
내가 어머니의 뱃속에 있을 때부터 이 몸을 온전히 빚어주셨나이다.
이 몸이 이토록 신기하고 오묘하게 빚어졌으므로
주께서 하신 일이 하도 경이롭고 놀라워
내가 소리 높여 주님을 찬양합니다.
주님의 솜씨가 얼마나 멋지고 훌륭하신지
내 영혼이 그 사실을 너무나 잘 압니다.
내가 은밀한 데서 빚어지고 있을 그때에
곧 내가 땅 밑 깊은 곳 같은 어머니의 자궁에서
짜 맞추어지고 있을 그때에도
주께서는 이 몸의 형체를 이미 다 알고 계셨으니
내 몸의 뼈마디 하나하나인들 어찌 주님 앞에 숨겨질 수 있겠습니까!
내 몸의 형체가 아직 갖추어지기도 전에
주님의 눈은 나의 온전한 모습을 다 보셨나이다.
나를 위해 정해진 날들이 아직 시작되기도 전에

내 인생의 모든 날들이 주님의 책에는 이미 다 기록되었나이다.

오, 하나님, 주님의 생각은 어찌 그리 깊은지요!
주님의 생각은 참으로 많고 많아서
이 몸이 감히 그 수를 헤아릴 수조차 없나이다.
내가 만일 그 수를 세어본다면
해변의 모래알보다 훨씬 더 많을 것입니다.
그러므로 내가 매번 잠에서 깨어날 적마다
주님의 그 깊고도 많은 생각들에 또다시 놀라며
여전히 주께서 나와 함께 계심을 뚜렷하게 느낍니다.

(19-24) 오, 하나님, 주께서는 반드시 악인들을 죽이실 것입니다.
"피에 굶주린 너희 악한 자들아, 다 내게서 떠나가거라!"
저들 악한 자들은 주님을 거슬러 나쁜 말들을 마구 지껄이며
주님의 이름을 함부로 부르며 욕을 해댑니다.
그러므로 주여, 주님을 미워하는 자들을 내가 어찌 미워하지 않겠으며
주께 대항하여 일어서는 자들을 내가 어찌 증오하지 않을 수 있겠습니까.
진실로 내가 그들을 철저하게 증오합니다.
그런 까닭은, 주님의 대적이 바로 나의 대적이기 때문입니다.
오, 하나님, 나를 샅샅이 살피시어 내 마음을 알아주소서.
나를 철저히 시험하시어 내 생각을 알아주소서.
혹시라도 내 안에 악한 것이 있는지 살펴보시고
나를 영원한 생명의 길로 인도하소서.

[해설과 묵상] 다윗은 자신의 일상적인 삶을 통해 직접 느끼고 체험한 하나님의 여러 성품을 일목요연하게 정리하여 신앙고백의 형식으로 찬양하고 있다.

본시는 네 부분으로 구성되었다. 제1연에서는 자기 자신을 속속들이 너무나 잘 알고 계시는 하나님의 전지하신 성품에 관해 노래한다(1-6절). 제2연에서는 온 우주에 안 계시는 곳 없이 모든 곳에 편만하게 계시는

거기서도 주님의 오른손이 나를 붙드시고

하나님의 무소부재하신 성품에 관해 노래하고(7-12절), 제3연에서는 다윗 자신을 어머니 뱃속에서부터 조성하신 하나님의 전능하신 성품에 관해 노래한다(13-18절). 그리고 마지막 제4연에서는 악을 미워하시고 심판하시는 하나님의 공의로우신 성품에 관해 노래하면서, 다윗 자신도 하나님의 대적을 자신의 대적으로 삼아 철저하게 미워한다고 고백한다(19-24절).

이처럼 시의 내용은 신학적이고 교의적인 딱딱한 소재이지만, 다윗은 매우 쉬운 언어와 아름다운 운율로써 노래하고 있다. 그래서 영국의 주석학자 메튜 헨리는 "성경 가운데 하나님의 성품에 관한 내용을 이렇게 쉽고도 부드럽게 서술한 부분은 찾아보기 힘들다."라고 평했다. 그리고 많은 유대인들도 본시를 다윗의 많은 작품들 가운데 가장 주옥같은 아름다운 시편이라고 칭찬하고 있다.

실제로 다윗은 율법이나 종교에서 배운 딱딱한 이론이나 교훈으로써가 아니라, 자신의 일상적인 삶 가운데서 피부로 생생하게 체험한 하나님의 여러 성품을 쉽고도 아름다운 시어로 묘사하였다. 그래서 모든 세대를 초월하여 본시를 읽는 이들로 하여금 공감과 감동을 자아내게 만든다. 진실로 자신의 실제적인 삶 속에서 하나님을 어떤 분으로 알고 또 체험하느냐에 따라, 오늘날 하나님을 향한 우리의 신앙 수준과 자세가 확연히 달라질 것이다.

본시에 언급된 '스올'(8절)은 죽은 자들이 누구도 예외 없이 들어가는

지하세계 곧 무덤을 가리킨다. 그곳은 캄캄한 어둠의 장소로서, 외부의 모든 것들과 철저히 단절된 침묵의 세계로 간주되었다. 그렇지만 시인은 하나님의 주권이 그곳까지도 미치고 있음을 고백했다. 즉, 우주의 모든 곳에 계시는 하나님의 무소부재하심을 노래한 것이다. 그리고 다윗은 하나님을 미워하는 자들을 심히 미워하고 증오한다고 고백한다(21-22절). 요컨대 다윗은 하나님의 원수를 자신의 원수로 여겼다. 그것은 하나님께 대한 다윗의 사랑과 충성이 그만큼 컸음을 의미한다.

140

악한 자들에게서 나를 보호하소서

악한 자의 손아귀에서 건져주소서
날마다 싸움을 일삼는
그들의 혀는 뱀의 혀 같고
그들의 말은 독사의 독 같습니다

다윗의 시: 성전 찬양대 지휘자의 지휘에 따라 부르는 노래

(1-5) 오, 주여, 악한 자들의 손아귀에서 나를 건져주소서.
폭력을 일삼는 자들에게서 나를 보호하소서.
그들은 언제나 악한 계획을 꾸미고
그들은 날마다 모여서 싸움을 일으킵니다.
그들의 혀는 뱀의 혀처럼 날카롭고
그들의 입술 아래에는 독사의 독을 잔뜩 머금고 있나이다. (셀라)
주여, 악한 자들의 손아귀에서 나를 지켜주시고
내 발을 걸어 넘어뜨리려고 계획하는
저 난폭한 자들에게서 나를 보호하소서.
저 교만한 자들이 나를 해치려고 덫과 올가미를 몰래 놓았고
나를 빠뜨리려고 내가 다니는 길목마다
구덩이와 함정을 깊이 파 놓았나이다.

(6-11) 그러므로 이 몸이 주께 외칩니다.
"주님은 나의 하나님이시니

주여, 내 부르짖음을 들으시고 내게 구원을 베풀어주소서."
내 주 하나님이시여, 내 구원의 능력이시여, 이제 나를 건져주소서.
전쟁의 날에, 주께서는 내 머리에 투구를 씌워 내 목숨을 지켜주셨나이다.

오, 주여, 악한 자들의 욕망을 절대로 이루어주지 마소서.
그들의 계획이 조금도 성공하지 못하게 하소서.
그들이 우쭐대며 더욱 더 높아질까 두렵나이다. (셀라)
나를 에워싸고 있는 자들이 나를 향해 퍼붓는 그들 입술의 저주가
그들 자신들에게로 되돌아가 그들의 머리 위를 덮치게 하소서.
뜨거운 숯불이 그들 위에 쏟아지게 하시고
아예 그들을 깊은 불구덩이 속에 집어던져
다시는 일어나지 못하게 하소서.
혀를 놀려 남을 헐뜯는 자들로 이 땅에 조금도 발붙이지 못하게 하시고
주먹을 휘둘러 폭력을 일삼는 자들에게는
항상 재앙이 따라다니게 하소서.

(12-13) 주께서는 정녕 고난받는 사람들의 사정을 적극 변호해주시고
가난한 사람들의 권리를 힘써 옹호해주시는 분임을 나는 잘 알고 있나이다.
참으로 의로운 자들마다 주님의 이름을 찬양할 것이며
정직한 자들마다 주님 앞에서 떳떳이 살게 될 것입니다.

[해설과 묵상] 다윗이 지은 비탄의 시로서, 대적들의 박해로 환난과 역경 가운데 처한 다윗이 하나님을 향해 구원을 호소하는 가운데 자신을 해치려는 악한 자들에게 보응해주시기를 간구하는 기도다. 이 같은 내용으로 볼 때, 본 시는 다윗이 사울 왕과 그의 사악한 측근들로부터 핍

악인들의 혀는 뱀의 혀처럼 날카롭고

박을 받고 추격을 당하던 10년 안팎의 시절, 그러니까 다윗의 젊은 시절(20-30세쯤)에 그가 정처 없이 이곳저곳 피해 다니고 유랑하던 시기에 쓴 시임이 분명하다.

본시의 내용을 요약하면 삼분된다. 초반부는 다윗이 자신을 해치려는 악인들의 사악한 위협이 어떤 것인지를 지적하면서 그로 인해 탄식하는 장면이다(1-5절). 중반부는 다윗이 오직 하나님을 의지하는 가운데 악인들의 위협에서 자신을 보호해주실 것과 자신을 해치려는 악인들에게 보응해주실 것을 호소하는 장면이다(6-11절). 그리고 마지막 후반부는 다윗이 하나님의 자비로우시고 공의로우신 성품에 기초하여 자신의 온전한 구원을 확신하는 장면이다(12-13절).

이 같은 다윗의 시를 통해 정녕 성도는 환난과 역경의 날에 낙심하거나 불평하지 아니하고, 오직 자신의 유일한 구원자 되시는 하나님을 더욱 의지하면서 그분께 구원을 호소해야 한다는 사실을 깨닫게 된다.

141
악인들의 덫에서 나를 지키소서

악인들의 덫에 걸려들지 말게 하시고
함정에서 나를 지켜주소서
그 덫에 악인들이 걸려들게 하시고
이 몸은 무사히 지나가게 하소서

(다윗의 시)

(1-6) **주여, 내가 주께 부르짖고 있나이다.**
속히 내게로 오소서.
내가 주께 부르짖을 때
내 기도에 귀를 기울여주소서.
주께 부르짖는 내 기도가
주님 앞에 피운 분향제단의 향처럼
주님 앞으로 올라가게 하시고
내가 두 손을 위로 들고 드리는 기도는
주께 바치는 저녁 제물처럼 되게 하소서.
오, 주여, 내 입에 파수꾼을 세우시고
내 입술의 문을 지켜주소서.
내 마음이 악한 일에 기울어지지 않게 막아주셔서
나로 악한 일을 꾸미는 자들과 어울리지 말게 하시고
그들의 악한 짓에 가담하지 않게 하소서.
아예 악인들의 잔칫상에는 앉지 말게 하소서.

의로운 자들이 때리는 매는
나에 대한 그들의 친절로 받아들이게 하시고
나를 향한 그들의 꾸짖음은
내 머리 위에 붓는 향기로운 기름으로 받아들이게 하소서.
그러므로 비록 의로운 자들이 재난 가운데 빠져 있을 때에도
나는 그들을 위해 항상 기도하렵니다.
그러나 악한 무리의 지도자들이 바위 절벽에서 굴러떨어질 때
그제야 백성은 내 말이 옳았음을 깨닫고
비로소 내 말에 귀를 기울이게 될 것입니다.

(7-10) 그때에 악한 무리의 지도자들은 말하기를
"농부가 쟁기로 밭을 갈 때 흙덩이가 잘게 부스러지는 것처럼
우리의 뼈들이 스올 입구에 산산이 흩어져 있구나!" 할 것입니다.
오, 주 하나님이시여, 나의 두 눈이 주님만 우러러봅니다.
내가 주님만 믿고 의지하오니
내 영혼을 죽음에 넘겨주지 마소서.
저 악한 자들이 나를 잡으려고 쳐놓은 올무에 걸려들지 않도록
나를 지켜주시고
그들이 나를 해치려고 파놓은 덫에 빠져들지 않도록 나를 보호해주소서.
그들이 쳐놓은 그물에 그들 스스로가 걸려들게 하시고
오직 이 몸은 무사히 지나가게 하소서.

사냥꾼이 쳐놓은 올무에 걸려든 짐승

[해설과 묵상] 다윗이 지은 본시가 다윗 생애의 어느 시기에 지은 것인지는 분명치 않다. 하지만 다윗이 악인들의 덫과 올무와 함정 등으로 인해 고난당하고 있다는 내용에 근거해볼

때, 본시의 저작 배경은 다윗 생애 중 젊은 시절에 사울 왕과 그의 사악한 측근들로부터 추격당하던 시기(20-30세쯤), 혹은 다윗 생애의 말년에 압살롬의 반란으로 인해 큰 곤경에 빠졌던 시기(60세쯤)로 추정된다.

어쨌든 본시는 환난 가운데 처한 다윗이 하나님께 구원을 간구하는 탄원의 시인데, 특히 주목할 부분은 다윗이 무조건 악인을 저주하면서 자신의 구원을 호소하는 게 아니라 하나님 앞에서 자신부터 성찰하고 있다는 점이다. 즉, 다윗은 환난 가운데서도 자신의 허물을 돌아보며 자신부터 악에 빠지지 않게 해달라고 간구하고 있다는 점에 주목할 필요가 있다.

본시의 내용은 이분된다. 전반부는 다윗이 하나님 앞에서 자신을 성찰하는 가운데 자신의 마음과 언행를 지켜주셔서 부디 악에 빠지지 않게 해달라고 간구하는 장면이다(1-6절). 후반부는 집요하고 사악한 대적들의 위협과 핍박에서 벗어나게 해주시고 부디 건져주십사 간구하는 장면이다(7-10절).

성도가 악인들에게서 고난과 핍박을 받고 그들과 투쟁하다보면 자칫 악인들처럼 똑같이 악해질 수 있다. 자신을 성찰하지 않고 악을 악으로 이기려는 어리석음을 범하기 쉽다. 악인의 허물과 죄를 지적하는 일에 급급해서 자신의 허물에 대해서는 무신경할 때가 많다. 본시는 성도들로 하여금 그런 우를 범하지 않도록, 환난과 핍박 가운데서도 먼저 자신의 허물부터 돌아보고, 자신을 하나님 앞에 성찰하는 일부터 선행되어야 한다는 사실을 일깨워준다. 그러고 나서 하나님께 구원을 호소할 때 그 기도는 힘이 있다. 정녕 자신을 지켜 죄악에 물들지 않게 하는 것이 참된 경건임을 잊지 말자(약 1:27).

142

주님은 나의 피난처

주여, 지금 큰 곤경에 처해 있으니
부르짖는 이 소리를 들어주시고
핍박자들에게서 나를 구해주소서
저들과 맞서기에는 힘이 부칩니다

(다윗의 교훈시: 그가 동굴에 숨어있을 때 지은 노래)

(1-4) **내가 큰 소리로 주께 부르짖나이다.**
내가 소리를 높여 아주 큰 소리로 주께 간구합니다.
내가 주님 앞에 내 원통함을 털어놓고
주님 앞에 내 고통을 낱낱이 아뢥니다.
내 영혼이 연약하여 기진할 때에도
주께서는 나의 갈 길을 알고 계십니다.
나의 원수들은 나를 잡으려고
내가 가는 길목마다 올무를 몰래 쳐놓았나이다.
내 주위를 아무리 둘러보아도
나를 도와줄 사람이 아무도 없나이다.
어디에도 내가 피할 곳이 없으며
누구도 내 목숨을 보살펴줄 사람이 없나이다.

(5-7) **오, 주여, 그러므로 내가 소리 높여 주께 부르짖나이다.**
"오직 주님만이 나의 피난처시요

오직 주님만이 사람들이 살아가는 이 세상에서
내가 유일하게 마음 붙일 나의 몫입니다."
나의 부르짖는 소리에 귀를 기울여주소서.
내가 지금 말할 수 없는 비참한 처지에 놓여있나이다.
나를 핍박하는 사람들에게서 이 몸을 구해주소서.
저들은 아주 강하여
내가 저들과 맞서 싸우기에는 내 힘이 너무 부칩니다.
내 영혼을 이 고통의 감옥에서 풀어주소서.
그리하시면 내가 소리 높여 주님의 이름을 찬양하겠나이다.
주께서 내게 자비를 베푸시면
그로 인해 의로운 자들이 내 주위에 몰려들 것입니다.

[해설과 묵상] 다윗이 자기 목숨을 노리는 사울 왕과 그의 측근들의 핍박과 추격을 피해, 유대 광야의 동굴을 거처 삼아 떠돌며 도피하던 시절에 지은 시다(20-25세쯤). 성경에 그 이름이 소개된 곳은 아둘람 동굴 또는 엔게디 동굴이다(삼상 22:1-2; 24:1-7). 이런 처량한 시기에 다윗은 자신의 안타까운 처지를 하나님께 호소하면서 대적들로부터 부디 자신을 구원해 달라고 탄원하는 본시를 지었던 것이다.

본시의 내용을 요약하면 이분된다. 전반부는 다윗이 아무런 잘못 없이 대적들에게 쫓기는 자신의 원통함을 아뢰면서, 사방을 둘러보아도 자신을 도와줄 사람이 없음을 주께 호소하는 장면이다(1-4절). 후반부는 그러하기에 다윗은 오직 자신의 유일한 구원자이시고 피난처 되시는 주께 매달려 간절히 도움을 요청하는 장면이다(5-7절).

본시를 읽노라면, 다윗이 도로 불안한 상태에서 자기 생명의 위협을 시시각각 느끼고 있음을 알 수 있다. 그럴지라도 참된 신앙인의 시선은 대적들의 두려운 칼날이나 당장의 절박한 상황에 머물러 있지 않고, 대적들의 운명과 그 상황을 온전히 지배하고 계시는 하늘의 하나님을 향하고 있어야 함을 깨우쳐준다(사 40:31).

143

구원을 바라는 상한 심령의 기도

원수가 나를 캄캄한 감옥에 처넣어
내 영혼은 만신창이가 되었습니다
지난날 주의 은혜를 생각하면서
두 손 들고 주께 기도합니다

(다윗의 시)

(1-4) 오, 주여, 나의 기도를 들어주소서.
애타게 부르짖는 나의 소리에 귀를 기울여주소서.
주님의 신실하심과 의로우심으로 내게 속히 응답해주소서.
살아 있는 사람은 아무도 주님 앞에서 의롭지 못하니
주님의 종을 심판하지 말아주소서.
대적들이 나를 너무나도 괴롭힙니다.
저들은 아예 내 생명을 땅에 내동댕이쳐서 깜깜한 감옥에 처박았나이다.
그리하여 이 몸은 아주 오래전에 죽은 자 같은 신세가 되고 말았나이다.
그러므로 내 영혼은 만신창이가 되어 모든 소망을 잃고
아주 깊은 절망 가운데 빠져 끙끙 앓고 있나이다.

(5-8) 내가 지나간 나날들을 돌아보며
주께서 행하셨던 일들을 낱낱이 헤아려봅니다.
주께서 손수 이루신 일들을 곰곰이 생각해봅니다.
그때에 나는 두 손을 주께 뻗어 기도합니다.

내 영혼이 바짝 메마른 땅같이 주님을 애타게 목말라합니다. (셀라)
오, 주여, 속히 내게 응답해주소서.
내 영혼이 탈진하여 죽어가고 있나이다.
내게서 주님의 얼굴을 숨기지 마소서.
이 몸이 저 아래 깜깜한 무덤으로 내려가는 자들처럼 될까 심히 두렵나이다.
내가 주님을 믿고 의지하오니
아침마다 주님의 한결같은 사랑의 말씀을 듣게 해주소서.
내 영혼을 주께 바치오니
내가 마땅히 가야 할 길을 알려주소서.

(9-12) 오, 주여, 내가 주께로 이 몸을 피하오니
내 원수들에게서 나를 구해주소서.
주님은 나의 하나님이시니
내가 오직 주님의 뜻에 따라 살아갈 수 있도록
그 길을 내게 가르쳐주소서.
주님의 영은 선하오니
그 선하신 영으로 나를 평탄한 길로 이끌어주소서.
오, 주여, 주님의 그 거룩한 이름을 위해서라도 나를 살려주시고
주님의 그 의로우심으로 내 영혼을 이 곤경에서 건져주소서.
나를 향한 주님의 사랑은 변함없으시니
그 한결같은 사랑으로 나의 원수들을 모조리 없애주소서.
진실로 이 몸은 영원토록 주님의 종입니다.

[해설과 묵상] 시편에 나타난 7대 회개시(혹은 참회시, 6, 32, 38, 51, 102, 130, 143편) 가운데 맨 마지막 것으로, 절박한 상황에서 탄식하며 구원을 호소하는 다윗 개인의 비탄시다. 대적들의 압제와 추격으로부터 벗어나고픈 다윗의 간절한 소망이 탄원 형식으로 나타나 있다.

이 같은 회개시(참회시) 또는 비탄시는 대개 다섯 가지의 기본 형식을 갖추고 있다. 첫째, 현재 겪고 있는 시련과 압제에 관한 절박한 탄식과 호소. 둘째, 대적에 대한 공의로운 보응의 요청. 셋째, 자신의 무고함을

아룀. 넷째, 구원을 확신하며 맹세하고 서원함. 다섯째, 구원을 베풀어주실 것에 대해 감사하고 찬송함.

본시도 이와 같은 회개시(또는 비탄시)의 전형적인 형식과 거의 일치하고 있는데, 본시를 요약하면 이러하다. 초반부는 다윗이 자신이 처한 참담한 상황과 절박한 현실을 하나님께 허심탄회하게 아뢰는 장면이고(1-4절), 중반부는 지난날을 회상하며 능력의 주께 도움과 구원을 간절히 호소하는 장면이다(5-8절). 마지막 후반부는 주님의 공의로운 손길로 악인에게는 심판을 베푸시고 의로운 자에게는 구원을 베풀어주십사 간구하는 장면이다(9-12절).

본시의 저작 배경은 아마도 다윗이 자신의 청년기에 사울 왕과 그의 사악한 측근들로부터 집요하게 핍박받고 추격을 당하던 10여 년에 걸친 도피시절인 듯하다. 그런 고통스럽고 절박한 시기에 다윗은 자신의 참담한 처지를 주께 호소하면서 주님의 구원 손길을 간절히 바라는 마음으로 본시를 썼던 것이다.

이처럼 살아 역사하시는 구원자 하나님을 믿는 신앙인에게는 비록 환난 가운데서 탄식하고 울며 부르짖을 수는 있지만 끝내 절망하거나 포기하는 일은 있을 수 없다. 하나님께서는 입을 크게 벌려 자신을 향해 부르짖는 자기 백성을 결코 외면하는 분이 아니기 때문이다. “나는 너를 이집트 땅에서 인도하여 낸 여호와 네 하나님이니 네 입을 넓게 열라! 내가 채우리라!”(시 81:10).

144

주님을 자기 하나님으로 모시는 자의 복

나의 반석인 주를 찬양합니다
나의 요새, 산성, 방패, 구원자시여
곳간에는 곡식이 가득하게 하시고
들판의 가축 떼가 불어나게 하소서

(다윗의 시)

(1-4) 나의 반석이신 주여, 내가 주님을 찬양합니다.
주께서는 내 손을 훈련시키시어 전쟁의 날에 승리하게 하셨고
내 손가락을 단련시키시어 전투에서 이기게 하셨나이다.
내게 한결같은 사랑을 베푸시는 주께서는
진실로 나의 요새, 나의 산성, 나의 구원자, 나의 방패, 나의 피난처이십니다.
주께서는 내 백성으로 하여금 나에게 복종하게 하셨나이다.
오, 주여, 사람이 무엇이기에 주께서 그토록 돌보아주시며
인간이 무엇이기에 주께서 그토록 생각해주십니까.
사람은 한낱 한 번의 숨결 같고
그의 일생은 쉬이 지나가는 그림자 같나이다.

(5-11) 오, 주여, 하늘을 낮게 드리우시고 내려오소서.
이 산 저 산을 스치고 지나가시어
산마다 연기를 자욱이 내뿜게 하소서.
번쩍거리는 번개를 보내시어 대적들을 뿔뿔이 흩어버리시고

주님의 날카로운 화살을 쏘셔서 원수들로 줄행랑치게 하소서.
저 높은 위에서 주님의 손을 뻗치시어
거센 물살에서 이 몸을 건져주시고
이방 사람들의 손아귀에서 나를 구해주소서.
그들의 입은 헛된 것으로 가득 차 있고
그들이 맹세할 때 드는 그 오른손은 거짓으로 속이는 손입니다.
오, 하나님이시여, 내가 주께 새 노래를 불러드리고
열 줄 비파를 타면서 주님을 찬양하렵니다.
진실로 주께서는 왕들에게 승리를 안겨주시는 분이시요
주님의 종 다윗을 죽음의 칼날에서 건져주시는 분이십니다.
이제도 이방 사람들의 손아귀에서 나를 건져주소서.
그들의 입은 헛된 것을 지껄이는 입이요
그들의 오른손은 거짓된 것을 맹세하는 손입니다.

(12-15) 주여, 우리의 아들들로 토질 좋은 곳에서 무럭무럭 자라는
나무처럼 튼튼하게 하시고
우리의 딸들로 궁전 모퉁이를 장식하고 있는 우아한 조각 기둥처럼
아름답게 하소서.
우리의 곳간에는 온갖 곡식들로 가득가득 넘쳐나게 하시고
우리의 양 떼는 드넓은 들판에서 천 배, 만 배로 불어나게 하시며
우리의 소 떼도 저마다 새끼를 배어 그 몸이 무겁게 하소서.
우리의 성벽이 적들에게 뚫리는 일이 없게 하시고
우리의 백성이 적들에게 포로로 붙잡혀가는 일이 없게 하소서.
그리하여 우리의 거리에서 슬피 울부짖는 소리가 없게 하소서.
이와 같이 사는 백성은 그 얼마나 복되랴!
주님을 자기 하나님으로 모시고 사는 백성은
정녕 이 같은 복을 누리리라!

[해설과 묵상] 하나님을 의뢰하는 백성이 받아 누릴 복에 관하여 노래하고 있다. 다윗은 비록 연약한 인생일지라도 하나님으로 인하여 강성해질 수 있고, 온갖 복을 받아 누릴 수 있다고 신앙고백을 한다.

본시의 저작 배경에 대해선 분명히 알 수 없다. 하지만 내용을 통해 추론해보면 다윗이 이스라엘 왕위에 오른 초기에 주변의 이방 나라들(암몬, 모압, 에돔, 수리아, 블레셋 등)과 끊임없이 전쟁을 치르던 시기에 작시된 것으로 보인다. 이처럼 본시는 다윗이 이스라엘 왕권을 공고히 다지기 위해 주변의 이방 나라들과 정복 전쟁을 벌이는 과정에서, 그들의 강력한 도전에 직면하여 큰 시련과 어려움을 겪고 있을 당시에 하나님의 도우심을 간구하고, 하나님의 도우심으로 마침내 승리하여 복을 누리게 될 것임을 확신하면서 지은 간구와 찬양의 혼합시라고 할 수 있다.

본시의 내용은 삼분된다. 초반부는 다윗이 그림자 같은 인생에 불과한 연약한 자신을 크신 인자와 구원으로 보호해주신 하나님께 감사 찬송을 드리는 장면이고(1-4절), 중반부는 대적들의 강력한 도전과 위협 앞에 직면해 있는 위기의 상황에서 능력의 주께 도움을 간구하는 장면이다(5-11절). 그리고 후반부는 하나님을 의뢰하는 백성에게 풍성한 복을 베풀어주실 주께 감사 찬송을 드리는 장면이다(12-15절).

이처럼 구원과 복을 베풀어주시는 주께 다윗은 새 노래를 부르고 열 줄 비파를 타면서 찬양하겠노라고 다짐한다(9절). 여기서 '새 노래'는 반드시 새로 지은 노래를 가리키는 말이 아니다. 이 노래는 특별한 행사를 위해 새로 작곡된 노래도 아니고, 맨 처음으로 불리는 노래를 가리키지도 않는다. 이 노래는 하나님의 구원과 승리에 관한 새로운 체험의 노래이거나 또는 새로운 마음으로 새롭게 느끼는 감동과 환희의 노래를 가리킨다. 이런 의미에서 성도가 주님을 향해 부를 찬양의 노래는 언제나 '새 노래'여야 한다.

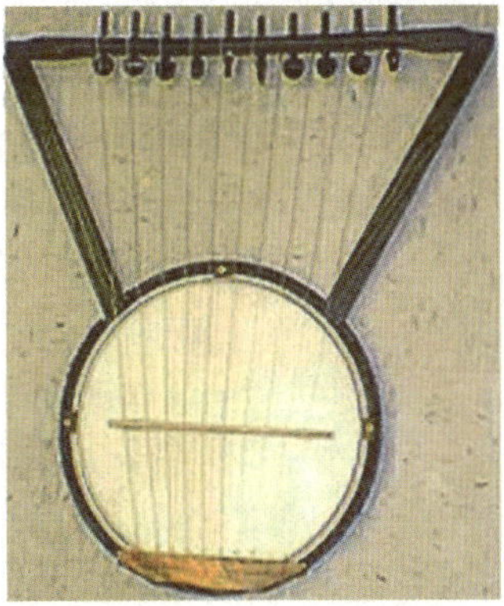
열 줄 비파를 타면서 찬양하렵니다

145

위대하신 주님을 찬양하라

하나님께서는 참으로 위대하신 분
그 크심을 어떻게 측량합니까
하시는 모든 일에 사랑이 넘쳐나시고
지으신 모든 것을 돌보아주십니다

(다윗의 찬송시)

(1-7) 나의 왕이신 하나님이시여,
내가 주님을 높이고
주님의 이름을 영원토록 찬양하렵니다.
내가 날마다 주께 감사를 드리고
영원토록 주님을 찬양하렵니다.
진실로 주께서는 위대하신 분이시니
드높이 찬양받기에 합당하신 분이십니다.
주님의 그 위대하심을 우리가 어찌 측량인들 감히 할 수 있겠나이까.

주께서 행하신 위대한 일들은
한 세대에서 다음 세대로 끊임없이 대대로 전해지리니
모든 세대가 주님의 능력 있는 일들을 힘차게 선포할 것입니다.
이 몸도 주님의 크신 영광과 위엄을 말하고
주께서 행하신 놀라운 일들을 묵상하며 마음속 깊이 새기렵니다.
사람마다 주님의 크고 두려운 일들을 말할 것이고

나 또한 주님의 위대하심을 힘 있게 선포하렵니다.
뭇 사람들이 주님의 한량없는 은혜를 기리면서
주님의 의로우심을 기쁘게 노래할 것입니다.

(8-14) 진실로 주께서는 은혜롭고, 자비로우시며
화를 더디 내시고, 사랑이 풍성하신 분이십니다.
주께서는 또한 모든 피조물들에게 한없이 너그러우셔서
손수 지으신 모든 것들에게 크신 자비를 베푸십니다.
오, 주여, 그러므로 주께서 손수 지으신 모든 피조물들이
소리 높여 주님을 찬양하고
주님의 성도들도 한목소리로 주님을 찬송합니다.

이처럼 뭇 성도들이 주님 나라의 영광을 말하고
주님의 위대하신 행적을 널리 전하므로
모든 사람들이 주님의 위대한 행적과
주님 나라의 찬란한 영광을 밝히 알게 될 것입니다.
진실로 주님의 나라는 영원한 나라요
주님의 통치는 대대로 영원무궁토록 이어질 것입니다.
(주께서는 자신의 언약을 신실하게 모두 다 지키시고
그 지으신 모든 피조물들에게 널리 사랑을 베푸십니다.)
진실로 주께서는 넘어지는 자마다 모두 붙잡아주시고
엎어진 자마다 누구든지 일으켜 세워주십니다.

(15-21) 온 세상의 모든 눈들이 주님만을 바라보니
주께서는 그들에게 때를 맞춰 먹을거리를 공급해주십니다.
주께서는 두 손을 활짝 펴시어
살아 있는 모든 피조물들의 온갖 바라는 것들을 풍족하게 채워주십니다.
주께서는 하시는 일마다 모두 의로우시고
하시는 모든 일에 사랑이 넘쳐납니다.
주께서는 누구라도 주께 부르짖는 사람에게 가까이 계시고
진심으로 주님을 찾는 모든 사람에게 가까이 다가가십니다.

진실로 주께서는 주님을 경외하며 사는 사람들의 소원을 다 들어주시고
그들의 부르짖는 소리에 귀를 기울이시어
그들을 모든 곤경에서 구해주십니다.
주께서는 주님을 사랑하는 사람은 누구든지 다 지켜주시지만
주님을 미워하는 악한 자들은 누구라도 다 멸하십니다.
오, 주여, 그러므로 내가 입을 크게 열어 주님을 찬양합니다.
너희 육체를 가진 모든 사람들아,
주님의 거룩하신 이름을 영원토록 찬양하여라!

[해설과 묵상] 각 구절의 첫 글자가 히브리어 알파벳 문자를 차례로 따라 쓴 답관체(踏冠體, Acrostic) 형식을 띤 다윗의 찬양시로서, 일곱 절씩 모두 3연으로 구성되어 있다. 특히 본시에서부터 마지막 150편까지는 시편 전체를 마무리 짓는 결론부라고 할 수 있다. 지금까지의 시들은 대부분 환난 가운데서 자신의 절박한 상황을 아뢰면서 주께 구원을 호소하는 애절한 간구가 공통 주제를 이루었다면, 이제 본시에서 150장까지 이어지는 6편의 시들은 하나님의 신적인 성품들과 그분의 영광 및 존귀에 대한 찬양과 감사가 공통 주제를 이루고 있는 것이다. 그런 내용을 담고 있는 결론부의 시들 중 본시는 첫 번째 시다.

주를 경외하는 자의 소원을 이루어주시고

본시는 마땅히 찬양받으실 여호와 하나님의 이름을 찬양하는 시로, 그분을 찬양해야 할 당위성을 세 가지로 제시해주고 있다. 첫째, 여호와 하나님은 위대하신 분이기 때문에 그분을 찬양해야 한다는 것이다(1-7절). 둘째, 여호와 하나님은 은혜와 자비가 풍성하신 분이기 때문에 그분을 찬양해야 한다는 것이다(8-14절). 셋째, 여호와 하나님은 자기 백성을 구원하시고 지켜주시며 기르시는 분이기 때문에 그분을 찬양해야 한다는 것이다(15-21절).

이와 같은 이유들로 인해, 하나님의 백성은 누구든지 마땅히 소리 높여 하나님을 찬양하면서 그분께 영광을 올려드려야 하는 것이다. 그러하기에 개혁신앙의 기본 문답집인 웨스트민스터 대요리문답 중 제1번 문항은 "사람의 제일 되고 지고한 목적은 무엇인가?"라고 질문에서 "사람의 제일 되고 지고한 목적은 하나님을 영화롭게 하는 것과 그분만을 영원토록 충분히 즐거워하는 것이다."라고 답변하고 있다. 진실로 하나님을 향한 찬양과 감사는 하나님을 자신의 하나님으로 믿고 의지하는 자만이 그분께 올려드릴 수 있는 거룩한 산 제물이다.

146

주님의 공의로운 통치를 찬양하라

내 영혼아, 주를 찬양하여라
이 목숨이 살아 있는 동안
주를 평생토록 찬양하고
소리 높여 주를 노래하리라

(1-2) 할렐루야! 내 영혼아, 주님을 찬양하여라.
내가 평생토록 주님을 찬양하겠고
이 목숨이 살아 있는 동안, 내가 나의 하나님을 소리 높여 찬양하리라.

(3-4) 너희는 세상의 권력자들을 의지하지 말며
아무런 도울 힘도 없는 인간들도 의지하지 말라.
본디 사람은 그 숨이 끊어지면 흙으로 돌아가야만 하는 신세
그러면 사람이 세운 모든 계획들도 그 날로 다 사라지고 말리라.

(5-7) 복 되도다, 야곱의 하나님을 자기 도움으로 삼고
자기 하나님이신 그분 주께 소망을 두고 있는 자들이여!
진실로 주께서는 하늘과 땅과 바다와
그 안에 있는 모든 것들을 지으신 분
언제나 약속을 지키시는 영원토록 신실하신 분이시로다.
주께서는 억눌린 사람들을 위해 공의로운 재판을 베푸시며
굶주린 사람들에게는 먹을 것을 제공해주시고

감옥에 갇힌 자들을 해방시켜 주신다.

(8-10) 눈먼 사람에게는 눈을 뜨게 해주시고
쓰러져 있는 사람을 일으켜 세워주시며
의로운 자들을 사랑하신다.
나그네들을 안전하게 지켜주시고
고아와 과부를 세심하게 보살펴주신다.
그러나 주께서는 악한 자들의 모든 계획을 꺾으시어
그들을 멸망의 길로 이끄신다.
오, 시온아, 주께서 영원토록 다스리신다.
네 하나님께서 대대로 다스리신다. 할렐루야!

[해설과 묵상] 본시에서부터 시편의 마지막 150편까지는 예외 없이 맨 처음과 맨 마지막 구절에 할렐루야(Hallelujah, 주님을 찬양하라)가 언급되어 있는 '할렐시'로 이루어져 있다. 이 같은 사실은 모든 인생의 궁극적인 목적은 주께 찬양 돌리는 삶을 살아가야 한다는 교훈을 준다. 살펴보면, 본시에 뒤이어지는 다른 네 편의 시들(147-150편)은 신앙 공동체의 찬양시인 데 비해 본시는 개인적인 찬양시라고 볼 수 있다.

본시의 내용을 요약하면, 먼저 시인은 자기 평생에 주님을 찬양하기로 굳게 다짐한다(1-2절). 이어 그 이유를 들고 있는데, 첫째는 도울 힘이

주님은 천지와 그 안의 만물을 지으신 분

없는 인간들과는 달리 오직 주님만이 참되고 진정한 도움이 되기 때문이다(3-4절). 둘째는, 주님은 만물의 지으신 창조자요 만물을 다스리시는 통치자이기 때문이다(5-7절). 셋째는, 하나님은 연약하고 의로운 자들에게는 자비와 사랑을 베푸시고 악한 자들에게는 공의의 심판을 베푸시는 분이기 때문이다(8-10절).

이 같은 이유들로 시인은 자신의 목숨이 다하는 날까지 일평생 주님을 찬양하기로 다짐하였는데, 진실로 주께 대한 찬양은 성도가 일평생 마땅히 지속해야 할 특권이고 의무이다. 그리하여 시편의 대주제가 바로 '할렐루야' 곧 '주께 대한 찬양'인 것이다. 시편 속의 시인들은 자신들이 처한 시대와 환경을 각기 달랐지만, 그들 신앙고백의 중심 내용은 '오직 주께 대한 찬양'으로 일관했던 것이다. 이는 오늘날의 성도들에게도 여전히 유효하다.

147

하나님의 능력과 은혜를 찬양하라

예루살렘아, 시온아, 주를 찬양하여라
주께서 성문 지키시고 복을 주시네
평화를 주시고 배부르게 하시네
땅 위에 눈, 서리, 우박을 내리시네

(1-7) 할렐루야! 우리 하나님께 찬양하는 일이 그 얼마나 좋은 일이며
우리 주께 찬양하는 일이 그 얼마나 기쁘고 마땅한 일인가!
주께서는 예루살렘을 재건하시고
사로잡혀간 이스라엘 백성을 다시 모아들이시며
마음이 상한 자들을 어루만져 고쳐주시고
그들의 아픈 상처를 부드럽게 싸매주신다.
주께서는 별들의 수효를 일일이 헤아리시고
하나하나의 별들마다 그 이름대로 불러주신다.

진실로 우리 주님은 지극히 위대하시고
능력이 한량없이 크시며
그 지혜는 측량할 수조차 없도다.
주께서는 마음이 낮은 겸손한 자들을 높이 세워주시지만
마음이 높은 교만한 악인들을 땅바닥에 내동댕이치신다.
주께 감사의 찬양을 부르라.
즐겁게 수금을 타면서, 우리 하나님을 찬양하여라.

(8-18) 주께서는 하늘을 구름으로 덮으시고
땅에는 비를 내려주시며
언덕마다 푸른 풀이 자라나게 하신다.
배고픈 짐승들에게 먹을 것을 주시고
울어대는 어린 까마귀에게도 먹을 것을 주신다.
주께서는 힘센 말이라고 기뻐하지 않으시고
굳센 다리를 가진 사람이라고 좋아하지 않으신다.
오직 주님을 경외하는 사람들과
주님의 한결같은 사랑을 바라는 이들을 기뻐하신다.

예루살렘아, 주님을 찬양하여라.
시온아, 네 하나님을 찬송하여라.
주께서 네 성문의 빗장을 단단하게 잠그시고
네 안에 사는 네 백성에게 복을 내려주신다.
또한 네 나라에 평화가 깃들게 하시고
가장 고운 밀가루로 너를 배불리 먹이신다.
주께서 이 땅에 명령을 내리시면
그 말씀이 순식간에 퍼져나간다.
주께서는 양털 같은 하얀 눈을 내리시고
재를 뿌리듯 온 땅에 서리를 흩뿌려 내리신다.
또한 자갈 같은 우박을 퍼부으시니
누가 감히 그분의 차디찬 돌풍을 견딜 수 있으랴!
그러나 주께서는 말씀을 보내시어 그 얼음들을 완전히 녹이시고
바람을 불게 하시어 그것들이 물이 되어 흐르게 하신다.

(19-20) 주께서 야곱에게는 자기 말씀을 전하셨고
이스라엘에게는 자신의 교훈과 법도를 알려주셨도다.
그러나 주께서는 온 세상의 다른 어느 민족에게도
그와 같이 하신 적이 없으시니
그들은 아무도 주님의 법도를 알지 못하도다. 오, 할렐루야!

[해설과 묵상] 본시는 온 우주에 가득 찬 하나님의 위엄과 위대하심,

그리고 자기 백성을 회복시키시는 능력의 하나님, 그리고 자신이 지으신 대자연을 자비롭고 은혜롭게 다스리시는 하나님의 통치하심을 노래하고 있는 할렐시('할렐루야'로 시작하고 '할렐루야'로 마무리 짓는 시)다.

시의 내용으로 살펴볼 때, 본시의 저작 배경은 바빌로니아 포로생활 이후로 추정된다. 즉, 유다 백성들이 바빌로니아 포로생활에서 해방되어 본국의 예루살렘으로 돌아와 성곽을 재건하고 성문을 달 때 어느 무명의 시인이 그 기쁨과 감격에 겨워 본시를 작시한 것으로 보인다.

본시의 내용은 삼분된다. 초반부는 자기 백성 이스라엘을 회복시키시는 하나님의 능력과 은혜를 찬양하는 장면이다(1-7절). 중반부는 자신이 지으신 대자연을 은혜롭게 다스리시고, 자신이 회복시키신 자기 백성을 돌보시고 복 내려주시는 하나님의 영원한 통치를 찬양하는 장면이다(8-18절). 마지막 후반부는 자기 백성 된 이스라엘에게 특별히 주신 교훈과 법도로 인하여 하나님을 찬양하는 장면이다(19-20절).

본시에서 시인은 특히 온 세상의 어느 민족에게도 행하신 일이 없는 하나님의 은혜로우신 일, 곧 오직 이스라엘에게만 교훈(율례 및 규례)과

주께서는 별들의 수효를 세시고 그 이름대로 불러주신다

법도를 주신 일에 대해 찬양하고 있다. 그렇다면 이 같은 사실은 하나님께서 온 세상의 다른 어느 민족들보다 유독 이스라엘을 더 편애하셨다는 의미인가?

그것은 편애라기보다는 하나님의 심오한 경륜과 섭리로 보아야 한다. 후일 사도 바울의 해석에 따르면 이러하다(롬 11장). 하나님은 온 세상의 모든 민족들 중에서 먼저 이스라엘을 택하여 그들에게 율법을 주셨다. 그것은 이스라엘만 구원하기 위함이 아니라, 이스라엘을 통해 모든 민족을 구원의 길로 이끌기 위함이었다. 하지만 이스라엘이 하나님께 불순종함으로써 하나님의 뜻을 이루는 데 실패했다. 그 결과, 도리어 하나님의 구원이 이방 민족에게로 넘어갔고, 이를 시기하여 이스라엘도 마침내 구원의 대열에 동참하게 되었다는 것이다.

148

세상 만물들아, 주님을 찬양하라

하늘에서도 주를 찬양하여라
천사와 해, 달, 별도 찬양하여라
지음을 받은 만물들도 찬양하여라
자기 자리를 지키며 찬양하여라

(1-6) **할렐루야! 하늘에서 주님을 찬양하고**
저 높은 곳에서 주님을 찬양하여라.
주님의 모든 천사들아, 주님을 찬양하여라.
주님의 모든 하늘 군대여, 주님을 찬양하여라.
해와 달아, 주님을 찬양하여라.
반짝이는 별들아, 주님을 찬양하여라.
가장 높은 하늘 위의 하늘아, 주님을 찬양하여라.
하늘 위에 있는 물들아, 주님을 찬양하여라.
너희 만물이 주님의 명령에 따라 창조되었으니
모두가 소리 높여 주님의 이름을 찬양하여라.
주께서 명령을 내리시어
너희가 있을 각자의 자리를 거기에 영원히 세워두셨으니
너희가 어찌 그 자리를 지키지 않을 수 있으랴!

(7-12) **땅에서도 주님을 찬양하여라.**
너희 바다의 괴물들과 깊은 바다야, 모두 다 주님을 찬양하여라.

번개와 우박아, 눈과 구름아,
그리고 주께서 명하신 대로 따르는 세찬 폭풍아,
모두 다 주님을 찬양하여라.
모든 산들과 언덕들아, 열매 맺는 과일나무들과 우람한 백향목들아,
주님을 찬양하여라.
모든 들짐승들과 가축들아, 땅에 기어 다니는 것들과
공중에서 날아다니는 새들아,
주님을 찬양하여라.
온 세상의 모든 왕들과 백성아, 너희 모든 고관들과 재판관들아,
모두 다 주님을 찬양하여라.
청년들과 처녀들아, 노인들과 아이들아,
주님을 찬양하여라.

(13-14) 너희 모두는 다 함께 주님의 이름을 소리 높여 찬양하여라.
오직 그분의 이름만이 홀로 위대하시고
그분의 드높은 영광이 온 땅과 하늘 위에 가득하도다.
주께서는 자기 백성을 위해 그 뿔을 한껏 높이셨으니
그분의 모든 성도들 곧 그분을 가까이에서 섬기는 모든 이스라엘 백성은
소리 높여 주님을 찬양함이 마땅하도다. 할렐루야!

모든 천사들이여, 주님을 찬양하라!

[해설과 묵상] 다섯 편의 할렐시(할렐루야로 시작되어 할렐루야로 끝나는 시, 146-150편) 가운데 세 번째 시로서, 온 우주에 존재하는 모든 피조물과 사람들을 향하여 하나님을 찬양하라고 적극 초대하고 힘차게 권유하고 있는

대찬양시다. 지금껏 여러 시인들은 주로 하나님의 백성 된 이스라엘을 향하여 하나님을 찬양하고 그분께 영광 돌리라고 권면하였다.

그런데 여기서 시인은 그 범위를 온 우주로 확장시켜 이성 없는 모든 피조물들까지 그 이름을 구체적으로 지적하면서 하나님께 찬양과 경배를 드리도록 권면하고 있다. 물론, 이성(理性) 없는 피조물들의 찬양은 그런 사물들을 의인화시킨 수사학적인 표현이다. 그리고 이 같은 찬양의 권면과 찬양으로의 초대는 하나님께서 우주 만물을 창조하실 때의 그 만드신 순서대로 언급되고 있다.

먼저 시인은 천사들과 우주의 천체를 향하여 하나님을 찬양하도록 권면한다(1-6절). 다음으로 지상 및 대기권의 모든 피조물들과 빈부귀천 및 남녀노소를 막론한 세상 사람들을 향하여 하나님을 찬양하도록 권면한다(7-12절). 그런 다음에 시인은 그렇게 모든 피조물이 하나님을 찬양해야 할 이유를 제시하면서, 덧붙여 하나님의 백성 된 성도들은 더욱 하나님을 찬양하는 것이 지극히 마땅한 일이라고 강조한다(13-14절).

본시를 통해 우리가 깨닫는 바는 하나님께 지음 받은 모든 피조물은 이성이 있든 없든 자신들을 지으신 창조주 하나님께 찬양과 경배를 드리는 것이 마땅하다는 것이다. 그런데 이처럼 하나님을 찬양해야 할 위치에 있는 피조물들(일월성신, 목석, 은금 등)을 온갖 형상의 우상들로 만든 뒤 그것들을 높이고 섬기며 숭배하는 행위는 그 얼마나 어리석고 죄악 된 일이며, 그 얼마나 하나님의 진노를 자아내는 일인지 밝히 알 수 있다(롬 1:18-25).

149

모든 성도들아, 주님을 찬양하라

기록된 주의 판결문에 따라
여러 나라의 왕들을 심판할 것이니
성도들이 그 영광을 차지하리라
그 모든 영광을 주께, 할렐루야

(1-5) 할렐루야! 주께 새 노래로 찬송하며
성도들의 집회에서 주님을 찬양하여라.
이스라엘아, 너희를 지으신 창조주님을 생각하면서 기뻐하여라.
시온의 백성아, 너희를 다스리는 왕을 모시면서 즐거워하여라.
춤을 추면서 주님의 이름을 찬양하고
북 치고 수금 타면서 주께 찬양의 노래를 불러라.
주께서는 자기 백성을 기뻐하시나니
그분께서는 겸손한 자들에게 구원의 왕관을 씌워주신다.
너희 성도들아, 이 영광을 크게 즐거워하고
잠자리에 들어서도 기뻐하며 찬송하여라.

(6-9) 성도들의 입에는 하나님을 향한 기쁨의 찬양이 넘쳐나고
그들의 손에는 예리한 양날의 칼이 들려있어
뭇 나라들에게 복수하고, 뭇 민족들을 징벌하며
그들의 왕들을 족쇄로 채우고
그들의 고관들을 쇠사슬로 묶어

기록된 하나님의 판결문에 따라 그들을 철저하게 심판하리니
이 모든 영광이 성도들의 몫이 되리라. 할렐루야!

[해설과 묵상] 앞의 시(148편)가 온 우주만물을 지으시고 다스리시는 창조주 하나님께 대한 찬양의 노래라면, 본시는 죄인을 건지시고 회복시키시는 구원자 하나님께 대한 찬양의 노래다. 본시는 아마도 유다 백성들이 바빌로니아 포로생활에서 해방된 사실을 그 배경으로 삼고 있는 듯한데, 시인은 도무지 상상조차 할 수 없었던 그 해방의 기쁨과 구원의 은총에 대해 주체할 수 없는 감격과 환희를 억누를 길 없어 다소 거칠고 직선적인 필치로 구원자 하나님께 대하여 찬양을 돌리고 있다.

본시는 이분된다. 전반부는 하나님의 은혜로 구원받은 시온의 백성을 향해 크게 기뻐하면서 주님을 찬양하라고 권면하는 장면이다(1-5절). 후반부는 하나님의 백성으로서 하나님을 대적하는 뭇 나라들과 민족들에게 심판을 가하는 영광이 부여된 사실로 인하여 주님을 찬양하라고 권면하는 장면이다(6-9절). 시인은 이전에 이스라엘 백성이 쇠사슬에 묶인 채 포로가 되어 이방 나라로 끌려간 것처럼, 이제는 똑같이 자신의 대적들을 족쇄로 채우고 쇠사슬로 묶어 심판하게 될 것이라고 노래하고 있다.

춤을 추며 주님의 이름을 찬양하라!

한편, 본시의 1절에 묘사된 '새 노래'는 새로 지은 최신 노래를 뜻하지 않는다. 그것은 하나님의 구원과 승리에 관한 새로운 체험의 노래, 혹은 새롭게 된 마음으로 부르는 노래, 또는 새로운 시대의 소망과 기쁨을

담은 노래를 의미한다.

시인은 성도들이 하나님을 찬양할 때에 모든 악기를 동원하는 것은 물론이고 '춤을 추면서' 찬양하라고 권면하고 있다(3절). 이처럼 춤과 음악은 예배의 여러 성경적인 요소들 가운데 하나다(출 15:19-20; 삼하 6:14-15). 그러므로 하나님을 찬양할 때 우리는 다양한 악기와 더불어 목소리, 양손, 몸동작 등 우리 몸의 모든 것을 사용하여 하나님께 감사와 기쁨을 적극적으로 표현할 수 있다.

150
숨쉬는 자마다 주님을 찬양하라

위대하신 주를 찬양하여라
뿔나팔 길게 불며 찬양하여라
비파와 수금을 타면서 찬양하여라
북을 치고 춤추며 찬양하여라

(1) 할렐루야! 주님의 성소에서 하나님을 찬양하여라.
그분께서 지으신 웅장한 권능의 궁창에서 주님을 찬양하여라.

(2) 주께서 행하신 놀라운 일들을 두고 주님을 찬양하여라.
주께서는 지극히 위대하시니, 그러므로 주님을 찬양하여라.

(3-5) 나팔을 길게 불어 주님을 찬양하여라.
비파와 수금을 타면서 주님을 찬양하여라.
북을 치고 춤을 추면서 주님을 찬양하여라.
현악기를 연주하고 퉁소를 불면서 주님을 찬양하여라.
청아한 소리 나는 심벌즈를 치면서 주님을 찬양하고
큰 소리 나는 심벌즈를 치면서 주님을 찬양하여라.

(6) 살아 숨쉬고 있는 모든 것들아,
주님을 찬양하여라. 할렐루야!

[해설과 묵상] 본시는 시편의 마지막 부분을 장식하고 있는 다섯 편의 할렐시(146-150편, 할렐루야로 시작하고 할렐루야로 끝나는 시) 가운데 마지막 시이고, 시편 전체를 마무리 짓는 결론적인 시다. '주께 대한 찬양과 경배'라는 대주제를 다루고 있는 '시편'이라는 찬양집의 대단원의 막을 내리는 마지막 시답게 본시는 6절이라는 짧은 시임에도 불구하고 "주님을 찬양하라!"는 권면이 무려 13회나 등장하며(주님을 찬양하라는 뜻의 '할렐루야'라는 말도 포함), 또한 찬양의 장소와 이유와 방법과 대상 등이 일목요연하게 모두 제시되고 있다.

본시의 내용을 살펴보면 이러하다. 먼저 찬양의 장소가 제시된다(1절). 찬양의 장소는 '성소와 궁창'이다. 성소는 하나님의 지상(地上) 임재의 상징적 처소인 예루살렘 성전을 가리키고, 궁창은 하나님의 천상(天上) 보좌가 있는 하늘이다. 따라서 이 말은 온 우주의 모든 곳을 뜻한다.

다음으로 찬양의 이유가 제시된다(2절). 시편의 숱한 시들에서 많은 이유들이 제시되었지만, 여기서는 두 가지 이유가 제시되었다. 첫째, 주께서 행하신 놀라운 일들 때문이다. 이는 창조 행위를 포함하고 있지만, 기본적으로는 구원 행위를 가리킨다. 둘째, 그분의 지극히 위대하심 때문이다. 이는 하나님의 속성 자체가 찬양의 이유임을 보여준다.

통소(피리)

수금(하프)

소고

그 다음으로 찬양의 방법이 제시된다(3-5절). 요컨대 나팔, 비파, 수금(하프), 소고(작은 북), 현악기, 피리(퉁소), 제금(심벌즈) 등 모든 악기를 동원하고, 또한 춤을 추는 등 자신의 모든 몸을 동원하여 주님을 찬양해야 한다는 것이다.

나팔을 불어 주님을 찬양하라

마지막으로 주님을 찬양해야 할 대상과 그 모든 찬양을 받으실 대상이 제시된다(6절). 주님을 찬양해야 할 대상은 '살아 숨쉬고 있는 모든 것들' 곧 '호흡이 있는 모든 것들'이다. 이는 일차적으로 천사와 사람을 비롯하여 모든 동식물들을 가리킨다. 그런데 앞의 148편에서는 해, 달, 별, 산, 물, 바다, 우박, 눈, 안개 등 호흡 없는 사물들까지도 찬양해야 할 대상으로 지목되었다. 그러므로 궁극적으로는 하나님께 지음 받은 온 우주의 모든 피조물들이 찬양해야 할 대상이라고 볼 수 있다.

그리고 찬양받으실 대상은 오직 '주님(여호와 하나님)' 한 분뿐이시다. 따라서 주님 이외에 그 누구도 찬양과 경배의 대상이 될 수 없고, 또한 우리는 그 누구나 무엇에게도 찬양과 경배를 돌려서는 안 된다. 그러므로 마땅히 하나님께만 돌려져야 할 찬양과 경배를 다른 그 누구나 무엇에게 돌려지는 것을 하나님은 지극히 싫어하시고 미워하신다. 우상 숭배가 그 대표적인 경우다.

이처럼 "주님을 찬양하라."는 거듭된 권면과 더불어, 찬양의 모든 요소가 빠짐없이 제시된 본시는 시편의 중심 주제에 아주 충실한 결론적인 시로서 부족함이 없다. 그리하여 시편을 연구하고 살핀 성경학자들과 시인들은 본시를 이렇게 평하고 있다. "시편의 기록 목적을 밝히 보여주는 시"(메튜 헨리), "시편의 대단원(피날레)을 장식하는 영혼의 환희와 감격"(알퐁스 드 라마르틴), "하늘과 땅의 모든 무리가 힘차게 부르는 우주의 찬가"(존 위클리프), "영혼의 대합주곡을 마감하는 노래"(토마스 켈리 체인).

● 에필로그

시공을 뛰어넘어 영혼을 흔드는 감동의 노래

150편의 주옥같은 시들로 구성된 시편은 모세로부터 다윗을 거쳐 에스라에 이르기까지 천년 세월에 걸쳐 성령의 영감을 받은 저자들의 생생한 신앙 체험에서 우러나온 신앙고백의 시들과 삶의 간증적인 시들을 모아놓은 위대한 시들의 모음집이다. 비록 시대와 장소와 환경은 다르다고 할지라도, 그들의 구체적인 신앙 체험의 현상들은 시공간을 초월하여 오늘날 믿는 자들의 심금을 울리고 영혼에 진한 감동으로 와 닿는다.

그리하여 시편의 모든 시들 하나하나가 오고 오는 모든 시대의 읽는 자들 누구에게나 영적 감화력과 문학적 감흥을 일으켜준다. 시인이 그 시를 쓸 때의 희로애락이 오늘날 우리 성도들의 삶 속으로 깊숙이 파고든다. 그들의 감사, 기쁨, 찬양, 탄식, 호소, 눈물 등이 오늘날 우리의 것으로 그대로 적용되고 승화된다.

만일 시편이 없다면, 우리들 신앙의 삶은 얼마나 척박하고 메마를까?

수금을 타면서 주님을 찬양하고 있는 다윗 왕

마치 오아시스 없는 거친 광야의 삶과 같을 것이다. 그러나 기쁨과 눈물과 감사와 탄식이 깃들어 있는 시편이 있음으로 해서, 우리의 신앙 삶은 광야에서 오아시스를 만난 듯 활기차고 감격적인 것이 될 수 있는 것이다. 우리의 상처 입고 아프고 가난한 심령이 하늘을 향해 감동과 환희의 노래를 부를 수 있게 된 것이다.

지금, 두려운가? 시편 3편을 비롯한 여러 시들이 그대에게 용기를 가져다줄 것이다. 외로운가? 시편 9편을 비롯한 여러 시들이 그대를 따스하게 감싸줄 것이다. 슬픔이 밀려오는가? 시편 13편을 읽고 위로받으라. 삶이 척박하고 막막한가? "주님은 나의 목자시니~"로 시작하는 시편 23편은 그대를 푸른 풀밭과 잔잔한 물가로 인도해줄 것이다.

온갖 걱정과 근심이 그대를 짓누르고 있는가? "졸지도 않으시고 주무시지도 않으신 채 그대를 지켜 모든 환난에서 건져주시는…" 시편 12편을 읽고 편안한 잠을 청하도록 하라. 모두에게서 버림받고 모든 데서 소외되었다고 느끼는가? "비록 내 부모는 나를 버릴지라도 주께서는 이 몸을 끝내 붙들어주실 것입니다."라고 읊은 시편 27편 10절을 읽고, 또한 "내가 새벽 날개를 타고 바다 저쪽 끝 편의 가장 먼 곳에 머물지라도, 거기에서도 주님의 손길이 나를 인도하시고 주님의 오른손이 나를 굳게 붙들어주시며…"라는 시편 139편 9-10절 부분을 읽고 결코 낙심하지 말라.

이처럼 시편의 모든 시들은 오늘날 우리의 신앙 삶과 생활 현장에 밀접하게 관련되어 있다. 시인이 시를 쓰던 당시의 상황과 형편 속으로 우리를 이끌어간다. 그리하여 우리는 당대의 시인과 일체가 될 수 있다. 시인의 기쁨이 우리의 기쁨이 되고, 시인의 탄식이 우리의 탄식이 된다. 하나님 앞에서 웃고 울며 찬양하고 하소연하는 갖가지 만고풍상과 희로애락이 생생한 날 것 그대로 우리에게 깊숙이 다가온다. 그들의 모습이 바로 오늘날 우리의 모습인 것이다.

그래서 시편의 시들 하나하나는 오늘날 우리가 부를 영혼의 노래이고 우리가 고백할 삶의 간증이다. 우리 자신의 내면을 비추는 살아있는 거울이 된다. 그 거울을 보며 날마다 시편을 묵상하고 매 순간 시편을 읊조리는 가운데 우리의 신앙 삶이 나날이 다듬어지고 더욱 더 성숙해지기를! 온 심령으로 진심을 다하여, 할렐루야!

성경은 다성악(多聲樂, Ployphony)이다

민영진
감리교신학대학교 교수 역임
대한성서공회 번역실장, 총무 역임
세계성서공회연합회 번역컨설턴트 역임

시편을 이야기하기에는 마당이 너무 좁다

시편은 구약성경의 율법서나 예언서에 비해 스토리텔링 방식으로 본문 내용을 다시 말하기가 쉽지 않은 책이다. 시편을 스토리텔링 방식으로 이야기해 달라는 주문도 무리였고, 거기에 응답한 스토리텔러들의 응답도 무리였다. 그것은 시편 자체가 지닌 운문으로서의 성격뿐만 아니라 150편이나 되는 방대한 분량을 이야기 형식으로 말하는 것도 스토리텔러에게는 결코 쉬운 일이 아니기 때문이다.

시편의 현재 형태의 책 부피는 히브리어 마소라 본문을 기준으로, 편수가 150편이나 되고, 절수가 2,527절이나 되는 방대한 책이다. 시편이 짧은 책이라면, 이를테면 15편 안팎의 시를 편집한 정도의 책이라면, 스토리텔러들은 마치 시인 자신이 독자의 시 이해를 돕기 위해 시작 여담을 하듯, 기꺼이 시인의 심정이 되어, 그런 시를 짓게 된 배경이나 동기를 이야기할 수도 있을 것이다. 어떤 주제에 어떤 낱말이나 표현이나 문체를 선택한 사정을 이야기할 수도 있을 것이다. 스토리텔러에 따라서는 어떤 한 시편을 읽고 평설을 쓰듯 반응할 수도 있을 것이다. 예상되는 독자의 반응에 관심을 가지고 이야기를 전개할 수도 있을 것이다. 그러나 150편이나 되는 시편에서 이런 스토리텔링을 하려면 편집기획 단계에서부터 미리 정해진 분량이나 방법을 전면적으로 재고해야 하는데, 그렇게 하려면 이 총서에 이미 나와 있는 다른 스토리텔링 성경들과의 균형이 깨어지는 문제가 발생한다. 이러지도 저러지도 못하는 가운데 스토리텔링 성경 시편이 최종 모습으로 나왔다. 어려운 작업을 무난하게 수행한 작가들의 노고에 찬사를 보낸다.

시편을 소개하는 스토리텔러들

시편의 각 시가 지닌 내용 파악에 중점을 둔 것으로는 해설 성경이 있고, 더 전문적인 것으로서는 각종 주석이 있다. 그러나 시를 이야기로 말하는 성경은 아직은 생소하다. 오랜 각고의 노력 끝에 우리말 스토리텔링 시편이 독자들에게 선을 보였다. 시편을 소개하는 개론 부분은 분량이 방대하고 설명이 상세하다. 대단히 학구적이다. 거의 주석이 다루는 내용과 분량에 가깝다. 이 정도면, 시편을 감상할 일반 독자들에게는 충분한 정보다.

해설과 묵상

시편 본문 제시에 이어 해설과 묵상이 나온다. 시의 구조, 시의 내용 요약, 본문의 역사적 배경, 시의 저작 연대 등이 제시되어 있다. 스토리텔러가 독자들과 만나는 마당은 여기까지다. 스토리텔러의 이야기를 다 듣고 시편 각 편의 시가 충분히 이해되었다면, 이제 독자는 스토리텔러에게 더 의존하지 말고, 독자적으로 개별 시편을 묵상하는 가운데, 각

시와의 대화를 시도해 볼 수 있을 것이다. 시에 따라서는 독자에게 아무런 감흥이 없는 것도 있을 수 있다. 그러면 아무런 감흥이 없는 그대로, 이런 시가 어떻게 하나님의 말씀인 성경에 들어갔을까를 물을 수도 있다. 혹시 독자 개인이 용납할 수 없는 편견이 묵상하는 시 속에 들어 있다면, 이게 가당키나 한가, 하며 도전할 수도 있을 것이다. 이것이 계기 되어 성경 안으로 더 깊이 들어갈 때 새롭게 들려 오는 말씀을 만날 수도 있다. 묵상이 그만큼 깊어지기 때문이다.

묵상을 위한 자료

예를 들어보자. 고라 자손의 시, 시편 47편 9절에서 보듯이, 하나님께서 왕으로 즉위하는 신년 축제 즉위식 행사에 이스라엘 백성만이 아니라, 이방인 통치자들도 예루살렘으로 몰려온다(시 47:9a). 고라 자손의 노래는 이방인 통치자들이 "아브라함의 하나님 곧 우리 주님의 백성이 되려고 다 함께 모였"(시 49:9b)다고 말한다. 그런데, 이방 백성 통치자가 와 있는 행사 현장에서 찬양대가 지휘자의 지휘를 따라 부르는 고라 자손의 노래 가사 중에는 세계 만백성을 폄하하는 내용이 있다.

> 3 주님께서는 만백성을 우리 발아래 엎드리게 하셨고
> 뭇 나라를 우리 발아래 무릎 꿇게 하셨도다.
> 4 주님께서 우리에게 살 땅을 골라주셨으니
> 그러므로 그분께서 사랑하시는 야곱이 큰 영화를 입었도다.
> (시 47:3-4)

독자에 따라서는 이 본문이 불편할 수도 있다. 신년 축제 행사에 참여한 외국 귀빈 왕들은 이스라엘에 항복한 패전국의 왕들이 아니다. 그뿐만 아니라, 이스라엘이 팔레스타인 땅에서 원주민을 몰아내고 그

땅을 차지하였으면 죄송해도 모자랄 판에 "그분께서 [하나님께서] 사랑하시는 야곱이 큰 영화를 입었"(시 47:4b)다, 라고 노래하는 것은 땅을 빼앗기고 쫓겨나 유랑하는 이웃 백성을 두고서는 못할 소리다. 성경 안에는 고라 자손의 이 소리 말고 다른 소리는 없는가? 있다. 예언자 이사야의 소리다. 온 세상 모든 민족이 예루살렘으로 물밀듯 몰려온다. 왜?

> 이는 율법이 시온에서 나오고,
> 주의 말씀이 예루살렘에서 선포될 것이기 때문이다.
> (쉬운말성경, 사 2:3b).

세계가 이스라엘에 항복해서 예루살렘으로 오는 것이 아니다. 하나님께서 "직접 나서서 민족들 사이의 분쟁을 판결하시고, 나라들 사이의 갈등을 중재하"셨기 때문에, "사람들마다 자기 칼을 두들겨 쳐서 보습을 만들고, 백성들마다 자기 창을 두들겨 쳐서 낫을 만들"었기(쉬운말성경, 사 2:4a) 때문에, 그래서 더는 전쟁이 없고, 평화가 이루어졌기 때문에 세계가 예루살렘으로 온 것이다. 또한 하나님이 왕으로 등극하는 날은 심판의 날일 수도 있기에 하나님은 당신의 백성 이스라엘마저 버리실 수 있는 날이다(사 2:6a). 성경은 다성악(多聲樂 Ployphony)이다. 성경 독자마다 서로 다른 소리를 듣고 응답할 수 있다.